Hermann Schreiber

Das Elsaß und seine Geschichte

Hermann Schreiber

Das Elsaß und seine Geschichte

Eine Kulturlandschaft im Spannungsfeld zweier Völker

Casimir Katz Verlag

Als Dank für eine nunmehr
vierzigjährige Freundschaft
widmet der Autor dieses
Buch über das Elsaß

Madame Ghislaine Chouard
née Steib

einer Pariserin, die ihre
elsässischen Wurzeln niemals
vergessen hat.

Satz: Casimir Katz Verlag, Gernsbach
Druck: Clausen & Bosse, Leck
Umschlaggestaltung: Zembsch' Werkstatt, München
ISBN: 3-925825-19-3

INHALT

In einer Gesellschaft gelehrter Freunde vorgelesen ....

Schon lange habe ich gewünscht, Ihnen einen Vorschlag näher legen zu können, dem Zeit und Umstände allein bisher nicht haben zulächeln wollen. Wir alle sind Deutsche.
Mit Vergnügen, aber mit heimlichem, habe ich bisher aus einigen Ihrer Vorlesungen gesehen, daß selbst die Übermacht einer herrschenden, und was noch weit mehr ist: einer verfeinerten Sprache, den alten Hang zu dem mütterlichen Boden Ihres Geistes, ich meine zu unserer nervichten deutschen Sprache, nicht habe ersticken können. Bleiben Sie ihm treu.
Alle Ihre kindlichen und nachher männlichen Vorstellungen und Gefühle sind auf diesem Boden erwachsen, wollen Sie denen entsagen, weil Sie Untertanen einer fremden ***glücklichen*** *Regierung sind? Eben weil diese Regierung menschenfreundlich und beglückend ist, fordert sie diese Aufopferung von Ihnen nicht; der Geist, meine Herren, leidet keine Naturalisationen, der Deutsche wird an der Küste der Kaffern so gut als auf Diderots Insel der Glückseligkeit immer Deutscher bleiben und der Franzose Franzos.*

Jakob Michael Reinhold Lenz
1775 in Straßburg

Vorwort

Wer immer über ein Grenzland schreibt, wird beiden Nachbarn bittere Wahrheiten sagen müssen; es gibt in Europa keine Nation, die sich von Vorwürfen freisprechen könnte, die in ihrer Geschichte nicht wiederholt geirrt hätte. Der Autor dieses Buches legt darum Wert auf die Feststellung, daß er auf ein Leben zurückblickt, in dem Frankreich seine zweite geistige Heimat war und geblieben ist. Er hat etwa dreißig Bücher über Frankreich, seine Städte, seine Landschaften, seine Menschen geschrieben und mehr als ein halbes Hundert Bücher aus dem Französischen übersetzt. Er liebt Frankreich und könnte ohne die französische Kultur nicht leben – nur hinderte ihn das nicht, zu erkennen, daß ihre Macht für ein kleines Land zur Übermacht werden kann.

Verlag und Autor hegen die Hoffnung, daß dieses Buch nicht nur manche Elsaß-Reise anregen, sondern den Reisenden auch begleiten wird. Darum ist die Verwendung deutscher Orts-, Landschafts- und Gewässerbezeichnungen nicht mit letzter Konsequenz durchgeführt worden. Ungebräuchlich gewordene oder schwer zu ermittelnde deutsche Namen sind vor allem dann durch die französischen ersetzt, wenn diese deutlich an die deutsche Bezeichnung anklingen. Dieses Verfahren empfängt seine Berechtigung nicht zuletzt aus der Tatsache, daß viele elsässische Ortsnamen keltische oder lateinische Wurzeln haben.

München, im Januar 1988 — Dr. Hermann Schreiber

ERSTES BUCH

Die Wurzeln

Rheno und Vogesus

Je weniger man sich in Europa und in anderen Teilen der Welt um das Selbstbestimmungsrecht der Völker kümmert, desto eifriger beugt man sich über die Fragen der Frühvölker-Forschung. Es muß eine ungeheure Befriedigung darin liegen, vor- und frühgeschichtliche Probleme und Verhältnisse zu enträtseln, wenn man schon die aktuellen Mißstände nicht beheben kann.

Die schriftlichen Kulturen des alten Europa sind für solche Bemühungen außerordentlich geeignet, weil es letztlich von der Autorität der Grabenden und Deutenden abhängt, welchem Nachfolger-Volk, welchem neueren Geschichts- und Staatsgebilde jene fernen Vorläufer zugerechnet oder gar zugewiesen werden. Zwischen Oder und Weichsel haben auf diese Weise unschuldige Vasen, Kochgeschirre und Topfscherben hochpolitische Bedeutung erlangt, und auch die Forschungen zur Frühgeschichte unserer elsässischen Landschaften sind nicht ganz frei von Absichten oder absichtsvollen Interpretationen an sich neutraler Grabungsergebnisse und Fundstücke.

Dabei schließt das Raffinement, mit dem die hochentwikkelte französische Geschichtsschreibung zu Werke geht, naturgemäß die primitiven Keulenschläge der polnischen Wissenschaft ebenso aus wie die Nebularhypothesen germanophiler Pseudogelehrten, die aus Wenden Urgermanen machen und aus Swantowit einen Germanengott. Man spricht westlich des Rheins nicht von Frankreich, das es damals ja noch gar nicht gab, sondern von den Kelten, dem noch nicht so lange entdeckten Kreativ-Volk des vorrömischen Europa, und so wie Asterix der Gallier sich den Römern stets als überlegen erweist, so ist es für die französische Elsaßgeschichtsschreibung klar, daß zwischen den Galloromanen und den Eroberungsheeren des Sonnenkönigs im siebzehnten Jahrhundert nur thumbe Bauern aus dem alemannischen Osten über den Rhein gedrungen waren, aber nichts Entscheidendes verändert hätten. In Wahrheit geht es um etwas diffizile Völkerbewegungen, für die wir um ein wenig Geduld bitten müssen...

Es ist noch nicht ganz vergessen, was unser kleiner Erdteil seinen Strömen verdankt. Zerklüftet, von Gebirgen kreuz und quer durchzogen, wurde er schon vor Jahrtausenden in den Stromtälern passierbar, auf Wasserwegen erschlossen. Und die wichtigsten dieser Wasserwege zwischen jenen Meeren, die Europa umgeben, waren der Rhein, die Rhône und die Donau.

Wir besitzen heute Vergleichsmöglichkeiten; wir wissen, daß Felsbarrieren in Nordamerika und im östlichen Australien die Erschließung weiter Landstriche erheblich behindern und verzögern konnten; und wir wissen, daß Europas Herzraum zwischen Weichsel und Rhein viele Generationen zurückblieb gegenüber seinen Rändern, an denen schiffbare Ströme flossen, so daß Uferländer und Uferstämme die sänftigenden und aufhellenden Wirkungen des Fernhandels und der Berührung mit anderen Kulturen erfahren hatten. Ein Fluß, der solches bewirkt, wird ebenso zum Gott wie die Kulturbringer-Heroën in den Mythen außereuropäischer Völker. Rhenus hieß der Fluß, Rhenus hieß der keltische Fluß-Gott.

Rhein und Vogesen bedeuten in der Zeit vor den größeren Siedlungen soviel wie das Elsaß selbst. Sie bestimmten Charakter und Schicksal, noch ehe der Name da war. Und zumindest der Rhein schafft die große Unsicherheit über die vorkeltischen Bewohner unseres Landstrichs, denn an den Altstraßen Europas, den Flüssen, schiebt sich vieles ineinander und übereinander. Wir besitzen aus dieser Zeit so manches materielle Zeugnis über Einzelsiedlungen, müssen aber sagen, daß die Vogesen selbst im zweiten und dritten vorchristlichen Jahrtausend noch als Wildnis galten. Nur an den Säumen des großen Waldgebietes, im Raum des Kochersberges und des heutigen Sundgaus, im Bereich guter Böden also, finden sich Hinweise auf frühe Seßhaftigkeit in einer gewissen Distanz zu den Ufern der Wasserläufe. Im Grunde bleiben Rhein und Nebenflüsse bis in die Keltenzeit herauf die Hauptsiedlungsgebiete, und es sind sehr unterschiedliche Wandergruppen, die im heutigen Elsaß Station machen: Kleinwüchsige Menschen ebenso wie Enakssöhne, deren gewaltige Knochen später die Sagen von Riesen entstehen lassen werden.

Keine dieser Siedlergruppen lebt isoliert. Alle haben Waffen, Keramik und sonstige Gerätschaften im Gebrauch, die auf Verbindungen rheinabwärts zu den belgischen Steinbrüchen hinweisen und rheinaufwärts zu Aare und Rhône, den Handelswegen zum Mittelmeerraum. Die Fundstätten sind in einem breiten Band zwischen Vogesen und Rhein aneinander gereiht, von Belfort und dem Sundgau im Süden bis über Colmar hinaus und dann, schütterer werdend, über Straßburg weiter nach Norden bis Hagenau. Die Keramik zeigt bereits gewisse Tendenzen zu Schmuckformen, sie wird mit Zeichnungen und ornamentalen Bändern versehen und stammt aus verschiedenen Werkstätten, von denen jedoch keine weit entfernt ist. Der Fernhandel setzt erst voll ein, als die ersten Waffen und Gerätschaften aus Bronze auftauchen, im Elsaß etwa um 1800 vor Christus, nach einer kurzen Herrschaft des Kupfers über den polierten Stein.

Man hat die Bronzezeit die eigentliche Geburtsstunde Europas genannt (eine Stunde freilich, die tausend Jahre umfaßt), und es ist sicher, daß sie jenen kontinentalen Handel begründet, der uns gestattet, von der ersten zumindest wirtschaftlichen Einigung der nördlichen, westlichen und südlichen Bereiche unseres kleinen Erdteils zu sprechen. Denn die Bronze ist eine Legierung, eine Mischung aus Metallen, und wenn sich auch das Kupfer an den Rändern des Mittelmeers, in Spanien und im Nahen Osten findet, das Zinn der spanischen Gruben ist schnell erschöpft, und die begehrte Bronze lebt davon, daß Zinn aus dem südlichen England importiert wird.

Die Alten sprachen von Zinn-Inseln und meinten damit die Umschlagplätze für das Zinnerz aus Cornwall und Devon, die Inseln vor der französischen Atlantikküste, vielleicht auch die Scilly-Inseln, weil die Fernhändler nun einmal lieber Inseln aufsuchten, die exterritorial waren, vom Handel lebten und darum die Händler schonten, während man auf dem Festland vor Raub niemals sicher sein konnte.

Das so wertvolle Zinn gelangte auf zwei Wegen ins Mittelmeer: Auf dem einen um Spanien herum zu den karthagischen Schmelzöfen in Südspanien und Nordafrika – aber dazu brauchte es eben große Seefahrer und hochseegewohnte Besatzungen, wie die Karthager sie stellen konnten – und auf dem Rheinweg ins Herz Europas und von dort auf der Saône zur Rhône oder aber auf der Aare zur Schweizer Rhône. Beide Möglichkeiten wurden schon in vorkeltischer Zeit genutzt.

Bronzefunde sind darum im ganzen elsässischen Raum ausgesprochen häufig, nicht etwa, weil das Land nun sehr dicht besiedelt gewesen wäre, sondern weil es viel Durchzugsverkehr gab, Händlerdepots, Hortfunde, und weil natürlich die Gegengaben aus dem Süden auch den Rhein entlang wanderten und flußabwärts dorthin transportiert wurden, wo die Überquerung des damals noch schmäleren Ärmelkanals kein Problem mehr darstellte.

Waffen und Schüsseln aus dem neuen glänzenden und festen Metall waren lange Zeit gesuchte Wertgegenstände und blieben in gewissem Maß einer Oberschicht vorbehalten, die wiederum auf diese Besitztümer wert legte, im Leben und im Tode. Der barbarischen Sitte der Urnenbestattungen, die uns jeglicher Hinweise auf Bekleidung und körperliche Verfassung beraubte, folgen nun, da ein gewisser Wohlstand am Oberrhein einkehrt, die bewahrenden Bestattungen, die Grabkammern und -hügel, *Tumuli* genannt. Es bedurfte eines natürlichen Schutzes, um diese Grabstätten vor Beraubung zu bewahren, deswegen finden wir die flachen, nach den witterungsbedingten Abtragungen dreier Jahrtausende nur noch wenig emporragenden Grabhügel vor allem in dem ausgedehnten Waldgebiet um Hagenau. Aber die gleiche Zivilisationsstufe, die gleichen aus dem Fernhandel im Elsaß verbliebenen Waren kommen auch in Fundstätten zutage, die wir bereits kennen, in Colmar ebenso wie in Egisheim, in Ruffach und nahe am Rhein in Biesheim oder Algolsheim, also in heute wenig ansehnlichen, wenn auch typischen Dörfern.

Kurios ist die Wirtschaftsform dieser Menschen, die sich zwischen Rhein und Vogesenkamm nun ausbreiten und größere Flächen landwirtschaftlich nutzen, denn sie gründen ihren Wohlstand auf einem Haustier, das wir in primitiven Kulturen der Südsee wiederfinden werden, – auf ganzen Herden von Schweinen, die in den Wäldern Eicheln in Fülle fanden. Noch war die Siedlungsdichte sehr gering; zwischen den Gehöften erstreckten sich weite Grünflächen, die nur zur Viehzucht genutzt wurden oder auf denen die Herden sich selbst überlassen blieben und bei Bedarf eben das eine oder andere Tier herausgefangen wurde wie später auf den amerikanischen Farmen. Die Herren der Tumuli waren also wohl Schweine-Barone, Besitzer großer Herden, die sich alles leisten konnten, was die Händler aus Süd und Nord auf der Rheinstrecke durch das Elsaß verschifften oder herankarrten. Und sie nahmen das, was ihnen besonders gefiel, mit in den Todesschlaf.

Mit den hundertundfünfzig Quadratkilometern des Hagenauer Waldes tritt das Elsaß in die europäische Geschichte ein, mit jener großen Bestattungs-Stätte anonymer

Heroën, die man noch nicht einmal antropologisch näher bestimmen konnte. Die Erforschung der Hügelgräber setzte in ganz Europa erst vor sechzig Jahren systematisch ein, und das Bild, das wir heute von ihnen besitzen, ist noch ziemlich vage. Die Funde aus dem Hagenauer Wald stammen aus der Bronze- und aus der Hallstattzeit, wie die frühe Eisenzeit, nach den reichen Funden am Salzberg von Hallstatt in Oberösterreich, gemeinhin genannt wird. Daneben finden sich in Hagenauer Gräbern – und das macht diese Tumuli so interessant für die Wissenschaft – auch altbronzezeitliche Gegenstände, vornehmlich Barren, dreikantige Dolche, zyprische Nadeln und Nadeln mit durchlochtem Hals. Diese ältesten Fundstücke beweisen eine Verbindung zu dem altbronzezeitlichen Kulturzentrum in Singen und auf dem Adlerberg im niederbayrischen Straubing, einer der reichsten vorgeschichtlichen Fundstätten in Mitteleuropa überhaupt.

Für das Elsaß bedeutet diese Konzentration einer ganz Mitteleuropa umfassenden neuen Kultur zwar noch keine besondere Position in der Geschichte, aber wir erhalten nun doch Hinweise auf das frühe Leben in unserem Landstrich. Die Träger der Hügelgräberkultur scheinen aus Ostmitteleuropa nach Westen gewandert zu sein, den Niederrhein haben sie zuletzt erreicht. Sie verdrängten die sogenannte Aunjetitzerkultur des zweiten vorchristlichen Jahrtausends, um die bis heute ein deutsch-slawischer Forscherstreit tobt. Glücklicherweise hat er für das Elsaß keine nennenswerte Bedeutung, denn uns interessiert an der Hügelgräberkultur vor allem, daß sie offensichtlich die Dauerbesiedlung gewisser elsässischer Zentren einleitete, und daß sie dank alpenüberschreitender Handelswege mit dem Mittelmeerraum in Verbindung stand, ja in die Alpen auch mit Siedlungen vordrang (Crestaulta, Cresta in der Schweiz).

Während die nomadische Lebensweise oft durch Jahrtausende keinem Wandel unterliegt, birgt die Seßhaftigkeit den Keim zum Aufstieg in sich. Sie bildet Zentren aus, sie verlangt nach überregionalen Verbindungen, weil die Siedler in ihrer Region bleiben und bleiben wollen, und sie entwickelt Organisationsformen nicht nur wegen der Verwaltung, sondern vor allem auch zur Behauptung und Verteidigung des Siedlungsraumes.

Die leichthin geprägte Bezeichnung Fürstengräber für besonders reich ausgestattete Grabfunde unter den Tumuli beweist noch lange keine monarchischen Regierungsformen; aber wir dürfen sicher sein, daß die Selbstbehauptung der Hügelgräberbauern und -Viehzüchter in einem Durchzugsgebiet wie dem Rheintal vorstaatliche Organisationsformen erzwungen hat. Zumindest die Oberschicht dieser Kulturphase entwickelte ein gewisses Luxusbedürfnis und Sinn für Schmuck, Verzierungen und kunsthandwerklich gefertigte Gebrauchsgegenstände. Die Keramik war in der Regel durch rundumlaufende Ornamente verziert, und diese Ornamente sind es, die uns sagen, daß örtliche Werkstätten beschäftigt wurden: Die Hügelgräber-Keramik schon der nahen mittelrheinischen, aber auch der württembergischen Fundgruppen unterscheidet sich zwar nicht prinzipiell, aber doch deutlich von den Mustern, wie sie im Elsaß bevorzugt wurden. Der Fernhandel sah die zerbrechliche Keramik wohl noch als zu heikles Objekt an, während die Gebrauchsgegenstände aus Bronze, nach südöstlichen Mustern gefertigt, im ganzen Raum zwischen den Karpathen und dem Niederrhein in gleicher Machart anzutreffen sind. Weit reichende Handelsverbindungen beweist auch der Bernstein, der in Frauengräbern zu beiden Seiten des Rheins gefunden wurde. Man fischte ihn, damals noch, auch aus der Nordsee rund um Helgoland, das man als bronzezeitliche Bernsteininsel ansprechen kann; in römischen Zeiten kam er dann von der Ostseeküste.

Wo die Geschichtsschreiber schweigen, hat die Deutung künstlerischer und kunstgewerblicher Arbeiten ihre große Stunde, und man ist bisweilen verblüfft, was die Spezialisten der frühgeschichtlichen Kunstepochen aus Keramikmustern, Schmuck und verzierten Gerätschaften herauszulesen vermögen: „Es ist insgesamt ein vornehmes, ein hohes Ansehen herrschendes Kunstgewerbe in Metall wie in Keramik. Gegenüber der mittleren nordischen Bronzezeit schimmert das Licht hier nicht nur an haarfein ziselierten Spiralen an der Oberfläche, sondern leuchtet üppiger, und zwar plastischer auf. Das Licht schafft hier nicht so sehr einen Oberflächeneffekt, es wird voll ausgewertet im Aufleuchten des greifbaren Gegenstandes und verdeutlicht seinen elastischen Umriß und seine geschmeidige Biegsamkeit. Spiralen und Kreise werden sogar lieber plastisch ausgeformt als bloß graviert" (Professor Dr. Franz Eppel von der Akademie der Bildenden Künste in Wien in *Fund und Deutung*).

Eppel spricht von mächtigen Gau- und Stammesfürsten, aber wenn sich so viele Tumuli auf dem Raum eines einzigen, wenn auch großen Waldgebietes finden, dann darf man schon von einer beachtlichen Oberschicht sprechen, und diese ist es denn auch, die der Bronze auf breiter Front zum Durchbruch verhilft, während der Bauer und der Hirte in ihrem jungsteinzeitlichen Leben befangen bleiben. Die Bronze hat natürlich noch eine Art Liebhaberwert, sie ist das, was wir heute ein Statussymbol nennen würden; der Metallwert spielt schon darum keine Rolle, weil ja feste Relationen fehlen, ihn festzusetzen. Was den Wert der Bronzebarren weiter steigerte, war der von Generation zu Generation intensiver werdende, besser organisierte Fernhandel, wie ihn uns die elsässischen Funde nur vereinzelt, die reichen Fundstätten von Hallstatt und La Tène aber überdeutlich beweisen. Je mehr man im Tausch erhalten kann, desto interessanter wird der Tauschhandel selbst; die Händler sind willkommen, ihre Wege werden sicherer, die Siedlungsgruppen hören voneinander , und damit öffnen sich dem Wandel die Tore. Manches, was auf den ersten Blick nur als Ergebnis einer Wanderung zu erklären war, offenbarte sich dem genaueren Hinsehen der Kunst-Archäologen als eine Ideen-Wanderung, als ein Einfluß, wie ihn die Händler mitbrachten, ein Einfluß im Denken und im Schaffen .

Die große Gegenbewegung gegen die monarchischen Strukturen, in denen für die Herren und Fürsten geschuftet und noch für die Toten mühsam Kunstbauten ausgeführt wurden, war notwendigerweise eine andere Bestattungssitte, die Rückkehr zu der Brandbestattung – nur daß nun immerhin Urnen gebraucht wurden, um die Asche des Verstorbenen zu sammeln, Urnen, die alles an Kunst tragen dürfen, was sie tragen können, und das ist sehr, sehr wenig gegen die Kammern der Hügelgräber, selbst dann, als die konischen oder doppel-konischen Urnen ihre erste, ganz schlichte Linie verlassen.

Diese Bewegung, die zumindest im Tod alle gleichmacht (soweit sie überhaupt einer Bestattung gewürdigt werden) erobert sich ganz Europa binnen drei Generationen. Man nimmt für den Weg von Schlesien bis Malta maximal zweihundert Jahre an, ein Weg, den – wie aus dieser Ausdehnung des Einflusses hervorgeht – nicht ein bestimmtes Volk zurücklegt, sondern die Idee einer Gleichmacherei, einer Abkehr vom großen Totenkult.

Im Elsaß, aber auch in seinen östlichen und südlichen Nachbargebieten geht die Urnenfelderkultur mit einer gewissen sozialen Unruhe einher, deren Herd allerdings nicht im Elsaß selbst, sondern eher im heutigen Württemberg vermutet wird; man schließt dies aus Hortfunden vor allem von Bronzebarren und -gegenständen. Die Feudalherren fühlten sich also in ihrem Besitz bedroht, weniger durch ihre armen Untertanen als durch die Nachbarn. Aber zumindest hier siegen die Herren: „Allmählich tritt wieder die Bestattungsweise unter Grabhügeln in den Vordergrund, und in der Grabausstattung lassen sich das Bestehen von Beziehungen zur weiteren Entwicklung (Hallstatt-Zeit) und Ansätze zu einer schärferen sozialen Abstufung verfolgen" (Jan Filip).

Dürfen wir daraus schließen, daß der elsässische Bauer vor dreitausend Jahren zwar kurzzeitig den Ideen aus dem revoltierenden Nachbarland verfiel, seine Herren für eine Weile so sehr ängstigte, daß sie ihren Besitz vergruben und vielleicht flüchteten, sich dann aber wieder ins Joch fügte? Die Reaktion jedenfalls ist schon damals durchaus heutigen Mustern vergleichbar. Statt seine Untertanen, die man wohl als Leibeigene einstufen darf, besser zu behandeln, lassen die Regionalfürsten die Bauern noch deutlicher fühlen, wie wenig sie zu sagen haben. Auf ein oder zwei Generationen in Urnen folgen im Elsaß schneller als östlich und westlich davon wieder die Hügelgräber mit allem, was sie aussagen, und auch die Fernhandelsverbindungen scheinen unter den Unruhen nicht nachhaltig gelitten zu haben. Eppel spricht in diesem Zusammenhang von einer Verbürgerlichung, aber wenn es auch einzelne Händler gab, wenn wir auch Werkstätten und Handwerker erkennen können, so fehlt dem Bürger doch noch die Stadt. Es mag stimmen, daß die Urnenfelderkultur von einer Mittelschicht getragen wurde; die Bauern waren gewiß noch nicht weit genug organisiert, um eine große Bewegung wie diese einleiten zu können, aber diese Mittelschicht hatte noch nicht jene Kräfte, die wir im europäischen Bürgertum schon bald erkennen werden; sie war mobil, sie transportierte Stile und Ideen, was sie zeitweise den seßhaften Potentaten überlegen erscheinen ließ, die sich in Geschmacksdingen stets den Importen gefügt hatten.

Die Waffe, mit der die Herren der Tumuli sich in ihre frühere Macht wieder einsetzten, kennen wir, denn eines der schönsten Exemplare bronzezeitlicher Schwerter wurde bei Rixheim im südlichen Elsaß gefunden, eine herrliche Arbeit mit dreieckiger Griffplatte und Mittelgrat an der Klinge.

Die Urnenfelder-Kultur ist bis heute noch sehr unzureichend erforscht und darum Gegenstand verschiedener Hypothesen, die teils abenteuerlich-faszinierend, teils allzu nüchtern jene Fragen zu beantworten suchen, die sie aufwirft – vor allem die Frage, ob es tatsächlich solch eine gigantische Wanderung quer durch die alte Welt gegeben hat und, wenn ja, wodurch sie ausgelöst wurde. Die Seevölker müssen wieder einmal herhalten, maritime Invasoren, die das Ägypten der Hoch-Zeit unter den Ramessiden so schwer gefährdeten, Völker, deren Spuren man in der Bibel zu finden glaubt und in den Felszeichnungen der Sahara. Dieser Völkersturm aus dem Kernraum des Mittelmeeres soll die anderen Völker des noch sehr schütter besiedelten Europas in eine große Ostwestbewegung versetzt haben. Aber selbst wenn man dem zustimmt, so ist damit noch nicht erklärt, wohin die Altvölker gekommen sind und warum plötzlich nur die neuen Bestattungssitten zwei Jahrhunderte beherrschen.

Die vergleichsweise nußschalengroße Landschaft zwischen den Vogesen und dem Rhein kann solche Fragen nicht beantworten. Die Urnenfelder-Bestattung wird zuerst im Norden sichtbar, im weiten Forst von Hagenau; weitere Zentren der neuen Kultur sind der Kochersberg im Gemeindegebiet von Neugartheim, der Raum Straßburg und, in späterer Zeit, der Siedlungsraum der heutigen Städte Colmar und Mülhausen. Diese Übereinstimmungen sind wohl nicht zufällig: Noch vor den festen Siedlungszentren bilden sich feste Plätze zur Verteidigung heraus, sei es gegen bürgerkriegsähnliche Unruhen, sei es gegen eindringende Wandervölker. Ihr Sinn ist weniger eine Dauerbehauptung des ganzen Landes für einheimische Fürstengeschlechter als die Abschreckung durchziehender Gruppen, die alsbald auch das Elsaß im Norden und Süden umgehen, nicht nur der Festungen, sondern vor allem der Vogesenwälder wegen. Jedenfalls finden sich Urnenfelder-Zentren bis tief hinein nach Frankreich, ins Massiv Central und sogar noch im Languedoc.

Man kann die Behauptung lesen, daß jede elsässische Festung, sofern sie in den Vogesen lag, auf einem Untergrund mit bronzezeitlichen Funden steht; angesichts der Vielzahl solcher Befestigungen sollte man das nicht wörtlich nehmen. Aber die ersten allgemeineren kriegerischen

Begegnungen im Vogesenraum, gegen wen immer, haben zweifellos den Blick der Einwohner und der Ankömmlinge für die natürlichen Bastionen unserer Landschaft geschärft, und eine Reihe solcher Lagen trägt gewiß seit damals Befestigungen. Die bekannteste dieser Uralt-Anlagen ist die elf Kilometer lange Heidenmauer bei Saint-Odile, innerhalb deren sich drei Siedlungskerne fanden. Ist die Heidenmauer auch mit Sicherheit vorrömisch, so spricht andererseits nicht viel dafür, daß sie vorkeltisch ist. Der Platz, den sie umgibt, war gewiß schon in der Bronzezeit besiedelt und befestigt. Die ausgedehnte Anlage, die man nur in stundenlanger Wanderung umrunden kann, wird aber einem keltisch-ligurischen Oppidum zugeschrieben. Die Mauer war in früheren Zeiten ungleich imposanter, wurde doch zum Beispiel das an sie stoßende Schloß Dreistein im vierzehnten Jahrhundert zu einem guten Teil aus den ja nur zyklopisch aufgeschichteten und danach durch Holzbalken gesicherten Steinen jenes Monuments errichtet, das die Franzosen heute risikolos *Mur paien* nennen (bei uns werden Bauwerke dieser Art als Teufelsmauern abqualifiziert).

Der Kochersberg im Kanton Truchtersheim ist eine Erhebung von etwa dreihundert Metern mit einer geräumigen Gipfelplattform. Diese mißt heute 40 mal 75 Meter und ist die oberste von verschiedenen Schichten, die trotz der bronzezeitlichen Funde noch nicht völlig aufgegraben und durchforscht sind; erst seit kurzem kennt man die Plazierung eines vermutlich karolingischen Turms von 7,20 zu 11,60 Metern Grundfläche. Die Besitzverhältnisse sind seit 1249 lückenlos bekannt, aber eben diese Dauer-Nutzung der ausgedehnten Festung hat die Forschungen in ihrem Untergrund verhindert, ein Flecken Erde, der viel Blut getrunken hat. Wir wissen es mit Sicherheit nur aus den geschichtlichen Zeiten, aus dem Jahr 1525, als nach dem Blutbad von Lupstein die Frauen mit vielen Kindern Zuflucht auf der Burg suchten, und in den lothringisch-straßburgischen Kämpfen geschah es, daß die Feste auf dem Kochersberg nach viertägiger heldenhafter Gegenwehr genommen wurde und alle Verteidiger abgeschlachtet wurden, obwohl sie sich ergeben hatten. Das Schloß wurde niedergebrannt, die Steine dienten zum Pflastern der Chaussee, die 1720 zwischen Zabern und Straßburg gebaut wurde – die letzte Ruhestätte für die ältesten Steinbrocken aus den heidnischen Frühzeiten des Kochersbergs.

Die zweite tiefgreifende Änderung im Leben der vorkeltischen Elsässer brachten nicht geheimnisvolle, bestimmten Bestattungsformen verbundene Einwanderer, sondern eine kurze, aber heftige Klimaschwankung, die bis heute unerklärlich geblieben ist und wohl kosmischen Ursprung hatte.

Die Landwirtschaft hatte sich in den friedlichen Dezennien der mittleren und späten Bronzezeit gut entwickelt. Die Gefäße aus Bronzeblech waren leicht und handlich, die Verwendung von Zugochsen auf den Feldern wurde allgemein und erleichterte den Menschen das Leben, und zum Düngen ließ man das Vieh auf den abgeernteten Feldern weiden, damit der natürlichen Viehdung den Boden erfrische. Räder und Karren werden häufig verwendet, wenn man auch nicht annehmem darf, daß sie im Elsaß und für die Elsässer gesondert noch einmal erfunden wurden. Eine Besonderheit der Landschaft wurden jedoch die häufigen Hochwasser des Rheins; er nämlich gebärdete sich wie der Nil und bedeckte das ganze breite Rheintal mit Schlamm, so oft, daß alle tiefer gelegenen Siedlungen aufgegeben werden mußten. Der Grundwasserspiegel stieg stark an, es mußte eine lange Phase außerordentlicher Feuchtigkeit und reichster Niederschläge gegeben haben, die nach den Ergebnissen einer relativ jungen Wissenschaft, der Paläo-Botanik, in die Zeit um 800 vor Christus anzusetzen ist. Man nennt das Zeitalter wissenschaftlich *Bronze final III,* es ist das Auslaufen der Bronzezeit, der Übergang in die Eisenzeit, ein Zeitalter, das im Elsaß beinahe fundleer ist, weil dicke Schlammschichten den Boden bedeckten, weil der hochgehende, ungeheuer breite Rhein kaum noch überquert werden konnte, weil das Elsaß von den Zentren des Handels in Württemberg und im österreichischen Alpenvorland abgeschnitten war.

Wir begegnen also vielen Rätseln, den Trägern der Urnenfelderkultur und dem Auftreten einer offensichtlich nur kleinräumigen Wassersnot, denn im übrigen Europa ist die gleiche Zeit eine Epoche glückhafter Aktivitäten: Es ist das Zeitalter Homers. Seine Landsleute schwärmen aus und gründen griechische Kolonien an den Küsten des Mittelmeers. Griechische Geographen folgen den Seefahrern, griechische Händler treten in Südfrankreich und Spanien auf und lernen auf dem Weg donauaufwärts Mitteleuropa kennen. Aber in den Schweizer Bergen, aus denen der Rhein herkommt, scheinen gewaltige Abschmelzungsvorgänge in Gang gekommen zu sein, Gott Rhenus zürnt den Elsässern und schickt ein Rheinhochwasser nach dem anderen durch die Ebene zwischen Vogesen und Schwarzwald.

Ein Menschenalter später sind die Sintfluten vorbei, sie haben zwei oder drei Generationen gezwungen, die Hänge der Vogesen zu erklimmen und in der Höhe zu siedeln. Zaudernd steigen die Bauern dann wieder ins Tal hinab, das einen neuen, fruchtbaren Boden erhalten hat, aber auch viele Kies- und Schotterböden. Die Terrassen sind trotz der großen Korrektion von 1815 noch heute sichtbar, die Hochgestade und die Nieder-Terrassenplatten, die bis zu zwanzig Kilometer breit sind und uns den Rhein der späten Bronzezeit so gewaltig zeigen, als flösse er in einem Urstromtal.

Nach einer fundarmen Zeit, in der das Elsaß zu schweigen scheint, wird es auf einmal wieder hell, ja nun stürzen die Informationen über uns herein, und jener Landstrich, den wir als linksrheinisches Vorland, die Franzosen aber als Ostfrankreich bezeichnen, gewinnt zum erstenmal zentrale Bedeutung für Europa: Führende Keltenforscher wie Jan Filip sehen hier, zwischen Hagenau, Mülhausen und dem Rhein eine Fermentationszelle der Keltenmacht, von der die Eroberungszüge des vierten und fünften Jahrhunderts ausgehen.

Wie so vieles, was über die Kelten geschrieben wurde, ist freilich auch das nur eine Arbeitshypothese, brauchbar, gestützt, aber nicht allgemein akzeptiert, denn diese genialsten Barbaren der europäischen Frühgeschichte geben uns bis heute eine Menge Rätsel auf. Es scheint, daß sie aus den Völkern der Hügelgräber-Kultur zusammenwuchsen, nach dem Urnenfelder-Intermezzo, und es darf als sicher gelten, daß die Kelten aus ihrem geistigen Leben jene Überlegenheit gewannen, die sie bald zu den Herren Europas machen wird. Zwischen Böhmen und dem Seine-Oberlauf zum Volk geworden, von reichen Fürsten mit einem gewissen Horizont geführt, erscheinen sie in der frühen Eisenzeit, dokumentieren sich am reichsten in Handelszentren wie Hallstatt und La Tène und verblüffen die an antike Schätze gewöhnten Archäologen durch eine mythisch inspirierte Kunst, die es mit den Leistungen der Etrusker – wenn auch nicht mit den gleichzeitigen Griechen – aufnehmen kann.

Das Pferd und die Schwerter, der berittene Kämpfer und der zu Pferd auftretende Grundherr, kehren in den Grabkammern wieder, und als Götterfahrzeug und rollende Reliquie der Wagen in verschiedenen Konstruktionsformen. In Ohnenheim bei Schlettstadt entdeckten bayrische Soldaten schon 1917 eine nordwestlich des Ortszentrums gelegene Gruppe von Grabhügeln, die damals, wie man so sagt, angeschnitten, also unwissenschaftlich geöffnet wurde. Nach dem Ersten Weltkrieg folgten dann systematische Ausgrabungen und die Entdeckung eines sogenannten Fürstengrabes im Südteil eines großen Hügels: Eine Wagenbestattung und zwei Skelettbestattungen. Der Wagen wirkt geradezu elegant, hat an der lenkbaren Achse zwei kleinere, an der Hinterachse zwei größere Räder und verrät seine Entstehung in der frühesten Eisenzeit dadurch, daß Bronze und Eisen noch nebeneinander verwendet werden, um die Holzteile zusammenzuhalten. Die im Grab gefundene Keramik ist reich dekoriert, in einem Kunstgeschmack, der auf Einflüsse aus dem heutigen Baden und Württemberg hinweist, polychrome Gravierungen von Geschmack, wie sie in späteren Jahren dann auch in anderen Gräbern des Oberelsaß gefunden wurden.

Was uns an dieser Stufe der keltischen Zivilisation am meisten interessiert, das sind die Fernverbindungen der Fürsten, denn sie heben die nun keltisch regierten und organisierten Landstriche aus der nordalpinen Barbarei heraus und gleichen zumindest die Lebensweise der Oberschicht jener der Mittelmeerwelt an. In diesem Zusammenhang verdient ein weiterer Fund Beachtung, der in Appenwihr nahe Colmar gelang und dessen wichtigstes Stück eine Bronzedose mit Deckel ist. Der Tumulus enthielt außerdem andere Gebrauchsgegenstände aus derselben Legierung: Becher, Siebe, einen Becher mit einem Fuß und dazu eine Urne nach dem Muster der ältesten Hallstattepoche. Die Dose erwies sich bei näherer Prüfung als die künstlerische norditalienische Kopie einer etruskischen Dose, wodurch die Botschaft auch anderer Funde wie zum Beispiel in Dornach verdeutlicht wird: Die Keltenfürsten hatten Geschmack, sie erwarben Kunstgegenstände aus dem Süden, sie beschäftigten norditalienische, vielleicht auch adriatisch-illyrische Werkstätten, und diese verfertigten für den Export zum Rhein nicht irgendetwas, sondern Kopien der inzwischen im ganzen Alpenraum bekannten und geschätzten etruskischen Kunstgegenstände (nach manchen Forschern wurden diese Kopien gar nicht importiert, sondern im Elsaß gefertigt!).

Bestattungsriten mögen allgemeingültig gewesen sein, gewisse Grabbeigaben ein fester Brauch – was davon auf uns kommt, ist dennoch Zufall, und die skeptische Vernunft sträubt sich ein wenig gegen die weitreichenden Schlüsse, zu denen emphatische Archäologen neigen, sobald sich Gesetzmäßigkeit oder auch nur Häufigkeit gewisser Fundstücke abzeichnen. Daß in den westelsässischen Gräbern die Schwerter als Grabbeigaben häufig waren, im östlichen Elsaß hingegen die Rasiermesser aus Metall – berechtigt uns das zu dem Schluß, daß wir auf der einen Seite des Vogesenhauptkamms einen kriegerischen Keltenstamm nachgewiesen haben, auf der anderen Seite jedoch einen zum Frieden neigenden? Ebensogut könnte man schließen, westlich der Vogesen wurden Bärte bevorzugt, östlich davon ging man glattrasiert.

Dieses Beispiel will keineswegs die in den letzten Jahrzehnten geleistete Arbeit der Bodenforschung in Frage stellen; vor allem seit dem Ersten Weltkrieg ist im ganzen elsässischen Raum ein neues Interesse für die Vorgeschichte erwacht, über das wir uns freuen sollten, auch wenn die französischen Archäologen mit einem gewissen Behagen alle Beziehungen registrierten, die nach Frankreich hineinweisen und ins westliche Mittelmeer mit seinen damals griechischen Pflanzstädten. Wir müssen uns nur klar darüber sein, daß der Boden Europas, vielfach umgepflügt in friedlichen und kriegerischen Zeiten, mehr behält als er hergibt, und daß in den letzten Jahrzehnten kleine und mittlere Sensationen der Fundgeschichte immer wieder neue Nuancen in das Bild einer Vergangenheit fügten, die im Ganzen ohnedies zu weit von uns entfernt ist, um das spätere Landesschicksal zu beeinflussen.

Es scheint auch Zufall zu sein, daß auf dem Boden unserer Landschaft keines jener besonders reichen Fürstengräber aufgedeckt wurde, wie man sie im oberen Donauraum gefunden hat. Das Elsaß war eben eine Durchzugslandschaft, ihr Siedlungs- und Wirtschaftsraum war und ist schmal, das grundherrschaftliche Vermögen notwendigerweise begrenzt; dennoch war der individuelle Aufstieg zu regionaler Macht zweifellos möglich. Jedenfalls verraten die Gräber im Großraum Brumath, daß eine neue Generation zu einem gewissen Wohlstand gelangt ist, keltische Großbauern, die dem Fernhandel aus dem Süden und aus dem Donautal als gute Abnehmer bekannt gewesen sein mußten. In Bestattungen an den Ufern des Flüßchens Zorn finden sich reiche Metallbeigaben aus der späteren Hallstatt-Zeit, also aus der Mitte des letzten vorchristlichen Jahrtausends. Man hat festgestellt, daß in dieser Zeit die Ill als Verkehrsweg für die Region wichtiger war als der gewaltige Rhein, dessen versumpfte Ufer und unregelmäßige Wasserstände seine Nutzung äußerst erschwerten. Neben dem Markt von Brumath war damals (450-550 vor Christus) das keltische Oppidum auf dem Britzgyberg an einer viel begangenen Ill-Furt von besonderer Bedeutung. Es schützte den Ill-Übergang, war wohl eine Wegzoll-Station und begünstigte eine kleine Kolonie von Handwerkern und Kleinhändlern zu Füßen der wehrhaften Mauern. Das Dorf Illfurth, nördlich von Altkirch und südlich von Mülhausen gelegen, erhielt später noch eine zweite Burg. Der alte Festungsberg aber ist das Kuppele, das Römerlager an diesem wichtigen Flußübergang heißt nach dem Britzgyberg. Grabungen auf dem Kuppele wurden zwar im neunzehnten Jahrhundert unternommen, aber weder wissenschaftlich noch mit der nötigen Ausdauer durchgeführt; hier wäre gewiß noch allerlei zu finden.

Der Handel führt schließlich auch im Elsaß, vor allem im Süden, zu reicheren Haushaltungen und zu Grabbeigaben nicht nur aus Bronze, sondern auch aus Gold. Man entdeckte sie bei Ensisheim, der kleinen alten Residenz für die österreichischen Vorlande, die erst 1648 zu Frankreich kam, und in dem Dorf Hatten, wo auch Teile eines Wagens gefunden wurden und Gegenstände nach etruskischen Vorbildern, dazu ein großes Kohlenbecken aus Bronze, das wohl aus Norditalien importiert worden war.

Das alles nimmt sich zweifellos recht bescheiden aus gegen den Schatz von Vix und die Funde im württembergischen Donauraum, aber es handelt sich um die gleiche Kulturstufe und allenfalls um Nachbarstämme des gleichen Keltenvolkes, denn Vix, am Oberlauf der Seine, am Fuß des Mont Lassois gelegen, ist schließlich nur einige Tagesritte von den Vogesen entfernt und kann sehr wohl das Zentrum jenes Keltenstammes gewesen sein, dessen Männern die Schwerter mit ins Grab gelegt wurden.

Der Schatz von Vix jedenfalls ist dem Ende der Hallstatt-Zeit zuzuzählen wie die Gräber von Ensisheim und Hatten, nur daß wir es hier mit dem Grab einer Herrscherin zu tun haben, einer Frau Mitte dreißig, der ihr Gatte offensichtlich noch im Tod seine Liebe und Anhänglichkeit beweisen wollte: Durch ein Golddiadem von einem halben Kilogramm Gewicht, so daß es allein eine Viertelmillion Mark wert wäre, durch Bernsteinperlen, durch griechische Vasen, ein Bronzemischgefäß für Wein von mehr als zweihundert Kilogramm Gewicht und kostbarste Importe aus dem Mittelmeerraum.

Nach dem, was einem Fürsten möglich war, dürfen, ja müssen wir die Gesamtstufe des keltischen Lebens zwischen der oberen Seine und dem Schwarzwald beurteilen. Gallien war damals unruhig; die Händlerwege in den elsässischen Großraum verliefen also wohl durch die Schweiz, auf den Routen, wie sie die etruskischen Wander-Kaufleute erschlossen hatten. Die etruskischen Depots und Stationen etwa bei Thusis existierten wohl nicht mehr; es war der Abend der etruskischen Selbständigkeit und der Morgen der griechischen Stadtrepubliken, als ineinandergreifende Agrargaue von den Kelten bereits konsequent genutzt, ja ausgebeutet wurden. Die arbeitende Schicht, die Bauern, kennen wir nicht; in ihr mögen Urnenfelderleute sich mit den Landleuten der Hügelgräber-Kultur inzwischen längst vermengt haben. Die Oberschicht aber bestand aus Männern und Frauen jenes bemerkenswerten Volkes, das die Träger der alten Mittelmeer-Kulturen bald Keltoi oder Galli oder auch Galater nennen werden. Es beschäftigt die Phantasie der Griechen seit Herodot, während die Römer erst durch Cäsar lernen, die Kelten von den Germanen zu unterscheiden. Auch der große Reichtum mancher Keltenfürsten findet sich bei griechischen Geographen bereits erwähnt, dazu die Tatsache, daß die Fürsten durch Geldgeschenke in der Menge für sich werben und bei Volksversammlungen sprechen, was auf eine gewisse Abhängigkeit der Gauherrscher von der öffentlichen Meinung hindeutet und gegen Despotie spricht. Noch Strabo erwähnt, daß die Kelten an beiden Rheinufern säßen, während die meisten anderen antiken Autoren den Rhein als Grenze zwischen Kelten und Germanen ansehen. Die Vogesen erweisen sich damit als eine zäh gehaltene Ostbastion der politisch nicht vereinigten Keltenstämme, wobei es offen bleibt, wieviel von dem, was über die keltischen Gallier berichtet wird, auch auf die Elsaß-Kelten zutrifft.

Wir kennen die Keltiberer recht gut aus den heldenhaften Kämpfen, in denen sie ihre Heimat gegen die punischen und römischen Invasionen verteidigten; wir wissen auch, daß es den Römern erst nach zweihundert Jahren aufreibender Kämpfe gelang, die Ligurer zu unterwerfen, die sich ihrerseits wieder im ganzen Raum zwischen Narbonne und Genua mit den Alpen-Kelten vermischten. Wir müssen daher annehmen, daß auch zwischen der oberen Seine und dem Oberrhein ein eigenständiger Keltenstamm das westliche Vogesenvorland, das Waldgebiet selbst und den Streifen am Rhein bewohnte, und zwar bis zu der bereits historisch erfaßbaren Offensive des Ariovist um 60 vor Christus.

Wir haben es also mit einem Halbjahrtausend kaum gestörter Keltenherrschaft und keltischer Zivilisationsentwicklung auf dem Boden unserer Landschaft zu tun, Jahrhunderte, in denen die Bevölkerung selbst im wesentlichen konstant bleibt und weder ihre Zusammensetzung noch ihre soziale Struktur nennenswert ändert, in denen aber die Oberschicht zunehmend Einflüssen aus dem Süden ausgesetzt ist oder, richtiger gesagt, Einflüsse und Kontakte sucht. Darin muß man nicht den simplen Kulturkonsum von Aufsteigern erblicken, sondern den natürlichen Wissensdrang der Menschen, denen ihr Reichtum und ihre Position Verantwortung auferlegen, Herren, die aus dem Fernhandel erste Informationen über das Weltgeschehen und die anderen Länder erhalten haben, die sie nun zu ordnen und zu ergänzen wünschen. In der Umgebung der Fürsten werden zunehmend Männer erwähnt, für die antike Autoren damals den Sammelbegriff Parasiten verwenden, eine Bezeichnung, die heute negativ verstanden wird, damals aber als neutrale Charakterisierung der Barden und ähnlicher Gefährten verstanden wurde. Reiche Geschenke an Sänger und Rhapsoden werden erwähnt, aber auch eine einflußreiche Priesterkaste, die der Druiden, die auch Richter und Lehrer waren und so hohes Ansehen genossen, daß selbst Söhne mächtiger Familien die zwanzigjährige Ausbildungs- und Studienzeit auf sich nahmen, um als Druiden tätig werden zu können.

Im Elsaß ist diese Zivilisation, archäologisch eine Mischung aus späten Hallstatt- und frühen und mittleren La Tène-Abschnitten, verhältnismäßig gut belegt, weil sich der große Forst von Hagenau als Bewahrer von Gräbern auch für diese Epoche bewährt hat. Außerdem sind aufschlußreiche Bestattungen bei Sufflenheim und Sesenheim gefunden worden, womit erwiesen zu sein scheint, daß die keltische Besiedlung damals noch bis ans Rheinufer reichte. Zahlreiche Grabbeigaben sind übrigens etruskisch oder nach wie vor in elsässischen Werkstätten nach etruskischen Vorbildern gefertigt, wobei gewisse Schmuckelemente (Korallen, Perlmutter) auch in diesem Fall aus den Mittelmeerländern importiert wurden. Das Elsaß genießt den Schutz seines waldigen Kerns, und als der Norden rund um Hagenau unruhig wird, setzt eine gewisse Wanderung in Richtung Süden ein.

In dieser Zeit, ab etwa 350 vor Christus, reduziert sich der Kernraum der Besiedlung ein wenig, weil die Pforte des Zorntales, die Schmalstelle zwischen den nördlichen und den mittleren Vogesen-Erhebungen, offenbar von durchziehenden Wanderstämmen zu häufig begangen wurde. Der Vorgeschichtsforscher B. Normand nimmt Brumath als Nordgrenze dieser auf Wald- und Gebirgspositionen zurückgezogenen Bevölkerung an. Die von den nach Gallien weiterziehenden Invasoren begangene Pforte wird heute von der Autobahn Straßburg-Paris genutzt und ist seit etwa zweitausend Jahren durch Befestigungen kontrolliert: Im Norden durch die in damals kaum zugänglichem Felsland aufragende Burg von La Petite Pierre, im Süden durch die Lützelburg, zwei somit beinahe gleichlautend benannte Festungen, denn La Petite Pierre hieß früher Lützelstein (im Niederdeutschen heute noch: Lütte Deern = kleines Mädchen, vergl. auch *little* im Englischen). Die Nähe einer großen Handelsstraße verleitete zwei Grafen von Lützelstein, nämlich Jakob und Wilhelm, sich als Raubritter zu betätigen. Das war zwar 1445 und 1447, also lange nach den Invasionen der Keltenzeit, aber es beleuchtet die Situation einer an sich unangreifbaren Wald- und Felsenlandschaft, durch die eine unentbehrliche Handelsstraße von Ost nach West führt. Oberhalb von La Petite Pierre, auf einer dominierenden Höhe, sind Befestigungen zu erkennen, die der Feldherr Turenne im siebzehnten Jahrhundert anlegen ließ. Sie verdecken leider die Spuren eines uralten Schlosses, dem die Höhe ihren Namen verdankt (Altenbourg) und das die älteste Befestigung an dieser Pforte gewesen sein mag.

Woher der Druck auf die keltischen Elsässer kam, ist nur zu vermuten, vor allem, da es eher um den Durchzug ging als um die nicht sonderlich einladenden Vogesen selbst. Der Wandel der Schmuckstücke deutet auf Einwanderung aus dem Osten hin, die rein militärischen Funde lassen Feinde aus dem mittelrheinischen Gebiet vermuten, wohin der belgische Einfluß reichte.

Für die oft so mißachtete und doch unentbehrliche Lokalforschung eröffnet sich in diesen letzten Jahrhunderten vor dem Eintritt der elsässischen Landschaft in die geschriebene und nicht nur gelebte Geschichte die große Chance, Lücken zu füllen, die von der Wissenschaft bislang zwar registriert, aber allenfalls durch Hypothesen kaschiert wurden. Der rote Faden, der uns zwischen 400 vor Christus und dem Kommen der Römer führen kann, ist das Schicksal, wie es die Wandervölker dem Elsaß vornehmlich an den Durchzugswegen bereiten. Wir werden sehen, daß bewegliche Armeen wie die großen Reiterschwärme der Hunnen die Vogesen im Norden und Süden umgehen; so weit sind wir aber noch nicht. Die langsamen Trecks der meist aus dem Osten heranziehenden illyrischen und keltischen, bald auch germanischen Wandervölker sind mit Weib, Kind, Troß und Vieh auf die Wege angewiesen, wie sie der Handel seit Jahrhunderten, vielleicht sogar seit Jahrtausenden kennt, Karrenpfade, Taleinschnitte wie das der Zorn, Pforten wie das Zaberner Joch, heute Col de Saverne genannt.

Nirgendwo sonst im Elsaß sind die Reste alter Wegfestungen häufiger als hier, aber Ruinen sind undankbar, man hat sie durch Jahrhunderte ahnungslos ausgebeutet und die Steine aus ihnen gebrochen, und heute beachtet sie niemand mehr, weil es zwischen Weissenburg und Basel zu viele von ihnen gibt. Die Höhen, die auf die Wanderzüge herabblicken, liegen bei Neuwiller-les-Saverne und auf dem Grünkopf und südlich der Passage bei Hultenhouse über der Zorn und bei Haegen. Im Volk gehen verschiedene Namen für sie um. Die bekanntesten sind die Hüneburg auf dem Grünkopf und das Château du Haut-Barr südwestlich von Zabern, aber die Domänenwälder von Pfalzburg und von Buchsweiler haben auch noch andere Ansitze gesehen, über die heute Waldesgrün gewachsen ist.

Die Hüneburg in der Gemeinde Dossenheim hat wie Lützelstein zeitweise Raubrittern als Unterschlupf gedient, die auf der Jochstraße Kaufleute überfielen und denen Truppen aus Straßburg im Jahr 1378 den Garaus machten. Heute erheben sich auf dem seit vorgeschichtlicher Zeit genutzten Plateau pseudomittelalterliche Bauten, die den Vorteil haben, daß sie aussichtsreiche Grabungen nicht behindern würden, weil sie erst zwischen den Weltkriegen ausgeführt wurden.

Man hat im neunzehnten Jahrhundert in Neuweiler, dem Städtchen, zu dem die Hüneburg gehört, sehr viel für die Rettung alter Gebäude getan, aber auch dafür, daß sie sich so präsentieren, wie sie zu ihrer Entstehungszeit gedacht waren, denn Neuweiler geht auf eines der ältesten elsässischen Klöster zurück, auf die 723 vom heiligen Sigebold, Bischof von Metz, gegründete Benediktinerabtei, deren Abt Drogon ein Sohn von Karl dem Großen war. Neben der Hüneburg schützte ein heute ebenfalls verfallenes Schloß Herrenstein die Handelswege bei Neuweiler, es gehörte bis zur Revolution dem in allen Kriegen des siebzehnten und achtzehnten Jahrhunderts mit tapferen, ja wilden Offizieren auffallenden schwedisch-baltischen Geschlecht von Rosen. Sowohl die Hüneburg, die auch Napoleon kannte, als auch Herrenstein sind Festungsanlagen, deren Anfänge sich in der Ferne der Zeiten verlieren, ähnlich wie südlich der Zaberner Pforte Greifenstein und Haut-Barr, Außenwerke der von den Römern als Wegfestung erbauten Stadt und vermutlich ebenso wie diese im vierten nachchristlichen Jahrhundert von den Alemannen zerstört. Aus dem Herzen von Zabern soll ein geheimer Gang zur Burg Haut-Barr geführt haben, ein Fluchtweg für den Fall, daß die große Straße allzu gefährliche Eindringlinge herangebracht haben sollte. Von Greifenstein ist der romanische Donjon noch zu sehen, der größte seiner Art im ganzen Elsaß. Auch die drei Felsen, auf denen Schloß Haut-Barr erbaut wurde, luden seit frühesten Zeiten zur Errichtung einer Sperrfeste ein, ja der Name Barr wird (z.B. von Ch. L. Salch) von Barre—Barrière abgeleitet.

Im großen Geschehen des zweiten und dritten vorchristlichen Jahrhunderts wirken diese ersten Versuche, sich mit der Hilfe von zyklopischen Mauern, Mauerkränzen auf hochragenden Bergen und anderen Befestigungen gegen die Völkerbewegungen zu stemmen, als verzweifelte und letztlich nutzlose Maßnahmen einer Bevölkerung, die nun jahrhundertelang zwischen Vogesen und Rhein gelebt und diese Landschaft liebgewonnen hat. Das Unabänderliche geschieht: Noch ehe die Römer kommen und für den großen Frieden der nächsten Jahrhunderte sorgen können, erlebt das Elsaß einen weitgehenden, einen beinahe vollständigen Wechsel seiner Bewohnerschaft. Die große Keltenwelle hat die Richtung geändert. Kamen jahrhundertelang die Wanderzüge aus dem Osten, so fluten sie jetzt aus dem Westen und Süden heran, und die Elsaßkelten werden über den Rhein nach Osten abgedrängt. Vielleicht schließen sie sich auch freiwillig den großen Trecks an, die sich um diese Zeit donauabwärts auf den Weg machen, weil die erstarkenden Belgae und die Sequaner von der oberen Seine zu gefährliche Nachbarn geworden sind. Die neu auftretenden Stämme haben ihre Hauptstadt im heutigen Metz und werden von den antiken Schriftstellern Mediomatrici genannt, ein keltisches Volk in der *Gallia belgica.* Cäsar berichtet, daß sich ihr Wohn- und Herrschaftsbereich im Osten bis an den Rhein erstreckte, das heißt, sie sind jene Elsässer, auf die die Römer treffen. Sie sind kein berühmter Stamm, sie machen nicht Geschichte, aber zumindest der genaue Tacitus wird ihnen drei Kapitel seiner *Historien* widmen, und damit ist das Elsaß in das große Buch der Geschichte eingetragen.

Die drei Tavernen und die Bronzestadt

Das letzte vorchristliche Jahrhundert wird für das Elsaß wichtiger als alle vorangegangenen, und wir finden für diesen großen geschichtlichen Auftakt auch schon alle Völkerschaften auf elsässischem Boden vereinigt, die sich an seinem künftigen Schicksal beteiligen werden: Ganz im Süden, aus der heutigen Schweiz, haben sich die keltischen Rauraker auf elsässisches Territorium vorgeschoben; man findet sie auch Rauriker genannt, und ihre Hauptstadt ist eine der bedeutendsten Fundstätten römischer Altertümer in der ganzen Schweiz: Augst bei Basel. Ihre Siedlungsgebiete reichten von der Aare bis nach Breisach, nach neueren Forschungen auf linksrheinischem Boden bis Colmar. Es ist nicht ausgeschlossen, daß die ursprünglich rechtsrheinisch siedelnden Rauraker erst nach Westen vordrangen, als ihnen die rücksichtslose Umsiedlungspolitik des Gallien energisch verändernden Julius Cäsar die Wohnmöglichkeiten im Oberelsaß eröffneten.

Der Hauptteil unseres Landes war noch immer von dem mächtigen Keltenvolk der Sequaner bewohnt, einer kulturell besonders gut entwickelten Gemeinschaft von Stämmen, die in der keltischen Spätzeit weite Teile des nordöstlichen Frankreich beherrschte und in der Seine (Sequana) eine Hauptverkehrsader mit der Flößerstadt Paris als Mittelpunkt besaß. Auch im Elsaß drängten die Sequaner in die Nähe der Hauptverkehrsader Rhein, doch hatten hier schon die Vorhuten der germanischen Welt Siedlungsgebiete eingenommen: Der historische Zufall wollte es nämlich, daß dem Römer Cäsar, der im eroberten Gallien wie ein Halbgott schaltete, auch ein energischer Germanenfürst gegenüberstand, nämlich Ariovist (110-54 vor Christus), ein Triboker, auf den auch zahlreiche Suebenstämme hörten, weil sich tüchtigen Heerkönigen stets verschiedene Stämme anschlossen. Ariovist hatte schon um 71 vor Christus seine Triboker über den Rhein geführt und in die Kämpfe zwischen Sequanern und Häduern eingegriffen, nach jenem bewährten Muster des Ins-Land-Rufens, dem wir in der Geschichte noch sehr oft begegnen werden. Zum Dank für die militärische Hilfe hatten die Sequaner vor allem aus ihren elsässischen Gebieten Siedlungsraum an die Triboker abgeben müssen, so daß wir diese nun als Nachbarn der Mediomatriker und Sequaner nördlich der Rauraker antreffen.

Der planvoll, aber selbstherrlich Völker verschiebende Cäsar, der die kriegerischen Helveter zu Kreuz- und Querzügen nötigte, und der seine Zeitgenossen deutlich überragende, geschickte und gebildete Ariovist, dem sich schließlich Germanenstämme mit insgesamt etwa 120.000 Waffenfähigen anschlossen, trafen im Elsaß aufeinander. Zuvor hatten sie, gemeinsam und teilweise gegeneinander auftretend, abermals für eine tiefgreifende Veränderung der Bevölkerung im Elsaß gesorgt. Um die Radikalität solcher Maßnahmen auf römischer und germanischer Seite verstehen zu können, muß man sich klar machen, daß die Seßhaftigkeit der Menschen vor zweitausend Jahren noch nicht mit unserem Lebenszuschnitt zu vergleichen ist. Noch fehlte die Stadt, fehlten jene großen und traditionsreichen Zentren, die ein Volk an den Brennpunkten seines Lebens festhalten. Die Germanen und die Kelten waren noch immer auf einer großen Wanderung begriffen, die zwar Rastplätze kannte, die für Jahrhunderte zur Ruhe kam, die aber jederzeit wieder aufgenommen werden konnte, wenn sich nicht nur die politischen, sondern vor allem die wirtschaftlichen Verhältnisse verändert hatten.

Nach Ariovist und Cäsar werden die Triboker vierhundert Jahre lang im Elsaß bleiben – zu Zeiten dieser beiden großen Herrscherfiguren jedoch waren sie eben erst im Begriff, zwischen anderen Völkern ihren Platz im schönen Elsaß zu finden. Damit endet nun aber auch eine andere

Epoche, nämlich die keltische, denn wenn sie auch weiterwirken wird, wenn auch die keltischen Volkselemente erhalten bleiben, weil die Triboker unter Ariovist nicht als blutgierige Eroberer ins Land der Sequaner kamen, sondern als besitzerheischende Verbündete,so ist die von vielen Lokalhistorikern als besonders glücklich bezeichnete Zeit des keltischen Elsaß nun am Ende. Wir haben aus ihr keinen Keltenfürsten, dessen Namen wir kennen, und, was sich wohl verderblicher auswirkte, keinen keltischen Staat, der sich bis in die Römerzeit Macht und Grenzen bewahrt hätte. Längst gibt es Keltenreiche in verschiedenen Gegenden Europas, ja Ariovist wird die Tochter solch eines Herrschers eines festgefügten Reiches heiraten.

Im Großraum zwischen Rhein und Seine jedoch erfolgte keine Staatbildung: Eine reiche materielle Kultur war hier nicht zur Grundlage politischer Organisationsformen von einiger Beständigkeit geworden. Gewiß trugen daran nicht die 'südlichen Einflüsse' Schuld, wie man lesen kann; an Importen geht ein solides Reich nicht zugrunde. Eher darf man wohl annehmen, daß sich die Kelten einem trügerischen Überlegenheitsgefühl hingaben, daß sie die Gefahr aus dem Osten zu spät erkannten und jene, die Rom für Gallien bedeutete, überhaupt nicht.

Es ist nur zu verständlich, daß die elsässische Heimatforschung den Kelten manche Träne nachweint, diesem eminent europäischen Volk, von dem seit den Straßburger Eiden zwischen Frankreich und Deutschland kaum noch die Rede ist und das nur noch in entlegenen Provinzen wie der Bretagne oder in Schottland ernst genommen wird, wo die geographischen Verhältnisse seine Überfremdung und Vermischung behindert haben. Es hat zwischen 1933 und 1945 auch nicht an Versuchen gefehlt, die ihrer Herkunft nach ja schwer festzulegende Kelten zu „Blutsbrüdern der Germanen" (Georg Kraft) zu machen; aber was immer darunter zu verstehen war – die keltisch-germanischen Gegensätze sind an dieser Zeitenwende mindestens ebenso deutlich wie die keltisch-römischen, und die Behauptung einer engen Verwandtschaft zwischen Kelten und Germanen ist ebenso illusorisch wie die (in jenen Jahren ebenfalls zu lesende) Theorie, die Wenden in vielen mittelalterlichen Chroniken seien keine Slawen, sondern Restgermanen an der Ostsee gewesen.

Berechtigt ist es, aus dem Elsaß mit seinem mitunter beinahe hektischen Wechsel der Bevölkerungen nach Süden zu blicken, wo schon im zweiten vorchristlichen Jahrhundert – also gut hundert Jahre, ehe Cäsar sich nach Gallien aufmachte – ein wohlgeordnetes Keltenreich bestand, das, aus dreizehn Teilfürstentümern zusammengesetzt, eine bemerkenswerte Stabilität bewies, Könige hatte, Münzen prägte und von den Römern als Bundgenosse und Freund, niemals aber als Kolonie angesehen wurde. Dieses Keltenreich Norikum, von dem wir durch reiche Funde auf dem Boden Kärntens Kunde haben, trat zum Elsaß in eine enge Beziehung, als der Norikerkönig Voccio – vielleicht auf Verlangen des Ariovist – seine Schwester oder eine seiner Schwestern nach Gallien entsandte, worunter man zu jener Zeit Ariovists Residenzen zwischen Rhein und Seine verstehen darf. Ariovist hatte bereits eine Suebin als Gemahlin an seiner Seite, vermutlich die Tochter eines angesehenen Mannes, die ihm, dem Triboker, eine gute Ausgangsposition für die Erlangung der Heerkönigs-Würde verschafft hatte. Neben dieser ersten Frau wird nun die Schwester des Voccio seine zweite Gemahlin, da sich der Norikerkönig mit der bloßen Kebsweib-Position seiner Schwester gewiß nicht abgefunden hätte. Wir haben hier also den von Tacitus bestrittenen und tatsächlich sehr seltenen Fall vor uns, daß ein Germanenfürst zwei etwa gleichberechtigte Frauen an seine Seite zog, die ihm auch – wie wir aus Cäsars Schlachtbericht wissen – dann beide in die große Entscheidungsschlacht folgten und in ihr umkamen, also den Tod der Gefangenschaft vorzogen.

Die Verbindung nach Norikum bestätigt das Urteil Cäsars über seinen großen Gegner: Ariovist sprach neben dem Suebischen auch das Keltische fließend, dazu auch

Latein. Er hatte eine genaue Kenntnis der politischen und militärischen Vorgänge seiner Zeit auch außerhalb seines Herrschaftsbereiches, denn er brachte Cäsar eine ganze Anzahl unwiderlegbarer Beispiele für die Eroberungssucht und die eigensüchtigen Interventionen der Römer in ganz Europa. Und er kannte die besondere Position des an Eisen und keltischem Handwerk so reichen Staates Norikum, der ihm bei entsprechend freundschaftlicher oder gar verwandtschaftlicher Verbindung hinreichend Waffen und andere Ausrüstungen für den großen Kampf um Gallien liefern konnte. Die elsässischen Werkstätten boten in jenen Jahren ein eher klägliches Bild, wie wir aus den kärglichen Bodenfunden schließen müssen, die in einem gewissen Gegensatz zu dem Reichtum der Suebengräber stehen: Die germanischen Fürsten verfügten über ein ansehnliches Arsenal keltischer Waffen, die offensichtlich nicht am Oberrhein gefertigt worden waren (die Werkstätten in Breisach-Hochstetten arbeiteten eher für einen zivilen Bedarf und erzeugten neben Glaswaren auch verbreitete Keramik, während die Eisenwaren dem gegenüber an Bedeutung zurücktraten).

Ariovistus, wie ihn die römischen Geschichtsschreiber nennen, präsentiert sich uns in mehr als einer Hinsicht somit als Ausnahmeerscheinung, und er wird der Hauptgegner der Römer, die sich das Erbe der schnell gealterten Keltenkultur sichern wollen. Denn es gibt nun einmal für alle Eroberer nichts Lohnenderes als zivilisierte, durch Fleiß zu einem gewissen Wohlstand gelangte, aber unkriegerische Völker. Die Kelten, die nur in gewissen Vermischungen wie etwa mit den Iberern wirkliche Härte zeigen oder mit den Ligurern Stämme von starkem Widerstandswillen bilden, sind die Beute, um die Germanen und Römer nun zum Kampf antreten, und es ist, geographisch gesehen, nicht sonderlich überraschend, daß dieser Kampf sich auf elsässischem Boden abspielt, nachdem er hier zwanzig Jahre lang geschwelt hat.

Diese zwei Jahrzehnte zwischen Ariovists erstem

Auftreten um 73 vor Christus bis zu seinem Tod nach dem Jahr 54 machen ihn in gewissem Sinn zu dem ersten uns namentlich bekannten Elsässer, und er wird damit noch lange allein bleiben, denn die römischen Pflanzstädte am Oberrhein entwickeln, von Trier, Besançon, Kaiseraugst bei Basel und anderen nahen Zentren überstrahlt, nicht jenes staunenswerte, wenn auch provinzielle Kulturleben, das so manchen römischen Philosophen, Schriftsteller oder Dichter in Spanien, Südfrankreich oder sogar Pannonien residieren ließ. Selbst alte und später berühmte Siedlungen wie Colmar oder Straßburg, Zabern oder Pfalzburg spielen im römischen Reich keine nennenswerte Rolle und erscheinen im Grunde nur als Wegstationen, von denen man ohne die Peutingersche Tafel herzlich wenig wüßte.

Aus Cäsars Bericht über den Gallischen Krieg, vor allem aus dem Ersten Buch, erfahren wir mit vielen Einzelheiten und wohl im Wesentlichen tatsachengetreu, wie der große Römer die Herrschaftsansprüche des Ariovist von Anfang an ernst nahm und ihnen schon im ersten Jahr dieser großen Eroberungsphase energisch entgegentrat, trotz aller Widerstände im eigenen Lager. Die Legionen hatten im keltischen Gallien noch nicht allzuviele schwere Kämpfe absolvieren müssen – die Auseinandersetzung mit Vercingetorix erfolgte erst vier Jahre später – und was sie mit den Germanen erlebt hatten, ließ ihnen die Eroberung des nordöstlichen Gallien als äußerst riskant erscheinen. Der Widerstand gegen Cäsar schien vor allem vom mittleren Offizierskorps auszugehen, das leichtere Erfolge und schnelle Beute anstrebte und darum den in Rom nicht vorhersehbaren Krieg gegen einen germanischen Heerkönig als Cäsars persönliche, vom Senat nicht genehmigte Initiative hinstellte.

In der von Cassius Dio mit ermüdender Ausführlichkeit widergegebene Rede zu den Hauptleuten erwähnt Cäsar selbst dies nur kurz. Ihr Kerngehalt ist, daß man eben Bundesgenossen nicht im Stich lassen dürfe, und daß Ariovist auch keine besseren Anspruchstitel auf Gallien hätte als die Römer. Ehe die versammelten Offiziere viel erwidern konnten, begannen die Angriffe der Reiterei. Ariovist machte ein letztes Angebot der Aufteilung der Interessensphären zwischen Rom und den Sueben, und dann entbrannte der Kampf.

Was Cäsar von den Organisationsformen im Heer des Ariovist berichtet, die erfahrene Reitertruppe, die Elitesoldaten, die einander selbst auswählen, damit sich einer auf den anderen verlassen könne, aber auch die Karree-Bildung nach dem Verlust des Schlachttages, dies alles deutet auf eine sehr starke Autorität des Heerkönigs hin und zeigt uns, daß Ariovist eine gute Chance auf ein germanisches Großreich gehabt hätte – wäre er nicht gerade auf einen Cäsar gestoßen, den größten Feldherrn zwischen Alexander und Napoleon.

„Ich stellte", schreibt Cäsar von der Schlacht selbst, „die einzelnen Legionen unter den Befehl eines Legaten und Quästors, damit jeder Mann sie zu Zeugen seiner Tapferkeit habe. Ich selbst eröffnete auf dem rechten Flügel den Kampf. Dort war, wie ich feststellte, der Feind am wenigsten stark. So heftig griffen meine Truppen auf das gegebene Zeichen den Gegner an, und dieser stürmte so plötzlich und so rasch vor, daß es keinen Raum mehr gab, auf die Gegner die Wurfspieße zu schleudern. Man ließ diese zurück und kämpfte mit dem Schwert Mann gegen Mann. Aber die Germanen bildeten nach ihrer Gewohnheit dicht geschlossene Kampfeinheiten und parierten den Schwerterangriff. Da fanden sich mehrere Römer, die in die Kampfschar hineinsprangen, die Schilde mit den Händen hinwegrissen und von oben herab Wunden schlugen.

Während der Feind auf dem linken Flügel geworfen und in die Flucht gejagt wurde, setzte er uns infolge seiner zahlenmäßigen Überlegenheit auf dem rechten Flügel hart zu."

Damit gesteht Cäsar einen Irrtum ein, oder eine gelungene Täuschung des Ariovist: Cäsar hatte, wie er oben sagt, den Kampf auf dem vermeintlich schwächeren Flügel des Feindes eröffnet und sich an den germanischen Karrees festgerannt, was ihm selbst den Überblick über die Entwicklung der Schlacht nahm. Diesen behielt der Reiterführer Publius Crassus, der Sohn des Volkstribunen, der mit einer Art Eingreifreserve das gewaltige Ringen verfolgte und die noch verfügbaren Truppen dort in den Kampf warf, wo Cäsar zu unterliegen drohte.

„So entbrannte der Kampf von neuem; alle Feinde flohen und ließen von der Flucht nicht eher ab, bis sie – es waren von dort ungefähr fünf Meilen – an den Rhein kamen. Nur wenige mühten sich, auf ihre Kräfte bauend, den Fluß zu durchschwimmen oder auf vorgefundenen Nachen ihr Leben zu retten. Unter diesen befand sich Ariovist, der einen am Ufer vertäuten Kahn fand und in diesem floh. Die römischen Reiter holten alle übrigen ein und hieben sie nieder."

Neben der Bemerkung, daß Ariovist am Fuß eines Berges gelagert hatte, was im Elsaß an sehr vielen Stellen der Fall gewesen sein kann, ist diese Angabe, fünf Meilen vom Rhein, der zweite und schon wesentlich brauchbarere Hinweis auf den Ort der großen Schlacht, denn wenn römische Kavallerie sieben Kilometer weit in schnellem Ritt hinter Flüchtigen herjagen kann, ohne daß diese eine Möglichkeit finden, sich zu verstecken und in unwegsames Terrain auszuweichen, dann kommen im Grunde nur die sogenannten Rheinauen als Schlachtort in Frage, die Ebene östlich der Vogesen.

„Ariovist hatte zwei Frauen, eine Suebin, welche er von zu Hause mitgenommen hatte, und eine Norikerin, die Schwester des Königs Voccio, die ihm von ihrem Bruder zugeführt worden war und die er in Gallien geheiratet hatte. Beide kamen auf der Flucht um. Von seinen zwei Töchtern wurde die eine getötet, die andere gefangengenommen."

Aus dieser Erzählung Cäsars muß man folgern, daß die Frauen, die ja nach germanischer Sitte unmittelbar hinter den Kampflinien weilten, schon ums Leben kamen, als die römische Reiterei den Troß erreichte; andernfalls hätten zumindest die vornehmen Frauen mit Hilfe ihrer Pferde und der Dienerschaft auf der Fluchtstrecke, für die auch ein Reiter eine Weile braucht, einen Weg zur Rettung gefunden. Bei der Tendenz der römischen Feldherren, vor allem besiegte Fürstinnen als Zierden eines Triumphzuges in die Tiberstadt zu bringen, ist es nicht sehr wahrscheinlich, daß die Reiterei der Römer, bei der sich Cäsar selbst an der Verfolgung beteiligte, die Frauen kurzerhand umbrachte. Eher muß man annehmen, daß sie sich selbst den Tod gaben, als sie sahen, sie würden dem Sieger in die Hände fallen. Vom Schicksal der zweiten Tochter des Ariovist findet sich in späteren Schriften Cäsars leider keine Spur mehr.

Sehr aufschlußreich ist Cäsars Bericht von der Lage am Rheinstrom selbst, der aller Wahrscheinlichkeit nach etwa fünfzehn bis zwanzig Kilometer nördlich von Basel erreicht wurde: Auf dem rechten Rheinufer seien weitere bewaffnete Haufen der Germanen versammelt gewesen, offensichtlich bereit, im Fall eines Sieges über die Römer nachzustoßen, wozu es nun aber nicht mehr kam. Und die Geschlagenen seien – offenbar noch auf dem linken Rheinufer – auch von den Landesbewohnern angegriffen, beraubt und getötet worden, ein weiterer Umstand, der für einen Schlachtort so weit im Süden spricht, denn bei der nächsten Pfortenlandschaft, zwischen Hagenau und Zabern, dürfen wir um diese Zeit bereits geschlossenes germanisches Siedlungsgebiet annehmen, wo die Krieger des Ariovist auch als Flüchtlinge nichts mehr zu fürchten gehabt hätten (und wo die Reiterei wegen des bergigen Charakters der Landschaft eine erfolgreiche Verfolgung kaum hätte durchführen können).

Gerade diese letzten Mitteilungen, von Cäsar wohl nicht absichtslos angefügt, scheinen zu beweisen, daß die Verbindung jener Stämme, die sich einen Ariovist als Heerkönig erwählt hatten, noch so locker war, daß sie eine große Niederlage, ein wirkliches Desaster nicht zu überstehen vermochte. Ariovist, vermutlich verwundet, hatte nicht mehr die Kraft, das Schicksal seiner Völker zu wenden. Er genoß jedoch noch durch Jahre die Sympathie und Verehrung zumindest der Triboker und Sueben, denn Cäsar erwähnt im fünften Jahr des Gallischen Krieges, also 54 vor Christus und vier Jahre nach der Schlacht gegen Ariovist, daß die Germanen durch den Tod Ariovists besonders erbittert seien. Dieser Tod wurde also offenbar mit den Römern in einen gewissen Zusammenhang gebracht, was man eigentlich nur so verstehen kann, daß er die Spätfolge einer Verwundung in jener großen Feldschlacht gewesen sei. Das sind freilich Hypothesen; auch ein Cäsar kann schließlich etwas als bekannt voraussetzen, was uns nicht überliefert wurde.

Es gibt wenige Schlachten der europäischen Geschichte, denen man so weitreichende Folgen zugemessen hat wie der Begegnung zwischen Cäsar und Ariovist irgendwo zwischen Mülhausen und Colmar, sieben oder acht Kilometer vom Rheinstrom. Damals sei, so kann man lesen, das Schicksal Frankreichs entschieden worden, es sei der Jahrtausendchance beraubt worden, deutsches Land zu werden. Nun, diese Chance hatte Frankreich bekanntlich ein zweites Mal, als die Westgoten das römische Gallien zu ihrem Land machten, und ein drittes Mal, als die kriegstüchtigen Franken dann die Westgoten vor sich her nach Südwesten abdrängten. Aber es ist richtig, daß die Romanisierung des französischen Nordostens und der lernbegierigen und gewandten Sequaner im Fall eines Suebensieges unterblieben oder erheblich hinausgeschoben worden wäre. Das hätte zumindest für die Franche Comté und das Elsaß doch weitreichende Folgen gehabt und vielleicht sogar für das Alpenvorland, das gegen eine starke germanische Flankenstellung am Oberrhein kaum so schnell hätte erobert werden können, wie wir es unter Cäsars Nachfolger Augustus erleben.

Nach solchen Spekulationen nimmt sich das, was wirklich geschah, einigermaßen ernüchternd aus: Die keltischen Mediomatriker und Sequaner hatten eine zwar nur kurze, aber intensive Germanenherrschaft kennengelernt und nahmen nach diesen Erfahrungen die intelligentere, auf beträchtliche Verwaltungspraxis gestützte Römerherrschaft als das kleinere Übel wenn schon nicht begeistert, so doch sehr willig an. In der relativ kurzen Zeit, da der Oberrhein die Grenze gegen die Germanen bildete, entstanden in der Niederung römische Kastelle und auf den Höhen Wachtürme, systematische Befestigung einer Grenze, die bald keine mehr sein würde. Für das Elsaß beschleunigte diese Phase jedoch die Städtegründung, denn die Kastelle mußten Zufahrts- und Versorgungsstraßen erhalten, die Straßen brauchten Wegstationen, an den Knotenpunkten entstanden auf durchaus natürliche Weise Versorgungseinrichtungen, Unterkünfte, Gaststätten, Handwerkersiedlungen. Da das Konzept erprobt war, bewährte es sich auch im Elsaß, ohne daß geniale Lösungen notwendig gewesen wären: Die Überwindung der Alpen, die Etablierung der Römerherrschaft in jenen Räumen, die Seeversorgung nötig machten, die Erschließung des Riesenraumes Spanien, das alles waren ungleich größere kolonisatorische Leistungen der Römer. Was im Elsaß zu tun war, wurde zudem durch den Rhein erleichtert, den die Römer, sobald die militärischen Voraussetzungen dafür geschaffen waren, mit ganzen Flotten vor allem von Handelsschiffen bis zu seiner Mündung befuhren.

Die Geschichte der Jahre zwischen 58 vor und 54 nach Christus, als Kaiser Claudius von seiner Gemahlin vergiftet wurde, damit Nero auf den Thron gelangen könne, ist das am besten bekannte Jahrhundert der ganzen Römerzeit, eine durch Cäsar und Augustus, zwei wirklich Große, eingeleitete Expansionsphase, deren mächtiger Schwung auch einen Tiberius und den weisen Claudius mitriß. Zwar gibt es auch hier Spekulationen und das Wunschdenken diesmal französischer Historiker, die es bedauern, Hermann-Arminius, den erfolgreichen Cheruskerfürsten, nicht vernichtender besiegt zu sehen: Damals hätte Rom die Chance gehabt, die Germanen ein für allemal zu vernichten und hätte sich damit die Invasionen des dritten und vierten Jahrhunderts nach Christus erspart, die dem Römerreich schließlich den Garaus machten (so zu lesen bei Paul Arnold in der immerhin bei Albin Michel verlegten *Histoire secrète de l'Alsace*). Dies ist eine Überlegung, die Arminius wohl zu viel Ehre erweist, hatten doch auch ein Vercingetorix oder ein Marbod gegen die Hydra des Römerreiches nur vorübergehende Erfolge erringen können.

Die Germanen blieben also der achtungsgebietende Gegner, der römische Limes wurde als eine imposante Befestigungslinie vom Niederrhein bis an die mittlere Donau gezogen und ingeniös ausgebaut mit einer Infrastruktur, die jedem genaueren Betrachter Vergleiche mit der Maginotlinie nahelegt und die für das Hinterland des Limes entscheidende politische und wirtschaftliche Voraussetzungen schuf. Das Elsaß wurde, nachdem es ein Jahrhundert lang Front gewesen war, endgültig und für dreihundert Jahre zur Etappe, und in der Etappe hat es sich noch zu allen Zeiten gut leben lassen. Der Rhein wurde zur Hauptversorgungslinie, da sich selbst auf den guten Römerstraßen die Güter nicht annähernd so bequem und in so großen Mengen transportieren ließen wie auf dem Wasserweg, und die milden Wetterlagen am Oberrhein begannen all das zu begünstigen, was bis heute Reiz und Reichtum der elsässischen Landschaft ausmacht: Das Entstehen kleiner, wohlhabender Siedlungen; das Umsichgreifen des Land- und Weinbaus; die Erschließung der Vogesen und ihrer Höhen.

Die Straßenknotenpunkte und Garnisonsorte wurden zu Keimzellen der uns heute so gut bekannten Städte Straßburg, Lauterburg, Seltz, Bergheim, Zabern und anderer;

der Mons Brisiacus, aus dem der spätere Name Breisach entstand, lag auf dem linken Rheinufer, und neben den Rheintalstraßen gab es eine Römerstraße östlich des Vogesenhauptkamms, die Cernay im Süden mit Egisheim, Bergheim, Molsheim und Wasslenheim (Wasselonne) verband, ja über Zabern weiter den Anschluß an Niederbronn und die von Brumath nach Norden führende Straße fand. Die Ostwestverbindungen waren schwieriger anzulegen gewesen, denn sie durchschnitten außer ganz im Süden, bei Altkirch, das Bergland: Eine Straße führte vom Mons Brisiacus über Cernay nach Gallien hinein, und von ihr ist auch ein Stück bis heute sichtbar geblieben: Sie überquert das sogenannte Ochsenfeld auf dem Weg von Altbreisach nach Mandeure, das bei den Römern Mandura hieß. (Mit dieser glanzvollen Vergangenheit der kleinen Orte hängt es wohl auch zusammen, daß dieses Ochsenfeld am rechten Thur-Ufer eine Sagenlandschaft geblieben ist: Das Volk glaubt, unter dem Feld gäbe es große Höhlen, in denen Soldaten aus früheren Zeiten, seit Karl dem Kahlen oder gar den Römern, ihre Wiederauferstehung erwarten.)

Die zweite wichtige Querverbindung durch die Vogesen führte aus dem Raum des heutigen Colmar in Richtung auf Saint-Dié und damit zur Meurthe, und da diese Straße vom Rhein heraufzog, verband sie quer durch die Vogesen auch zwei große Systeme des Binnenwasserverkehrs. Die Straßenstation bei Colmar hieß Argentoria, ein Name keltischen Ursprungs, den sich die Römer in verschiedenen Schreibweisen mundgerecht gemacht hatten (Argentorium Oppidum, Castrum Argentoriense) und aus dem germanisch und später deutsch Horburg wurde. Seit im Jahr 1780 die Ruinen des Römerkastells ausgegraben wurden, ist Horburg bei Colmar einer der reichsten Fundorte römischer Altertümer im Elsaß, wobei sich der Reichtum allerdings quantitativ versteht: Besondere Kunstwerke oder berühmte, die Museen begeisternde Unikate kamen in dieser großen Garnison an einem Knotenpunkt des Verkehrs nicht ans Licht. (Dazu ist Horburg auch viel zu häufig umkämpft und zu oft zerstört worden zwischen 1162, als Hugo von Dabo die Mauern schleifte, und 1675, als es die Truppen des Sonnenkönigs niederbrannten.)

Alle weiteren die Vogesen durchquerenden Straßen, die vom Donon, die von Zabern und die von Niederbronn, vereinigen sich an ihrem östlichen Ende vor Straßburg und beweisen damit die frühe Verkehrsbedeutung dieser alten Stadt, vor der die Täler der nördlichen Vogesen sich wegsam öffnen, als strebten sie selbst dem Rhein zu. Der große Fluß wurde hier schon zu Beginn der Römerzeit von einer festen Brücke überspannt, und wie heute ging hier der Großteil des rheinüberschreitenden Verkehrs durch eine schnell wachsende Siedlung, ehe sich die Kolonnen der Wagen und Karren und die Reiter in Richtung der Vogesen oder auf der anderen Seite in Richtung des Schwarzwalds verteilten.

Molsheim war ein Durchgangspunkt dieser Straße und war wohl schon vor den Römern bewohnt, denn der Name ist keltisch (mol-lios: Hügelwohnung). Die Römer legten also ihre Straße auf der Trasse eines Keltenweges durch die Berge, wofür auch der Col du Donon einen Beweis liefert: Aus dem breiten und gut gangbaren Bruche-Tal wand sich hier die Straße über das heutige Dorf Schirmeck zum Col de Donon hinauf, auf dessen Höhe von 727 Metern sich heute die Wege teilen. Er wird vom mehr als tausend Meter hohen Donon überragt. Auf dem flachen Gipfel dieses einzigartigen Aussichtsberges, von dem aus man das Land bis weit hinein nach Frankreich, aber auch zum Rhein hin überblickt, stand mit größter Wahrscheinlichkeit ein keltisches Heiligtum, und zwar einer jener wichtigsten heiligen Versammlungsorte, von denen es im ganzen Druidenland Gallien nicht allzuviele gab. Diese Annahme findet sich ohne jede Einschränkung zum Beispiel in dem nützlichen Handbuch von Walter Hotz, hat sich aber aus den seit 1934 vorgenommenen Ausgrabungen auf dem Plateau selbst noch nicht schlüssig beweisen lassen. Sicher ist nur, daß die Kelten hier schon vor den Römern gesiedelt hatten, und daß die Römer auf diesem weithin sichtbaren Punkt dem Gott Merkur, Schutzherrn des Handels, ein Heiligtum errichteten. Die reichen Funde, darunter schöne und aussagekräftige Reliefs, muß man heute im Museum von Epinal suchen. Der kleine Säulentempel, in antiker Manier ohne Zement auf dem Gipfel aufgeführt, stammt aus dem Jahr 1869 und ist somit nur ein schwacher Ersatz für die antiken Bauten, die sich hier einst erhoben haben.

Eine ähnlich wichtige Militär- und Handelsstation an einem Vogesenpaß war Tres Tabernae, woraus Zabern wurde und schließlich Saverne, mit Phalsbourg-Pfalzburg in jener Pforte gelegen, die heute jeder Parisfahrer kennt und die als der älteste Völkerweg quer durch die Vogesen angesprochen werden kann. Die bis heute dreigeteilte Stadt zeigt in der Oberstadt Baulinien einer Römersiedlung im länglichen Rechteck mit angerundeten Ecken. Die Mauer, die dieses römische Oppidum umgab, soll 52 Türme getragen haben, und da dies die Zahl der Wochen im Jahr ist, sagte man 'Zabern ist nach dem Kalender gebaut' (Saverne est bâtie d'après le calendrier), welche Spielerei man noch vervollkommnete, indem man in den Mauern 365 Schießscharten öffnete, für jeden Tag eine. Wir dürfen jedoch annehmen, daß diese kunstvolle Mauer noch nicht stand, als die Alemannen im Jahr 355 Zabern zerstörten, und daß die Mauer, die der römische Wiederaufbau 357 ihr gab, noch nicht dem christlichen Kalender entsprach, denn der Bauherr war niemand anderer als der zum Heidentum zurückgekehrte Kaiser Julian Apostata. Seine Mauer hielt genau ein halbes Jahrhundert: Im Jahr 407 kamen Vandalen und Sueben auf breiter Front zwischen Frankfurt und Straßburg aus dem Osten und brachen ins römische Gallien ein, ja sie zogen plündernd und raubend und selbst Nebentäler nicht verschonend weiter nach Spanien. Es war jene Völkerwoge, die germanische Reiche in Spanien und Nordafrika zur Folge hatte, eine der gewalttätigsten Phasen der großen Völkerwanderung, und da hatte Tres Tabernae keine Chance...

Erstaunlicher als die historischen Schicksale solcher Pfortenstädte ist im Grunde die Tatsache, daß Knotenpunkte der Römerzeit später zur Bedeutungslosigkeit herabsanken, wie das seit der Keltenepoche des Landes als Zentrum bekannte Brumath, heute ein verschlafenes Städtchen unweit der Autobahn, das im Grunde nur noch wegen eines sehr guten Restaurants aufgesucht wird, oder wie Ehl, einer der elsässischen Hauptorte während der ganzen gallo-romanischen Epoche. Auf zwei antiken Wegekarten erwähnt, hieß die Stadt Hellelum oder Helvetum, was auf eine Helveterkolonie hindeutet, also Siedler aus jenem Volk, das Cäsar nach seinem Gutdünken an verschiedenen Stellen des östlichen und nördlichen Gallien seßhaft machte. Hellelum wäre vielleicht in der für Ausgrabungen sehr günstigen Stimmung im vorigen Jahrhundert wiedererstanden, hätte nicht die einflußreiche Familie Völcker aus dem badischen Lahr just auf dem Ruinenhügel eine gutgehende Fabrik für Kaffee-Ersatz oder Kaffee-Zusatzmittel errichtet, auf welche die Franzosen ja bis heute nicht völlig verzichten wollen. Immerhin kann man verschiedene Stücke der Römerstraße noch erkennen (in der Nähe eines Wassersportzentrums bei Huttenheim).

Die Ausgrabungen, die dennoch vorgenommen werden konnten, zogen sich über viele Jahre hin und erbrachten nicht nur den Beweis, daß Ehl schon eine keltische Siedlung gewesen war, sondern auch, daß in römischen Zeiten hier bedeutende Werkstätten, ja vermutlich sogar große Waffenschmieden in Betrieb waren. Der nahe Wasserweg der Ill erleichterte den Antransport der Rohmaterialien und ermöglichte die Verschiffung der Fertigwaren zum Rhein und rheinabwärts in die Limesgarnisonen, wodurch einige Truppenteile vom transalpinen Nachschub unabhängig wurden. Ein wenig vorgreifend ist zu Ehl noch zu sagen, daß es in der Glaubensgeschichte des Elsaß eine besondere Rolle spielt, denn hier ist, wohl mit einem historischen Kern, die Legende des heiligen Maternus angesiedelt. Im erzählfreudigen Elsaß wurde sie mit besonderer Liebe ausgebildet und bis in die Lebenszeit Jesu Christi zurückgebaut, was ihre Glaubwürdigkeit nicht erhöhte: Maternus sei demnach jener Jüngling, den Jesus in der Stadt Naim erweckt habe, danach habe ihn Petrus mit Gefährten zur Missionierung in die Rheinlande entsandt und, als Maternus in Ehl zu Tode kam, seinen Gefährten einen geweihten Stab nach Ehl mitgegeben, der Maternus abermals erweckte. Der Heilige sei schließlich als Bischof von Trier gestorben, nun aber endgültig. Die Legende ist, wie immer sie entstand, für das Elsaß bis heute wichtig, gilt doch Sankt Maternus als der Begründer der Sankt-Peters-Kirche zu Straßburg und wird auch als Patron des Weinbaus verehrt. Als historische Figur wäre er in der ersten Hälfte des vierten Jahrhunderts möglich und vor dem Jahr 347 als Bischof von Trier gestorben, ohne daß ein Martyrium erkennbar wäre.

Im Zusammenhang mit Ehl-Hellelum erzählt Heinrich Schreiber (1783-1872) in seinen *Taschenbüchern für Geschichte und Althertum in Süddeutschland* eine charakteristische Geschichte. Als er einmal in Straßburg mit einem Droschkenkutscher ins Gespräche kam, habe ihm dieser römische Münzen angeboten und versichert, er brauche nur nach Ehl zu reisen, dort gebe es diese Dinger um ein paar Heller, soviel hätte man dort gefunden.

Nun waren Münzfunde einem geschichtlich interessierten Mann wie Schreiber nicht unbedingt neu, aber die angebliche Fülle der Funde weckte seinen Jägerinstinkt, und er stieß in Ehl auf folgende Tatsachen: Kinder hatten beim Fischen in der Ill allerlei Metallgegenstände sichtlich uralter Provenienz gefunden, die Eltern hätten in der Ill und ihren toten Armen dann bewußte und systematische Fischzüge unternommen und seien dabei auf völlig unerwartete Weise fündig geworden. Es gab Gold und Silbermünzen, vor allem aber solche aus Bronze und am zahlreichsten jene aus der Zeit des Kaisers Gratian (367-383), zu denen sich auch Prägestöcke fanden. Damit war nun klar, daß in Ehl nicht nur Waffen geschmiedet, sondern auch Münzen geprägt wurden, daß es im Elsaß also eine wichtige und stark beschäftigte Münzstätte für die römischen Gebiete in Gallien und Germanien gegeben habe.

Neben den Münzen kamen zahlreiche Ringe zum Vorschein, auch solche mit inkrustierten Steinen, und nicht wenige dieser Bronzeringe und Armreifen trugen das bekannte Monogramm Jesu Christi, waren also christlicher Schmuck und auf galloromanischem Boden industriell hergestellt wie auch die Waffen, die in Ehl geschmiedet worden waren. Zwischen Fertigwaren fand sich auch unverarbeitete Bronze, das Ganze in solcher Menge, daß man annehmen muß, ein Ill-Hochwasser habe eines Tages im vierten Jahrhundert die Werkstätten überschwemmt und all den Segen mit sich gerissen, wodurch er glücklicherweise den Alemannen entging...

Es gab im weiten Römerreich sehr freundliche und beliebte Garnisonsorte und andere, die als Verbannung empfunden wurden. In all diesen Orten wurden, nach dem Grundsatz der Kaiser, die verwurzelte Oppositionsnester vermeiden wollten, in der Regel Legionäre oder Bausoldaten aus oft fernen Teilen des Römerreiches angesiedelt, die mit den Landesbewohnern, zwischen denen sie als Garnisonssoldaten leben mußten, weder nach Herkunft und Lebensgewohnheiten noch nach den Anschauungen oder der Religion viel gemein hatten. Die Wanderungen dieser Legionen zwischen dem Nordwesten des Reiches am Hadrianswall zum Südosten in den Nil-Garnisonen wären eine eigene Studie wert und haben nicht wenig zu der Vermischung der Rassen beigetragen, aber auch zur Verpflanzung orts- und landesfremder religiöser Vorstellungen.

Dieses Aufeinandertreffen mitunter sehr fremder und sehr unterschiedlicher Menschen mit allem, was es mit sich brachte, blieb auch dem Elsaß nicht erspart. Es hatte Gutes an sich, weil die Begegnung der Sphären immer anregt und befruchtet und die Enge einer Provinz aufbricht, es stört und zerstört aber auch Angestammtes, solide Tradition, an denen das Elsaß trotz der starken Bevölkerungsbewegungen stets sehr reich war.

Wir müssen uns klar machen, daß diese Tatsachen, die sich zwischen Cäsar und Julian Apostata addierten und multiplizierten, Lebensgrundlagen der ganzen Landschaft beeinflußten, denn die erwähnten Begegnungen vollzogen sich auch noch in kleinen und kleinsten Kastellen und Garnisonen, keineswegs nur in Ehl oder Straßburg, sondern auch in Larga (Largitzen), Cambete (Kembs) und in den Bädern, die von den Römern stets besonders frequentiert wurden, also etwa in Niederbronn: Die Römer schätzten den Ort, errichteten ihre bekannten Thermenbauten, obwohl die Quelle mit 18 Grad nicht sehr warm ist, und nützten sie bis zum Alemannensturm. Dieser allerdings zerstörte die römischen Bauten von Niederbronn so gründlich, daß man erst meterhohen Schutt wegräumen mußte, ehe man im Mittelalter die Quellen von Niederbronn wieder fassen konnte.

In diesen vielen kleinen Orten ist die Anwesenheit der Römer nicht zweifelhaft, aber nur ausnahmsweise durch wertvollere Funde als durch Münzen und Tonscherben belegt. Es war ein Glücksfall, daß in der kleinen Wegstation Larga (Largitzen im Canton Hirsingen) nach zahlreichen Ziegeln mit römischen Zeichen und den Münzen von der Oberstraße, der einstigen Römerstraße, schließlich ein großes bronzenes Kalb gefunden wurde, aber wie das so ist: Der eindrucksvolle Fund blieb nicht im Elsaß, sondern reiste nach Paris.

Wegen der römischen Angst vor Sümpfen und Überschwemmungen wurden die Straßen der Legionen meist auf dem Hügelkamm oder jedenfalls deutlich über der Talsohle geführt und heißen darum bis heute oft Oberstraße, die obere Straß' und so weiter. Im Raum Kembs, wo der römische Straßenknotenpunkt Cambete eine große Garnison erforderte, gab es sowohl ein Römerstrassel als auch 'Die alte Straß', sie waren um die Mitte des vorigen Jahrhunderts nördlich und südlich des Dorfes noch deutlich zu erkennen. In den Jahren 1811 und 1812, also in einer für Mitteleuropa sehr unruhigen Zeit, wurden Ausgrabungen unternommen, die neben Münzen und Medaillen auch zwei Gräber aus römischer Zeit zugänglich machten. In Ziegelmauern lag in dem einen ein Skelett mit einer Kette am Arm. Unter der Erde ruhend, hatten diese Dinge selbst den Dreißigjährigen Krieg unbeschadet überstanden, in dem Kembs dem Erdboden gleichgemacht wurde.

1848, also in einem ähnlich bewegten Jahr, wurde nördlich von Bergheim jenes prächtige galloromanische Mosaik gefunden, das wir heute im Musée Unterlinden in Colmar bewundern können. Es lenkt unsere Aufmerksamkeit auf die Tatsache, daß die Römer in den Jahren, in denen das Elsaß wohlgeschützt hinter dem Limes lag, sich nicht scheuten, aus den Kleinstädten und Garnisonen in einzeln liegende Landhäuser zu ziehen und damit den klassischen italienischen Lebensstil im Elsaß ein- und vorzuführen, so wie ihn uns bis heute die in der Toscana auf ihren Hügeln liegenden Villen zeigen. Dieser Begriff wurde damit auch im Elsaß heimisch, und man kann sich vorstellen, daß die Gallier mit ihren meist halb in die Erde versenkten und strohgedeckten Behausungen bald nicht mehr zufrieden waren. Ohne die Landesbewohner zu einer Veränderung ihrer Gewohnheiten zu zwingen, veranlaßten die neuen Herren die Elsässer doch zu einer Art Umverteilung ihrer eigenen Anstrengungen; dem Wohnen, der Pflege der Verbindungswege und der Märkte wurde nun viel mehr Aufmerksamkeit geschenkt, ganz einfach, weil das Beispiel dafür, wie es sein konnte, in ganz Gallien täglich präsent war.

Freilich darf man nicht annehmen, die Römer hätten die schönen Vogesentäler so emsig mit Villen besetzt, wie sie dies am Capo Miseno oder in der Campagna taten. Sie verhielten sich ähnlich wie in der Schweiz und siedelten, auch wenn es um Landhäuser mit ihren Grundstücken ging, in der Nähe der Römerstraßen, die zwar allerlei merkwürdiges Volk sahen, aber doch auch die Vorteile des Reisens in der Sänfte und der Versorgung durch Händler garantierten. Dies galt vor allem für das Tal des Flüßchens Weiß und das der Bruche. Das Weiß-Tal war bis hinauf nach Orbey von solchen römischen Landhäusern durchsetzt, doch fußt das reizende Städtchen Kayserberg nicht auf römischen Fundamenten, während in Orbey sich uralte Kellerkonstruktionen fanden, die mit den Römern in Verbindung gebracht werden. Oberhalb Orbey in Richtung der beiden kleinen Seen, aus denen die Weiß entspringt, hat die Landschaft bis heute einen romantisch-wilden Charakter, der den Römern offensichtlich nicht zusagte: Hier fanden sich keine Spuren ihrer Anwesenheit mehr, obwohl der schmale Höhenweg nach Süden, ins Fechttal, schon in alten, vielleicht sogar in vorrömischen Zeiten begangen wurde.

Bei allem, was wir uns hinsichtlich jener fernen Zeit vorzustellen versuchen, müssen wir uns klar machen, daß Europa damals, verglichen mit heute, so gut wie menschenleer war. Selbst die hochkultivierte italienische Halbinsel, Kern- und Stammland des Römischen Weltreiches, hatte keinen Bevölkerungsüberschuß und somit auch kein Interesse, ja nicht einmal die Volkskraft, die eroberten und auf Dauer unterworfenen Länder zu besiedeln. Rom gewann viel aus den Kolonien, die Männer, die man in heutiger Ausdrucksweise Gouverneure nennen müßte, wurden allesamt reich, die besten Statthalterposten waren ungleich begehrter als hohe Ämter in Rom selbst. Die Römer, die in das Elsaß kamen, waren Offiziere und Beamte, und da sie die Mittel zu einem aufwendigen Lebensstil hatten, lernten die Elsässer die Römer als Herren, als Reiche, als gebildete und an Kultur gewöhnte Familien kennen, was natürlich nicht dem Allgemeinbild der italienischen Bevölkerung entsprach.

Angezogen von diesem Glanz und von der angenehmen Landesnatur hatte das Elsaß nach der Niederlage des Ariovist und nach der Errichtung des Limes einen stetigen, aber maßvollen Zustrom aus dem Inneren Galliens und aus der damals kargen Schweiz zu verzeichnen. Die Bevölkerung stieg zahlenmäßig langsam an, veränderte sich in ihrer Struktur aber nicht. Den Vogesentälern und dem Land zwischen den Bergen und der Ill gab man den Vorzug vor den eigentlichen Rheinufern, wo offenbar noch immer Überschwemmungen drohten und wo die ausgedehnten Auen eine Art Everglades bildeten, mit denen der Bauer aus Gallien nichts anzufangen wußte. Ähnlich stand es auch im Norden, wo der Raum zwischen Weißenburg und Straßburg zahlreiche Neusiedler aufnahm, während die Römer sich an die Hauptstraße zwischen Straßburg und Zabern hielten. Die unmittelbare Rheinlandschaft blieb auch hier siedlungsleer, zwischen Straßburg und Drusenheim bis ins neunzehnte Jahrhundert. Daß man Drusenheim mit Drusus in Verbindung brachte, ist eine jener Spielereien mit Anklängen in den Ortsnamen, wie sie im vorigen Jahrhundert besonders beliebt waren, aber nicht einmal der Historiker Koenigshoven, der 1386 an der Kirche des damals erst zweihundert Jahre alten Drusenheim tätig war, konnte einen Beweis für diese Theorien finden. Angesichts der römischen Angst vor Überschwemmungen wäre ein Römerkastell so nahe am Rhein eine Ausnahme gewesen. In jener Ebene zwischen dem Rhein und der Zaberner Steige behielt Brumath seine beherrschende Position an den großen Straßen des Kaiserreiches, die freilich ganz andere End- und Durchgangspunkte hatten, als man heute benennen würde: Wir finden zum Beispiel die Straße von Brumath nach La Petite Pierre (Lützelstein) noch 1865 als *Route départementale* besonders hervorgehoben, eine Richtung des Verkehrs, die man heute in den Autobahnschlingen rund um Brumath vergeblich sucht. Die Stadt, von den Römern Brocomagus genannt, bei Ptolemaios und auf den alten Wegekarten verzeichnet, hatte in römischen Zeiten eine Blütephase sondergleichen zu verzeichnen. Die Römerstraße, die nach Seltz führte, ist heute nördlich des Flüßchens Zorn noch auffindbar, die Museen von Straßburg bewahren die schönsten der aufgefundenen Kunstwerke und Gegenstände aus dem Raum Brumath.

Aber vielleicht waren gar nicht die zunächst importierten Kunstwerke, wie sie neben den erwähnten Orten auch in Mackwiller oder Kirchheim gefunden wurden, das wichtigste, sondern der große Frieden, der sich nach der Eroberung durch die Römer auf alle Länder legte, die sich Roms Verwaltung und die maßvolle Ausbeutung durch die Sieger gefallen ließen. Gallien und mit ihm das Elsaß wurden Musterkolonien, weil man hier die Germanen kennen- und das vergleichsweise milde römische Joch schätzen gelernt hatte, und weil seit Ariovist und Vercingetorix wohl auch die großen Persönlichkeiten fehlten, an denen sich der Widerstandswille hätte festigen, um die sich eine Opposition hätte bilden können. Man konnte einer Grenz- und Durchzugsregion wie dem Elsaß nichts Wertvolleres bringen als den Frieden, und es spricht für die Vernunft und für die Lebenskunst der keltischen Bevölkerung, daß sie dies vor allem im Elsaß einsah.

Nach den Einbrüchen aus dem rechtsrheinischen Raum hatten sich zwar bedeutende Germanen-Gruppen sogar westlich der Vogesen gehalten, aber die elsässischen Archäologen haben inzwischen nicht ohne Bedauern festgestellt, daß schon im dritten nachchristlichen Jahrhundert Germanen und Gallier sich in der Lebensweise nicht mehr nennenswert voneinander unterscheiden und gemeinsam die lateinische Sprache angenommen haben.

Schließlich waren sie alle Nutznießer der Maßnahmen, die das Elsaß als Lebensraum aufwerteten, wozu außer dem Straßennetz vor allem die Aquaedukte zu rechnen sind: Straßburg und die heutige Biermetropole Koenigshoffen erhielten Quellwasser aus den Bergen über Kuttolsheim, Quatzenheim und Kronenbourg (heutige Namen), und wenn wir ein Fläschchen Koenigshoffen oder Kronenbourg öffnen, sollten wir daran denken, daß zu einem guten Bier in erster Linie gutes und einwandfreies Wasser gehört – und das haben die Römer in die Bierorte gebracht.

Es brauchte dennoch einen vergleichsweise langen Zeitraum, nämlich mehr als hundert Jahre, ehe einheimische Werkstätten den Bedarf an Kunsthandwerk und gehobenen Einrichtungsstücken zu decken imstande waren. Das muß man festhalten, weil der Vergleich mit anderen nahe gelegenen und romanisierten Landschaften wie etwa dem keltischen Bergkönigtum Norikum zeigt, daß man sich anderswo schneller auf den römischen Geschmack und die Bedürfnisse der neuen Herren einzustellen verstand – vermutlich wandte man im Elsaß die Hauptaufmerksamkeit an den Weinbau...

Schwerer als das materielle Römererbe im Elsaß ist die Vielfalt der geistig-religiösen Einflüsse auf das kleine Land zwischen Vogesen und Rheinfluß zu überblicken und zu ordnen. Zum Unterschied von anderen alten Reichen – etwa dem der Ägypter oder dem Kosmos der Griechen – war der römische Machtstaat auffällig diesseitig orientiert, und wenn die Einzelleistungen der Kolonien den Erwartungen entsprachen, wenn die politische und die Verwaltungsarbeit nicht durch örtliche Oppositionsgruppen behindert wurden, kümmerten sich die weisen, durch hohe Bildung skeptisch gewordenen Herren Senatoren in der Tiberstadt herzlich wenig darum, vor welchen Altären die Besiegten und die Ausgebeuteten ihren Weihrauch verbrannten. Ja bisweilen gewinnt man den Eindruck, daß starke Jenseitsbindungen der unterworfenen Völker begrüßt wurden, weil sie den Einheimischen das Leben in der täglichen Unfreiheit leichter machten und den Blick für die Wirklichkeit trübten.

Als nach vielen Generationen römischer Herrschaft rund um das Mittelmeer die angestammte griechisch-römische Götterwelt sich endlich als zu naiv entpuppte und damit an Attraktion verlor, begann der Siegeszug vorderasiatischer Eingottreligionen in dem großen Reich, und es war der indoiranische Gott Mithras, der vor allem die einfacheren Soldaten und deren Familien in seinen Bann zog, und zwar überall dort, wo Legionen stationiert waren. Mithras trat in der Ausformung seiner Lehre bald zu anderen mittelmeerischen Traditionen in Beziehung, er wurde ein Sonnengott, in der Form, daß die Sonne den Mondstier tötet, ein Symbolvorgang für den Sieg des Mithras über andere Lehren früherer Zeiten. Obwohl die Legionäre eine gewisse Neigung zeigten, auch örtliche Götter und Göttinnen zu verehren, die in Quellen oder auf den Bergen der Kolonialgebiete ihre eigene alte und angestammte Bedeutung behalten hatten, war es doch Mithras, der in Konkurrenz zu der Staatsreligion trat und uns zwischen dem Limes und dem Stammland Italien mehrfach entgegentritt, auch und vor allem dort, wo keltische Bevölkerungsteile römisch beherrscht wurden, also in Norikum oder Gallien und natürlich auch im Elsaß. Einer der schönsten aller jemals gefundenen Mithras-Altäre ist jener von Koenigshoffen in einer Kultstätte, die erst 1907 beim Bau einer evangelischen Kirche entdeckt wurde. Es handelt sich dabei um einen Raum von mehr als 250 Quadratmetern, so daß man auf eine erhebliche Zahl von Gläubigen schließen darf, und der Bauherr dieses Bethauses war die Achte Legion selbst, also die Garnison von Straßburg, nicht irgendeine Geheimsekte mit nur wenigen verängstigten Mitgliedern. Die Errichtung des Mithraeums wird in die Mitte des zweiten nachchristlichen Jahrhunderts datiert, fällt also kurz vor die Ausbreitung des Christentums, und das bemerkenswerte Mithras-Relief dieser Verehrungsstätte befindet sich heute im Museum in Straßburg. Es zeigt die charakteristische Handlung: Gott Mithras als bewehrter Jüngling sticht dem Mondstier sein kurzes Schwert über der rechten Schulter in den Nacken. Daneben leuchtet die auch auf fast allen Mithrasdarstellungen wiederkehrende Fackel, und darüber ist der dahinjagende Sonnenwagen angebracht. Die Arbeit scheint aus dem Vorderen Orient zu stammen, wo Bildhauerschulen auf die Herstellung dieser Altäre spezialisiert waren. (Der Name Koenigshoffen oder Königshofen rührt daher, daß auf den römischen Fundamenten in fränkischer Zeit ein Gutshof der Merowinger erbaut wurde.)

Der überraschenden Duldsamkeit, mit der das offizielle kaiserliche Rom den vielen überregionalen und regionalen Kulten begegnete, steht die Härte gegenüber, mit der zumindest einzelne Kaiser gegen die christliche Religion vorgingen. Sie forderte Rom durch zwei ihrer Grundlehren heraus, einmal durch die Ablehnung des Gottkaisertums, zum anderen durch den Gleichheitsgrundsatz, der Sklaven und Herren zumindest vor Gott nebeneinander stellte und damit eine Ordnung aufzulösen drohte, der die ganze antike Welt das Funktionieren ihrer Wirtschaft und ihres Sozialgefüges verdankte. So wie man von Anbeginn an gegen Sklavenaufstände mit größter Härte vorgegangen war, wurde nun auch der aus dem Orient gekommenen Sekte der Nazarener nicht jene überhebliche, aus Desinteresse und Verachtung gemischte Duldung zuteil, mit der Rom den vielen anderen Lehren begegnete: Man erkannte sehr bald die Gefahr, die in den Soziallehren des Christentums verborgen war, eben, weil man feststellte, daß die Prediger der neuen Lehre vor allem beim kleinen Volk und bei den Sklaven sehr schnell Anhänger gewannen.

Nach diesen Voraussetzungen hatte das Christentum im Elsaß kaum große Chancen gehabt, zumindest erklärt diese Konstellation die relative Langsamkeit, mit der sich das Christentum im Elsaß bemerkbar machte. Die ansässige Bevölkerung hatte ihre keltische Götterwelt mit der römischen in einer praktikablen örtlichen Mischung untergebracht. Man haderte nicht mit den Legionären, wenn es auch scheint, daß man ihnen auf dem Weg in die Importreligion, den Mithras-Kult, nicht folgte. Der Wohlstand war nach etwa zweihundert Friedensjahren allgemein geworden; das günstige Klima, die guten Böden, der rege Handel, dies alles ließ ausgesprochene Elendsgruppen gar nicht erst entstehen, wie sie in den großen Städten des Weltreiches existierten und zum Nährboden der christlichen Lehre wurden.

Es war der enge Anschluß an das ausgedehnte Verkehrsnetz des großen Reiches, das die Kunde von Christus an den Oberrhein gelangen ließ, und es war wohl erst die Nähe der Gefahr, die immer deutlicher werdende Bedrohung durch die Alemannen, die das elsässische Völkchen aus seiner Selbstzufriedenheit aufrüttelte und über Leben und Tod, über die Sünden und das Heil der Seele nachdenken ließ. Christliche Symbole auf Gebrauchsgegenständen blieben lange selten, werden erst im Maternus-Städtchen Ehl häufiger, und die im Zusammenhang mit Ehl erzählte Maternus-Legende macht es wahrscheinlich, daß dieses industrielle Zentrum am Oberrhein, ein Werkstättenort mit zweifellos zahlreichen Sklaven, zu einer Keimzelle des Christentums zwischen Hagenau und Colmar wurde, vielleicht als bewußtes Gegengewicht gegen den im Raum Straßburg konzentrierten Mithraskult der Legionäre und ihrer Familien. Daß dies alles erst sehr spät geschah, Generationen nachdem sich das Christentum den Süden Frankreichs und die Ränder Pannoniens erobert hatte, bleibt trotz aller materiellen und ethnischen Überlegungen erstaunlich: Die neue Lehre war überallhin auf den großen Straßen des Reiches gewandert, sie war längst an dem ganzen Rhône-Lauf heimisch, ehe sie sich zaghaft am Oberrhein bemerkbar machte, ganz so, als hätten die alten Druiden in den Vogesenwäldern immer noch ein Wort mitzureden gehabt.

Die alten und die neuen Götter

Die Frage, warum das Christentum gerade im Elsaß einen so späten Sieg errungen hat, warum es ein so stiller, kaum beachteter Erfolg war und warum die Elsässer selbst von dieser Frage kaum Aufhebens machen, ist bis heute nicht zutreffend beantwortet, und auch das ist ein Symptom: Was immer sich in der mitteleuropäischen Geschichte zwischen dem Untergang des Römerreiches und der Französischen Revolution ereignet hat, unterliegt auf eine erschreckende Weise dem Verblassen, dem Vergessenwerden. Die fern leuchtende Antike und die blutig aufsteigende Moderne sind durch jenes jahreszahlenbefrachtete Nebelwallen voneinander getrennt, in dem sich nur noch die Fachhistoriker und auch diese zunehmend lustlos bewegen. Der Vorgang der Christianisierung selbst hat jedoch in jeder europäischen Landschaft seinen eigenen Charakter, ist mit vielen örtlichen Traditionen verknüpft, die er größtenteils selbst begründet hat und wird schon dadurch in unserem Interesse wachgehalten, daß wir auf zahlreiche Klöster und Krypten stoßen, die auch im Elsaß in frühe Zeiten des kirchlichen Lebens zurückreichen. Es ist zwar überraschend und für viele enttäuschend, daß im Elsaß das Heidentum auch in der altkeltischen Ausprägung ein so zähes Leben hatte, daß wir galloromanische religiöse Denkmäler bis weit herauf ins fünfte Jahrhundert finden und daß Gott Mithras seit dem Ende des ersten Jahrhunderts seine Fackeln im Elsaß leuchten läßt. Aber es kann nicht damit zu tun haben, daß unser Land „zweifellos etwas abseits der Hauptverkehrslinien lag, die durch die Täler der Saône und der Mosel liefen", wie wir bei Philipp Dollinger lesen können, denn der Rhein war als Verkehrslinie den genannten Flüssen zweifellos ebenbürtig. Allenfalls könnte man das Fehlen der großen Heerstraßen als Ursache für die späte Mission ansehen, ein Umstand, den der schiffbare Fluß und die schiffbare Ill erklären. Durch die Flüsse wurden große Überlandstraßen mit hoher Kapazität naturgemäß entbehrlich, jene Straßen, die etwa nach Pannonien und bis hin zur österreichischen Donau die Ausbreitung der christlichen Lehre so nachdrücklich begünstigten.

Eine weitere einigermaßen taugliche Erklärung scheint darin zu liegen, daß die durch Jahrhunderte in und um Straßburg zentrierte Achte Legion unter Nero, also in den ersten Jahrzehnten des Christentums, in Moesien eingesetzt war und sich von dort die starke und lange bewahrte Affinität für die vorderasiatische Mithrasreligion mitgebracht hat. Diese ließ sich, wegen der großen Toleranz der Mithrasjünger, ohne sonderliche Schwierigkeiten mit den örtlichen Gottheiten verschmelzen, wie neben dem erwähnten Fund von Königshofen auch Funde von Mackwiller beweisen, die dort in einem Steinbruch gelangen, und Funde bei Brumath und Ribeauvillé.

Das junge Christentum hingegen tritt intolerant und abweisend auf, kämpft offen und schonungslos gegen die religiöse Bilderwelt des Heidentums und erhebt jenen Alleinherrschaftsanspruch, den im ganzen großen Reich ja nicht einmal die Staatreligion hatte durchsetzen oder aufrechterhalten können. Zudem fehlt am Oberrhein so gut wie vollständig das dem Christentum förderliche griechische Element; es hat in Südfrankreich und in Pannonien die Ausbreitung der neuen Lehre beschleunigt, die ja mit griechischen Texten und philosophischen Einflüssen aus dem spätantiken Griechentum das Mittelmeergebiet eroberte. Aber die Vierte Makedonische Legion lag eben nicht mehr in Straßburg, sie war durch die Achte Legion abgelöst worden, und bestimmte dies nachhaltig das Leben am Oberrhein bis hinab nach Mainz. Ihr Name erscheint auf Münzen, sie ist dem Ptolemaios beinahe eine geographische Tatsache (um 140), und die Kaiser rechnen mit ihr bis ins dritte Jahrhundert als einer besonders treuen Einheit, die vermutlich eben darum kaum nennenswert aus dem

Oberrheingebiet wegbewegt wird. Selbst ihr Einsatz beim Bataveraufstand, also am Niederrhein, ist nicht mit Sicherheit ermittelt: Tacitus erwähnt, daß sie dorthin in Marsch gesetzt worden sei, berichtet aber nicht mehr über ihr Eintreffen auf dem Kriegsschauplatz, so daß eine Gegenorder im Bereich der Möglichkeiten liegt.

Diese Menge erprobter und angesehener Soldaten und Offiziere und ihr ganzer Anhang an Familien, Gesinde und Lieferanten bildet einen von der Einwohnerschaft weitgehend unabhängigen Bevölkerungskern in und um Straßburg, dem wichtigsten Knotenpunkt des Land- und Binnenschiffahrtsverkehrs. Hätte diese Garnison mit ihrem Gefolge sich zum Christentum bekehrt statt zu den Mithras-Kulten gallisch-mösischer Ausprägung, die Entwicklung des Christentums im Elsaß wäre zweifellos sehr beschleunigt worden, ja möglicherweise sogar überstürzt erfolgt.

Alle Überlegungen über das frühe Christentum im Elsaß werden dadurch erheblich verunsichert, daß zwischen 260 und 380 das Elsaß wieder, nach langem Frieden, Schauplatz erbitterter Kämpfe wurde, in denen so manches zugrundegegangen sein mag, was anderswo bruchlos weitergedeihen durfte. Um die Mitte des dritten nachchristlichen Jahrhunderts hatten die im Limes-Vorland angesiedelten Germanen mit geheimen Vorbereitungen begonnen, die weitläufige römische Befestigungsanlage zu durchbrechen und aufzurollen. Durch viele Generationen waren die Gegner einander hier wie in einer Drôle de Guerre beinahe friedlich gegenüber gelegen. Obwohl man von Spähern wußte, daß die Germanen in ihren Wäldern ein tief gestaffeltes System von Gräben, Schlupfwinkeln und Fluchtwegen angelegt hatten, durften sie an vorgesehenen Plätzen mit den Limes-Besatzungen Handel treiben und konnten dabei natürlich die Römer ausspähen. Im Jahr 256 drangen dann Alemannen und Sueben bis Mailand vor, wo sie allerdings aufgerieben wurden, und Frankenstämme durchbrachen den Limes zu einem Einfall in Gallien. Zwischen 260 und 269 kam es zu einer teils friedlichen, teils gewaltsamen Alemannen-Einwanderung vor allem in der Nord- und Ostschweiz, und 283 zeigte sich, daß der Limes gegen die Alemannen nicht zu halten sei, er wurde auf weiten Strecken aufgegeben und begann zu verfallen.

Damit war das Elsaß nun wieder Frontland, aber nicht nur das: Die germanische Welt, gegen die das seiner großen Befestigung beraubte Römische Reich in ständiger Abwehr an vielen Fronten kämpfte, hatte sich entscheidend verändert und große Stammesherzogtümer ausgebildet, die historisch erfaßbar sind: Die Sachsen in Norddeutschland, die Franken an beiden Rheinufern, die Alemannen am Oberrhein, die Thüringer und endlich die Goten an der unteren Donau, ein breiter Gürtel junger und gesunder Völker, der von der Nordsee bis zum Schwarzen Meer reichte und von Jahr zu Jahr deutlicher zur Drohung wurde.

In diesem gewaltigen Geschehen wird die Christianisierung einer Landschaft zur Episode, selbst die Christenverfolgungen unter Diocletian und seinem Schwiegersohn Gaius Galerius erlangen am Rhein keineswegs die Bedeutung wie die ständigen Übergriffe der Germanen, von denen noch niemand zu sagen wußte, ob es sich um Raubzüge handelt oder um die Wanderung eines ganzen Volkes mit dem Ziel der Landnahme und der Niederlassung.

Die Größe der Kaiser wird in diesen unruhigen Zeiten naturgemäß an ihren Erfolgen gegen die Völker gemessen, die das Römerreich bedrohen. Die christliche Geschichtsschreibung hingegen hat ihre eigenen Begriffe von Größe und erhebt Kaiser Konstantin I., der 313 in Mailand ein Edikt zum Schutz der Christen erließ, über alle seine Vorgänger und Nachfolger. Unter diesen ist auch der eine oder andere Gegner des Christentums und so mancher harte Soldat, dem die Religion überhaupt gleichgültig ist. Für das Elsaß wird der Cäsar Julian wichtig, den man als Kaiser Julian Apostata nennt, obwohl er eigentlich vom Christentum nicht abgefallen ist: Er hing ihm nur nicht an, sondern neigte eher dem Mithras-Kult zu. Und in der Nähe der Mithras-Metropole Straßburg, damals Argentoratum genannt, lieferte Julian, noch ehe er selbst Kaiser wurde, den Alemannen die große Schlacht des Jahres 357.

Wir besitzen von ihr eine authentische und lebendige Schilderung in dem großen Geschichtswerk des Ammianus Marcellinus, tausend erhaltene Seiten von etwa zweitausend, die sich auch heute noch mühelos und packend lesen. Ammianus (um 330 bis nach 395) entstammte einer wohlhabenden Familie der griechischen Kolonie in Antiochia, begleitete als Sekretär verschiedene römische Feldherren und lebte schließlich in Antiochia und in Rom für seine Studien, wobei er so gut wie ausschließlich mit heidnischen Intellektuellen verkehrte. Zum Christentum hatte er ohne sonderliche Feindschaft eine distanzierte Position; er warf ihm vor, daß es den Volksaberglauben begünstige, und daß seine führenden Persönlichkeiten um nichts besser seien oder auch nur moralischer lebten als die heidnischen Würdenträger, womit er weitgehend recht hatte.

Ammianus Marcellinus schildert uns farbig und eindringlich, wie Julian, noch ehe er die Befestigungen der Stadt Argentoratum in Stand setzen konnte, von den Alemannen behelligt wird, die sich auf den Rheininseln festgesetzt haben und dort durch Lärm und Einzelaktionen die Römer herausfordern. Als die Römer alle Boote, die für einen Brückenbau bereitgestellt sind, bemannen und die Rheininseln überfallen, wo alles niedergemacht wird, tritt am Fluß selbst Ruhe ein: Da die Römer alles töteten, was ihnen vor die Schwerter kam, auch Frauen und Kinder, herrscht zunächst Betroffenheit unter den Alemannen, dann führen sie in einer dreitägigen Operation eine Armee von mehr als dreißigtausend Mann über den Fluß und beziehen Grabenstellungen westlich von Straßburg.

Geführt werden sie von einem wahren Hünen an Gestalt, dem Fürsten Chnodomarius, der mit einer besonders langen Lanze kämpft und durch ein flatterndes rotes Stirnband kenntlich ist, und auf dem anderen Flügel durch den Neffen dieses Mannes, der den ungebräuchlichen Namen Serapio trägt, weil er während eines Vorstoßes nach Südfrankreich (!) Bekanntschaft mit einer morgenländischen Lehre gemacht und sie als Religion angenommen hat.

Ammianus steht ganz in der antiken Tradition der Schlachtenschilderung, die alle ähnlichen Werke bis herauf zu Paulus Diakonus und Prokopius prägen wird. Wir lesen die Ansprachen, die Julian seinen Soldaten hielt, die ihn in ihrem Kampfeseifer gar nicht zu Ende sprechen lassen, und nach einem sehr wechselvollen Ringen, in dem die Niederlage mehr als einmal nahe ist, bringt die Standfestigkeit der Hilfsvölker wie der Cornuten (deren Tribun fällt) und die wilde Tapferkeit der Bataver schließlich doch den Römern den Sieg – nach einem letzten verzweifelten Vorstoß des alemannischen Adels ins Zentrum des römischen Heeres.

Die Flucht zum Rhein, in den Fluß und über ihn hinweg erinnert an Vorgänge, wie sie sich vierhundert Jahre vorher nach der Niederlage des Ariovistus gegen Cäsar ereignet haben müssen. Ammianus schildert sie mit der Kälte des erfahrenen Beobachters, ja mit einem Unterton von Amüsement vor allem dann, wenn der große Chnodomarius, der Pferde und Kähne für seine Flucht bereitgestellt hat, schließlich in einer großen Lache (oder einer flachen Lagune des Rheins) nicht mehr weiterreiten kann und sich gefangen geben muß. Ammianus weiß auch, wie es mit dem Fürsten zu Ende ging: Man brachte ihn nach Rom, wo er in fürstlichem Gewahrsam mit anderen hochgestellten Gefangenen an Schlafsucht starb – was immer damit gemeint war.

Noch ein zweiter Sieg gegen die Alemannen gelang, es war im Jahr 368, und der Sieger war Kaiser Valentinian, und ein dritter unter Gratian bei Horburg, also im Raum des heutigen Colmar. Die großen und wichtigen Städte des Landes, Straßburg und Colmar, erweisen sich auch schon in diesen Schicksalsjahren als die Brennpunkte, als die

Orte der Entscheidungen, aber sie sind noch zu klein, um eigene Abwehrkräfte zu besitzen oder zu entwickeln: Als der Vandale Stilicho, der große Reichsfeldherr der Römer an der Wende zum fünften Jahrhundert, die letzten Garnisonen zusammenzieht, um den Kernraum des Kaiserreiches zu schützen, liegt das Elsaß schließlich offen und preisgegeben vor dem Ansturm der Germanenstämme, und die Stunde der Alemannen ist gekommen. Was immer die Römer errichtet und – wie die Festungen bei Zabern – wieder errichtet haben, versinkt in diesem gewaltigen Ansturm, an dem vor allem die Zerstörungswut überrascht. Vielleicht haben die Alemannen ihre Niederlagen noch nicht vergessen, vielleicht nehmen sie nun Rache für die sechstausend Toten von Straßburg, für die niedergemetzelten Familien auf den Rheininseln – jedenfalls bleibt kein Stein auf dem anderen, und da die Angreifer kaum mehr auf Römer treffen, müssen die zurückgebliebenen Einwohner des Landes für die römischen Siege büßen.

Aus dem Vergleich mit dem übrigen Mitteleuropa, aber auch aus den Straßburger Bischofslisten und anderen Zeugnissen aus der Frühzeit des Christentums in Südwestdeutschland und Ostfrankreich geht mit größter Wahrscheinlichkeit hervor, daß die ersten christlichen Stätten im Elsaß noch im Schutz der römischen Besatzung entstanden sein müssen. Wie weit sie im Alemannensturm zugrunde gingen, ist eine ungelöste Frage, die mit dem Schicksal der ansässigen Bevölkerung zusammenhängt. Während eine Forschergruppe annimmt, daß den Alemannenschwertern nur unwesentliche Bevölkerungsteile entrannen, sind andere Gelehrte wie R. Straub überzeugt, in Reihengräberfeldern einen nicht unerheblichen Anteil galloromanischer Bestattungen feststellen zu können, die allerdings erkennen lassen, daß es sich um die Unterschicht handle. Das würde mit jenen Schriftquellen übereinstimmen, in denen von großen Sklaven-Austausch-Aktionen die Rede ist: Die Alemannen haben im Elsaß die ansässige Bevölkerung versklavt und als Arbeitskräfte am Leben gelassen.

Daß sie die Gebäude so gut wie vollständig zerstörten, wird aus ihrer Abneigung gegen das Wohnen nach römischer Sitte erklärt, und tatsächlich ist der Alemanne zumindest in der Frühzeit siedlungsfeindlich. Er lebt in großen Einzelhöfen und weiß mit den römischen Villen und Städten zunächst nichts anzufangen. Eine Wandlung dieser Sinnesart ist bewiesen, trifft aber erst für das sechste und siebte Jahrhundert zu, als die alemannische Landnahme im Elsaß längst abgeschlossen war.

Das Elsaß hat also keine völlig neue Bevölkerung erhalten, was in gewissem Sinn versöhnlich wirkt, weil man in der Kontinuität der Beziehung zwischen Mensch und Landschaft doch ein Positivum der Entwicklung sehen muß. Die Oberschicht und auch die Menschen, welche die neuen Wirtschaftsformen tragen, sind nun Germanen jener Spezies, die man im Augenblick, einer Mode folgend, Al*a*mannen nennt, während der ältere, auf den griechischen Geographen fußende Name Alemannen lautet und so auch vom Reallexikon der Germanischen Altertumskunde gebraucht wird.

Da dies ebensowenig ein Buch über die Alemannen wie über die Kelten oder die Römer ist, lassen wir die ohnehin völlig unsichere Erklärung dieses Namens beiseite, „zumal die Genese des Stammes der Alemannen auch von historischer Seite keinesfalls geklärt ist". Da es im gesamten älteren Fundmaterial keinerlei spezifisch alemannische Charakteristika gibt, schließen wir uns der im erwähnten Reallexikon als neueste Theorie präsentierten Erklärung an, „daß der Kern des Stammes Heerhaufen waren, die sich aus den verschiedensten Stämmen rekonstruierten, selbst im Anfang kein Stamm, sondern ein Kampf- oder Wanderverband."

Diese Form des Zusammenschlußes erklärt auch andere Fakten, nämlich die Hartnäckigkeit der Angriffe gegen das Limessystem, die ja schon um 230 begannen, also hundertsiebzig Jahre, ehe sie Erfolg hatten, weitere die Wildheit der destruktiven Vorgangsweise, das Fehlen einer eigenen Kultur und die erst kürzlich im südwestdeutschen, nicht im elsässischen Raum gefundenen Beweise für kannibalische Festmähler der siegreichen Alemannen. Es war die unruhigste, aktivste, gierigste Auslese aus dem großen und gewaltigen Suebenverband, die sich als Alemannen im Südwesten präsentierten und dort Geschichte machten, und es vergingen Generationen, ehe gegen Ende des sechsten Jahrhunderts von einer Teil-Christianisierung dieser wilden Scharen gesprochen werden kann und ehe die Alemannen durch Anfänge einer eigenen Stammeskultur erfaßbar werden. Bis dahin sind sie, vor allem nach dem Zeugnis des genau und unbestechlich beobachtenden Ammianus Marcellinus, vor allem eifrige und erfolgreiche Viehzüchter, halten reiche, gut aussehende Herden und erscheinen – nach der Römerzeit – aufgrund der Gräberdichte vor allem zwischen Straßburg und Schlettstadt konzentriert und in Rheinufernähe. Von der Höhe des Kaiserstuhls bis in den Raum Basel sind linksrheinisch allerdings nur ganz vereinzelte Alemannengräber gefunden worden.

Nach Aetius, den wir alle aus den Zeiten der Hunnenschlachten kennen, erlischt der römische Widerstand bis auf einige zitadellenartige Überbleibsel, die man zur Überraschung der Forschung in den letzten Jahrzehnten aus Funden ermittelt hat. Das Gesamtbild bleibt dadurch unverändert: Die Römer nahmen ihre Truppen in imposanten Großaktionen aus den vordersten Linien zurück – in der *Vita Severini* ist dies für die Donau packend geschildert – und die Germanen strömten nach, wobei man zaudert, diesen Begriff noch so allgemein zu verwenden. Denn während Franken, Goten und Vandalen inzwischen imposante Organisationsformen entwickelt haben und zur Bildung geschichtlich bemerkenswerter Reiche in Gallien, Spanien und Nordafrika ansetzen, „sind die Alemannen gerade während der Zeit der Einwanderung und ersten Niederlassung, in der ihre äußere Kultur entstanden ist, archäologisch nur schwer zu erfassen" (Reallexikon). Indessen ist sicher, daß nach geglückter Landnahme ein starker Zustrom weiterer Stammesteile aus dem Osten erfolgt und die so vermehrte Bevölkerung im ganzen alemannischen Siedlungsraum nun in einer beinahe explosionsartigen Weise zunimmt.

Für das in diesem gewaltigen Landnahme- und Eroberungsvorgang kleine Gebiet der Vogesen und des Oberrheinstreifens sind Sonderentwicklungen zunächst nicht erkennbar. Die Lokalgeschichte hat in einzelnen Tälern Dauersiedlungen ermittelt, die auch im Alemannensturm nicht völlig untergingen, vermutlich, weil der nahe Wald Zufluchtsmöglichkeiten für die Ansässigen bot und weil die Alemannen nach dem ersten Raubvorstoß das Interesse an den Vogesentälern weitgehend verloren. Mit diesen Tatsachen erhalten die Vogesen eine neue Bedeutung für das Elsaß und seine Menschen; sie retten und bewahren eine gewisse Kontinuität aus keltischen und römischen Zeiten, aus jenen Geschichtsphasen des elsässischen Landes, in denen hier eben noch kein zusammengewürfelter Raubstamm herrschte, sondern Völker mit ausgebildeter materieller und geistiger Kultur.

Die Suche nach solchen Orten ist nirgends mühsamer als in Durchzugslandschaften und Grenzländern wie dem Elsaß, und die große Historie hat sich bei solchen Fragen eben darum und mit Recht der Lokalforschung anvertraut, jenen emphatischen Heimatkundlern, denen bei einer an sich wenig spektakulären und dennoch verdienstvollen Arbeit ihre lebenslange, ja oft in Generationen begründete Vertrautheit mit einem Ort, einem Tal, einer Landschaft zugute kommt.

Für den Herzraum des Elsaß, das von Colmar nach Westen zum Col de la Schlucht hinaufziehende Münstertal, besitzen wir die genaue und hingebungsvolle Arbeit von Gabriele Chavoen, die jedem, der sich durch den Vorspruch nicht abschrecken läßt, als exemplarisch erscheinen und den Wunsch nach ähnlichen Arbeiten für die anderen Vogesentäler wecken wird. Madame Chavoen sagt zwar: „Die vorliegende Arbeit hat sich zum Ziel gesetzt, die Landeskunde des elsässischen Münstertales so darzustellen, daß klar daraus hervorgeht, daß dieses Vogesental ein Stück deutscher Kulturlandschaft, ein Stück deutscher Heimat ist." Aber sie arbeitet dann, so wie man es in dieser Solidität an den deutschen Universitäten stets getan hat, *alle* Befunde auf. Ihr Buch gestattet uns, dieses nach Westen durch einen Hochpaß abgeschlossene, sich zum Rhein hin aber öffnende Tal als ein Beispiel für die Durchsetzung der Vogesen mit den von Osten her eindringenden germanischen Siedlern anzusehen.

Gabriele Chavoen beginnt mit jenen zwei Münstertal-Orten, in denen eine Dauerbesiedlung seit der Steinzeit (!) auf Grund der Funde mit hoher Wahrscheinlichkeit anzunehmen ist, das sind das heute noch sehenswerte Türkheim und das in geringer Entfernung davon südlich der Fecht liegende Winzenheim. Andere Steinzeitwohnstätten wie der Staufen und das Wormstal blieben nicht dauernd bewohnt. Der Hohneck, die Hohlandsburg, der Staufen und Galz nördlich der Fecht lassen Spuren steinzeitlicher Befestigungswerke erkennen. Auf solch ausgesuchten Plätzen, die dank der Gunst ihrer Lage immer wieder befestigt werden, ist die Suche, sind die Grabungen naturgemäß fast stets lohnend. Auf dem beinahe tausend Meter hoch beherrschend über dem Tal aufragenden Hohneck erwiesen sich, als der *Service des Affaires Culturelles* von Colmar dort vor etwa zwanzig Jahren zu graben begann, ganze Schichten und Fundamentbereiche als völlig unangetastet, da die Grafen von Egisheim, als sie im zwölften Jahrhundert hier die polygonale Mauer um die zentrale Befestigung zogen, offensichtlich dankbar waren, ältere Aufmauerungen und Fundamentierungen nutzen zu können. Auf dem Staufen fanden sich zwar Graben und Reste megalithischer Steinwälle, aber für die mittelalterlichen Befestigungen in diesem Raum bot sich der näher an Sultzbach heranreichende Hügelsporn an, der in christlicher Zeit mit den Burgen Haneck, Schrankenfeld und dem Burgthalerschloß geziert wurde. Die steinzeitlichen Befestigungen am Eingang des Münstertales werden als Nachhut-Bastionen aufgefaßt, was bedeuten würde, daß der Feind von Osten das Tal heraufkam. Auch zwischen Türkheim und Ingersheim deuten zumindest Ortsnamen auf eine weitere Sperrfeste hin.

Hier am Taleingang sind auch die Bronzezeit-Funde so reichlich, daß wir sicher sein dürfen: Entweder die Burgenbauer oder aber die Eindringlinge haben das Tal weiter kultiviert und dem Ackerbau erschlossen, während die Römer sich natürlich für die Mineralquellen von Sultzbach interessierten. Trotz der Klimaverschlechterung, die in der Übergangszeit zum Metall die Vogesenwälder hatte wachsen und dichter werden lassen, waren die Kelten im Elsaß nicht müßig gewesen und hatten, wie das Beispiel des Münstertales zeigt, den Römern „eine reiche Landschaft überlassen, gesund und fruchtbar, die sich fortgeschrittener Zivilisation erfreute und von einer emsigen und intelligenten Bevölkerung bewohnt war" (L.G. Werner in *Structure des voies romaines dans le Haut Rhin* 1925/26).

Der französisch schreibende Elsässer Werner hat sich vor allem mit Altstraßen und Wegen im Elsaß beschäftigt und damit die Erklärung dafür geliefert, warum die Vogesen um so vieles schneller von der alemannischen Besiedlung durchdrungen wurden als der so gut wie straßenlose Schwarzwald. Schon in vorrömischer Zeit gab es in den Vogesen also Salzstraßen und Saumwege; die große Leistung der Römer auf diesem Gebiet ist bekannt, und das Ergebnis sehen wir nun in der alemannischen Zeit: Das Münstertal, unser Beispiel, zeigt schon vor den großen Kämpfen Julians und Valentinians alemannische Siedlergruppen in Einzelgehöften, und als endlich die Alemannen unter fränkische Oberhoheit kommen, finden sich ihre Gehöfte bis in die fernsten und feinsten Verästelungen des Tales. Die alemannischen Flurnamen im ganzen Tal scheinen auch zu beweisen, daß die von Norden her einwandernden Franken die früher gekommenen Alemannen talaufwärts abdrängen.

Für das Elsaß im Ganzen ergibt sich aus dieser Botschaft eines wichtigen Tales und aus ergänzenden Funden im Norden und Süden der folgende Ablauf: Seit dem zweiten Jahrhundert vorsichtiges Einsickern der Alemannen, im dritten Jahrhundert erste schwere Angriffe, im vierten Jahrhundert die großen Schlachten, in denen die Römer dreimal siegreich bleiben.

Zu Beginn des fünften Jahrhunderts brechen Vandalen aus Schlesien und aus dem Karpathenbogen nach Westen auf, durchziehen Süddeutschland, zerschlagen fränkische Stämme im Rhein-Main-Gebiet und reißen andere mit sich; auch Sueben schließen sich an. Diesem gewaltigen Zug durch ganz Frankreich, der zu germanischen Reichsgründungen in Portugal, Spanien und Nordafrika führt, folgen um die Jahrhundertmitte die Hunnen, die jedoch mit ihren Pferden und Karren die Hochvogesen meiden: Sie fallen über Zabern und Belfort nach Gallien ein und treffen in der Champagne auf Franken und Galloromanen unter Aëtius.

Nach der gewaltigen und als unentschieden zu bezeichnenden Völkerschlacht bei Châlons-sur-Marne strömen Hunnenhaufen zurück nach Osten und Südosten, scheinen aber keine Lust zu haben, sich im schwierigen Vogesenland mit den Alemannen anzulegen. Diese fühlen sich daher in der zweiten Hälfte des fünften Jahrhunderts zu jenem Vorgang ermutigt, den die Historiker als 'endgültige Landnahme' (Lexikon des Mittelalters III/1853) bezeichnen. Dadurch wurde, wie ebendort zu lesen steht, die alemannische Sprache vorherrschend, „doch erfolgte keineswegs die Eliminierung der provinzialrömischen Bevölkerung, wie zahlreiche gallo-römische Ortsnamen (z.B. Colmar, Rufach, Kembs, Seltz u.a.) belegen".

Die Alemannen hatten es also, nach dem ersten Wüten, doch als Vorteil erkannt, die – wie wir lasen – 'emsige und intelligente' Bevölkerung zumindest teilweise am Leben zu lassen. Sie hätten im Elsaß ebenso gut leben können wie vor ihnen die Römer, war doch alles vorhanden, was man zum Wohlleben brauchte, und neue Feinde waren auch nicht in Sicht. Aber alle alten und neuen Berichte über die Alemannen sind sich darin einig, daß dieses kriegerische Stämme-Gemisch mindestens bis gegen Ende des sechsten Jahrhunderts sich etwa so betrug wie Wikinger zu Lande. Statt ihren Wein zu bauen und zu trinken, brachen sie immer wieder in Raubzügen gegen andere Länder vor, die dafür inzwischen kein Verständnis mehr hatten, da sie ja von höher entwickelten Germanenvölkern bewohnt waren und sich eine Ordnung gegeben hatten. Wir finden Bajuvaren und Alemannen als die bösen Buben in einer inzwischen einigermaßen konsolidierten germanischen Familie. Ganz Europa gehört ihr, und wo noch nicht Germanen herrschen wie in Byzanz und Ravenna, da sitzen vandalische, alanische und gotische Offiziere und Statthalter, da regieren hunnisch-germanische Fürsten wie Odoaker oder als Könige verehrte Goten wie der große Theoderich.

Die Rolle der Bayern und Alemannen ist denn auch höchst undankbar. Sie tauchen in den Heiligenviten jener Zeit als grausame Heiden auf, die mit den Missionaren aus Irland und Gallien äußerst unsanft umspringen, und wenn es auch auf elsässischem Boden nicht so blutige Martyrien gibt wie etwa das des heiligen Emmeram südlich von München, so muß man doch annehmen, daß die Alemannen einen ungleich vollständigeren Rückfall in glaubenslos-barbarische Zeiten mit sich brachten als die vergleichsweise poetisch-sanfte Mithras-Religion des zu Unrecht verteufelten Kaisers Julian.

Da sich die Franken einerseits die zahlreichen Raubzüge nicht gefallen lassen können, andererseits aber ihre Herrschaftsbereiche ausweiten wollen, ergeht es den Alemannen gegen den Frankenkönig Chlodwig etwa so wie wenig später den Bayern gegen die Karolinger: In einer Schlacht, deren genauen Zeitpunkt man ebensowenig kennt wie den genauen Ort, fällt der dem Namen nach unbekannte Alemannenkönig, und die kurze Phase alemannischer Freiheit geht zu Ende.

Die blutige Alemannenschlacht ist, trotz aller Unsicherheiten – sie hat 496 (oder 497!) stattgefunden –, zweifellos historisch, und das in mehr als einem Sinn, denn dort an der Lauter siegte nicht nur der Frankenkönig, sondern es siegte über den Frankenkönig dann noch die Frankenkönigin Chrodechild, eine burgundische Prinzessin, die bereits Christin war und nach dem Sieg ihren Gatten drängte, doch auch zum Christentum überzutreten (wie wir bei Gregor von Tours lesen können):

„Unablässig drang die Königin in Cholodowech (= Chlodwig) ein, er solle doch den wahren Gott erkennen und sich um die Götzen weiter nicht mehr kümmern. Doch der ließ sich durch nichts zum Christenglauben bekehren, bis er einst gegen die Alemannen im Kriege lag. Da zwang ihn die Not, das zu bekennen, was er vordem absichtlich geleugnet hatte: Als nämlich beide Heere aufeinanderprallten, kam es zu einem gräulichen Morden, und Chlodowechs Heer drohte die völlige Vernichtung. Bei diesem Anblick erhob der Frankenkönig seine Augen zum Himmel, und zerknirschten Herzens rief er mit tränenerstickter Stimme: 'Jesu Christe, Chrodechild sagt, Du seist des lebendigen Gottes Sohn; es heißt, Du springst den Bedrängten bei und verleihst den auf Dich Hoffenden den Sieg. So flehe ich denn ganz demütig um Deine ruhmreiche Hilfe."

Gregor bringt noch eine längere Rede des bedrängten Königs, wie wir sie ja in anderen Schlachtberichten immer wieder finden, als ob die damaligen Feldherren allesamt und ganz im Gegensatz zu Moltke äußerst redselig gewesen wären. Chlodwig jedenfalls hat mit seiner Anrufung Erfolg. Während er sich an den Christengott wandte, trat auf dem Schlachtfeld die Wende ein: „Kaum hatte er das gesprochen, da machten die Alemannen kehrt und begannen zu fliehen. Als sie dann auch ihren König fallen sahen, ergaben sie sich dem Chlodowech mit der Bitte: Laß nicht noch mehr von unserem Volk umkommen, wir sind ja schon die Deinen! Chlodowech stellte den Kampf ein, sprach den Unterlegenen gütig zu und rückte nach dem Friedensschluß ab."

Gregors *cohortare* im letzten Satz findet sich auch mit 'ermahnen' übersetzt, was den Charakter der künftigen Beziehungen zwischen Franken und Alemannen wohl besser kennzeichnet. Auch auf den Ort der Schlacht gibt Gregor Hinweise, wenn er sagt, die Alemannen hätten sich nicht nur ergeben, sondern als Volk dem König anvertraut, und wenn er weiter berichtet, Chlodwig sei nach dem Friedensschluß abgerückt. Beides ergibt einen Sinn nur dann, wenn die Schlacht im alemannischen Bereich stattgefunden hatte. In Zülpich, jenem Städtchen, das den lateinischen Namen Tolbiacum trug und darum aufgrund irgend eines Schreibfehlers oder einer zufälligen Namens-Idendität gelegentlich als Schlachtort auftaucht, wäre man tief in fränkischem Gebiet aufeinandergetroffen, aus dem natürlich nicht Chlodwig hätte abziehen können und wo auch die Unterwerfung der Alemannen keinen Sinn ergeben hätte. Vermutlich liegt der Ort der Schlacht im nördlichen Elsaß, zwischen Weißenburg und dem unteren Mundat-Wald.

Dies ist eine Pforte zwischen den südlichen Hügeln des Hart und dem ausgedehnten, bis nahe an den Rhein reichenden Bien-Wald, in der es auch später noch wiederholt zu kriegerischen Begegnungen kam (zuletzt am 4. August 1870). Gregors Formel *Ne amplius quaesumus, pereat populus, iam tui sumus* bezieht sich nicht auf eine weit nach Norden vorgedrungene Raubschar, sondern auf das Alemannenvolk als solches, und das Ergebnis der Schlacht bestand denn auch darin, daß die nördlichen Alemannengebiete unter fränkische Oberhoheit kamen, während die südlichen sich unter den Schutz des großen Theoderich stellten, vor dem alle anderen Herrscher, selbst die der Franken und Vandalen, einen Heidenrespekt hatten.

Zwei Mächtige hatten Südwestdeutschland in Einflußzonen aufgeteilt, und man glaubt sogar zu wissen, wo diese

Inmitten des heutigen brodelnden Zentrums von Straßburg schaut General Kléb gelassen von seinem Sockel.

Unter Kaiser Wilhelm II. wurde die Hochkönigsburg nach dem Geschmack d 19. Jahrhunderts restauriert.

ɛister Erwin gilt als Schöpfer des Straßburger Münsters. Er war 1284 bis 1318 in ɾaßburg tätig.

Nur der Nordturm des Straßburger Münsters wurde ausgeführt. ▶

Grenze verlief, was einen schriftlichen Friedensvertrag voraussetzt: „Als Grenze wird für gewöhnlich eine Linie angenommen, die vom Rhein der Oos entlang zur Hornisgrinde im Schwarzwald, über den Asperg bei Ludwigsburg durch den schwäbisch-fränkischen Wald zum Hohenberg bei Ellwangen und zum Hesselberg nördlich vom Ries (damals Raetia) führte. Es ist dies die seit etwa 1275 genauer bekannte Nordgrenze der schwäbischen Bistümer Konstanz und Augsburg... Das nördlich dieser Grenze liegende Gebiet hatte zu Ende des achten Jahrhunderts, nach dem die schriftlichen Quellen reichlich zu fließen beginnen, einen fränkischen Charakter. Im Elsaß dagegen entwickelte sich im Rahmen des fränkischen Reiches ein Eigenleben alemannischer Prägung" (Reallexikon).

Diese für uns bemerkenswerte Tatsache findet ihre Bestätigung in den Gräbern: Auch die reicheren (sogenannten Fürsten-) Gräber behalten nach dem Schlachtjahr 496, 497 oder 498 ihren alemannischen Charakter; König Chlodwig hat seinen Rittern kein Alemannenland zugeteilt, lediglich im nördlichen Elsaß erfolgten Ansiedlungen fränkischer Bauern, ein Umstand, der sich auch aus der Schlacht selbst erklären kann, bleiben doch nach jeder größeren Auseinandersetzung Reste der Armee am Ort, entweder die Verwundeten oder jene Veteranen, für die dies die letzte Schlacht war. Selbst im gallischen Châlons, dem Ort der großen Hunnenschlacht, sieht man noch heute südlich des Schlachtfeldes ein typisches, langgestrecktes Hunnendorf, in dem die Verwundeten von den Katalaunischen Feldern sich zusammensetzten, um nicht von den Bauern der Champagne erschlagen zu werden. Die bezeugte Frankenansiedlung im nördlichen Elsaß könnte damit auch den Schlachtort bestätigen.

Die fromme Chrodechild hatte im burgundischen Königshaus so allerlei erlebt, was ihre Hinwendung zum Christentum erklärt: Ihr Vater war von seinem Bruder erschlagen worden, ihrer Mutter hatte man einen Stein um den Hals gebunden und ins Wasser geworfen (Ertränken war eine vornehmlich gegen Frauen angewendete Todesstrafe), ihre Schwester hatte man in ein Kloster gesperrt, und sie selbst war nur durch ihre große Schönheit entronnen, weil der Frankenkönig sie haben wollte (obwohl er schon andere Frauen und von diesen Kinder hatte). Wieweit sie das Treiben ihres Sohnes Chlotar I. (500-561) noch mitansehen mußte, ist nicht bekannt, weil wir von Chrodechild kein Todesdatum haben: Sie soll 540 oder 545 im Kloster des heiligen Martin zu Tours gestorben und dann in Paris an der Seite ihres Gatten beigesetzt worden sein.

Die Frau, die das Frankenreich dem Christentum zuführte, wurde natürlich heilig gesprochen, denn es war für ganz Europa entscheidend, daß die Franken sich zu dem römischen Christentum bekannten: *Alle anderen Germanen waren nämlich Arianer!* Der große Theoderich erbaute in Ravenna die herrlichsten arianischen Kirchen und Mausoleen, die Westgoten in Spanien waren Arianer, und die Vandalen hatten in Nordafrika den Arianismus zur Staatsreligion erhoben, die römisch-katholischen Bischöfe nach Sardinien verbannt und römische Christinnen so einfallsreich gemartert, wie es vordem die heidnischen Römer getan hatten. Der außerordentliche und heute völlig vergessene Erfolg der arianischen Lehre bei den germanischen Völkern beruhte auf der Tatsache, daß (vereinfachend gesprochen) Christus in ihr ein Mensch war und eine Art Heerkönig, der die Seinen zum Sieg führte. Die Germanen, die auf der Wanderschaft ihre heiligen Haine und Berge ja nicht mit sich nehmen konnten, bekannten sich seit dem vierten Jahrhundert zu dieser Lehre, deren berühmtester Missionar Bischof Ulfilas war, der Schöpfer des gotischen Alphabetes und der gotischen Bibel.

Der Machtzuwachs und der politische Aufstieg der Franken brachten den Sieg des römischen Christentums auch unter den Germanen, vor allem auch, weil das Ostgotenreich in Italien ebenso zugunde ging wie das Vandalenreich in Nordafrika und schließlich auch das Reich der

Westgoten in Spanien, wo allerdings die Oberschicht schon kurz vor dem Untergang den Arianismus aufgegeben hatte.

Für das Elsaß konnte somit, in einem religiös nun wieder geeinten Mitteleuropa, das erfolgen, was die Historiker eine Rechristianisierung nennen, obwohl wir von der ersten christlichen Phase des Landes außer legendären Bischofslisten und einigen wenigen Hinweisen aus der Kunst des dritten Jahrhunderts kaum etwas wissen. Behalten wir den Begriff der Rechristianisierung dennoch bei, so müssen wir ihn dahin einschränken, daß es sich keineswegs um gezielte missionarische Aktionen handelte: Diese blieben vielmehr Einzelnen vorbehalten und lange Zeit ohne Bedeutung. Bei den Alemannen bestand seit etwa dem siebten Jahrhundert ein sogenannter Synkretismus, ein geduldetes Nebeneinander von Heidentum und Christentum, eine besondere Situation, von der uns die Heiligenviten aus dem Oberrheinraum mitunter köstliche Realien berichten: Es gab gemeinsame Bierfeste, die den Alemannen sehr wichtig waren und an denen wegen der oft mitten durch die Familien gehenden Glaubensverschiedenheit Heiden wie Christen in fröhlicher Gemeinschaft teilnahmen. Da aber nicht selten heilige Männer anwesend waren – galloromanische oder gar irische Missionare – braute man für diese ein eigenes, schwaches Christen-Bier. Als einer dieser Prediger bei solch einer Gelegenheit wütend die Starkbierfässer zertrümmerte (nicht wegen des Alkohols, sondern wegen der durch ihn begünstigten unsittlichen Exzesse) führte der alemannische Gaufürst Klage bei den Franken und beschwerte sich über diese Auswüchse der Intoleranz.

Dieser aus heutiger Sicht kuriose, im ganzen aber ungemein vernünftige Zustand eines langsamen und ungezwungenen Übergangs zu einer neuen Lehre währte an die zweihundert Jahre, das heißt, er charakterisiert im Elsaß die soganannte Ausbau-Phase zwischen der endgültigen Landnahme um 450 und dem Ausklingen des heidnischen

Stammeslebens zum Ende des siebten Jahrhunderts. Die im Elsaß so berühmten und verdienstvoll wirkenden Klöster sind also an der ersten Ausbauphase noch nicht beteiligt. Das, was als Rodekloster östlich der Elbe so wichtig werden wird wie östlich der Enns, gibt es zwar auch im Elsaß, aber die ersten Schritte hinauf in die Talenden, die erste Erschließung über den keltisch-römischen Landbau hinaus machen die Alemannen noch in ihren heidnischen Traditionen, das heißt mit Einzelgehöften. Agathias, der Nachfolger des Prokopius, sagt ausdrücklich, daß um 570 das ganze germanische Land wieder heidnisch gewesen sei, nur in rein romanisch gebliebenen Siedlungen habe sich das Christentum erhalten.

Dazu stimmt, daß die Christianisierung dieser zweiten Phase im Elsaß von oben herab erfolgte, daß die ersten Funde christlicher Amulette, Amulett-Kapseln, Goldblatt-Kreuze und ähnlicher Hinweise in Adelsgräbern getan wurden, während das Christentum der römischen Zeit eine Unterschichten-Religion war und zum Beispiel bei den Rheinschiffern, den Fischern und den Handwerkern die meisten Anhänger hatte.

Eine allgemeinere Hinwendung zum Christentum beginnt erst mit der erwähnten Ansiedlung fränkischer Wehrbauern im Nordelsaß, wo Dialekt-Geographen auch noch Spuren fränkischer Mundarten entdeckt haben, und mit der Eingliederung des Elsaß in das fränkische Reich Austrien oder Austrasien, ein bis 750 meist selbstständiges Königreich, für das die gewonnenen elsässischen Gebiete wichtiger waren als für in der Ferne residierende Könige. Nun intensivierte sich die Kirchen- und Klosterarbeit aus dem Frankenreich, während die Mission vom Süden her, aus der Schweiz, beinahe völlig abklang. Als die Träger der Christianisierung werden vor allem die Bischöfe von Straßburg genannt und die Klöster Weißenburg, Maursmünster, Münster und Ebersmünster mit Gründungsdaten zwischen 590 und 690. Etwas später traten mit Columban die irischen Missionare auf, und während Columban selbst im eigentlichen elsässischen Gebiet nicht sehr viel Erfolg hatte (anderswo dafür umso mehr) war seinen Schülern, die um 720 Honau gründeten, starke Wirkung beschieden.

Da die verbreitetsten elsässischen Geschichtsdarstellungen auch die Christianisierung noch so stiefmütterlich behandeln wie Vorgeschichte und Römerzeit, verweilen wir nicht ungern in diesen dunklen Jahrhunderten und beginnen mit Straßburg selbst. Die Reihe der Bischöfe beginnt, seit sich auch die Kirche von einem Maternus im ersten Jahrhundert distanziert hat, mit dem gleichnamigen Bischof, der schließlich gegen Ende des vierten Jahrhunderts in Köln starb. Er gilt als der Apostel des Elsaß, wirkte möglicherweise aber erst nach jenem Ammandus, der auf Synoden in den Jahren 343 und 346 als Bischof von Straßburg bezeugt ist. Dann kam, wie wir wissen, die wilde Alemannenphase, und man vernimmt von Straßburg nichts bis zum Jahrhundert des guten Königs Dagobert II., der 679 starb. Er soll den frommen Einsiedler Arbogastus, einen jener vielen Eremiten dieser Zeit, über die nichts Näheres bekannt ist, aus dem Hagenauer Forst geholt und auf den Bischofsstuhl in Straßburg gesetzt haben. Damals erhielten die Bischöfe auch ein wenig Besitz, wohl in Übertragung fränkischer Erfahrungen auf das Elsaß: Der König teilte ihnen Schloß Isenburg bei Ruffach und die dazu gehörenden Ländereien zu, und wir kennen alte Ansichten, bei denen Schloß und Städtchen Isenburg in einem gemeinsamen Mauerring liegen. Dieser Besitz blieb den Bischöfen bis zur Französischen Revolution.

Von den nachfolgenden Bischöfen muß man Widegern (720-729) nennen, weil er die Klöster Murbach und Ettenheimmünster begründete. Als erster Bischof, der nach Person, Regierungszeit und Wirken historisch einwandfrei zu erfassen ist, gilt Heddo, aus jener herzoglichen Familie stammend, der auch die heilige Odilia zuzurechnen ist. Er war Abt in dem durch seine Sammelleistungen und den gelehrten Betrieb berühmten Kloster Reichenau, als kein Geringerer als Karl Martell ihn nach Straßburg rief. Mit Karl dem Großen befreundet, begleitete Heddo dann diesen Herrscher auf verschiedenen Reisen, darunter auch nach Rom und erwirkte für einige elsässische Orte und Gegenden (Schlettstadt, Breuschtal) besondere Privilegien, die das Leben dort erleichterten und den Handel förderten. Er starb 776, erlebte also die Kaiserkrönung seines großen Beschützers nicht mehr.

Da bis ins hohe Mittelalter nichts so eifrig gefälscht wurde wie Klosterurkunden, ist es nicht leicht zu sagen, welches der elsässischen Klöster nun tatsächlich das älteste ist, und im Grunde kommt es in diesen halbbarbarischen Frühzeiten auch auf ein paar Jahrzehnte auf und ab nicht an. Uralt ist jedenfalls Maursmünster, dessen konsonantenreichen und schwer auszusprechenden Namen die Franzosen sich in Marmoutier verwandelt haben. Es liegt in einer Schleife einer sehr alten Straße in der Zaberner Pforte, kann also als Unterkunft für die Pilger und die vielen wandernden Mönche durchaus schon im sechsten Jahrhundert gegründet worden sein, wie die Legende von Sankt Leobard, einem Jünger des heiligen Columban, behauptet. Als Stifter der Klostergründe gilt Childebert II., König von Austrasien, ein Urenkel der heiligen Chrodechild, der 596 starb. Bezeichnend ist, daß dieses Kloster noch einmal zugrunde ging, wir sind ja noch am Vorabend wirklich christlicher Zeiten im Elsaß, und von Abt Maur, dessen Namen es bewahrt, um 724 neu aufgebaut werden mußte, ehe es durch den heiligen Pirmin, einen der tatkräftigsten unter den frommen Männern des alemannischen Raumes, die Benediktinerregel erhielt und mit fruchtbarer Arbeit beginnen konnte.

Was wir heute von Maursmünster-Marmoutier noch sehen können, stammt zum größten Teil aus dem elften und zwölften Jahrhundert, der Zeit seiner schönsten Blüte (Westhaus und Langhaus) und wird als Anfang staufischer Kunst im Elsaß gewertet. Die Bauplastik (Konsolfiguren) entstammen der Werkstatt des Straßburger Ekklesiameisters. Das Querhaus ist unvollendet, der Altarraum präsentiert sich uns als barocker Umbau des mittelalterlichen Chors. In der Mitte des Querhauses wurde die halbrunde Apsis der merowingischen, also ältesten Abteikirche gefunden, als man es 1974 unternahm, eine große Heizungsanlage einzubauen – so begegneten sich die Zeiten, als es niemand mehr erwartete.

Das Kloster Münster im gleichnamigen Tal wird zwar erst 673 urkundlich erwähnt, doch spricht vieles dafür, daß es schon in der ersten Hälfte des Jahrhunderts gegründet worden ist. Das Tal hat nämlich – wie schon erwähnt wurde – an seinem Eingang uralte Dauersiedlungen und im weiteren Verlauf, in dem Dorf Weier, auch eine Ausbauzone aus heidnisch-alemannischer Zeit (um 500 nach Christus). Derlei mußte naturgemäß zu einer Klostergründung reizen: Der Taleingang einigermaßen kultiviert, das obere Tal ohne wirklichen Herrn, der Tal-Schluß durch höchste Erhebungen wie Montabey und Hohneck gegen den längst aufgeteilten gallischen Westen mit seinen mächtigen Bistümern abgegrenzt. Die Jahreszahl der Gründung steht nicht absolut fest, der Große Larousse nennt 623, andere Quellen 634 oder 647. Der Klostergründer selbst, ein Jünger Papst Gregors des Großen namens Oswald, ist ebenfalls wenig bekannt und erscheint in den Heiligenlexika nicht einmal unter den sogenannten Übergangenen, woraus man schließen muß, er habe sich nach der Gründung nicht mehr mit dem nötigen ekklesiastischen Ruhm bedeckt.

Indessen ist die Klostergründung selbst zweifellos eine sehr verdienstliche Tat gewesen, die den klaren Blick Oswalds beweist. Am Zusammenfluß zweier Wasserläufe gelegen, erhielt die Benediktinerabtei den Namen Monasterium Confluentis und machte sehr bald durch altchristliche Organisationsformen von sich reden, die möglicherweise aber auch ihren Grund in alemannischen Gewohnheiten hatten: Durch die Schenkungen der Merowingerzeit mächtig geworden, faßte das Kloster nämlich zehn seiner nächstgelegenen Dörfer, die allesamt in ihrem Intensivausbau auf das Kloster zurückgehen, zu einer gemeinwirtschaftlichen Einheit zusammen, in der alle Güter und Erträgnisse unterschiedslos der Gesamtheit der Einwohner gehörten. Diese *Civitas* umfaßte unter anderen Dörfer wie Stoßwihr, Luttenbach, Metzerat und Hohrod. Das erfolgreiche Kloster erhielt auch bald Schenkungen außerhalb des Tales im elsässischen Vorgebirge, im Sundgau und im Breisgau und hatte um 900 einen Besitzstand, um den die meisten anderen Klöster Münster beneideten.

Dieser Reichtum weckte natürlich auch die Begierden einiger adeliger Herren in der Umgebung, zuerst eines Grafen Eberhard, dem dann der Bischof von Basel folgte (1156), bis die Äbte in den Schutz des Kaisers flüchteten: Ob es nun Friedrich II. war oder Karl IV., Münster hatte jedenfalls fortan einen mächtigen Schutzherrn, der zudem weit entfernt war, so daß die Zehndörfer-Republik mit eigener Gerichtsbarkeit und weitgehend autonomen Wirtschaftsleben in dieser Form ungekränkt bis zur Reformation bestand. Ein Bürgeraufstand von 1466 blieb zunächst ohne Folgen, dann aber gestattete die lutherische Lehre weniger den Bauern als den Bürgern der um das Kloster entstandenen Stadt die Revanche. Der Abt mußte gehen, und in der Klosterrepublik kam es zu einem puritanischen Gemeinschaftsleben strengster Observanz, das, wie die Quellen nicht ohne Genugtuung berichten, das Kloster-Tal fortan erheblich von den Lebensgewohnheiten in den Weindörfern des Vogesenosthanges unterschied.

Aus den großen Zeiten der Abtei sind nur wenige Mauerreste erhalten, unter anderem ein bemerkenswertes gotisches Portal. Nach Bränden in den Jahren 1182, 1269 und 1348 war es 1470/79 zu einem Kirchenneubau gekommen, der 1802 abgebrochen wurde. Die heutigen Gotteshäuser (evangelisch und katholisch) stammen aus dem vorigen Jahrhundert. Das wertvollste Stück des Kirchenschatzes, die (sogenannte) Krone des Königs Dagobert, ein schönes

Stück merowingischer Goldschmiedekunst, verschwand während der Revolution, andere Teile des Kirchenschatzes schon in der Schwedenzeit.

In der Kirchengeschichte der elsässischen Städte und Landschaften hat die selbstherrliche Abtei begreiflicherweise eine große Rolle gespielt. Hat sich auch der fromme Name des Tales (Sankt-Gregors-Tal) als zu kompliziert nicht durchgesetzt, so sind aus dem Kloster doch nicht wenige bedeutende Prälaten hervorgegangen, seit Abt Valedius, dessen Wohltäter Childebert II. von Austrasien war. Es waren nicht weniger als sechs Bischöfe von Straßburg, die aus Münster kamen, darunter vier Heilige und der große Bischof Heddo. Saint-Remy, zuerst Mönch und dann Abt in Münster, bestieg 776 den Bischofsstuhl von Straßburg, hatte ihn jedoch, vermutlich wegen Krankheit, nicht bis zu seinem Tod im Jahre 803 inne. Er war insofern eine der typischen Gestalten seiner Zeit, als er eine intensive Suche nach Reliquien auf sich nahm. Sie waren der Ehrgeiz der mittelalterlichen Kirchen und Klöster, nicht zuletzt, weil reicher Reliquienbesitz auch zahlreiche Wallfahrten zur Folge hatte und damit besonderen Wohlstand der örtlichen Kirche. Rémy-Remedius stiftete das Inselkloster Aschau in der Ill und das Schweizer Kloster Schönenwerth und wurde von Papst Hadrian I. in Audienz empfangen – eine der vielen Reisen, von denen Rémy, wie ihn die ihm gewidmeten Darstellungen zeigen, stets mit erheblicher Reliquienbeute heimkehrte, die dann in feierlicher Prozession in die Kirche getragen wurde.

Der älteste unter den heiligen Äbten von Münster war Saint Ansoald, 693-710 Bischof von Straßburg, ein sogenannter Supplement-Heiliger, den die Benediktiner in die Heiligenregister schmuggelten, zum größeren Ruhm ihres Ordens. Ansoald ist aber nicht unbedingt ein Unwürdiger, denn man bescheinigt ihm immerhin, er sei 'getreulich in die Fußstapfen seines Vorgängers' getreten.

Eine gewisse Unsicherheit herrscht auch über den heiligen Justinus (Saint Juste, was eigentlich Justus ergeben würde, aber in den deutschen Heiligenlexika etwas inkonsequent mit Justinus übersetzt wird). Saint Juste war 710-712 einer der frühesten Bischöfe von Straßburg und nach der örtlichen Tradition ein Muster der Sitte und der Tugenden, was ihn nicht hinderte, im stillen Kämmerlein einen Kommentar zum Hohen Lied des Königs Salomo zu verfassen. (Angesichts der Unsicherheit zwischen den vielen gleichklingenden Namen gibt es freilich auch für diesen Kommentar einen Mitbewerber, einen heiligen Justinus aus dem Bergbistum Urgel in Nordspanien, zu dessen Einzugsgebiet bekanntlich die kleine Republik Andorra gehört.)

Eine kleine und gut zu überblickende Gemeinschaft wie die des Klosters Münster und der von ihm abhängenden Dörfer wirft die für das gesamte Elsaß sehr viel schwerer zu beantwortende Frage nach dem fränkischen und dem alemannischen Anteil wieder auf, vor allem aber das in gewissem Sinn faszinierende Problem frühchristlicher Zentren im Münstertal: Die Frage nach der Existenz eines Flucht-Christentums über den Untergang der Römerherrschaft hinaus.

In diesem Zusammenhang fiel es der Lokalforschung auf, daß das kleine Sulzbach sich selbst von der systematischen Kolonisationsarbeit des mächtigen Klosters auszuschließen vermochte und ein Reichslehen wurde. Das deutet ebenso auf alte Sonderrechte wie die Tatsache, daß in Sulzbach Johannes der Täufer der Ortsheilige ist, und da die Römer bekanntermaßen Orte mit Mineralquellen besonders gerne besuchten und Sulzbach auch ausgebaut haben, spricht eigentlich alles dafür, daß hier das römische Frühchristentum eine Stätte hatte, für die sich die Alemannen weniger interessierten, weil die Nordhanglage ebenso ungünstig war wie die geringe Ackerfläche.

Als die Äbte von Münster dann die Herren des schönen Vogesentales wurden, strömte fränkischer Einfluß mit ihnen und anderen Mönchen aus dem fränkischen Raum an die Fecht, denn es ist auffällig, daß sich hier Ortsnamen deutlich fränkischer Prägung finden: Breitenbach, Luttenbach, Eschbach, Griesbach, Günsbach, Hohrod und Sondernach. Sie erwiesen sich im Lauf der Zeit als die treuesten Mitglieder der Klostergemeinschaft, auch dann noch, als Bauernkrieg, Reformation, Revolution und Kriege die patricharchalischen Verhältnisse im Tal vielfach aufgebrochen hatten: Die Marktgenossenschaften dieser fränkischen Dörfer mit dem Kloster, das gemeinsame Nutzungsrecht am Wasser, an den Weiden und an den Wäldern blieb bis 1847 (!) bestehen, ein sehr seltenes Beispiel jahrtausendealter Gemeinschaft im Guten wie im Schlechten.

Wichtige Klöster aus der Frühzeit sind ebenso Ebersmünster und Weißenburg, beide etwa gleichzeitig gegen Ende des siebten Jahrhunderts zum ersten Mal urkundlich erwähnt, Weißenburg 670, Ebersmünster 683 (die legendären Gründungsdaten liegen natürlich früher und verdienen Beachtung, weil die ersten urkundlichen Erwähnungen oft zufällig sind).

Ebersmünster, etwa vierzig Kilometer südlich von Straßburg, liegt in nächster Nähe der über das Roßfeld führenden Römerstraße und beweist sein Alter auch dadurch, daß die erste merowingische Klosteranlage noch römische Mauern nutzen konnte, ja sich an sie anlehnte. Der heilige Deodat soll Herzog Eticho zu dieser frommen Gründung veranlaßt haben, eben jenen Eticho, der als harter Vater der heiligen Odilia allen Grund zu gottwohlgefälligen Taten hatte, selbst wenn die Verstoßung seiner sanften blindgeborenen Tochter Legende sein sollte. Die Anfänge des Klosters gelten gleichwohl als dunkel (Hotz) und die wirre Biographie des heiligen Deodat erklärt dies vielleicht. Dieser fromme Eiferer war Bischof von Nevers an der Loire, schied dann aber aus seiner Diözese und suchte die Einsamkeit, ein damals gar nicht seltener Vorgang, lebten die weltlichen Oberen doch im Frankenreich in einer Weise, der ein wirklich Frommer nicht zusehen konnte, gleichgültig, ob er nun Bischof war oder Hofprediger. Saint Dié, wie die

Franzosen ihn nennen, kam auch im fränkisch besiedelten Hagenauer Gebiet nicht gut an, sondern wurde vertrieben (wir wissen ja aus so mancher Andeutung, daß man im Elsaß inzwischen schon wieder recht fröhlich lebte), und so blieb dem Tiefgekränkten nichts als die Flucht in die tiefsten Vogesenwildnisse, wie man lesen kann. Dorthin wollte ihm freilich niemand folgen, und so finden wir als Ort seiner Klostergründung, nach dem berühmteren Saint Dié im westlichen Vogesenvorfeld, eben Ebersmünster zwischen Weinstraße und Rheinstrom. Die Abteikirche im österreichischen Hochbarock des Peter Thumb läßt die halbbarbarischen Anfänge der in den Rheinauen rodenden Mönche nicht ahnen; nur das Verschwinden des eigentlichen Klosters zeigt uns, daß Ebersmünster ungleich exponierter lag als die Vogesenklöster in den Waldtälern. Ebersmünster hat dennoch keinerlei Dokumente aus seiner Frühzeit, oder mit anderen Worten: Man bemühte sich seit dem Jahr 1163 um eine Wiederherstellung, aber das, was schließlich 1235 vollendet vorlag, füllt die vielen Lükken mit jenen Phantasien, die dem Ruhme und dem Besitzstand des Klosters mehr helfen als dem Wahrheitssucher.

Immerhin steht fest, daß das Kloster in seinen besten (den karolingischen) Zeiten eines der berühmtesten im ganzen Elsaß war, und die Rührung war groß, als eines Tages in der Ill ein kupferner Eimer gefunden wurde, der an einer Seite die romanische Kirche von Ebersmünster zeigte, so wie sie entstanden war, als nach einem mächtigen Sturm die alte Kirche abgebrochen werden mußte und ein viertürmiger Neubau sie ersetzte.

Weißenburg schließlich, das Kloster, das die heutige Stadt Wissembourg um sich herum entstehen ließ, ist im nördlichen Elsaß gelegen und nach ältesten Beziehungen, nach seiner ganzen Geschichte ein Stück Deutschland. Vom austrasischen Adel oder auch nur einem mächtigen Clan gestiftet, kam es schon 670 unter die Verwaltung des Bistums Speyer, und die Bischöfe dieser berühmten Stadt, die in der Geschichte des deutschen Königtums und der deutschen Politik eine wichtige Rolle spielten, sorgten von damals an für wachsenden Wohlstand in Weißenburg. Man ging mit beinahe kapitalistischem Raffinement vor, indem etwa schon früh die Quellen von Baden-Baden erworben wurden (!); dazu kamen reiche Schenkungen durch Pippin (besser bezeugt, als der Akt, den man sonst unter der Pippinischen Schenkung versteht) und von König Karl III., genannt der Dicke, der 876-888 über das Elsaß herrschte. Sehr förderlich wirkte sich auch aus, daß Weißenburg in den nächsten zweihundert Jahren bald Speyer, Worms, Basel oder Mainz unterstellt wurde, Lehnsverhältnisse, die vom König zu entscheiden waren und die das etwas entlegene Kloster in Verbindung mit großen Herren brachten, denn die Bischöfe und Erzbischöfe der genannten Städte hatten in jener frühen Zeit des deutschen Königtums beträchtlichen Einfluß und entstammten selbst großen Geschlechtern. Auch die geographische Lage half dem Kloster zu Wohlstand und Bedeutung, kreuzten sich doch eben dort die Fernstraßen aus der Pfalz zum Rhein und von Landau nach Hagenau und Straßburg. Dazu kam das alte Münzregal, das auf die Ottonen zurückgeht und von Rudolf von Habsburg bestätigt wurde.

Man kannte also in Weißenburg, ja für einen breiten elsässischen Raum kann man sagen, daß alle Wege nach Weißenburg führten, und das hatte seinen Grund nicht zuletzt darin, daß dieses alte Kloster seine Aktivitäten nicht im Erschließen der Umgebung, im Roden und im Feldbau erschöpfte, sondern eine der ältesten und berühmtesten deutschen Lateinschulen besaß, eine sehr frühe und natürlich noch bescheidene Vorstufe dessen, was man dereinst Hohe Schule oder Universität nennen wird.

Die Schulen des früheren Mittelalters gewannen ihren Ruf aus einzelnen Lehrern, und der Mann, der die Scholaren nach Weißenburg pilgern ließ, damit sie ihn hören könnten, war der Mönch Otfrid, eine der ersten erfaßbaren Persönlichkeiten der elsässischen Geistesgeschichte. Das Werk, das ihn berühmt machte, ist zugleich ein Stück praktischer Christianisierungsarbeit, denn es erzählt, die vier Evangelien zusammenmischend, die Heilsgeschichte in althochdeutscher Sprache, in einem sehr künstlichen Epos, in dem Otfrid dem Volk das Christentum verständlich und zugänglich darbieten wollte, damit es nicht weiterhin seine eigenen Poesien singen und rezitieren müsse – Lieder und Sprüche heidnischen Grundgehalts und nicht selten unsittlich im Stoff, aber das Volk hatte ja eben noch nichts anderes.

Im allgemeinen ist für Otfrid das, was er *laicorum cantus obscoenus* nennt, keineswegs obszön im heutigen Sinn, sondern weil es weltlich, irdisch und um alltägliche Probleme und Erscheinungen zentriert ist: Die Dichtung soll, wie jede andere Kunst auch, der Religion und dem Ruhm Gottes dienen.

Freilich ist's keine große Dichtung, was Otfrid in langem Bemühen bis zum Jahr 870 zuwege bringt (nach anderen Quellen sei das Werk bereits 868 beendet gewesen); er ist viel zu gelehrt und viel zu feierlich gestimmt, um an die natürliche Lockerheit seines Volksstammes heranzukommen, dieser Rheinfranken, die von Mainz nach Süden zielend auch ins Elsaß hereinwirken. In Mainz nämlich saß der große Lehrer des Otfried, saß Hrabanus Maurus, einst Abt zu Fulda, später Erzbischof zu Mainz, und von den Verbindungen zwischen Mainz und Weißenburg war ja schon die Rede. Das Beispiel zeigt überzeugend, wie die kirchlichen Strukturen zu Kanälen der Bildung und der Werbung für die Bildung werden. Sie sind alle keine großen Poeten, diese Mönche, aber sie vertrauen der Poesie, weil sie an ein Volk denken müssen, das noch nicht schreiben kann, das allenfalls in der Rezitation die neuen biblischen Geschichten und Gehalte aufzunehmen gewillt ist. Hrabanus Maurus hat mit vielen Schülern breit gewirkt, im heutigen französischen Bereich (der in karolingischen Zeiten in absoluter Geist-Einheit mit Deutschland lebte) durch Lupus von Ferrières, im alemannischen durch Walahfried Strabo und eben durch Otfrid.

Das große Werk mit dem langen lateinischen Titel *Liber evangeliorum theotisce conscriptus*, deutsch kurz Otfrids *Krist* genannt, entsprang aber nicht nur frommen pädagogischen Intentionen, sondern entsprach auch einer Notwendigkeit, einem wohl unbewußten, aber unleugbaren Verlangen dieses intellektuell verwaisten Volkes, das mit seinem heidnischen Gedanken- und Erzählgut der neuen Wirklichkeit zwischen Vogesen und Rhein, zwischen Basel und Weißenburg nicht mehr Herr werden konnte. Vergessen wir nicht, daß die Bibel neben aller religiösen Substanz auch ein unvergleichliches Kompendium an Geschichten, Lebensregeln, Beispielen und unvergeßlichen Gestalten ist, ein Buch, mit dem man vor allem dann leben möchte, wenn man – wie im Mittelalter so häufig – in einem abgeschiedenen Tal sitzt, die Welt selbst nicht kennenlernt und dennoch von ihr etwas wissen, erfahren, lernen will.

Die Evangelienharmonien, man könnte sie ehrfurchtslos Zusammenschnitte nennen, sind so alt wie die Bibelausgaben selbst; und sie drangen so schnell ins Volk, daß ein erboster Bischof, der das reine Gotteswort in ihnen verfälscht sah, von einer besonders erfolgreichen Nacherzählung der Evangelien nicht weniger als zweihundert Exemplare beschlagnahmen und verbrennen ließ: Zweihundert mit der Hand abgeschriebene Exemplare, zwölfhundert Jahre vor Gutenberg! (Wegen dieser Aktion, die offensichtlich sehr radikal und umsichtig durchgeführt worden war, müssen wir uns heute Tatians Evangelienharmonie weitgehend aus Zitaten bei anderen Autoren zusammenstückeln.)

Otfrid entsprach also dem Verlangen der Neuchristen oder Synkretisten, die wohl noch dem heidnischen Aberglauben anhingen, aber nicht mehr glücklich waren in dieser altgermanischen Welt, der das neue Leben im Elsaß, die fränkische Verwaltung, der Erfolg der Klöster, die belebte Landwirtschaft, der florierende Weinbau nicht mehr entsprachen (so wie wir ja auch in unserer Zeit beinahe alljährlich popularisierende Nacherzählungen der Bibel in den Verlagsverzeichnissen finden).

Otfrid schrieb und reimte althochdeutsch, nur war dies eben keine Gemeinsprache, sondern zerfiel in Mundarten. Er führte den Endreim in deutscher Sprache ein, scheute sich aber auch nicht, den altgermanischen Stabreim zu verwenden, er wollte ja, daß zumindest Teile seiner Dichtung vorgetragen würden. Mit all dem hat Otfrid eines wiederum bewiesen: Daß das Elsaß auch im Geistigen eine Landschaft des Übergangs, eine unentbehrliche Brücke sei. Wo sonst sollten sich das alte Germanien und das Römerreich, die wilden Landnahmestämme und die fränkischen Musterknaben der neuen Religion auch in dieser Weise treffen als in der Pfortenlandschaft von Weißenburg!

Gewiß könnten wir über das eigentliche Volksleben im Elsaß mehr erfahren, wenn wir Zeugnisse der Volksdichtung aus jener Zeit besäßen, aber bis auf die eingedeutschten römischen Soldatenlieder, bis auf ungefüge übersetzte lateinische Vagantenpoesie, von fahrenden Studenten auf den Landstraßen gesungen, war offensichtlich nichts vorhanden. Hätte es tatsächlich das unbekannte Genie gegeben, irgendein von der Muse geküßter Prinz, der zum Ärger seines rauhen Vaters lieber dichtete als Zweikämpfe austrug, so hätte es an verständnisvollen Federn gefehlt, diese Poesien aufzuschreiben.

Der Weg zum elsässischen Volk jener Zeit führt über die Legenden, über die erzählte fromme Tradition, und in ihr ist die Geschichte der heiligen Odilia ebenso lehrreich wie das lange Gedicht des Otfrid, aber ungleich fesselnder. Man ahnt hinter vielen frommen Wendungen die harte mittelalterliche Wirklichkeit, weil wir, ähnlich wie beim heiligen Severin, den seltenen Glücksfall verzeichnen können, daß die Vita von einem Mitlebenden aufgeschrieben wurde, daß wir also gleichsam einen Augenzeugenbericht, eine Reportage aus dem Mittelalter vor uns haben, wenn ein Mönch von Lüders bei Colmar über die Äbtissin von Odilienberg und Schutzpatronin von Straßburg berichtet.

„Die Heilige war eine Tochter des alemannischen Herzogs Eticho I", lesen wir bei Stadler-Heim, und es ist bereits sehr bezeichnend für die Unsicherheit der Überlieferungen aus jener Zeit, daß selbst für einen Herzog noch die Namen Adalrich, Atticus, Ethicus, Hetticus und Edelreich (!) genannt werden. Gelebt hat er, darin stimmen alle Berichte überein, unter König Childebert II. von Austrasien, der 673 oder 675 – wie übrigens auch seine Gemahlin – ermordet wurde. Herzog Eticho, der als einer der wenigen namentlich bekannten großen Herren jener Zeit auch auf vielen Stammtafeln nachmals berühmter Geschlechter figuriert, war mit dem ganzen Land Elsaß belehnt, das wir bei dieser Gelegenheit zum erstenmal als Ganzes behandelt finden, und er residierte in Oberehenheim, fünf Wegstunden südlich von Straßburg. „Auf der Höhe des (St. Odilien-)Berges, wo sich noch zahlreiche Ruinen aus der Römerzeit befanden, erbaute er zwei Kapellen, zu welchen er ein Beneficium stiftete, und restaurierte das alte Schloß", liest man bei Stadler-Heim, womit die Örtlichkeiten geklärt sind, trotz der häufigen und verwirrenden Namensgleichheiten zum Beispiel von Hohenburg (Altitona), einer Burg im Kanton Weißenburg. Sainte Odile, wie die Heilige heute heißt, haben wir also im Großraum Straßburg-Ottrott zu suchen, ihre Mutter war die Nichte des Bischofs Leodegar von Autun, der als Märtyrer 685 starb: Es waren offensichtlich noch rauhe Zeiten, und auch die Bischöfe im Frankenreich lebten gefährlich.

Als die kleine Odilia 657 oder 661 blind zur Welt kam, konnte der stolze Herzog dies nicht verwinden, wohl auch, weil seine Untertanen darin zweifellos eine wohlverdiente Strafe des Himmels gesehen hätten. Er ließ darum in Oberehenheim durch einen Herold kundtun, seine Gemahlin Berswinda habe nach arger Beschwer ein totes Kind zur Welt gebracht. Der Tötungsbefehl gegen die blinde Odilia scheint auch von den Legendenerzählern nie wirklich geglaubt worden zu sein. Die Mutter ließ das Kind zunächst in Schersweiler pflegen und, als es etwas größer war, ins Kloster von Beaumes-les-Dames bringen, in der nahen Franche-Comté. In der Taufe oder durch eine Salbung mit heiligem Öl (Beaume=Balsam), die Bischof Erhard von Regensburg in jenem Kloster vornahm, erhielt Odilia das Augenlicht. Als sie zum erstenmal mit klarem, reinem Blick zu dem Bischof aufsah, tat der Heilige den schönen Ausspruch: „So mögest Du mich, meine Tochter, dereinst im ewigen Leben ansehen" (Th. de Bussière).

Ich glaube, man erkennt schon, wenn man der Lebensgeschichte der kleinen Heiligen bis zu diesem alles verändernden Augenblick gefolgt ist, daß dies keine Heiligenvita wie all die vielen anderen ist, an denen sich die Kleriker der mittelalterlichen Klöster die Finger wund schrieben. Sainte Odile ist das wehrlose Kind des Landes, rein und blind in den Stürmen der Völker, und die Gnade des neuen Gottes macht sie sehend und stellt sie über ihren Vater, den Alemannenfürsten. In diesem Mädchen, das aus kindlicher Ahnungslosigkeit aufsteigt und zur Siegerin wird, findet das Elsaß zu sich selbst und wagt das Bekenntnis zu seinen eigenen friedfertigen Tugenden inmitten einer Welt, in der immer noch nur die Schwerter zählen.

Vater Eticho bleibt auf eine unbegreifliche, eben barbarische Weise unbeherrscht: Als Odiles Bruder die genesene Schwester ins väterliche Schloß bringt, um eine Versöhnung herbeizuführen, tötet ihn Eticho, wird freilich dann von tiefer Reue übermannt, nimmt Odile auf und sucht durch fromme Werke,wie sie einem Fürsten anstehen, die zwei schweren Sünden an den eigenen Kindern zu tilgen.

Was nun folgt, sind jene Ausgestaltungen, die wir auch aus anderen Legenden kennen, die Prinzessin, die nun ja heiraten und ihrem Vater Enkel schenken könnte, zieht das Leben im Dienste Gottes vor und verbirgt sich, um nicht aufs Schloß geholt zu werden, in einer Felsspalte, die sich schützend schließt, als Herzog Eticho mit seinen Reisigen herankommt. Oder: Sie bringt den Armen einen Topf mit warmer Speise, und ihr Vater, von diesem Anblick gerührt, schenkt ihr die Burg Hohenburg für ihre frommen Zwecke, und zwar mit allen zugehörigen Pachthöfen und Einkünften. Dafür wird sogar ein präzises Jahr, nämlich 680, angegeben. Ob Odilia hier ein Kloster nach einer strengen Regel begründete, ist nicht ganz sicher. Es scheint, daß ihr eigenes Schicksal ihr zeigte, wie sehr Töchter des Schwertadels einen Ort brauchten, an dem sie im Nötigsten unterwiesen wurden und in Frömmigkeit und Güte heranreifen konnten, in Gemeinschaft mit Gleichaltrigen und geschützt gegen das Treiben auf den Schlössern. Solch eine Zufluchtsstätte für Jungfrauen aus dem Adel Austrasiens und Burgunds wurde Hohenburg, eine Institution, die damals einzigartig gewesen sein dürfte und deren das Merowingerreich wohl auch anderswo bedurft hätte.

Als Eticho und seine Gemahlin starben, wurden sie auf der Burg begraben, und zu Füßen der Burg errichtete Odilia nun ein wirkliches, tätiges Kloster. Zum Unterschied von der Stiftung auf dem Berg, die fortan Odilienberg hieß, erhielt dieses Kloster den Namen Niedermünster und widmete sich vor allem der Hilfe für die Pilger, denen die Besteigung des Berges zu beschwerlich war. Auf dem Berg waren in der Blütezeit des Klosters bis zu 130 eingekleidete Nonnen tätig, die sich eifrig dem Schuldienst und anderen Unterweisungen widmeten: Odilia hatte in Beaumes-les-Dames eine gute Bildung erhalten und erkannt, daß diese für das Leben der Frauen in jener Zeit der beste Trost neben der Religion sein konnte. Da Odilia auf einer alten Darstellung mit offenem, langem Haar erscheint, gelegentlich auch mit langen Zöpfen, nimmt man an, daß das Kloster sich eine eigene, nicht allzu strenge Regel gegeben hatte.

Umso schlimmer waren die Schicksale der beiden Klöster. 690 war Eticho gestorben, seine Söhne und Enkel mögen das Kloster noch eine Weile gesichert haben. Im zehnten Jahrhundert wurden die Klöster ein erstes Mal niedergebrannt, 1045 ein zweites Mal, möglicherweise durch ein Naturereignis, und 1049, nach einem Teil-Wiederaufbau, abermals. Beide Klöster blühten besonders im zwölften Jahrhundert (wie auch andere Klöster dieser Landschaft) ungeachtet immer neuer Feuersbrünste, gegen die auf einem Bergkloster ja keine Hilfe möglich war. Nach der Heiligen und ihrer Nichte Eugenia, der zweiten Äbtissin, hatte Odilienberg eine berühmte Vorsteherin in Herrade von Landsperg, der Verfasserin eines so köstlichen Werkes wie es der *Hortus Deliciarum* war (vergl. das 5. Kapitel).

Überzeugender noch als der fleißige Mönch Otfrid aus dem Kloster Weißenburg hat das Mädchen Odilia nach einem schweren Eintritt ins Leben über die harten Zeiten des späten Heidentums triumphiert. Er ist der Franke, der das große Karolingerreich im Rücken hat und die Gelehrten wie Alcuin oder Einhard, von denen man im Elsaß noch nichts weiß. Sie aber ist eine elsässische Prinzessin, die Tochter eines Herzogs, der das ganze Land unter sich hat, und sie nimmt ihren Teil der großen Aufgabe wahr auf eine ebenso bescheidene wie sichere Weise, in der zweiten bedeutenden historischen Aktion einer Frau seit der Bekehrung des Frankenkönigs Chlodwig.

So schön es ist, so märchenhaft es sich liest, es wird wohl so gewesen sein, denn es ist nichts Unerhörtes, im Gegenteil, es ist in Ost und West das Gleiche, es geht am Dnjepr so vor sich wie am Rhein, und was behutsam sänftigend und sittigend die Frauen der Franken- und Alemannenfürsten taten, das taten wenig später und fern am Ostrand Europas die russischen Frauen der wilden Warägerfürsten, um sie aus dem Blinken der Schwerter in das milde Leuchten der ewigen Lampe zu führen.

Wenn Könige schwören

Seit dem siebten Jahrhundert vereinzelt, im neunten Jahrhundert aber schon regelmäßig, taucht der Name Elsaß in der lateinischen Form *Alesatia* in beinahe allen zeitgenössischen Chroniken und Korrespondenzen auf, in den *Annales Fuldense* und bei Notker schon häufig und alltäglich als ein durchaus eingeführter Begriff.Diese lateinische Handhabung, dieser gut zu sprechende Wohlklang hat die Forschung wie die Deutung verführt, lediglich nach Wurzeln für dieses lateinische Wort zu suchen, als müsse man die lateinische Form als die primäre ansehen, von der dann die deutsche abgeleitet und alemannischer Verwendung mundgerecht gemacht wurde. Was auf diese Weise schwer nachzuliefern war, blieb die Deutung des Namens, die Ableitung aus irgendwelchen vernünftigen Begriffen, die ihn erklären konnten, und befindet man sich erst in jener Lage, dann schlägt man am besten bei den Brüdern Grimm nach, nicht etwa in ihrem Märchenschatz, sondern in dem an vergrabenen Schätzen noch reicheren Riesenwerk ihres Deutschen Wörterbuches. Und siehe da, auf einmal sprudelt es althochdeutsch in längst verlorenem Wohlklang: *Elisazo* heißt der Bewohner der rätselhaften Region, *Elisazono lant* das Elsaß selbst, und mittelhochdeutsch nicht mehr ganz so vokalreich *elsazenlant* , wobei der Laut, den wir mit einem Z ausdrücken müssen, ein stimmhaftes, deutliches S sein sollte. „Statt Elsaze sagte man nachher Elsazaere, Elsässer" (III, 416).

Der erste Namensträger war also der Mensch, der Bewohner (Sasse), nicht das Land selbst, und das *El* kam, wie sollte es anders sein, von dem Fluß, der nicht wie der Rhein an dem Ländchen nur entlangfließt, durch weite Auen von ihm getrennt, durch wiederkehrende Hochfluten mit ihm verfeindet, sondern es durchströmt, nahe den Vogesen, nahe der Weinstraße, also vom Flusse Ill. Der Ill-Sasse steht am Anfang: Das Illsassenland ist genauer, aber kompliziert, das Land fällt dann weg und aus den Illsassen wird das Elsaß, „nicht maskulin, sondern neutrum, wie es auch von Sebastian Münster wie auf Göthe (*sic*) stets gebraucht wird". Wer's nicht glaubt, der schlage einmal nach, wie viele Orte es vor allem im Fränkischen gibt, in denen die Silbe *Sass* noch vorkommt, von Waldsassen bis Sassenreuth, Sassenberg, Sassendorf bis zu vier Orten, die überhaupt nur Sassen heißen – und sie liegen allesamt in einem Gürtel fränkischen Sprachgebrauchs von der Pfalz bis ins nordöstliche Bayern.

Das Elsaß erhielt also seine Bezeichnung, ganz folgerichtig und zwangsläufig, in dem Augenblick, da es unter fränkische Verwaltung kam oder jedenfalls in fränkischen Schriftstücken eines Namens gewürdigt werden mußte: Jeder einfach aus dem Zuzug oder der Landnahme der Alemannen entstandene Name war demgegenüber überflüssig, die waren ja schnell selbst ansässig, wer sie benennen mußte, kam von außen. Als fränkische Mark an der Ill, unter Grafen und Herzögen, die weitgehend selbständig handelten, entstand die Landschaft als geschlossene Verwaltungseinheit und löschte alte Binnengrenzen aus wie jene am Bergheimer Landgraben, die uralte Grenze zwischen Sequanern im Süden und Tribokern im Norden, die vielleicht sogar schon vor dem Einströmen der Triboker, also zwischen zwei keltischen Stammesgebieten bestanden hatte.

An die Stelle dieser alten, quer durch die Vogesen gezogenen Völkergrenze trat nun jedoch, folgenreicher und schmerzlicher, die Sprachengrenze. Die Vogesen waren eben ein lange Zeit unwegsames Gebirge, und die nach Osten zu offenen Täler enden nicht selten in beträchtlichen Höhen, auf Sätteln und Hochpässen oder schroffen Kämmen, jenseits derer eine galloromanisch-fränkische Besiedlungszone begann. Die Alemannen hatten sich zwar mit einer gewissen Energie in die Talanfänge hereingeschoben, waren aber mit ihrem Siedlerimpetus schon in den Talenden erlahmt, so daß sich dort starke galloromanische Reste halten konnten, oder aber auch romanisierte Germanen aus früheren Infiltrationen, begannen die Alemannen doch schon im dritten Jahrhundert im Elsaß vorzudringen.

„Eine Sprachgrenze entstand im Elsaß schon im fünften und sechsten Jahrhundert", schreibt Lucien Sittler, der Altmeister elsässischer Geschichtsschreibung, setzt aber hinzu: „Sie ist jedoch urkundlich erst später greifbar. Die Straßburger Eide von 842 lassen klar erkennen, daß die Franken des Westens jene des Ostens nicht mehr verstanden."

Für jeden Menschen, der nicht nur in der Gegenwart lebt, gibt es Daten der Geschichte, mit denen er sich nicht abfinden kann, Ereignisse, die er – entsprechende rückwirkende Macht vorausgesetzt – tilgen möchte, weil sie sein Weltbild stören. Man kann sich mit manchen Zerstörungen nicht abfinden, weil Unwiederbringliches verloren ging – im Brand der Bibliothek von Alexandrien, der Tausende Literaturwerke der Antike vernichtete, oder durch den unseligen Entschluß Ludwigs des Frommen, die von seinem Vater gesammelten unschätzbaren altgermanischen Heldenlieder allesamt als heidnisches Teufelswerk verbrennen zu lassen.

Solch ein Akt waren auch die Straßburger Eide vom 14. Februar 842, gleichermaßen schmerzlich für die Frankophilen in Deutschland und die Germanophilen (falls es schon wieder welche geben sollte) in Frankreich: Der hochfeierliche Schwur der Könige Ludwig und Karl, neun Jahre, nachdem sie ihren Vater Ludwig den Frommen, den Sohn Karls des Großen, auf jenem Schlachtfeld zwischen Türkheim und Colmar entmachtet hatten, das seither das Lügenfeld heißt. Blutiger war es 841 bei Fontenoy zugegangen, als die beiden ihren Bruder Lothar in einer der schrecklichsten Schlachten des Mittelalters bezwungen hatten. Im Blutdunst von Fontenoy mochten sie erkannt haben, daß derlei sich nicht wiederholen dürfe und schworen darum die *Straßburger Eide,* und die uns überlieferten Texte in einem abenteuerlichen Spätlatein und einem etwas besser verständlichen Frühdeutsch mit lateinischen Fallendungen sind es, die nun das Auseinanderdriften der Sprachen besiegeln. Nicht nur die Könige und ihre gelehrten geistlichen Helfer sollten verstehen, was hier beschworen worden war, sondern auch die Armeen, die man nicht noch einmal in einen so blutigen Bruderkrieg führen durfte wie er bei Fontenoy in Burgund die Schande der Karolinger besiegelt hatte. Wir haben also ein Soldaten-Vulgär-Latein und ein Soldaten-Vulgär-Deutsch vor uns: *Si Lodhuwigs sagrament, quae son fradre Karlo iurat* oder: *Oba Karl then eid, then er sinemo Bruodher Ludhuwige gesuor, geleistit...*

Verdun, Straßburg und Mersen bei Maastricht, die Vertragsorte dieses bewegten neunten Jahrhunderts, liegen alle an der Trennungslinie zwischen dem gallischen und dem deutschen Frankreich. Hätte es diese Verträge nicht gegeben, es hätte die Trennung nicht gegeben, zumindest nicht auf Dauer. Aber die Loslösung der Sprachbereiche, die hatte sich ohne nennenswerte Einwirkung von oben vollzogen, es gab keine Gesetze, die dies geregelt hätten, weder unter den Merowingern noch unter den Karolingern, weil man ja noch das Lateinische als Gemeinsprache zur Verfügung hatte, wenn etwas festgehalten werden sollte, das in Ost *und* West galt. Für die Geistlichkeit, die alle Kanzleien beherrschte, von Toulouse bis Prag und von Bremen bis Palermo, für die gab es nämlich das Sprachproblem nicht, noch lange nicht. Es trat nur für die Könige auf, vielleicht sogar sehr plötzlich, denn die Armeen verziehen einander Fontenoy nicht, und darum mußten die Soldaten die Eide verstehen und an die Könige glauben können, die sie einander zuschworen. Es muß ein seltsamer Augenblick gewesen sein, als man sich in allerhöchsten Kreisen und angesichts solcher Notwendigkeit auf die Existenz einer Volkssprache besann und zugleich erkannte, daß es inzwischen deren zwei gebe. So wurde, vielleicht ohne Ahnung, ohne Vorstellung von der Unwiederbringlichkeit der zerstörten Einheit, die Trennung besiegelt.

Es hatte in diesem Jahrhundert auch das Aufblinken einer dritten elsässischen Möglichkeit gegeben: Nicht gallisch und nicht deutsch, sondern lotharingisch-alesatisch, in einem Zwischenreich zwischen den Blöcken, das mit verlokkenden südlichen Anhängseln ausgestattet war, aber im Ganzen dennoch ein zu künstliches Gebilde, um bestehen zu bleiben. Nicht der Rhein wurde schließlich die Grenze zwischen den brüderlichen Reichen, sondern der Westabfall der Vogesen, den das deutsche Lothringen drohend flankierte. Richardis, Tochter des elsässischen Grafen Erkangar, heiratete Karl III., den deutschen König; ihre Morgengabe wurde das Kaiserstuhlgebiet mit Teilen des Schwarzwalds, sie gründete das Kloster Andlau, und die französisch sprechenden Elsässer verehrten sie als *Sainte Richarde, épouse de Charles le Gros*. Damit schienen Entscheidungen für Jahrhunderte gefallen zu sein, und in dieser Sicherheit, nun zu dem Land des deutschen Königs zu gehören, verblaßte die angestammte Rolle zwischen den Nationen. Das Heilige Römische Reich deutscher Nation war mehr als nur ein Land, ein Staat, ein Königtum, und die Kaiser, die sich in Rom über alle anderen Herrscher erheben ließen, durften hinabblicken auf die Grafen von Paris, die sich als Kapetinger zu Königen gemacht hatten.

Im achten Jahrhundert, als man die Stürme der Völkerwanderung längst vergessen hatte, setzte eine neue Bedrohung des christlichen Abendlandes ein, die auf lange Sicht gefährlicher war als selbst die Hunnen: Von Süden her, aus dem Mittelmeerraum, griffen die durch eine neue Religion begeisterten Araber und Berber nach Europa, und von Norden her erschreckte das skandinavische Heidentum mit blitzschnellen Vorstößen zur See alle Orte, die nahe der Küste lagen oder an schiffbaren Flüssen. Die Annalen der Karolingerzeit spiegeln diese doppelte Bedrohung auf sehr eindrucksvolle Weise, weil aus ihr die Gesamtverantwortung hervorgeht, die ein Herrscher wie Karl der Große tatsächlich für einen ganzen Erdteil empfand, darum Marken errichtete, Grafen zur Abwehr von Angriffen auf Sardinien oder Septimanien ernannte, Eingreiftruppen an der Emsmündung organisierte und zugleich in aufreibenden Kämpfen gegen die letzten Heiden auf deutschem Boden antrat. Es war eine gewaltige, aber gebändigte Unruhe, die Europa und die Regierungszeit Karls des Großen erfüllte, und man konnte sich an den Fingern abzählen, wie es um den kleinsten Erdteil mit den langen Küsten bestellt sein würde, wenn dieser große Mann dereinst die Augen schloß.

Dies geschah, wie es geschehen mußte; Karl Martell und sein Enkel Karl der Große hatten die Gefahr im Süden im wesentlichen gebannt, ja man hatte zu den reichen Araber-Fürstentümern in Spanien endlich sogar achtungsvolle Verbindung aufgenommen und eine Gesandtschaft angesehener Herren aus lothringischen und elsässischen Klöstern dorthin entsandt, die von der Lebenskultur und den geistigen Ansprüchen der Herren von Cordoba und Granada wahre Wunderdinge zu berichten wußten. Ein schwunghafter Handel kam in Gang, der die Zaberner Pforte benützte, weil Verdun der Hauptumschlagplatz war für Güter, mit denen ein Christenmensch an sich nicht Handel treiben sollte – nämlich mit Sklaven und Sklavinnen, mit schönen Mädchen und schönen Knaben aus den östlichen Marken des Reiches und aus Böhmen.

Auch im Elsaß selbst gedieh so manches nebeneinander, was einander hätte ausschließen sollen. Während die Prälate und die Mönche der Küstenstädte und meernahen Klöster mit ihren Reliquienschätzen ins Innere von Europa flüchteten, blühte der klösterliche Wohlstand in den Vogesen und am Oberrhein, den zu befahren die Wikinger doch nicht wagten: Allzu leicht hätten ihnen erboste Bürgerwehren aus Mainz oder Speyer die Rückkehr ins offene Meer verlegen können, und da die Normänner, wie man sie bald nannte, allesamt als Seeräuber galten, hatten sie von

Seiten der Überfallenen keine Gnade zu erwarten. Offensichtlich schmeckten die Genüsse des Lebens noch einmal so gut, wenn man wußte, daß anderswo die Klöster brannten und die Nonnen auf die Schiffe gezerrt wurden, denn Notker der Stammler spart in seinen Geschichten aus dem Leben Karls des Großen nicht mit köstlichen Einzelheiten aus dem weltlichen und klösterlichen Leben jener Jahre. Kaiser Karl III., einst Graf aus dem Breisgau und seither dem Alemannischen geneigt, hatte bei einem Besuch in Sankt Gallen den berühmten und beliebten Klosterlehrer gebeten, doch alles aufzuschreiben, was ihm aus der Lebenszeit des großen Karl noch erinnerlich sei, und so entstand ein unterhaltsames Kompendium vornehmlich oberrheinisch-alemannischen Alltagslebens, wenn auch in lateinischer Sprache, und was Notker vor allem beschäftigte, waren eben die Versuchungen, denen zu jener Zeit auch die bravsten Männer ganz einfach dadurch ausgesetzt waren, daß es ihnen allen so gut ging:

„In der selben Gegend (im 'neuen Francien', also Ostfrankreich) war noch ein anderer Bischof von unvergleichlicher Heiligkeit. In unvorsichtiger Sorglosigkeit, wie wenn er nichts mehr vom weiblichen Geschlecht wüßte, ließ er junge Nonnen gerade so wie hochbetagte Priester zu sich zum Unterricht kommen. Als er aber am Osterfeste nach dem Gottesdienst, den er bis nach Mitternacht hinauszog, den Elsässer Sigolsheimer allzu reichlich genoß und zusammen mit diesem allzu feurigen Falerner das Mienenspiel und die buhlerischen Gebärden einer schönen Frau allzu widerstandslos auf sich wirken ließ, rief er sie, als die anderen gingen, an sein Bett und verging sich mit ihr. Beim Morgenrot sprang er rasch auf, wusch wie die Heiden (!) im Fluß die Spuren der Nacht weg und trat dann mit beflecktem Gewissen vor die untrüglichen Augen des wahren Gottes."

Notker schildert nach einer schönen Szene der Zerknirschung, wie das Volk seinen Oberhirten tröstet und ihm 'mit schrecklichen Eiden' beteuert, kein anderer solle fürderhin die Messe lesen als eben dieser Sünder. Auch Nithart, ein Enkel Karls des Großen und Augenzeuge der Schlacht von Fontenoy, weist im ersten Buch seiner *Historia* darauf hin, daß der verteufelte Wein von Sigolsheim eine entscheidende Rolle beim Abfall des Kriegsvolkes von Kaiser Ludwig dem Frommen gespielt habe, bei der unblutigen Niederlage auf der seither Lügenfeld genannten Ebene im Jahr 833 (war's auch nicht fein von den Söhnen, so blieben dadurch doch Tausende am Leben, die sonst in der Schlacht gefallen wären).

Es fielen also große Entscheidungen auf dem Boden des Elsaß, zwischen Merowingern und Alemannen, zwischen rivalisierenden Karolingern und schließlich zwischen erlöschenden Linien und ihnen nachfolgenden Familien. Aber wir sind nur über die Ereignisse informiert, die das ganze große Reich und seine Großen betreffen; die Vorgänge von lokaler Bedeutung bleiben weitgehend im Dunkeln. Man darf annehmen, daß die einst so mächtige Familie der Etichonen, die Familie der heiligen Odilia, ihren gewaltigen Besitz auf natürliche Weise verloren hat, dadurch nämlich, daß der Mannesstamm erlosch und das Erbe über die Töchter in andere Familien geriet, sich verteilte. In einer Vita der Heiligen besitzen wir eine rudimentäre Genealogie (wie uns die Heiligenviten in dieser Zeit überhaupt als Geschichtsquelle dienen müssen). Danach hatte Eticho I. vier Kinder, nämlich Odilia, und drei Söhne. Der jüngste von ihnen hieß Hugo, von ihm sind keine Nachkommen bekannt, wohl weil ihn sein Vater im Zorn erschlug, ehe Hugo sich verehelichen konnte. Der Älteste, Ethiko II., hatte einen bedeutenden Sohn in Heddo Alberich, dem ruhmreichen und tatkräftigen Bischof von Straßburg, der als Kirchenfürst keinen legitimen Nachwuchs hatte. Somit setzte sich die Linie der Etichonen nur durch Adalbert, den zweitgeborenen Sohn fort. Er hatte zwei Söhne namens Everard und Lutfried, eine Tochter Eugenia und eine zweite Tochter Attalia, die vielleicht nicht vollbürtig war.

Am meisten wissen wir noch von Heddo, wenn er auch

nicht mehr Herzog war, sondern Bischof von Straßburg. Aber eben dieser Umstand zeigt, daß im achten Jahrhundert zumindest die Oberhirten dieser Stadt bereits ebenbürtig neben die weltlichen Landesherren treten. Heddo hatte weltlich wie geistlich eine ausgezeichnete Ausgangsposition, als Enkel des großen Eticho und als Schüler und Jünger des heiligen Pirmin, der selbst zwar vermutlich kein Elsässer war, sich aber um das junge christliche Leben im Elsaß durch seine Klostergründungen Murbach und (vielleicht) Maursmünster große Verdienste erworben hatte. Heddo also war ein Herr, der sich mancherlei erlauben durfte und dessen Tatkraft dem großen Karl Martell (688-741) sogleich auffiel. Die ausgezeichneten Verbindungen Heddos zum Karolingerhof mißfielen dem gleichzeitigen Alemannnenherzog im Elsaß, der Theobald hieß und offenbar kein Etichone war, denn er verbannte im Jahr 732 Heddo nach Uri in der Schweiz. Karl Martell machte dies, kaum daß er davon erfahren hatte, sofort rückgängig, und Heddo wurde 734 Bischof von Straßburg.

Daß Heddo die Benediktiner-Regel überall einführte, wo dies anging, daß er seither in Kraft gebliebene organisatorische Änderungen im System der Archidiakone und Diakone anregte, ist für die allgemeine elsässische Geschichte nicht so wichtig wie die durch seine Vita bewiesene Tatsache, daß es nach den Etichonen noch Herzöge aus einem anderen Geschlecht im Elsaß gab, ehe das Land in zwei Grafschaften, den Nord- und den Sundgau, aufgeteilt wurde. „Heddo starb, beweint von seinem ganzen Sprengel, und zwar nach der gewöhnlichen Annahme am 8. März 776... Er wurde im Chore der Abteikirche zu Ettenheimmünster, welche von ihm erneuert worden war, beigesetzt. Das Nekrologium von Schwarzach setzt seinen Tod auf den 3. Juli" (Stadler-Heim).

Es stimmt also nicht, wenn wir bei Lorenz und Scherer in ihrem sonst so reichhaltigen Werk lesen: „Etichos Söhnen folgte kein Herzog vom Elsaß nach", und seltsamerweise hat auch Altmeister Lucien Sittler die Heddo-Vita nicht konsultiert, sondern schreibt, daß das Herzogtum erloschen sei, '*non pas violemment, mais probablement par l'extinction de la famille ducale dans la ligne masculine*' (nicht durch Gewalt, sondern durch Erlöschen der herzoglichen Familie im Mannesstamme). Freilich scheint Herzog Theobald, Gegner der Karolinger und der Etichonen, keine Gelegenheit mehr gehabt zu haben, eine neue Dynastie zu begründen; vielleicht waren sogar seine Gegensätze zu Karl Martell und seine Versuche, das alemannische Vogesenland dem karolingischen Einfluß zu entziehen, die Ursache für die Aufteilung und die Einsetzung elsässischer Grafen. Denn die gibt es nun bald, sie haben keinen Familiennamen, der sie als Abkömmling irgendeines bereits bekannten Geschlechts auswiese, sondern tauchen in verschiedenen Genealogien als 'Grafen im Elsaß' auf, vor allem natürlich in der Nachbarschaft: Siegfried, Graf im Moselgau, gibt seine Tochter Eva einem Gerhard, Graf im Elsaß zur Frau (1020); oder: Heinrich II. von Lichtenberg, Vogt in Straßburg, gibt seine Tochter Agnes dem Johann, Landgrafen im Elsaß (1278) usw. Die im Mannesstamm untergegangenen Etichonen aber verzweigen sich mit Töchtern und Enkelinnen bis ins ferne Ostbayern, wo Richeza, eine der letzten Nachfahrinnen von der Hohenburg, die man namentlich ermitteln kann, Heinrich I. Grafen von Ortenburg heiratet.

Das Halbdunkel, das über den Geschehnissen innerhalb der Oberschicht liegt, das Schweigen aller Quellen selbst über herzogliche Geschlechter, verdichtet sich zur Finsternis, sobald wir versuchen, das tägliche Leben im Elsaß zur Zeit der Karolinger kennen zu lernen. Es sind beinahe nur Analogieschlüsse nach den Verhältnissen in anderen Gauen, wenn wir annehmen, daß sich nach der alemannischen und im wesentlichen noch germanisch-heidnischen Lebensordnung im Elsaß nun völlig neue Verhältnisse anbahnten. Die Etichonen waren noch Alemannen, aber sie waren Herzöge, und der letzte große Herr aus ihren Reihen war in jene neue Hierarchie hinübergetreten, die fortan zumindest im Elsaß mächtiger sein wird, als die stets fernen weltlichen Gewalten: Er wurde Bischof von Straßburg.

Die schon in den Eiden von 843 mit ihrem deutschen Namen genannte, früher als Argentoratum bekannte Stadt gewinnt in der Reichspolitik nicht die Bedeutung wie Mainz, Köln oder Trier. Die Karolinger kommen gern ins Elsaß und haben hier reichen Besitz; sie halten sich in Colmar und Ruffach auf, in Königshofen, Schlettstadt, Erstein, – aber Straßburg bleibt als die Stadt der Bischöfe außerhalb dieser Aktivitäten, ja daß die berühmten Eide dort geschworen wurden, läßt vermuten, daß sie zwischen den weltlichen Fürsten als eine Insel der Neutralität galt, daß sie herausgehoben war aus dem politischen Alltag des Reiches, zu dem das Elsaß nun gehörte.

Häufiger als dies in anderen Ländern der Fall ist, begegnen wir den Bischöfen von Straßburg und ihren Truppen in der inneren Geschichte der Landschaft, wenn Burgen als Raubritternester bekämpft werden müssen oder wenn unbotmäßige Geschlechter zur Vernunft gebracht werden sollen. Noch ist der Prunk der Fürstenberg und der Rohan fern, aber die Bischöfe sind schon wehrhafte und energische Landesherren, ganz so, als wären die Grafschaften des Elsaß gemeinsam ein Fürsterzbistum in der Art, wie es Salzburg zwischen Bayern und Österreich gewesen ist.

Es war übrigens die Kirche selbst, die diese für die Landschaft möglicherweise vorteilhafte Entwicklung verhinderte. Denn die Kirchenfürsten von Basel im Süden und Mainz im Norden regierten kräftig ins elsässische Land hinein, und die Klöster, sobald sie zu einigem Vermögen und Namen gekommen waren, suchten nichts so sehr wie die Unabhängigkeit von dem allzu nahen Straßburger Oberhirten: Sie bemühten Päpste und Könige und bildeten nach und nach praktisch exterritoriale Verwaltungseinheiten aus – getreu dem großen Vorbild der Mutter Kirche, die ja schon seit den Zeiten des Germanenapostels Bonifatius in rücksichtsloser Rivalität mit den weltlichen Oberen agierte und zeitweise einen Staat aufbaute, zu anderen Zeiten aber den Staat selbst gouvernierte.

Die Trennung des Elsaß in einen Nordgau und in einen Sundgau erlangte aus diesen und anderen Gründen nicht die praktische Bedeutung, wie sie anderen Verwaltungsmaßnahmen des Karolingerreiches beschieden war. Zwar verlief die Grenzlinie an einer natürlichen Nord-Süd-Scheide (Taennchel, Eckenbach, Saint Hippolyte, Landgraben), aber wir hören aus jenen Jahrhunderten von keinen anderen Autoritäten im Leben der einfachen Elsässer als von den geistlichen Herren und einigen wenigen auf ihren Burgen sitzenden Ministeralen dieser großen Prälaten. Der niedere deutsche Adel formierte sich eben zu jener Zeit nicht selten an den geistlichen Höfen, die eines Schwertarmes bedurften. In den Sachsenkriegen sieht man die Bischöfe noch gewappnet an der Spitze der fränkischen Truppen gegen Widukind reiten; bald aber schaffen sie sich ihre eigenen Klein-Armeen, für die sie Ritter brauchen. „Das (elsässische) Land verteilte sich nun also auf eine große Anzahl von größeren und kleineren Seigneurien (Herrschaften). Die großen Herren hatten ausgedehnte Besitztümer, die kleinen oft nur einige Dörfer" (Lucien Sittler). Jene, die nicht einmal 'einige Dörfer' besaßen, bleiben so stumm wie anderswo. Sie geraten in die mittelalterliche Leibeigenschaft, die um einiges härter gewesen sein mag als der Unfreien-Status unter einem alemannischen Grundbesitzer. Denn nun ist die Erde verteilt; die Besitzer halten zusammen, die Freizügigkeit ist verloren und wird so bald nicht wiederkehren, und dies alles bei harter, kontrollierter Arbeit nicht nur auf den Feldern, sondern vor allem dort, wo der Rücken am meisten schmerzt: In den grossen Weinbergen. Denn inzwischen weiß man, welchen Schatz das Elsaß an seinen Weinen hat; sie werden, dank der Nähe guter Wasserstraßen, eifrig verschifft und machen das Land reich oder genauer gesagt jene, denen es gehört. Daneben werden die anderen Exportgüter nicht unwichtig, aber sie treten zurück: Das Getreide, das man ausführen kann, weil die Landschaft offensichtlich noch nicht sehr dicht besiedelt ist und rheinabwärts Bedarf besteht, und das Holz aus den Vogesen, das anfällt, weil die Rodeklöster in den Tälern emsig schlagen lassen.

Da die Mönche samt und sonders schreibfreudiger waren als die großen und kleinen Herren auf ihren Burgen, sind wir über die frühen Klöster vergleichsweise gut orientiert und gewinnen aus ihnen eine Art Landkarte der agrarischen Aktivitäten in karolingischer Zeit. Die Klöster sind, über die schon genannten hinaus, so zahlreich, das Leben ist in ihnen inzwischen so homogen geworden, daß ich es wage, sie hier gesammelt abzuhandeln, wiewohl sie natürlich auch in den späteren Jahrhunderten noch ihre Rolle spielen werden, ja im allgemeinen sogar ausbauen und festigen.

Da ist Andlau, von der schönen Grafentochter Richardis gegründet, jener Heiligen, die mit einem Mann durch das Leben ging, der den Beinamen *der Dicke* führte. Da er König und Kaiser war, hörte sich Karl der Dicke schließlich doch ganz gut an, auch regierte er besser als so mancher seiner Vorgänger, und Richardis konnte für das Land, dessen Nordteil ihr Vater Erchangar beherrschte, einiges tun. Da sie schön war und er dick und launenhaft (wenn auch nicht, wie man in ihrer Vita lesen kann, 'fast blödsinnig') verdächtigte Karl seine Richardis der Untreue, und sie mußte zehn Jahre nach ihrer Eheschließung, also um 872, das Gottesurteil der Feuerprobe über sich ergehen lassen. Sie war zu diesem Zeitpunkt vermutlich erst Mitte zwanzig, weil sie ihren zweiten Sohn Bernhard 881 zur Welt brachte. Durch das Gottesurteil freigesprochen, hatte sie dennoch die Fragwürdigkeit ihrer Ehe an der Seite Karls des Dicken erkannt, der sich außerdem eine Konkubine hielt, und bereitete sich eine Rückzugsposition in dem Kloster Andlau, das sie 880 nahe bei Schlettstadt auf väterlichen Grundstücken gründete und mit ihren Besitzungen in Maistrazheim und Krautergersheim ausstattete. Im gleichen Jahr wurde sie an der Seite Karls von Papst Johann VIII. zur Kaiserin gekrönt, eine römisch-deutsche Kaiserin also aus elsässischer Familie.

887 wurde Karl der Dicke von den ostfränkischen Adeligen wegen Feigheit abgesetzt: Er hatte den Abzug der Normannen aus Paris mit Geld erkauft, nachdem Graf Odo – aus einem von Karl dem Großen nach Frankreich ausgewiesenen sächsischen Geschlecht – die Stadt dreizehn Monate lang heldenhaft und ohne Hilfe von außen verteidigt hatte. Die Krise des fränkischen Königtums wurde die Geburtsstunde des Hauses Capet: Graf Odo wurde Frankreichs erster König mit jenem Namen, den noch Ludwig XVI. tragen wird, wenn er als Bürger Capet das Schaffott besteigt...

Für Richardis war die Schmach des Gatten und wohl auch seine Untreue der Anlaß, 887 ins Kloster Andlau zu gehen, ohne daß sie freilich die Gelübde ablegte. Sie starb am 18. September vermutlich des Jahres 894. Die Krypta der ehemaligen Abteikirche stammt aus jenem elften Jahrhundert, in dem es zu der Erhebung des Leichnams der Richardis kam, was einer Heiligsprechung gleichzusetzen ist (1049).

Der äußere Anlaß für diese Umbettung war der Kirchenneubau durch eine andere berühmte Äbtissin, durch Mathilde, Schwester Kaiser Heinrich III. So nahe Beziehungen zum Kaiserhaus kamen einer Klosteranlage natürlich zugute; sie erhielt Markt- und Zollrechte, und schließlich wurden Kloster und Stadt Andlau reichsunmittelbar.

Sind die nachgeprüften Tatsachen schon interessant genug, so sagen die Gerüchte, die sich um Richardis, ihre Liebe und ihre Reinigung ranken, nicht minder Bezeichnendes für das gesellschaftliche und kirchliche Leben im karolingischen Elsaß. Der Mann, mit dem Karl der Dicke (nachdem er lange zugesehen) seine junge Frau schließlich verdächtigte, war nach Position und Persönlichkeit sein genaues Gegenteil: Luitward, Bischof von Vercelli, ein Kirchenfürst aus langobardischem Adel. Die Feuerprobe haben sich die Kleriker jener Zeit natürlich genau ausgemalt: Man verfertigte für die schöne Richardis ein Hemd aus Wachs, was gar nicht so einfach gewesen sein kann, und entzündete dieses. Doch siehe: Als die Flammen erloschen, war zwar das Hemd geschmolzen, aber die hohe Frau selbst war unversehrt.

Sie soll diesen Augenblick jedoch nie in ihrem Leben vergessen haben, und es gibt Poesien von ihrer Hand, aus denen hervorgeht, daß sie im Angesicht des Todes den Entschluß zu einem anderen Leben, zur Klostergründung und zur Arbeit im Sinne Christi faßte. Im Kloster fand sie Muße, sich weiter zu bilden, eine bemerkenswerte Parallele zur heiligen Odilia, die auch schon das Ungenügen der weiblichen Bildung empfand und das Bedürfnis nach eigener geistiger Betätigung.

Das Kloster Andlau ist die Wiege eines der bedeutendsten elsässischen Ministerialengeschlechter. Als Geistliche werden die Andlau schon 1141 erwähnt; die Stadt, der sie ihren Namen gaben, erhielten sie von dem Nonnenkloster im Jahr 1361 als Lehen. Der Gründungsname des Klosters: *Eleon*, geriet in Vergessenheit.

Die Grafen von Andlau sind das erste jener elsässischen Geschlechter, deren Weg man aus dem frühen Mittelalter bis heran an unsere Zeit verfolgen kann. Sie genossen höchste Ehren am Kaiserhof und erhielten als eine von insgesamt nur vier Familien die Würde des Erbritters des Römischen Reiches (*Chévalier héréditaire du Saint-Empire*), ein uraltes Privileg, das Karl V. bestätigte. 887 hatten sie Schloß Andlau nahe der Abtei errichtet, 996 sind sie bei einem Turnier in Braunschweig erwähnt, in der Schlacht von Sempach ließen sie drei Grafen: Heinrich, Diepholt und Peter. Der erste Rektor zu Basel war ein Andlau, wie sich das Geschlecht überhaupt in bester Tradition und im Dank an die heilige Richardis in jedem Jahrhundert auch in den Geisteswissenschaften hervortat. Wir werden darin noch eine rühmenswerte Besonderheit des elsässischen Adels erkennen, die es ihm erleichterte, mit den alten österreichischen Geschlechtern gleichzuziehen, als das Elsaß engere Beziehungen zu Wien aufnahm.

An Bedeutung mit den Andlau durchaus zu vergleichen, hatten die Grafen von Lichtenberg zeitweise ebenfalls eine Kloster-Residenz, und zwar in den benachbarten Orten Bouxwiller und Neuwiller-lès-Saverne. Während Bouxwiller-Busweiler außer hübschen Fachwerkhäusern und dem barocken Kirchengestühl nicht mehr viel bietet, lassen sich bei Neuweiler noch die Schloßruinen erkennen, die, außerhalb der Stadtmauern gelegen, noch die Distanz zwischen Klosterort und Grafenschloß dokumentieren; die Lichtenberg hatten diesen Adelssitz Freihof genannt.

Das Kloster war eine Benediktinerabtei, wie die meisten im Elsaß, sein Gründer der heilige Sigisbald, Bischof von Metz. Im neunten Jahrhundert kam Neuweiler zu einem gewissen Ruhm, weil der sehr beliebte und im Ruf der Heiligkeit stehende Bischof Adelphus von Metz hier seine letzte Ruhestätte fand und Tausende fortan nach Neuweiler pilgerten (die Adelphikirche ist jedoch seit 1562 ein evangelisches Gotteshaus). Die Legende des heiligen Adelphus, die in Deutschland kaum bekannt ist, läßt sich an Wandteppichen verfolgen, die Ludwig V. von Lichtenberg und seine Gemahlin Elisabeth von Hohenlohe für die Sebastianskapelle der ehemaligen Abteikirche gestiftet haben (um 1470). Das mehrfach zerstörte, von den Schweden geplünderte und von der Pest heimgesuchte Kloster mit dem Städtchen Neuweiler bewahrt in den erhaltenen Teilen der kirchlichen Gebäude noch eine Chorschranke aus karolingischer Zeit und einen romanischen Taufstein. Teile aus dem Adelphigrab wurden in verschiedene Museen verbracht: Nach Paris, Karlsruhe und Straßburg.

Das Geschlecht der Grafen von Lichtenberg hatte kein so langes Leben wie die Andlau, es erlosch schon vor 1480 im Mannesstamm. Bis dahin aber hatten die Grafen im Niederelsaß eine große Rolle gespielt. Ihre Burg im heutigen Kanton La Petite Pierre, auf einem Gipfel von beinahe vierhundert Metern Höhe, ist eine der bekanntesten der ganzen Landschaft und zeigt auf älteren Ansichten einen mächtigen Donjon nach französischem Vorbild. Man nimmt an, daß Graf Conrad von Lichtenberg diese imposante Widerstandsinsel mitten in der Burganlage um 1280 errichten ließ. Das Schloß selbst ist älter und reicht in die Zeiten zurück, da man begann, die Herren mit ihren Familiennamen zu versehen. Die Lichtenberg waren Ministerialen der Bischöfe von Straßburg und versuchten immer dann, wenn ein schwächerer Herr auf dem Bischofsstuhl saß, ihre eigenen Güter und Machtbereiche zu erweitern, in den Raum des Bistums Metz hinaus oder auch nach Neuweiler und Herrenstein. Der Bischof von Metz schlug zurück, und es war wohl nach der Eroberung der Lichtenbergschen Burg im Jahr 1261, daß jener Graf Conrad sich entschloß, nun einen wirklich uneinnehmbaren Riesenturm mitten in das Mauerwerk zu setzen.

Im frühen vierzehnten Jahrhundert werden die Lichtenberg auf einmal zahlreich; das große Schloß muß geteilt werden, und es kommt zu kuriosen Zuständen mit zugemauerten Türen, verbotenen Treppen und zwei Hausmeistern, die sich in der Schlüsselgewalt abwechseln. Im Jahr 1352 brechen die schwelenden Konflikte zwischen den verschiedenen Familienzweigen dann offen aus: Graf Hanemann von Lichtenberg verstößt seine rechtmäßige Gemahlin, eine Comtesse de Linange aus einem Geschlecht, das immerhin die Ehre haben wird, dreihundert Jahre später in den Memoiren des Herzogs von Saint-Simon aufzutauchen, und lebt auf dem Familienschloß mit seiner Maitresse, der Elsässerin Lise von Steinbach. Die Linange und die unzufriedenen Teile der gräflichen Familie Lichtenberg tun sich zusammen, das Schloß wird abermals erstürmt und Lise getötet.

Noch 1379 hat das Schloß zwei Besitzer, nämlich Simunt und seinen Vetter Conrad von Lichtenberg, und als es hundert Jahre später dann gar keinen männlichen Erben mehr gibt, sind es wieder zwei, die sich das Erbe teilen müssen:

Eine Erbin heiratet einen Grafen von Hanau, die andere einen Grafen von Zweibrücken. Man vereinbart, das Schloß gemeinsam im Verteidigungszustand zu halten, Soldaten zu besolden, für Waffen zu sorgen und Vorräte anzulegen, die in jener Übereinkunft genau festgelegt sind. Dank solcher Vorsorge ist die Burg Lichtenberg eine der wenigen, die auf tausend wehrhafte Jahre zurückblicken kann: Sie wurde letztmals im vorigen Jahrhundert umkämpft und am 9. August 1870 von der französischen Besatzung erst aufgegeben, als die Bayern die Gebäude in Brand geschossen hatten.

Um nicht die Meinung aufkommen zu lassen, die Grafen von Lichtenberg hätten ausschließlich Haudegen und Ehebrecher hervorgebracht, sei zum Schluß noch angemerkt, daß das einst bedeutende Geschlecht auch eine Reihe von Bischöfen stellte: Zweimal zu Straßburg, aber auch in Würzburg und 1302 bis 1314 sogar in Speyer. Auch die geistlichen Herren aus dem Geschlecht der Grafen von Lichtenberg führten das kriegerische Wappen: Den blanken silbernen Schild, breit blutrot eingefaßt, und in der Mitte ein schwarzer heraldischer Löwe...

Die für das Elsaß so charakteristische Lebensgemeinschaft zwischen der Burg, dem Kloster und der um diese Zentren entstehenden Siedlung hat sich häufig nicht bis in die Gegenwart erhalten. Den Klöstern wurde die Reformation zum Verhängnis, die viele von ihnen nicht überstanden, den Burgen die Schwedenkriege und beiden schließlich die große Revolution. Im Fall des Städtchen Erstein, an der Ill unweit Schlettstadt gelegen, kamen die Karolinger früher als die elsässischen Klostergründer. Schon Ludwig der Fromme (778-840) hatte hier ein ansehnliches Haus, das in den Quellen zweifellos unzutreffend ein Palast genannt wird, und schenkte es mit den zugehörigen landwirtschaftlichen Grundstücken und Forsten seinem Sohn Lothar (795-855). Dieser, der eine junge Geliebte mit dem exotischen Namen Doda hatte, übertrug Herinstein der gekränkten rechtmäßigen Gemahlin Irmingard, einer Tochter des Grafen Hugo von Tours. Die Konstellation war somit ganz ähnlich wie im Fall von Andlau und sollte noch ähnlicher werden, weil die Karolinger die Unsitte der Konkubinen – wenn auch in milderer Form – von den Merowingern übernommen hatten. Irmingard errichtete 830 ein Kloster in Herinstein, das nach der Nonnenregel des heiligen Benedikt arbeitete und im zehnten Jahrhundert seine Blüte hatte, als Otto der Große die Abtei seiner Schwiegermutter Berta, Königin von Burgund, schenkte.

Hier also, in Erstein, berührt sich elsässisches Schicksal schon früh mit den Geschicken der regierenden Großfamilie der Karolinger, und man darf annehmen, daß eben hier, von Erstein aus, auch einer der interessantesten, aber am wenigsten bekannten Karolinger das Elsaß regierte: Hugo, Sohn Lothars II. aus seiner zehn Jahre lang umstrittenen Verbindung mit der schönen Waldrade, einer Frau, der dieser Kaiser beinahe sein Reich geopfert hätte.

Waldrade stammte aus vornehmer Familie und wurde Lothar II. (gest. 869) schon früh, vermutlich vom eigenen Vater zugeführt, denn dieser stattete das Mädchen mit hundert Hufen Land aus und gab ihre Verlobung mit seinem Sohn bekannt, Fakten, die man nicht setzt, wenn es sich um eine gleichgültige Schloß-Liebschaft handelt. Als Lothar II. dann jedoch den Thron bestieg, ergaben sich politische und mitlitärische Notwendigkeiten, die eine andere Ehe als die mit Waldrade empfahlen. Lothar II. heiratete also Theutberga, die Schwester des Abtes Hugbert von Saint-Maurice im oberen Rhônetal (nicht Sankt Moritz, sondern ein wichtiger Talort nahe dem heutigen Martigny). Die Verbindung eines Herrschers mit der Schwester eines Abtes erklärt sich aus der bedrängten Lage Europas: Abt Hugbert beherrschte die wichtigsten Übergänge in den Westalpen, und da niemand mehr zur See fuhr, da alle Küsten unsicher geworden waren, hatten diese Binnenverbindungen nach Italien größte Bedeutung für den Handel und für marschierende Truppen erlangt.

Dennoch wurde Theutberga schon nach einem Jahr wieder verstoßen, und Lothar kehrte zu Waldrada zurück, gegen die Proteste seiner mit ihm rivalisierenden Onkel Ludwig dem Deutschen und Karl dem Kahlen und den Zorn des Papstes, aber mit Rückendeckung durch die Bischöfe seines eigenen Landes. Ja Hinkmar von Reims versuchte, seinen König dadurch zu exkulpieren, daß er einen langen Traktat über die Verführungsmittel und Hexenkräfte der Weiber abfaßte, ein bemerkenswerter Vorreiter des Hexenhammers. Aber nicht Waldrada, die schöne Verführerin, wurde der Hexenprobe unterworfen, sondern Theutberga, von der Lothar geschieden werden wollte, und nach fränkischem Recht durfte sie als Frau einen Stellvertreter für die Siedewasser-Probe benennen. Der Mutige, der an ihrer Statt Hand und Arm in kochendes Wasser tauchte, blieb unverletzt, und damit war, nach damaliger Ansicht, alles in sich zusammengebrochen, was Lothar und die an seiner Seite verbliebenen Prälaten der Theutberga vorgeworfen hatten: Blutschande mit ihrem Bruder, dem Abt, heimliche Abtreibung mit Hilfe eines Zaubertrunks und dergleichen mehr. Lothar ließ die Durstede und andere Küstenstädte plündernden Normannen unbehelligt und zog in die Westschweiz, gegen Hugbert, doch war es begreiflicherweise nicht möglich, in den Bergen, die der Gegner um so vieles besser kannte, einen Sieg zu erringen. Lothar mußte, von den Großen des Reiches unter Druck gesetzt, Theutberga wieder bei sich aufnehmen, hielt sie aber wie eine Gefangene und machte inzwischen seiner Waldrada, der unschuldigsten und bedauernswertesten Figur in der ganzen Affäre, ein Kind nach dem anderen, soweit bekannt drei Töchter und einen Sohn.

Diesen Sohn, die Franzosen nennen ihn Hugon, die deutschen Genealogien Hugo, finden wir vor und nach dem Jahr 867 als Grafen über das Elsaß gesetzt. Wir können nur ahnen, was in dem jungen Mann vorging, in jenen zehn Jahren, in denen alle Fürsten, alle Kirchenfürsten und zwei Päpste in die Ehekrise des Vaters eingriffen und seine Mutter bald schmähten, bald in den Himmel hoben. Obwohl es damals noch keine Skandalpresse gab, wissen wir alles über das erpreßte Geständnis der Theutberga, mit ihrem Bruder Blutschande getrieben zu haben, über die demütigenden Bekenntnisse Lothars selbst, über das Hinundher, das Lothar schließlich zermürbte und seinen einzigen Sohn als eine Leibesfrucht aus einer schandbaren, verdammten Verbindung hinstellte, ganz abgesehen von allen hochpolitischen Folgen. Natürlich hatten die Ereignisse auch ihre skurrile Seite, wenn ein Papstlegat sich einfach kaufen ließ und dann das Gegenteil von dem sagte, was er hätte sagen sollen, wenn eine andere Karolingerprinzessin sich im Norden ungleich schlimmer aufführte als die arme Waldrada und wenn dem Papst, der die zwei sündigen jungen Frauen – jene Prinzessin und Waldrada – nach Italien in Klostergewahrsam bringen sollte, die beiden Schönen unterwegs, jede auf ihre besondere Weise, entspringen konnten.

Hugo, der karolingische Graf im Elsaß, bleibt in all dem die tragische Figur. Nach den einen war seine Mutter des zweiten Lothar rechtmäßige Gemahlin nach einem rechtskräftigen Verlöbnis. Danach war er Erstgeborener eines Königs und Erbe der Länder. Nach anderen war seine Mutter nur eine Konkubine und er, Hugo, nicht mehr als all die anderen unehelichen Nachkommen, die in irgendeinem Kloster als Äbte oder gar als einfache Mönche ein Schattendasein führten, oft sogar von Vätern und Müttern vergessen. Nur von Hugos Schwestern ist gut bekannt, wohin ihr Schicksal sie verschlug, und der politisch-militärische Zusammenhalt dieser Geschwister, der Kinder der Waldrada, ist eindrucksvoll, er wird deutsch-französische Geschichte: Bertha heiratet in zweiter Ehe den Markgrafen Adalbert von Tuszien, also in eine Herrschaft, die schon bald größte Bedeutung für die Auseinandersetzungen zwischen Kaiser und Papst erlangen wird; ihr erster Gatte ist Hugos Kampfgefährte Theotbald von Arles. Schwester Irm(en)gard heiratet Boso, Herzog von Vienne, Schwester Gisla aber den Friesenhäuptling Gottfried.

Und Hugo, der Erstgeborene, der Bastard auf dem Grafenthron im Elsaß? Er nimmt damit eine zunächst unbestrittene Position ein, denn Lothar II. erreichte für diese Einsetzung seines Sohnes nicht nur die Zustimmung Ludwigs II., des Deutschen, sondern auch die Zusage, daß Hugo geschützt werde, während Lothar nach Rom zog, um den Papst für sich einzunehmen. Das Elsaß rückt damit in eine zentrale Position zumindest für Lothar II., und dessen bedrohte Familie: „Mit Ludwigs Zustimmung verlieh Lothar seinem und Waldradas Sohn Hugo das Elsaß, er stellte, entschlossen, jetzt nach Rom zu gehen, Hugo und sein Reich für die Zeit seiner Abwesenheit unter Ludwigs Schutz" (Engelbert Mühlbacher). Und Lothar selbst zieht, mit Gold wohlversehen, nach Italien, damit Waldrada vom Bann gelöst und seine Ehe mit Theutberga endlich geschieden werde. Aber da wir das neunte Jahrhundert schreiben, hat der Papst ganz andere Sorgen: Der Sohn eines Bischofs hat gerade die Tochter des Papstes entführt...

Obwohl die gekränkte Theutberga alles tut, um dem Untreuen zu helfen, obwohl Sekretäre, Kardinäle, ja selbst Bibliothekare gutes elsässisches Gold in beachtlicher Menge erhalten und der Papst Gefäße aus Gold und Silber, die wohl nicht alle leer waren, muß sich Lothar II. mit einem wollenen Mantel und dürren Worten begnügen, und als er heimreist, ist es in Italien so heiß, daß er für den Mantel gewiß keine Verwendung hat. In Lucca holt er sich den Fieberkeim, in Piacenza kann er nicht mehr weiter: Am 8. August 869 stirbt Lothar II., noch keine vierzig Jahre alt, und die verlassene Theutberga ist von der Tragik dieses frühen Todes so angerührt, daß sie dem Kloster Antonin zwei Güter stiftet, damit für Lothar fleißig Seelenmessen gelesen werden. Sie selbst geht ins Kloster von Sainte Glossinde in Metz, Waldrada aber beschließt ihr Leben im Kloster Remiremont in den Vogesen, wo sie ihrem Sohn nahe sein konnte... Nicht allzu lange freilich: Hugo, der bei der Einsetzung in die Grafenwürde sehr jung gewesen sein muß, versucht nun mit anderen Unzufriedenen das Erbe zu retten, das sein Vater ihm zugedacht hat, wenn schon nicht das ganze Lotharingien, so doch das Elsaß.

Merkwürdigerweise ist dieser erste ernsthafte Versuch, das Elsaß als ein selbständiges und gleichberechtigtes Land zwischen den großen Reichen zu etablieren und zu erhalten, historisch völlig unbeachtet geblieben, obwohl er ausreichend belegt ist und zumindest einer der großen Chronisten jener Zeit, nämlich Regino von Prüm, den unglücklichen Lothar-Sohn Hugo persönlich kannte und von ihm somit Informationen aus erster Hand erhielt. Paul Arnold gibt in seiner *Histoire secrète de l'Alsace*, die sonst so geheim gar nicht ist, immerhin einen Hinweis auf diesen Grafen des Elsaß, von dem niemand etwas weiß, aber die Geschichte wird erst greifbar und sein Schicksal wird dramatisch, wenn man den verstreuten Einzelheiten dieser aussichtslosen Revolte nachgeht:

Da Hugo beim Tod seines Vaters höchstens sechzehn Jahre alt gewesen sein kann, ist es nur natürlich, daß er ein paar Jahre verstreichen läßt, ehe er seine Ansprüche nicht nur auf das Elsaß, sondern auch auf Lothringen und die westlichen Vorlande der Vogesen anmeldet. Seine natürlichen Verbündeten bei diesem Kampf sind seine beiden Schwäger, Theotbald, Graf von Arles (mitunter auch Thietbald genannt), der erste Mann seiner Schwester Bertha, und der Friesenhäuptling Gottfried, Gemahl von Hugos Schwester Gisela (Gisla). Auch sein dritter Schwager, Boso, Herzog von Vienne, Gemahl der Irmengard, tritt oppositionell auf und wird von den Königen bekämpft, doch ist ein konsequenter Zusammenhang zwischen seiner Aktion in Ostfrankreich und den Kämpfen, die Hugo um sein elsässisches Reich führt, nicht erkennbar, auch wechselt Boso wiederholt die Fronten (womit er freilich in diesen Zeiten nicht allein steht).

Die erste ernsthafte Auflehnung Hugos muß vor 878 liegen, da er in diesem Jahr bereits vom Papst gebannt ist, aber dieser Johannes VIII., mehr Politiker als Seelenhirt, war so tief in fränkische Querelen verstrickt, daß mit diesem Bann die ganze Partei Hugos gemeint gewesen sein kann oder auch seine Herkunft aus der verurteilten Verbindung Kaiser Lothar II. mit Waldrada. Zu diesen Zeiten war Boso bereits ein mächtiger Mann im heutigen Frankreich, vor allem aber in Burgund, und er wäre für Hugo der gegebene Bundesgenosse gewesen, nur waren sie gerade im ostfranzösischen Raum leider Konkurrenten.

So blieb Hugo also nichts übrig, als in Nordfrankreich von sich reden zu machen, in jener Champagne, in der er nicht auf Boso traf, sondern auf die Männer, die ihm sein Erbe streitig machen wollten. In den Chroniken von Fulda, von Saint Vaast, von Saint Bertin und des Regino von Prüm wird Hugo darum kurzerhand als Rebell bezeichnet. Man sagt ihm nach, er habe in der Champagne eine *Tyrannis* ausgeübt, und er wird mit den Normannen verglichen, nur daß seine Truppen weder mordeten noch brannten, so daß man sich fragen muß, was angesichts dieser doch sehr bemerkenswerten Unterscheidung gegenüber der Geißel aus Skandinavien von der Tyrannis noch übrig bleibt. Hugos Truppen plünderten also, und das war in jenen Zeiten der übliche Vorgang, wenn eine Truppe sich aus dem Land verpflegen mußte. Auch die königlichen Truppen taten es und machten sich, wie man aus eben diesen Jahren lesen kann, damit reichlich unbeliebt.

Hugos Feldherr in diesen Raubzügen ist Theotbald, sein provenzalischer Schwager, zweifellos ein Franke; seine Stützpunkte haben wir im Raum zwischen den Vogesen und Verdun zu suchen, seine Raubscharen werden gelegentlich als Armee bezeichnet und stützen sich wohl nicht nur auf die Vogesenwälder, sondern auch auf die Ardennen und einige feste Plätze im Vorfeld dieser damals noch sehr unzugänglichen Waldgebiete.

Zu einem großen Unternehmen setzte Hugo an, als er sich noch der Hilfe seines friesländischen Schwagers versicherte, jenes zum Schutz der Nordseeküsten im heutigen Holland eingesetzten Friesenhäuptlings Gottfried, der Hugos Schwester Gisla geheiratet hatte, eine Ehe, die wohl nur zustande kam, um diesen halbwilden Lokalheros an die Kronen der Karolinger zu binden (zu diesen Zwecken wurden damals und später, auch gegen die Slawen, mit Vorliebe uneheliche Nachkommen verwendet). Schwager Gottfried hatte einen so unseligen Hang nach elsässischem Wein, daß man versucht ist, einmal eine Geschichte des Elsaß im Hinblick auf die Rolle zu schreiben, die der Wein in ihr gespielt habe. Gottfried und Hugo verabredeten eine gemeinsame Aktion, die den bekehrten Dänen (er wird sogar gelegentlich Godefridus III., König der Dänen, genannt) in den Besitz rheinischer Weinbaugebiete bringen sollte, damit er jenes köstliche Naß, das er durch seine elsässische Gemahlin kennengelernt hatte, fortan im eigenen Reich habe. Womit immer Hugo den Schwager verlockte (die Chronisten exzellieren in solchen und ähnlichen Begründungen), die Konstellation war für Karl den Dicken nicht ungefährlich. Wiewohl König und Kaiser, hatte er doch den Normannenschrecken in den Knochen, und Godefridus, gekauft, durch eine Ehe bestochen und schließlich auch getauft, war immerhin ein tüchtiger Kämpfer; er war jener Friesenanführer, der den Normannen ihre ersten schmerzlichen Niederlagen an der niederländischen Kanalküste zugefügt hatte. Nach Gottfrieds Abfall werden seine Männer von den Chroniken wieder Normannen genannt. Sie „fuhren den Rhein hinauf und steckten sehr viele eben erst wiederhergestellte Ortschaften in Brand, wobei sie nicht geringe Beute von da raubten" (883). „Die Normannen versuchten, in (Nieder)Sachsen einzudringen. Ihnen zogen Graf Heinrich und Bischof Arn mit einer starken Mannschaft Ostfranken entgegen, und als es zur Schlacht kam, fielen sehr viele auf beiden Seiten... In dieser Schlacht sollen von den Normannen Männer gefallen sein, wie man sie nie zuvor gesehen hatte an Schönheit nämlich und Körpergröße. Der Kaiser hielt mit den Seinen eine Unterredung in Colmar im Elsaß (2. Februar 884) und ordnete von da Bischöfe, Äbte und Grafen gegen die Normannen ab... Der Kaiser hielt Mitte Mai einen Tag zu Worms und ordnete von da Verteidiger seiner Länder gegen die Normannen ab. Es kam auch dorthin die Tochter Lothars, von Gottfried, dem sie zur Ehe gegeben worden war, an den Kaiser geschickt. Der Kaiser behielt sie eine Zeit lang bei sich und erlaubte ihr nicht die Rückkehr zu ihrem Gatten."

In diesem Bericht aus den *Annales Fuldenses* tritt der Mann auf, der Hugos gefährlichster und gnadenlosester Widersacher war, Graf Heinrich, Herzog in Ostfranken, zweifellos ein Babenberger aus jener tüchtigen Familie, die nicht nur einen Otto von Freising hervorbringen, sondern auch die Ostmark für das Reich erobern und halten wird. Heinrich erkennt, daß er in der friesisch-dänischen Heimat jenes Gottfried nicht erfolgreich Krieg führen könnte und entwirft eine Aktion, die an Tücke sowohl merowingischen wie modernen Zeiten entspricht: Man bietet Gottfried Verhandlungen in seinem Land, aber auf einer gut abzuschirmenden Insel an; ein Lokalrivale Gottfrieds wird ermuntert, bei dieser Gelegenheit Streit zu suchen, und als das erste Schwert blitzt, greifen die Mannen Heinrichs ein und töten Gottfried und sein ganzes Gefolge. „So verlieh ihm der Herr den verdienten Lohn für seine Untreue."

Wo immer Hugo bei seinen und seines Schwagers Theotbald Raubzügen auf diesen Heinrich traf, zog er den Kürzeren, und immer, wenn Heinrich die andere Seite kommandierte, wurde mit der größten Grausamkeit gestraft: Als er eine Burg bei Verdun eroberte, die von Hugos Leuten gehalten worden war, konnte Hugo zwar entrinnen (wurde vielleicht als Sohn eines Kaisers auch geschont), seine Leute aber wurden, nachdem sie sich ergeben hatten, skalpiert (*Annales Fuldenses* zum Jahr 879: „Nach Eroberung der Burg wurden Hugos Leute teils getötet, teils verbannt, wieder anderen zog man Haut und Haare ab und jagte sie mit großem Schimpf davon.") *Capillis et cute detracta*, daran gibt es nichts zu rütteln! Die unterhandelnde Gemahlin Gottfrieds nicht zurückkehren zu lassen, sondern als Geisel zu behalten, zu einer Verhandlung mit verborgenen Schwertern zu erscheinen und zuzuschlagen, das sind harte Methoden gegen einen Kaisersohn, der seinen Leuten offenbar aufgetragen hat, nicht zu morden und zu brennen, und der doch gewisse persönliche Fähigkeiten gehabt haben muß, wenn der große Boso von Burgund ihn immer wieder in seinen Schutz aufnimmt und wenn Theotbald von der Provence ein Leben lang für ihn kämpft.

Schließlich wird Hugo selbst auf die gleiche Weise verhaftet, nämlich durch Verrat: Er erscheint in Gondreville, sechs Kilometer von Toul an der Mosel gelegen, ein Ort, den man aus Schlachtberichten und als Verhandlungsort kennt, und wird unter Bruch des freien Geleits von Heinrich festgenommen und geblendet, eine Strafe, die damals nicht nur von den Karolingern, sondern häufig auch am byzantinischen Kaiserhof angewendet wurde. Regino von Prüm, loyaler Abt und verläßlicher Chronist, nimmt sich da kein Blatt vor den Mund: „...wird Hugo auf den Rat des nämlichen Heinrich durch Versprechungen (*promissionibus adtractus*) nach Gondreville gelockt und hinterlistig gefangen genommen; auf Befehl des Kaisers werden ihm von demselben Heinrich die Augen ausgestochen und allen seinen Anhängern die Lehen genommen. Hiernach wird er nach Alemannien in das Kloster des heiligen Gallus geschickt und von dort später in seine Heimat zurückgebracht."

Die Opposition der Kinder und Schwiegerkinder des früh verstorbenen Lothar II. ist damit endgültig niedergeschlagen, nicht durch den feigen und zaudernden dicken Ludwig, sondern durch seinen Mann fürs Grobe, jenen Grafen Heinrich, der mit einer Rücksichtslosigkeit und Hinterhältigkeit agierte, die selbst die frömmsten Äbte in ihren Klöstern gegen diese Art kaiserlicher Politik aufbegehren läßt. Blind und entmachtet kommt Hugo also wieder in seiner Heimat an, wie wir annehmen müssen in Erstein, dem einzigen Besitz, der ihm geblieben ist. Aber da ein Blinder zwar nicht kämpfen kann, aber nach solchem Verrat und solchen Grausamkeiten natürlich ein erst recht unversöhnlicher Gegner geworden ist, scheint Erstein nicht mehr sicher, und der Unglückliche wird aus seiner Heimat entfernt. „Schließlich", schreibt Regino, „wurde er zur Zeit des Königs Zwentibold (das heißt zwischen 895 und 900) im Kloster Prüm von meiner Hand geschoren, wo er nach wenigen Jahren stirbt und bestattet wird."

Was aus Hugos Frau Friderada (Fredereda) wurde, erfahren wir nicht; man weiß nur, daß sie so schön war, daß Hugo ihretwegen einen seiner treuesten Gefährten, den Grafen Bernar, im Jahr 883 meuchlings ermorden ließ. Auch diese Tat kennen wir freilich nur aus Berichten von Klerikern, wir wissen so gut wie nichts über den Freundeskreis Hugos, nur daß ihm eine kleine Gruppe etwa gleichaltriger elsässischer Adeliger mit großer Treue ergeben war, in Freundschaften, die man in ihrer manischen Beständigkeit homoerotisch nennen müßte, wäre da nicht dieser Zwischenfall mit der schönen Friderada.

Außer dieser offensichtlich durch persönliche Sympathie an Hugo gebundenen Gruppe von Herren unterstützten ihn die Matfridinger, ein lothringischer Clan, der sehr konsequent in der Opposition gegen die Karolinger verharrte, wenn auch hin und wieder eine private Rache das Bild trübt: Der Matfridinger Stefan tötete Hugos Gefolgsmann Alberich als Rache für die hinterlistige Ermordung des Megingaudus, Grafen von Maienfeld einige Jahre zuvor in einer Kirche... Die Bundesgenossenschaft der Matfridinger, die eine Herrschaft in Lothringen anstrebten, macht deutlich, daß sich Hugo auf das Elsaß und die westlichen Vorlande zu beschränken wußte; man wollte offensichtlich gemeinsam kämpfen und dann teilen. Hätte er auch Lothringen oder Burgund im Auge gehabt, so hätten ihn weder die Matfridinger noch Boso von Vienne unterstützt.

Notker der Stammler, der die Taten Karls des Großen so unterhaltsam aufschrieb, war in Sankt Gallen bereits ein angesehener Lehrer, als man den eben geblendeten Hugo ins Kloster brachte, vielleicht auch, weil die Mönche dieser Abtei im Ruf guter ärztlicher Kenntnisse standen. Leider hat Hugo die Gelegenheit nicht wahrgenommen, seine Geschichte und ihre für das adelige Leben im Untergrund des Karolingerreiches so aufschlußreichen Einzelheiten dem schreibfreudigen Notker zu erzählen. Und Regino von Prüm, dem Hugo sich vermutlich eröffnete, schwieg in weiser, wenn auch bedauerlicher Beschränkung und verbirgt, was er für den unbotmäßigen Karolinger empfand, hinter einer aufschlußreichen Handlungsweise: Als Hugo geschoren werden sollte, um in die berühmte Benediktinerabtei als Bruder eintreten zu können, in das Kloster, in dem dreißig Jahre zuvor Kaiser Lothar als einfacher Mönch gestorben war, da ersparte es der Abt dem Königssohn, von einem simplen Kleriker angefaßt und tonsuriert zu werden, sondern unterzog sich dieser Aufgabe selbst...

Über dem Andenken des unglücklichen Prinzen und Grafen im Elsaß liegt der gleiche Unstern wie über seinem Leben. Das uralte Erinstain, heute Erstein im Niederelsaß, ist mit seinem Römererbe sehr sorglos umgegangen und mit den karolingischen Resten nicht viel anders. Daß der Neubau der Kirche um 1200 die karolingische Kirche verdeckte oder in sich aufnahm, war schwer zu vermeiden. Aber es gab eine Außenkrypta für die Stifterin des Klosters und für ihre Tochter Rottrud, die mit einem elsässischen Grafen namens Oto vermählt war (er wird 858 als Gesandter erwähnt). Mutter und Tochter ruhten in diesen karolingischen Mauern nebeneinander, selbst der Sieg der Straßburger, nach dem 1333 die Mauern von Erstein geschleift wurden, scheint die Krypta nicht angetastet zu haben. Aber 1924 wurde ein neues Rathaus gebaut, und damit war es um die karolingischen Reste geschehen. Weder in Erstein noch in Königshofen, einer anderen karolingischen Pfalz, erinnert auch nur die kleinste Gedenktafel an den Karolinger Hugo-Hugon, den Mann, der den ersten und am besten begründeten Versuch unternommen hat, das Elsaß als eine selbständige staatliche Einheit zu etablieren.

Seine hartnäckige und kühne Aktion zeigt aber deutlich,

wie stark der Impetus zum geschichtlichen Auftritt, wie stark der Herrschaftsanspruch in den Kindern Lothars II. und der Waldrada war, also in den Kindern einer großen Liebe, die dennoch nie legalisiert werden konnte. Es war Berthas Sohn Hugo, Enkel des Kaisers, Neffe des elsässischen Grafen Hugo, der in einem abenteuerlichen und kühnen Leben für zwanzig Jahre lang König von Italien wurde, ehe er 947 in Arles starb.

Mit allem Vorbehalt sei noch berichtet, daß im Jahre 962, also unter Otto dem Großen, der wiederholt in Erstein weilte und dort Urkunden ausfertigte, das Volk von Reims sich einen Bischof wählte, der Odelrich (Udalrich) hieß, Sohn eines Grafen Hugo war und dessen Mutter sich der Verwandtschaft mit dem karolingischen Hause rühmte. Das war etwa achtzig Jahre, nachdem Hugo, Graf im Elsaß, Fridereda heiratete. Da wir keinerlei Nachrichten über seine Nachkommenschaft noch über die Schicksale seiner Witwe haben, sind diese Behauptungen der Eva, Mutter des Odelrich, vielleicht ein Hinweis (*Annalen des Flodeard* zum Jahr 962, dazu Schenkung der Eva, Mutter des Odelrich, an das Sankt-Arnulfs-Kloster in Metz).

Ein Garten der Freuden?

In den Zeiten der sächsischen Kaiser, in den unseligen Dauerauseinandersetzungen der deutschen Könige mit einem fernen Papsttum, strömte viel deutsche Kraft über die Alpen nach Süden, und was in Europas Mitte zurückblieb, reichte gerade für die große Ostsiedlung, zu der Bauern und Prospektoren aus dem westlichen Deutschland über die Elbe hinweg an die Oder aufbrachen. Das Elsaß, unter den Ottonen noch oft Kernraum des Reiches, rückte an den Rand der deutschen Gebiete, da es nicht mehr viele nach Westen übergreifende Beziehungen gab. Frankreich festigte sein Königtum, ein zerrissenes Italien aber lockte mit sonnigen Straßen bis hinunter nach Apulien, und nach den Saliern waren es die Staufer, die sich in Friedrich I. Rotbart den Süden mit dem Schwert unterwarfen und unter Friedrich II. *Stupor mundi* mit dem Geist.

Barbarossa, wie ihn die Italiener nannten, einer der Kaiser, an deren Tod die Deutschen nicht glauben wollen, war der Sohn eines Herzogs im Elsaß, so wie ja auch das Haus Habsburg nach alten Genealogien auf die elsässischen Etichonen zurückgeht und damit das Land an der Ill in einer einzigartigen Weise zur Wiege deutscher Herrscher-Herrlichkeit macht. Barbarossas Vater war als Herzog von Schwaben und Elsaß Friedrich II. (1105-1147) und lag in einem aufreibenden Krieg mit Gebhard, Bischof von Straßburg, der uns die auch militärisch dominierende Position der Kirchenfürsten aus Straßburg erneut bestätigt.

Für das Land war dies kein Segen, wie sich denken läßt. Das Elsaß ist zu klein, um einen Krieg in seiner Mitte ignorieren zu können, und wenn auch heute mit Recht vergessen ist, worum es damals zwischen der erklärtermaßen weltlichen und der angeblich geistlichen Gewalt ging, so stürzte der lange Unfrieden doch das ganze Land in Not und Niedergang. Anders als in Frankreich oder Italien nämlich hatte sich das Elsaß ebenso wie das Allgäu und Bayern mit zahlreichen kleinen Zentren bedeckt. Die uralte, schon von Ammianus Marcellinus betonte Abneigung der Alemannen gegen die Städte und das Leben in ihnen hatte zu jener einzigartigen Verbindung zwischen Landschaft, Mensch und Behausung geführt, wie sie südlich des Mains das ganze Deutschland charakterisiert und den geruhsamen Betrachter erfreut (die anderen eilen eben von Stadt zu Stadt).

Im Vergleich zum mittleren, östlichen und nördlichen Deutschland ergab sich darum im Süden, vereinfachend, ja vergröbernd gesprochen ein eher flächiges Kulturleben, in dem die alten Römerstädte Basel, Augsburg, Regensburg, Salzburg und Wien wohl zu echten Zentren wurden, dem aber die eigentlichen Lebensströme immer wieder vom Land her zuflossen, aus der Blüte eines noch immer im wesentlichen klösterlichen Kulturlebens, dem die Städte in dieser Ära vor den Universitäten zumindest auf deutschem Boden noch nicht allzuviel entgegenzusetzen hatten. Die Bildungsemphatiker zogen nach Cordoba oder Bologna oder Salerno; andere bescheidenere Gemüter, die das Lehrercharisma in sich fühlten, bildeten kleine Zirkel dort, wo sie eben lebten und wirkten. Diese ersten Stätten des Geistes, die weniger als Institution galten denn als die Kanzel einer einzigen starken Persönlichkeit, waren in unruhigen Zeitläufen praktisch wehrlos, wie es zum Beispiel der grausame Ungarnüberfall auf das Kloster Murbach beweist oder die Räuberbanden vor Gebweiler. Die sieben Mönche, die von den Ungarn aus den Wäldern geholt und niedergemetzelt wurden, als diese Reiter aus dem Osten 929 das Elsaß erreichten, werden in dem alten Kloster heute noch als Märtyrer verehrt, und ebenso gedenkt man des heldenmütigen Abtes Jean Schultheiß, der 1376 die dem Kloster gehörende Stadt Gebweiler gegen Enguerrand de Coucy und seine englisch-burgundischen Streifscharen verteidigte, indem er Frauen und Mädchen mit allem bewaffnete, was das Arsenal der kleinen Stadt hergab.

Murbach, ein Pirmin-Kloster aus dem achten Jahrhundert, zählte zu seinen Äbten Karl den Großen und war schon zu dieser Zeit eine so verlockende Insel wissenschaftlicher Frömmigkeit, daß Alcuin, als er das Kloster besuchte, sich entschloß, im Frankenland zu bleiben. Im elften Jahrhundert gab Abt Eberhard einem begnadeten Mönch namens Fruland den Auftrag, eine Lebensgeschichte des heiligen Leodegar (Saint Léger) zu schreiben, der im siebten Jahrhundert in Arras den Märtyrertod erlitt. Fruland entledigte sich der Aufgabe, indem er alle Schönheiten des Murbachtales beschrieb, der Natur ringsum und natürlich auch die idyllisch-bescheidene Existenz im Kloster selbst. Er erlangte jedoch keinen Ruhm über das Kloster hinaus, während Beatus Rhenanus (1485-1547), von dem wir noch sprechen werden, der interessierten Menschheit einen großen Dienst erwies, indem er eines der großen Geschichtswerke der Antike, die *Historia Romana* des Velleius Paterculus, 1515 in Murbach entdeckte und 1522 herausgab (worauf das Original dann allerdings verloren ging).

Es ist ein sehr elsässischer Ruhm, wie ihn Murbach, seine Äbte und seine Mönche erringen, zwischen der Idylle klösterlicher Gelehrsamkeit, der Notwendigkeit, sich zu wehren, dem Kreuzrittermut eines Hugues de Rougemont, Abt von Murbach, und der deutschen Gegenkraft seines Vorgängers Berthold von Steinbrunn, der Gebweiler befestigen ließ. Die Mönche und die Äbte haben dem ganzen Elsaß vorgelebt, wie man seine Schätze bewahren kann, und daß es ein Auftrag ist, sie zu bewahren, auch wenn man – wie im Fall des Velleius Paterculus – gar nicht wußte, daß man einen Text des einzigen Geschichtsschreibers hütete, der Cäsars Orientzüge mitgemacht und als Augenzeuge beschrieben hatte.

Für die Nonnen war es nicht leicht, die Blüte der Mönchsklöster und den heiligen Furor der Kreuzzugszeit zu teilen. Das, was die Frau des hohen Mittelalters inzwischen über ihre weniger glücklichen Vorgängerinnen erhob, der

Minnedienst der Troubadoure und die ritterliche Verehrung in den großen Turnieren, dies alles war den Damen verwehrt, sobald sie den Schleier genommen hatten, auch wenn sie nicht selten aus den großen Familien der Landschaft stammten. Im berühmtesten Nonnenkloster des Landes, auf der Hohenburg, war trotz der großen Tradition im zwölften Jahrhundert die Blüte ausgeblieben, ja die Kriegsläufte ringsum, in denen sich die straßburgischen Truppen nicht besser betrugen als die schwäbischen des Herzogs, hatten nicht nur den Wohlstand des Klosters vernichtet, sondern auch die Disziplin bedenklich gelockert. Und es war ein Mann, eben jener Friedrich Barbarossa, der zu den Zeiten, da er noch Friedrich III. von Elsaß und Schwaben war, den Nönnlein auf der Hohenburg beisprang, ob sie es nun wollten oder nicht.

Er hatte eine Verwandte, die hieß Relindis und hatte sich als Äbtissin in Neuburg an der Donau den Ruf der Gerechtigkeit, der Strenge und großer Tüchtigkeit erworben. Die holte Friedrich nun von Neuburg auf die Hohenburg, und die Augustinerin begann mit einem Stundenplan, der die jungen Damen vor allem beschäftigte, ihre Händchen und ihren Verstand.

Im Sinn der Klostergründerin ging es um die Frauenbildung, von der man nicht sagen kann, daß sie im Argen lag: Es gab sie nämlich noch gar nicht, kaum daß in Italien ein Hauch davon spürbar geworden war und in ein paar provenzalischen Städten.

Relindis sammelte die Töchter der Grafen und Barone um sich und unterrichtete sie nicht nur in der lateinischen Sprache, hatte sich doch das Vulgärlatein im Nachbarland zu einer höchst derben Sprache entwickelt und das Alemannische zwischen Mosel und Rhein desgleichen. Damit man die schöne alte Sprache, in der so erhabene Texte vorlagen, auch entsprechend graziös handhabe, mußten die Nonnen von der Hohenburg fleißig dichten, dazu kam die Zeichenkunst und endlich auch die Musik, dies alles selbstverständlich in engster Beziehung zur Religion.

Die begabteste Schülerin der Relindis hat sie überlebt und ist nach Sainte Odile die berühmteste Äbtissin des Klosters geworden und geblieben: Sie hieß Herrad von Landsperg, aus dem elsässischen Geschlecht, das sich später in die Kurpfalz verzweigte. Sie wurde 1167 die Nachfolgerin von Relindis, gründete 1181 am Fuß des Odilienberges Kloster Truttenhausen und ein Hospiz und verfaßte, zum Nutzen ihrer Schülerinnen und als Kompendium dessen, was eine adelige Nonne wissen müsse, das Werk, das sie unsterblich machte: Den *Hortus deliciarum* (Garten der Freuden oder der Wonnen), auf 324 Pergamentblättern und von ihr selbst illustriert. Die Bilder geben einen wertvollen Eindruck von Kleidung, Einrichtung und Lebenswandel in jener Zeit, die systematische Zusammenstellung aus der allgemeinen Bildung einen unschätzbaren Überblick über den Wissensstand nicht nur in der Literatur, sondern auch in der Astronomie, Geographie, Mythologie, Philosophie, der alten Geschichte und natürlich den Evangelien. Ihre eigenen Gedichte versah Herrad mit Noten (!), die Exzerpte mit Quellenangaben und Überleitungen – mit einem Wort, ein Schatz der seinesgleichen suchte.

„Den Abschluß bilden", schreibt Kindlers Literaturlexikon in begreiflicher Begeisterung, „ ein Auszug aus der christlichen Dogmatik und Ethik, eine Papstliste, ein Kalendarium und chronologische Tabellen... Leider wurde die Originalhandschrift 1870 in Straßburg durch einen Brand vernichtet, und nur ein Teil der Bilder des für die Bildungs- wie für die Kulturgeschichte so bedeutenden Werkes ist in Kopien erhalten."

Das ist in vornehmer Zurückhaltung oder auch unentschuldbarer Verbrämung der Bericht über die Tatsache, daß ein preußischer General namens August von Werder, später für diese und andere Taten zum Grafen gemacht, am 23. August 1870 ein Bombardement der alten deutschen Stadt Straßburg befahl, das einen Monat lang dauerte und in dessen Verlauf 193.722 Granaten auf Straßburg fielen, überallhin und leider auch in die Bibliothek, wo der *Hortus deliciarum* ein Raub der Flammen wurde. Gewiß kann man den Verlust nicht mit der Zerstörung der Akropolis im September 1687 vergleichen, als eine venezianische Granate das türkische Pulvermagazin in dem herrlichen Bauwerk traf, worauf es in die Luft flog; man kann auch sagen, daß Pulver eben nicht inmitten von Kunstschätzen untergebracht werden soll. Aber der *Garten der Freuden* der tugendhaften Herrad von Landsperg lag eben in einer Bibliothek...

Es muß ein glücklicher Tag für das ganze Elsaß und alle Freunde dieser schönen Landschaft gewesen sein, als der Domherr Straub aus Straßburg in Paris eine vollständige Abschrift des Textes fand, von dem sich nur Bruchstücke und Auszüge erhalten hatten. Die Rekonstruktion der herrlichen Miniaturen ist freilich bis heute nicht geglückt. Da uns dies alles nachdenklich stimmt, fragen wir uns, wie es denn um dieses zwölfte Jahrhundert, die Zeit eines Fruland und einer Herrad von Landsperg, außerhalb der Abgeschiedenheit der Klöster tatsächlich bestellt war.

Die Ausgangslage war nicht so schlecht. Die nach Italien ziehenden Könige und Kaiser brauchten eine ruhige Flanke und trauten den Bischöfen von Straßburg mehr Vernunft und Stabilitätsdenken zu als den verschiedenen Geschlechtern, die teils von den Etichonen abstammten, teils ihnen gefolgt waren und von denen sich die meisten mit dem unglücklichen Hugo, Grafen im Elsaß, verbündet und kompromittiert hatten. Die Politik des Heiligen Römischen Reiches setzte also auf die Kirchenfürsten und mißtraute den elsässischen Adeligen. Schon Otto II. hatte Erkanbald, Bischof von Straßburg, nicht nur die königliche Münze übertragen und damit die Garantie des zumindest örtlichen Reichtums, sondern auch die Gerichtsbarkeit über die Stadt und ihre Bannmeile.

Dieser Erkanbald oder auch Erchambaud geschriebene hochbegabte Prälat stammte aus hochadeliger Familie, nur weiß leider nicht einmal das neue Lexikon des Mittelalters, aus welcher. Der große Larousse behauptet, Erchambaud habe eigentlich Altkirch geheißen, aber ein deutsches Adelsgeschlecht dieses Namens gibt es nicht. Auffällig ist allenfalls, daß es in Freising einen Bischof aus dem Haus Ecker von Altkirchen gegeben hat. Erkanbald kam wohl zwischen 933 und 937 zur Welt, lebte bis 991 und begleitete Otto II. mit nicht weniger als hundert Rittern nach Italien, was ihm den gräflichen Rang einbrachte (981). Was uns sehr für ihn einnimmt, ist sein Interesse an altgermanischer Dichtung, wurden doch erst ein Jahrhundert zuvor die von Karl dem Großen so sorgfältig gesammelten Heldenlieder unserer Vorfahren mit geweihtem Öl begossen und verbrannt. Eine Handschrift des Walthariliedes, durch einen Magister Gerald angefertigt, ist Bischof Erkanbald gewidmet, und die Berufung des damals berühmten Lehrers Viktor aus dem Kloster von Sankt Gallen nach Straßburg gestattete die Begründung einer in ihrer Zeit berühmten Lateinschule, in der man eine Vorstufe der Straßburger Universität sehen darf. Erkanbald, der viel im Elsaß unterwegs war und oft bei Kirchenweihen auftrat, setzte sich für die Sicherung alter Pergamente, vor allem für die Sammlung historischer und hagiographischer Werke ein und schuf so den Kernbestand der Straßburger Kathedralbibliothek gleichsam vor der Entstehung der Kathedrale selbst, mit deren Bau man ja erst im Jahr 1014 oder 1015 begann. Und Erkanbald ist, wie die Äbtissin von Odilienberg und wie der Mönch Otfrid, ein Dichter mit Elogen und Grabschriften, dem einzigartigen Unternehmen eines poetischen Bischofs-Katalogs und einer nicht erhaltenen Trostschrift, die er *Suspirium* nannte.

Den gleichen Bemühungen, das noch unter Karl dem Dikken so unbotmäßige Elsaß auf Dauer zu befrieden, dienten auch die reichen Zuwendungen, die Adelheid, die Kaiserin, der von ihr gegründeten Abtei Selz machte, ja sie mit Gütern ausstattete, die auch außerhalb des Elsaß, in der Schweiz, reichen Ertrag hatten. Adelheid, Witwe Ottos des Großen, hatte gute Ratgeber, als sie die römische Flößerstation Saletio, wo Seltzbach und Sauer kurz vor der Mündung in den Rhein zusammenfließen, als Klosterort bestimmte. Seltz, wie man es heute schreibt, wurde eine Benediktinerabtei, von der nach Zerstörungen in den Jahren 1940, 1944 und 1945 nicht mehr viel zu sehen ist (die ersten, ottonischen Gebäude, werden inzwischen sogar vom Rhein überspült). In ihrer exponierten Lage auch in früheren Kriegen vielgeprüft, mochte Seltz sich schon bald nach dem Frieden mittelalterlichen Klosterlebens zurückgesehnt haben.

Auch König Heinrich II. setzte auf das Elsaß und im besonderen auf Straßburg. Sein Mann war Bischof Werner von Habsburg, mit dem „die Habsburger im Elsaß Fuß faßten", wie Ph. Dollinger es ausdrückt. Er glaubt vermutlich nicht an die eindrucksvolle genealogische Tafel, die mit Hugo I., Grafen im Nordgau aus dem Geschlecht der Etichonen, anhebt, dem Urgroßvater der Habsburger Lanzelin II., des Bischofs Werner, des Radbot und Rudolfs I., der vor 1063 starb, weswegen man ihn nicht mit Kaiser Rudolf I. (als Habsburger-Graf Rudolf IV.) verwechseln sollte.

Ob nun Etichonen-Nachfahren oder nicht, die Habsburger hatten nun den Fuß in der Türe, und mit Bischof Werner (1001-1028) begann ein beinahe freundschaftliches Verhältnis zwischen dem Oberhirten der Stadt und dem deutschen König, der später ja heilig gesprochen wurde und dem man sogar eine Josephsehe andichtete. Dennoch war Heinrich absolut kein Frömmler, aber er liebte Straßburg, besuchte die Stadt oft und gründete für sich eine eigene Stellung am Dom, den 'König des Chores', eine Pfründe, in der ihn bei seiner Abwesenheit ein Geistlicher vertrat, der nicht von Adel sein durfte. Heinrich ist darum nicht nur in Bamberg dargestellt, sondern gleich dreimal in der Serie der Kaiserbildnisse in den Fenstern des nördlichen Seitenschiffs der Straßburger Kathedrale. (Es scheint, daß die der romanischen Kathedrale vorangehende Kirche von einem Widersacher Heinrichs in Brand gesteckt worden war, was das besondere Verhältnis des Königs zu Stadt und Bistum erklären könnte.)

Diese keineswegs häufige, dauerhaft-gute Beziehung zwischen den Bischöfen und den Kaisern wurde auf eine harte Probe gestellt, als das eigentliche Unheil der mittelalterlichen Politik über Deutschland hereinbrach, der Investiturstreit, kurz gesagt der Machtkampf zwischen Kaiser und Papst um die wichtigsten Positionen der kirchlichen Verwaltung im Heiligen Römischen Reich. Straßburg wie Basel blieben treu an der Seite Heinrichs IV., den man den Hiob unter den deutschen Königen genannt hat, und diese Treue schuf natürlich Unfrieden im Elsaß, weil ein Papst wie Gregor VII. selbstverständlich auch seine Anhängerschaft hatte. Bischof Werner II. von Straßburg aus dem Hause Achalm war wie Heinrich exkommuniziert worden und zog mit seinem König nach Canossa; dort wurde er mit seinem Herrn nach dessen Bittgang vom Bann gelöst. Die Fürsprecherin der Versöhnung war bekanntlich Mathilde, Markgräfin von Tuscien, mächtige Freundin Papst Gregors VII. und mit dem Elsaß wie auch mit Lothringen durch vielfältige Beziehungen verbunden: Ihre Mutter war Beatrix von Lothringen, ihr erster Gemahl Gottfried der Bucklige von Lothringen, eine qualvolle Ehe, die sie in die Arme des Papstes getrieben hatte.

Bischof Werner aber ist nach all dem nur äußerlich versöhnt; er tut sich mit dem Oberhirten von Basel zusammen, und die beiden führen, als müßte es so sein, einen elsässischen Privatkrieg gegen das Kloster Hirsau, das Werner ein Papistennest nennt, ehe er in den ersten Tagen dieses Feldzugs stirbt. Abermals sieht man, daß die Beziehungen zwischen Vogesen und Schwarzwald nicht die besten sind: Hirsau hat seit 1077, dem Jahr von Canossa, seinen größten Abt, nämlich Wilhelm, es hat soeben die Reformregeln von Cluny eingeführt, es ist im Begriff, ein deutsches Musterkloster zu werden, aber die Straßburger Bischöfe bleiben auf der Gegenseite, nicht nur Werner II., sondern auch noch seine Nachfolger, unter denen Otto von Hohenstaufen (1082-1100) dieses nachmals berühmte Geschlecht im Elsaß heimisch macht, eben zur rechten Zeit, denn die Päpste haben auch im Elsaß selbst wehrhafte Anhänger.Diesen „Papisten" geht es freilich weniger um die fernen Päpste als um den nahen Bischof von Straßburg, der die Möglichkeiten des elsässischen Adels beschränkt, der Adelsburgen berennt, wenn die Herren Ritter die Kaufleute überfallen, und sich überhaupt so benimmt, als sei er der Herr der Landschaft zwischen Mülhausen und Weißenburg.

Die Sitten sind noch immer rauh, da haben Fürsten und Prälaten seit merowingischer Zeiten wenig verlernt. Als es zu einer Aussprache zwischen Hugo VII., Grafen von Egisheim, dem Führer der Papisten, und Otto von Hohenstaufen kommt, liegt am Ende des Gesprächs ein Toter im Zimmer des Bischofs – der Graf aus dem mächtigen elsässischen Geschlecht!

Die Grafen von Egisheim, 770 noch Aginesheim geschrieben, gehören zu den Etichonen, ein Graf Eberhard von Egisheim hatte einen elsässischen Herzog aus der großen alten Familie zum Großvater (doch sind die frühen Genealogien selbst im Fall der Habsburger und anderer nachmals berühmter elsässischer Geschlechter stets mit einer gewissen Vorsicht zu beurteilen).

Was fest vor uns steht, unzweifelhaft und mit Mauern von drei Metern Dicke, das ist das Stammschloß der Grafen in der Mitte der gleichnamigen kleinen Stadt im heutigen Kanton Wintzenheim. Walter Hotz hat festgestellt, daß die Dispositionen dieser Burg, die heute von dem Ort umgeben ist, als Vorbild für den staufischen Burgenbau in Frage kommen, wie er uns im apulischen Castel del Monte am reinsten überliefert ist. Eine nicht sehr glückliche Restauration macht es allerdings schwer, dies auch wirklich zu beurteilen. Noch komplizierter ist die Anlage von Hoch-Egisheim, einer aus ursprünglich drei Schlössern zusammengewachsenen Anlage auf einem 600 Meter hohen Hügel bei dem Städtchen. Die drei Schlösser, deren Türme heute die charakteristische Silhouette bilden, hießen Dagsburg (Dabo), Wahlenburg und Weckmund (Vaudemont). Die Burg wurde gegen Ende des zwölften Jahrhunderts, also wohl noch im Zusammenhang mit den Kriegen gegen die Papstanhänger, niedergebrannt und zerstört, und die Ausgrabungen von 1965 haben bewiesen, daß die Burganlage auf älteren Fundamenten aus der Grafenzeit ruht. Der unterlegene Gegner des deutschen Königs war Graf Albert von Dabo, und es scheint, daß sein Vetter Vaudemont-Ferrette daraufhin eine Teilung der Burg verlangte, um seinen Anteil am Familienbesitz aus solchen Zwischenfällen herauszuhalten. Die Parteiungen im Elsaß gingen also nicht selten mitten durch die Familien, vor allem, wenn sie so ausgebreitet waren, wie der Clan der Egisheimer.

Höhepunkt dieser Familiengeschichte ist der Augenblick, da Bruno, Sohn Hugo IV. von Egisheim, als Papst Leo IX. den Thron besteigt. Dies geschah auf Betreiben Heinrichs III., der eine Gräfin von Nordgau-Egisheim zur Großmutter hatte. Hans Kühner, dem man gewiß keine Milde mit den Päpsten vorwerfen kann, nennt ihn eine der farbigsten Persönlichkeiten des Papsttums. Er war ein Anhänger der cluniazensischen Kirchenreform, die überfällig war; er war seinem König unbedingt ergeben, und er war ein Mann von hoher Intelligenz und bemerkenswerten äußeren Vorzügen. In dem späteren Papst Gregor VII. hatte er einen hervorragenden Helfer und Berater. Es wäre für die Kirche eine heilsame Gelegenheit zur Erneuerung gewesen, hätte Leo IX. länger als fünf Jahre regieren, die Simonie abschaffen und sein großes Reformwerk vollenden können.

Seine Familie überlebte ihn immerhin um beinahe zweihundert Jahre. Als 1144 der Mannesstamm der Grafen mit Udalrich, dem Gründer des Klosters von Pairis, ausstarb, hatten die überlebenden Töchter noch Kraft genug, den ausgebreiteten Besitz zu halten. Erst 1225 starb Gertrud von Dabo, und schon am 2. November 1226 erwarb der Bischof von Straßburg von den Markgrafen von Baden deren (vermeintliche) Ansprüche auf das Erbe der Dagsburg-Dabo. Die Aktion ist typisch, denn sie zeigt abermals die ungebrochenen Machtansprüche der Bischöfe im elsässischen Raum. Die anderen Erben, die Grafen von Ferrette, mußten sich schon mit König Heinrich V. zusammentun, um gegen den Bischof zu bestehen. Nach Jahrzehnten der Auseinandersetzungen, in denen auch Friedrich II. zeitweise Herr des Dreifachschloßes war, kommt es zu einem Vergleich: Die Bischöfe werden Eigentümer, aber die Grafen erhalten Egisheim als Lehen, und schließlich tauchen auch die Habsburger als Herren eines Schloßteils auf, als nämlich eine Comtesse de Ferrette 1324 einen Grafen aus dieser inzwischen zu Macht und Ansehen gelangten Familie heiratet: Es handelt sich um Albrecht II. (gestorben 1369) und die Gräfin Johanna von Ferrette, in deutschen Genealogien Pfirt genannt.

Der Mord im Bischofspalast war immerhin eine Untat, über die man auch in jenen bewegten Zeiten nicht einfach zur Tagesordnung überging. Wir finden Bischof Otto von Hohenstaufen zerknirscht als Teilnehmer eines Kreuzzugs, eine damals durchaus übliche und als zureichend empfundene Form der Buße, zumindest wenn es um Verfehlungen von hohen Herren ging; Hugo VII. von Egisheim wurde dadurch freilich nicht wieder lebendig.

War es dies oder war es bloß persönliche Entscheidung, jedenfalls sehen wir gleichzeitig im Elsaß einen wortgewaltigen Fürsprecher des Papstes aufstehen, den einflußreichsten Propagandisten der Reform und der Papstpolitik, den das Jahrhundert in Deutschland hatte. Er hieß Manegold von Lautenbach, war Augustinerchorherr in dem genannten Stift bei Gebweiler und mußte 1078, als die Kaiserlichen das Stift niederbrannten, wie seine Mitbrüder in die Wälder fliehen oder sich bei Freunden verbergen. Dennoch gelang es ihm, 1082 eine feurige Antwort auf einen Trierer Angriff gegen Gregor VII. zu verfassen, eine gewagte Streitschrift, denn der Angriff auf den Papst war auf Befehl des Bischofs von Verdun (!) verfaßt worden. Elsaß und die westlichen Vorlande standen also gemeinsam gegen den Papst, und Manegold mußte, um nicht alle Brücken hinter sich abzubrechen, seinen Angriff auf den Kaiser und seine

Restaurant «AU RAISIN D'OR»

DIETRICH - SELTZ
MITTELBERGHEIM
67140 BARR
✆ (88) 08.93.54

ses meilleurs crus du pays

*

ses spécialités maison et plats froids

*

Sa carte et ses menus choisis

fermé le lundi après 16 h
et mardi toute la journée

note № 10458

Le ....

M ....

2 soupes à l'oignon	18.–
1 Potage	3.50
1 Escalope de Veau panée	22.–
1 Filet Reine vert	30.–
1 mignon aux Girolles	30.–
1 pass fromage	5.50
1 chocolat Liégeois	7.50
1 Pêche Melba	8.–
1/2 Corla	3.–
1 néa	2.50
1/2 Rouge	4.50
1/2 Edel	7.–
1 x légumes	4.50
	146.–

Verteidigung des Papstes als Sendschreiben an den Salzburger Bischof Gebhard formulieren (*Liber Manegoldi ad Gebehardum*).

Manegold ist in dieser Zeit, in der wir nur die Herren von hohem Adel kennen, die durchaus einzigartige Erscheinung eines Pamphletisten, der seine Bedeutung, seine Geltung, seine Positionen und natürlich auch die verschiedenen Verfolgungen ausschließlich seiner Feder verdankt. Er lebt zeitweise im bayrischen Exil in Raitenbuch, wo er 1086 als Dekan erwähnt wird, kehrt 1090, von Heimatliebe getrieben, ins Elsaß zurück, wo an der Stelle des zerstörten Lautenbach das Chorherrenstift Marbach gegründet worden war, und hat nach 1094, als erster Propst des neugegründeten Chorherrenstifts, seine beste Zeit, in der ihn alle suchen, die sich in dem erbitterten Streit kompromitiert haben. 1098 wandte sich das Blatt abermals; Kaiser Heinrich hatte in Norddeutschland die Hände freibekommen, konnte sich dem Elsaß zuwenden und nun wurde Manegold von Lautenbach in harte Gefangenschaft gesetzt, obwohl er als päpstlicher Poenitentiar nach heutigen Auffassungen als exterriorial zu gelten hatte. 1103 scheint er wieder in Marbach gelebt zu haben, weil Heinrich IV. den eigenen Sohn zu bekämpfen und wohl kein Interesse mehr an den elsässischen Querelen hatte.

Das Elsaß präsentiert sich uns, während Heinrich abermals gebannt wird, während sein Sohn ihn zur Abdankung zwingt, während sein Leichnam unbestattet in Speyer liegt, als eine Landschaft, in der die Waffen schweigen und allenfalls Pamphlete kreisen. Eine Bewegung, die aus Frankreich nach Osten herüberschlägt, hat an dieser Entwicklung ihren Teil, sie heißt *La paix de Dieu*, der Frieden Gottes, und legt so komplizierte Friedensgebote fest, daß man schon sehr genau Buch führen mußte, um zu wissen, wann man ein Schwert schwingen durfte: Kirchen und Geistliche waren ebenso unverletzlich wie Kaufleute, Pilger, Frauen und Kinder und sogar Bauern; von Mittwoch Abend bis Montag Morgen mußte Friede herrschen und natürlich auch an allen Feiertagen. Dies beschlossen die Elsässer „die Großen und die Bürger" und empfahlen die Beachtung dieser Gebote vor allem den jungen Leuten „und am meisten den ganz jungen, denn die haben die lockersten Sitten, eben weil sie so jung sind" (nach Ph. Dollinger).

Dennoch ließ die wirkliche Befriedung auf sich warten. Der Straßburger Bischofstuhl blieb eine Weile verwaist, weil Heinrich V. keinen Gegner der kaiserlichen Politik dort zu sehen wünschte; erst 1131 kam es zu einer normalen Wahl, vermutlich schon unter dem Einfluß der erstarkten Hohenstaufen. Der fortan amtierende Bischof Gebhard jedenfalls kam aus keinem der bekannten elsässischen Geschlechter und war ein Mann von unbändiger Energie, der sich eifrig bemühte, die Mißstände in der Kirche, also vor allem den Ämterkauf, abzustellen. Erst unter den Herren, die ihm folgten, finden wir wieder Familien aus dem Elsaß, einen Hüneburger aus dem Raum Zabern, den Kreuzfahrer Heinrich I. von der Hasenburg und Herren vom anderen Rheinufer aus Rottweil, Teck und anderen süddeutschen Orten.

Unter Friedrich dem Einäugigen, Herzog von Schwaben (gestorben 1147), einem ebenso energischen wie umsichtigen Fürsten, wurde das Elsaß vielleicht nicht gerade zum Zentrum des Reiches, aber ganz gewiß zum Lieblingsland der Staufer, auf das sie sich stützten und wo sie nicht nur Burgen bauten, sondern auch oft und lange in ihnen weilten. Der Vater Barbarossas war in erster Ehe mit einer bayrischen Prinzessin, in zweiter mit einer Tochter des Grafen von Saarbrücken verheiratet. In seine Lebenszeit fällt die erste urkundliche Erwähnung jenes Schloßes von Hagenau, das heute so gut wie verschwunden ist, weil es mitten in der Stadt lag und schon im siebzehnten Jahrhundert verschiedene friedliche Verwendungen erhielt (Präfektur, Gefängnis, Jesuitenkapelle, Wohnhäuser der Scheidt von Schweighaus und der Familien Durckheim, Immendingen u.a.).

Das Schloß spielte im zwölften, dreizehnten und vierzehnten Jahrhundert eine bedeutende Rolle in der Geschichte des Reiches. Nicht nur die Staufer residierten hier, sondern von 1274-76 auch Rudolf von Habsburg, und 1292 fand hier sogar eine Überreichung der Reichskleinodien statt. Rudolfs ältester Sohn Albrecht I., Herzog von Österreich, weilte bei dieser Gelegenheit längere Zeit in Hagenau. (Die Herkunft der kaiserlichen Residenz, der ersten Bauten auf der Moder-Insel, sind nicht mit Sicherheit bekannt. Es scheint, daß Friedrich der Einäugige, als er sich hier ein Jagdschloß errichtete, schon gewisse Gebäude vorgefunden hat.)

Hagenau, aber auch andere elsässische Städte und Burgsiedlungen lassen eine deutliche Sympathie der deutschen Könige für das Elsaß erkennen, vor allem im Mittelalter, als die Verbindungen nach Süden und nach Burgund noch sehr wesentlich für die deutsche und die kaiserliche Politik waren. Otto von Freising, der Bischof und Chronist aus dem Geschlecht der Babenberger und mit dem Kaiserhaus eng verwandt, bezeichnet in seiner umfangreichen Chronik den Raum zwischen Basel und Mainz als das Machtzentrum des Reiches. Das hatte zwar wohl in erster Linie geographische Ursachen, erklärt aber auch den Umstand, daß im Elsaß auf kleinem Raum schließlich nicht weniger als zehn kaiserliche Städte existierten, unter ihnen Hagenau, und nicht wenige reichsunmittelbare Klöster.

Es gibt Gegenden in Deutschland, wo sich dies durchaus nachteilig auswirkte, weil die Herrscher eben zu fern waren, zu beschäftigt und zuviel unterwegs, während örtliche Autoritäten sehr viel mehr zur sinnvollen Verwaltung und Pflege einer Landschaft beitragen oder die wirtschaftliche Blüte einer Siedlung fördern konnten. Dem Elsaß hat diese enge Verbindung zu Ottonen, Saliern und Staufern jedoch im Ganzen gut getan, vor allem, wenn man für diese Beurteilung den Standpunkt akzeptiert, daß sich das Elsaß als deutsches Land naturgemäß auf die Seite seiner Könige stellen mußte, notfalls auch gegen den Heiligen Vater in Rom. Während anderswo blutige Fehden die Kirchenfürsten und den Adel entzweiten – man denke nur an das Leben eines Sickingen – finden wir die Bischöfe von Straßburg hinsichtlich der Reichspolitik meist auf der Seite ihrer Könige, ja ihre Gegensätze zum örtlichen Adel entlasten nicht selten den König von Auseinandersetzungen, die sonst die Reichsgewalt hätte führen müssen.

In dieser Konstellation – Straßburg für das Reich – darf man den Schlüssel zu guten und schlechten Zeiten im Elsaß sehen. Waren Könige und Bischöfe sich einig, dann konnte das Unheil nur noch von außen kommen, und das war glücklicherweise, angesichts des wirksamen Schirmes der Vogesenhöhen, vergleichsweise selten der Fall.

Schwierig wurde es stets dann, wenn die Reichsgewalt selbst in Zweifel gezogen war, also wenn es König und Gegenkönig gab, was im hohen Mittelalter zwar nicht so häufig war wie die Erscheinung der Gegenpäpste, aber immerhin vorkam. Nach dem Tod Heinrichs VI. (1197), jenem frühen Tod, der den später so glanzvoll regierenden Friedrich II. schon als Kind in den Mittelpunkt der Weltpolitik gerückt hatte, ließ sich Philipp, Herzog von Schwaben und jüngster Sohn Friedrich I. Barbarossa, 1198 zum deutschen König wählen. Wenige Monate zuvor hatte jedoch die welfische Partei schon Otto IV. von Braunschweig gewählt, und da Philipp wegen seiner Übergriffe in Italien vom Papst gebannt worden war, entschied sich der Bischof von Straßburg mit dem Klerus des Elsaß und den Klöstern für den Welfen. Die Folge war ein Einfall des erbosten Philipp in das Elsaß, das er als Staufer nicht ohne Grund als sein Stammland, als seine Heimat ansehen durfte. Erst als Philipp drohte, Straßburg selbst zu belagern und zu erobern, fügte sich Bischof Konrad II. aus dem Haus Hüneburg (1192-1202) und anerkannte Philipp.

Angesichts der Nachbarschaft der staufischen Besitzungen war dies ein natürlicher Entschluß, und vielleicht war es Seiner Eminenz gar nicht so unlieb, daß Volk und Bürgerschaft die Prälaten zu einem Parteiwechsel veranlaßten. Sicher ist, daß unter dem zweiten Friedrich, der den Beinamen *stupor mundi* erhielt, die Verbindung zwischen dem Elsaß und dem Herrscher so eng wurde wie nie zuvor und niemals nachher. Und macht man sich klar, welch Ausnahmeerscheinung dieser Herrscher war, dann darf man darin die wertvollste Liebeserklärung erblicken, die vor Goethe für diese Landschaft abgegeben wurde. Das Elsaß sei ihm die teuerste seiner Besitzungen, sagte der doch stark in den Mittelmeerraum orientierte Kaiser und weilte häufig und lange Zeit in Hagenau. Interessant ist, daß auch er, wie schon frühere Herrscher, einen Mann einfacher Herkunft zu seinem Statthalter im Elsaß machte, einen tüchtigen Mann, der offensichtlich in die natürlichen und familiär bedingten Intrigen und Interessenkonflikte des örtlichen Adels nicht einbezogen war. Er hieß Woelfel oder Woelfelin und wird bald als Advokat des Elsaß, bald als Präfekt und auf deutsch als Schultheiß bezeichnet.

Woelfelin ist im dreizehnten Jahrhundert der Segen vor allem der elsässischen Städte. Er arbeitete zwanzig Jahre lang wohl in erster Linie für den staufischen Besitz, aber was er dabei für Hagenau, für Schlettstadt, für Kaysersberg, für Mülhausen und andere Orte tat, gewann seine Bedeutung schon in den nächsten Jahrzehnten und behielt sie durch Jahrhunderte. Für die Stadtmauer von Schlettstadt, offenbar sein erster großer Auftrag, wird das Jahr 1216 genannt, 1217 scheinen dann allgemeinere Betrauungen dieser erfolgreichen Probearbeit gefolgt zu sein (Schlettstadt wurde bei dieser Gelegenheit 'kaiserliche Stadt'). Mülhausen, noch eine kleine Mühlensiedlung und ein Objekt bischöflicher Begierden, wurde aus der Einflußzone von Straßburg herausgelöst (wenn auch nicht für immer) und ebenfalls mit einer Mauer versehen, und hier erhält Woelfelin auch einen weiteren Namen: Albin. Vielleicht hatte er einen Wolf im Hauszeichen, und Albin war sein Vorname. Das schöne Kaysersberg, bis heute das Entzücken aller Elsaßreisenden, wurde zum Sitz des Reichsvogtes und erhielt ebenfalls durch Albin Woelfelin seine Mauern, ein Aufwand, den sich Friedrich damit vergüten ließ, das Kaysersberg ebenfalls kaiserliche Stadt wurde. Für Colmar wird eine gleichartige Aktion von manchen Autoren bezweifelt, doch Bazuol-Ristelhubers unschätzbares Standardwerk sagt 1865 ohne jede Einschränkung: „*Vers 1220, Albin Woelfel, Prévôt de Haguenau et bailli provincial, fait ceindre Colmar de murs, et Frédéric II lui donne, en 1226, le titre de ville impériale.*" Es hätte ja auch wenig Sinn gehabt, das elsässische Land mit befestigten Städten zu durchsetzen, auf die sich die Staufer stützen konnten, eine so wichtige Stadt wie Colmar, die Rhein- und Vogesenübergänge beherrscht, in diese große Konzeption jedoch nicht mit einzubeziehen. Woelfelin wird bei dieser Gelegenheit – aber soweit wir sehen nur in diesem Fall – *bailli* genannt, was man wohl mit Statthalter übersetzen muß. Nicht minder zahlreich als seine Befestigungsbauten in Städten sind seine Ausbesserungsarbeiten bei elsässischen Burgen, soweit sie als Stützpunkte der Staufer gelten konnten oder in Frage kamen.

Daß Albin Woelfelin als Bailli bezeichnet wird, könnte eine Erklärung für seinen tiefen Sturz nach mehr als zwanzig Jahren aufopfernder Tätigkeit für die Staufer und für die kaiserliche Macht im Elsaß liefern. Die Baillage, die Einsetzung eines königlichen Vertreters als Statthalter und Gerichtsherr, war nämlich im ganzen Mittelalter Adeligen vorbehalten. Die Position, die Woelfelin erreicht hatte, mußte also den Neid und die Abneigung der ansässigen Großen nach sich ziehen, nicht gleich in den ersten Jahren, als man in ihm einen tüchtigen Baumeister sah, wohl aber von dem Augenblick an, da er Recht sprach, wofür ihm gewiß die Bildungsvoraussetzungen fehlten. Die zahlreichen großen Aufträge, die er zu vergeben hatte, die Befestigungen, die örtliche Machtverhältnisse verändern mußten, dies alles bot Angriffsflächen und schuf Gegner für einen gewiß sehr energischen, ja harten und rücksichtslosen Mann. Lorenz und Scherer nennen ihn in ihrem faktenreichen Bilderbuch aus dem Elsaß „einen seltenen Mann, dessen persönliche Schicksale einen reichen Stoff tragischer Momente bieten. Denn er, der das ganze Vertrauen des Kaisers genoß, ward doch seinem Herrn in Ungnade gebracht, wurde gefangen gesetzt, und die Sage läßt seine eigene Frau zur Mörderin an dem tapferen Mann werden."

Wir wissen vor allem aus den Forschungen zur Baugeschichte des Straßburger Domes, wie schwierig es ist, aus dem Rechnungswesen jener Zeit ein klares Bild zu gewinnen. Albin Woelfelin war nicht nur Vogt, sondern vor allem der Großunternehmer jener Jahrzehnte im Elsaß, und es mochte nicht schwer gewesen sein, in seiner Gebahrung eine Lücke zu entdecken, Ausgaben, die er nicht zureichend belegen konnte. Friedrich II. ließ ihn 1237 gefangen setzen und hätte ihn an Leib und Leben geschont gegen die hohe Bußen, die er ihm auferlegte: 16.000 Mark Silber, eine für jene Zeit des hohen Geldwertes und des geringen Umlaufs ungeheure Summe, zu der noch ein Teil der Woelfelinschen Besitzungen kam. Aber die Frau des einst so mächtigen Mannes konnte die Herausgabe solchen Reichtums nicht verwinden oder wollte weitere Zahlungen verhindern; sie soll Albin Woelfelin im Gefängnis erdrosselt haben, damit er das Geldversteck nicht preisgeben könne. Von der Stadt Colmar aber kann man lesen, sie habe dem Albin Woelfelin die Treue gehalten und an seine Unschuld geglaubt, und das durch Generationen. Man habe lobend von ihm auch dann noch gesprochen, als die ganze Stauferherrlichkeit längst der Vergangenheit angehörte. Solche Züge machen ein Gemeinwesen sympathisch, und man sieht sie irgendwie der Stadt Colmar auch heute noch an. „Die Zeit Friedrichs II. erhielt sich überhaupt im Andenken der Elsässer als die Epoche des höchsten Glanzes, und gewiß war es nicht ohne Bedeutung, daß der letzte unter den mächtigen Kaisern der älteren Zeit als Landesherr im Elsaß waltete und reichen Samen eigenthümlichen Lebens ausstreute. Persönliche und sachliche Umstände wirkten zusammen, daß das Gefühl der Reichsangehörigkeit diesem Volke in Fleisch und Blut gedrungen war."

Wir würden statt dem *eigenthümlich* der Herren Lorenz und Scherer heute wohl eigenständig sagen, aber die Bemerkung ist zweifellos richtig und in ihrem Gehalt aufschlußreich. Zu einer goldenen Epoche gehört nicht nur der Frieden, den haben auch die Staufer dem Elsaß nicht immer zu bringen vermocht, und zu ihr gehört auch nicht nur und unumwunden der Wohlstand, denn Friedrich II. hatte viel Geld gebraucht, und der Albin Woelfelin war gewiß kein bequemer Vogt gewesen, wenn er das halbe Elsaß mit kostspieligen Befestigungsbauten versah. Was wichtiger war als dies alles, was zählte über Generationen hinweg, war die sichere Zugehörigkeit zu dem großen Reich, die unmittelbare Verbindung zu seinen Herrschern, das Wissen um die Sympathie, die das Land bei den Königen genoß. Dies ergab die Geborgenheit eines kleinen und noch immer schwachen Landes mit kleinen Städten; dies bewies, daß die Großen es nicht als irgendein Territorium betrachteten, das man verschachern konnte wie Schlesien oder die Niederlande oder die eine oder andere norditalienische Stadt. Das Elsaß fühlte sich bestätigt in der Rolle als Herzland des Reiches, und solch eine Überzeugung, solch ein Wissen um eine gewisse Auserwähltheit unter den deutschen Ländern, die hatte schon etwas von dem Gefühl, in einem Garten der Wonnen und Wünsche zu leben.

ZWEITES BUCH

Jahrhunderte des Ruhmes

Poesie in schweren Zeiten

In der Mitte des dreizehnten Jahrhunderts steht der allen Deutschen teuren Lichtgestalt Friedrichs II. von Hohenstaufen jener Sinisbaldo Fieschi, Graf von Lavagna gegenüber, von dem die Welt wohl kaum viel erfahren hätte, wäre er nicht elf Jahre lang als Innozens IV. Papst gewesen. In einer heute kaum noch zu verstehenden Weise blickt ganz Europa nach Italien, wo die Päpste Politik machen und eine Art Monroe-Doktrin proklamieren, und Europas ritterliche Geschlechter verbluten in längst als nutzlos erkannten Eroberungszügen in den Nahen Osten, um den Zugang zu den Heiligen Stätten der Christenheit zu sichern, der in friedlichen Zeiten kaum je in Frage gestanden hatte.

Ein Land wie das Elsaß hat sich niemals abkapseln können, man hätte schon den Rhein umleiten und die Vogesenpässe sperren müssen. Also wirkten auch die römischen Beispiele auf die Straßburger Kirchenfürsten zurück und das ritterliche Vagantentum auf die Adelsfamilien des Landes. Ferdinand Gregorovius, der unbestechlichste aller Historiker des Papsttums und beste Kenner der römischen Geschichte im Mittelalter, sagt von Papst Innozens IV.: „Ein gewissenloser Priester... listig mit Verträgen spielend, vor nichts zurückschreckend, was ihm der eigene Vorteil gebot, so erfüllte er die Welt mit Empörung und Bürgerkrieg, so zog er die Kirche tief in die weltlichen Dinge herab, die er zu heiligen stempelte. Jeder Mensch von freiem Urteil kann nur mit Widerwillen auf den Zustand eines beständigen Feldlagers oder Diplomatenkabinetts oder eines Geldgeschäftes blicken, in welchen Innozens die Kirche versetzte, und er wird Mühe haben, das Urteil über ihn durch den Charakter seiner Zeit zu mildern."

Papst Innozens hatte nicht nur ein Mordkomplott gegen Friedrich II. geschmiedet, das 1246 aufgedeckt wurde, er hatte ihm auch in Heinrich Raspe einen nicht unbedeutenden Gegenkönig in den Weg gestellt, zu dem sich auch der Straßburger Bischof Heinrich von Stahleck bekannte. Die volle bischöfliche Machtpolitik nach päpstlichem Vorbild wurde für das Elsaß aber erst bestimmend, als in den Herren von Geroldsegg kriegsgewohnte Ritter mit zahlreichen Burgen und starkem Anhang zur Zentralmacht im Lande wurden und in den niedergehenden Staufern keine kraftvollen Gegner mehr hatten. Das bedeutendste Schloß der Herren war Grand- oder Groß-Geroldsegg, in der Nähe von Maursmünster mit einem der ältesten Donjons des Elsaß und seit dem frühen zwölften Jahrhundert mehrfach bezeugt. Klein-Geroldsegg, in der Nähe errichtet, diente zeitweise als Damenschloß; die wirtschaftlichen und räumlichen Beziehungen zu dem alten Kloster und zur Gemeinde Haegen (früher: Villa Hegenheim) begründeten den Wohlstand der Grafenfamilie, gegen deren Übergriffe sich die Äbte von Maursmünster durch Beschwerden nach Metz und Würzburg wiederholt zu wehren versuchten.

Mit Walther und Heinrich von Geroldsegg, die nacheinander Bischöfe von Straßburg waren, machten die Grafen den energischen Versuch, aus dem Schatten der Abtei zu treten und es den Päpsten im Rom nachzutun, im kleinen Raum der elsässischen Berge und Täler. Sie sorgten damit für viele Jahre der Unruhe und zahlreiche Opfer unter einer Bevölkerung, die unter durchziehenden Kreuzheeren und lokalen Fehden ohnedies genug gelitten hatte.

In Kämpfen, deren Einzelheiten heute niemand mehr interessieren, ging es um Entwicklungen, die bald besondere Bedeutung erlangen sollten, denn als die dritte Kraft nach dem Adel und der Geistlichkeit meldeten nun die Bürger von Straßburg und anderen Städten ihr Mitbestimmungsrecht an. Die Staufer hatten mit ihrer Vorliebe für das Elsaß vor allem das Stadtbürgertum an sich gebunden, durch Privilegien und Zusicherungen, die dem Reich nicht weh taten, die aber in die Rechte lokaler Konkurrenten wie der Ritter und der Bischöfe eingriffen. Andererseits aber entwickelte sich auf dem kleinen Raum zwischen Vogesen und Rhein auch eine Rivalität zwischen Adel und Geistlichkeit, in der die Bürger versuchten, das Zünglein an der Waage zu bilden.

Was wir im Rückblick relativ klar erkennen und aus späteren Entwicklungen auch in anderen deutschen Städten besser beurteilen können, war dem elsässischen Adel nicht vom ersten Augenblick an in seiner Bedeutung klar. Wir finden die Habsburger, Grafen im Elsaß, zunächst an der Seite des Bischofs von Straßburg, wohl weil sich keiner der Herren vorstellen konnte, daß schlichte Bürger das Haupt erheben, und als Walther von Geroldsegg seine unbotmäßige Stadt mit siebzehnhundert Mann zur Raison bringen will, stehen sogar Reiter aus Metz und Mainz in seinen Reihen. Aber es ist auch militärgeschichtlich interessant, daß die schwer gepanzerten Ritter der Bischöfe gegen die Städte wenig Erfolg hatten: Schon Heinrich von Stahleck war gegen Schlettstadt gescheitert und hatte auch Zabern nicht bekommen, und Walther von Geroldsegg hatte bei Colmar einen Pyrrhussieg errungen: Zwar war ihm die Stadt zugefallen, aber der tüchtige und beliebte Bürgermeister aus der bekannten Familie Roesselmann hatte zu Rudolf von Habsburg fliehen und diesen für die Sache der kaiserlichen Städte einnehmen können.

Ohne daß der Habsburger eingreifen mußte, siegten am 8. März 1262 auf den Höhen von Oberhausbergen nordwestlich von Straßburg die Bürger über die Ritter und Reisigen des Bischofs, der so unvorsichtig gewesen war, auf sein

Fußvolk nicht zu warten. Die seither berühmten Armbrustschützen der Stadt hatten zunächst die Pferde aufs Korn genommen und in dem Gewirr stürzender und sterbender Tiere den in ihren schweren Rüstungen ungelenken Rittern den Garaus gemacht. Das Beispiel belehrte den Bischof von Basel nicht, der mit den gleichen Ambitionen zuerst gegen die Habsburger kämpfte und dann gegen die Grafen von Pfirt (Ferrette). Dadurch gab es Unfrieden genug im ganzen Elsaß, bis im Jahr 1273 die schöne Landschaft wiederum, und als müßte es so sein, kaiserlicher Heimatgau wurde: Rudolph I., deutscher König und römischer Kaiser, interessierte sich für das Vogesenland nicht minder als die Staufer. Er behielt bei der Einsetzung von Statthaltern (Baillage) zunächst die alte Teilung in Nord- und Sundgau bei, schuf aber schon 1280 mit dem Grand Baillage das einheitliche Elsaß wieder, wie es der unglückliche Graf Hugo angestrebt hatte. Es waren die alten großen Familien des Landes, die als Vögte oder Statthalter, wie immer man den Bailli verdeutschen will, nun zwar nicht mehr frei in allen Intentionen, aber dafür in geordneten Verhältnissen zur lokalen Macht gelangten: Die Lichtenberg, die wir schon kennen, die Grafen von Pfirt, die seit karolingischen Zeiten im Sundgau bezeugt sind, und die Ochsensteiner, die ihre Stammburg unweit Rheinhardtsmünster und Maursmünster auf dem 600 Meter hohen Schloßberg hatten.

Die Ochsensteiner sind wiederum eines jener erstaunlich kurzlebigen Geschlechter, wie sie uns in jenen Zeiten der häufigen Totgeburten und der geringen Lebenserwartung so oft begegnen. Während die Geroldsegg, obwohl sie doch ihre besten Männer auf Bischofssitze entsandten, immerhin bis ins siebzehnte Jahrhundert blühten, erfahren wir von dem ersten Ochsensteiner, er heißt Burchardus, erst mit dem Jahr 1187, woraus man allerdings schließen muß, daß zu diesem Zeitpunkt Burg und Herrschaft mindestens hundert Jahre alt waren. Im Jahr 1217 hat das Geschlecht noch zuviele Männer, denn die Brüder Otto und Eberhard teilen sich das auf drei Felsen erbaute, nicht sonderlich große Schloß noch zu Lebzeiten des Vaters. Noch im gleichen Jahrhundert erreicht das Geschlecht einen Höhepunkt an Geltung: Otto von Ochsenstein erscheint als habsburgischer Bailli (1284) und steht in gutem Einvernehmen mit dem gleichzeitigen Bischof von Straßburg, dem Grafen Conrad von Lichtenberg. Gemeinsam führen sie eine lokale Fehde gegen vier Herren von Wasselnheim, Dienstmannen des Herzogs von Lothringen, erfolgreich durch. In der Folgezeit gerät die Zusammenarbeit zur Abhängigkeit, weil die Bischöfe doch sehr viel besser wirtschaften als die Ritter. Immer häufiger muß ein Ochsensteiner ein Schloß zur Verfügung stellen oder sogar in die Zerstörung willigen, weil er es als Waffenplatz nicht halten kann und weil es dem Gegner nicht dienen soll. Später verfallen die Ochsensteiner auf den Gedanken, ihre Schlösser, vielleicht sogar mit Mannschaften, gegen Bezahlung zur Verfügung zu stellen, zunächst der Stadt und dem Bistum Straßburg, die Tausend Florins dafür bezahlen, später den offenbar besser gestellten Grafen von Fleckenstein respektive Lichtenberg. Im fünfzehnten Jahrhundert gehen die Ochsensteiner vollends unter, und die Burg auf den drei Felsen wird von einem regierenden Haus erworben, den Herzögen von Zweibrücken-Bitsche. 1554 ist das Schloß noch bewohnt, 1632 machen ihn die Schweden den Garaus, wie so vielen anderen Burgen im Elsaß...

Solch ein Ausschnitt aus einer Burgen-oder Familiengeschichte zeigt, daß nun die großen Namen zum Zug kommen. Die Pfründe des Bischofssitzes ist in ihrem Wert erkannt und wird unter den alten Familien umworben, und auch das Land wird nun nicht mehr zur Beute von Abenteuerern, die in einem Talwinkel schnell aufsteigen, sondern darf als verteilt gelten, in erster Linie natürlich an das Reich selbst, dem sich Klöster und Städte aus guten Gründen verschrieben haben, aber auch an die Familien, die nun seit Jahrhunderten ihre Täler und Höhen beherrschten und zweifellos von dem partizipierten, was Mönche und Bauern erwirtschafteten. Die Gelehrtengruppe, die unter der Leitung von Philippe Dollinger 1970 eine große Geschichte des Elsaß erarbeitete, gelangt bei der Ermittlung dieser Familien zu etwa den Ergebnissen, die auch eine politische Sicht auf die Zeit der späten Staufer und der frühen Habsburger zutage fördern würde: Im Süden sind es neben den Grafen von Pfirt (Ferrette) vor allem die Habsburger selbst, die geschickt und teilweise verdeckt Besitz angesammelt haben.

Dazu gesellen sich die Grafen von Egisheim, die Herren auf der Horburg, einem Wasserschloß auf Römersgrund, dem Castrum Argentovaria im Kanton Andolsheim. Die Horburger hatten keinen Grafentitel, finden sich aber schon im zwölften Jahrhundert an der Spitze einer adeligen Interessengemeinschaft kleinerer Vasallen, an deren Verbindung zur Kirche vor allem die Horburger selbst verdienen. Ihre Position ist zu dieser Zeit sehr stark, offenbar weil sie ein beinahe uneinnehmbares Stammschloß vorweisen können. Nur schützte sie das nicht gegen Familienintrigen, in deren Verlauf im Jahr 1259 Walther von Horburg von seinem Neffen und dessen beiden Söhnen im Schloß ermordet wird. 1324 werden Schloß und Herrschaft an Ulrich, Herzog von Württemberg, verkauft. Einen Kampf um Schloß Horburg im Jahr 1162 hat der Minnesänger Heinrich der Glichezaere (der Gleißner), der zeitgleich lebte, in einem seiner Lieder festgehalten.

In diesen Raum des Elsaß gehören auch noch die Ribeaupierre, deren deutscher Name Altenkastel völlig außer Gebrauch geraten ist, wobei „alt" von alto, altitude kam, also „Hohes Schloß" bedeutete. Nach der Lage auf einem „Staufen", am Ende einer flachen Nase von 645 Metern Höhe, vermutet die Forschung eine Entstehung des Schlosses in der kaiserlosen Zeit um 1250, aber auf älteren Fundamenten und unter Ausnützung älterer Befestigungsanlagen. Die Familie erscheint in den alten Chroniken als Herren von Altenkastel, steht in einer gewissen Abhängigkeit von den Bischöfen zu Basel und tendiert in ihren militärischen Aktivitäten nach Burgund. Es ist merkwürdig, wie sich solche Tendenzen durch Generationen fortsetzen, und vielleicht ist auch darum der deutsche Name des Geschlechts verschwunden. Als Sieurs de Ribeaupierre tauchen sie in der französisch-burgundischen Geschichte wiederholt auf, treten gegen Karl den Kühnen auf und hüten auf ihrem festen Schloß immer wieder Gefangene, offensichtlich, um Lösegeld zu erpressen: Den englischen Ritter Harleston, danach eine Gruppe jüdischer Kaufleute, die auf der Folter zugeben, Brunnen vergiftet zu haben, und schließlich den burgundischen Ritter Philippe de Croy, Comte de Chimay. Ihn hat der Sire de Ribeaupierre in dem dreijährigen Ringen um Nancy (1475-77) gefangengenommen, einen Herrn aus jener großen Familie, die aus ihrem ungarischen Stamm aufsteigend noch heute in Frankreich, Belgien und der Bundesrepublik blüht. Es steht zu befürchten, daß Philippe de Croy auf Schloß Ribeaupierre schlecht behandelt wurde, denn er überlebte seinen Freikauf nur um wenige Jahre und starb 1482.

Von den Geschlechtern im Nordgau (*Basse Alsace*) kennen wir bereits die Lützelstein (Petite Pierre), Geroldsegg, Dagsburg-Dabo, Ochsenstein, Lichtenberg und Hüneburg. Zeitweise treten, wenn auch weniger bekannt, die Grafen von Werde hinzu, mit ihrem Schloß an der Ill, auf einem Landstück, das seit alters Wörth heißt und Schloß wie Familie den Namen gegeben haben dürfte. Die Reste der alten Anlage sind am Südostrand von Matzenheim noch zu erkennen. Die Familie stieg im zwölften Jahrhundert auf, stellt 1196 einen Landgrafen und teilt 1232 die Schloßanlage in ein oberes und ein unteres Schloß. Schon 1238 zieht der Bischof von Straßburg die Besitztümer des ohne männlichen Erben gestorbenen Landgrafen Heinrich von Werde ein, eine wahrhaft kurze Blüte, der eine geschickte junge Witwe jedoch ein Nachspiel zu geben versteht: Ein nachgeborener Sohn (Postumus) des Landgrafen taucht auf und erhält tatsächlich die Güter zurück, hat aber nicht viel Glück damit, denn das Schloß wird in den Kämpfen zwischen Albrecht von Habsburg und dem gewählten deutschen König Adolf von Nassau gegen Ende des dreizehnten Jahrhunderts zerstört. Lachender Dritter ist, wie so oft, der Bischof von Straßburg: Johann von Lichtenberg erwirbt das Schloß als Residenz der Bischöfe im Jahr 1359, doch wechselt es in der Folge noch wiederholt Bewohner und Besitzer.

Sowohl die Werde als auch die Ribeaupierre sind Randerscheinungen, denn sie tendieren aus dem Elsaß hinaus und treiben eine isolierte Familienpolitik, die sie mit den Kräften in Verbindung bringt, die von außen ins Elsaß hineinwirken. Das schafft auf den alten Stammsitzen oft groteske Verhältnisse; wir finden polnische Adelige, die aus irgendeinem gewiß begreiflichen Grund lieber an der Ill leben wollen als an der Weichsel, wir sehen schon im siebzehnten Jahrhundert jüdische Vermögen zu elsässischem Adelsgrund gelangen – kleine Geschichten in der großen Geschichte, die dennoch für das Elsaß selbst immer bezeichnender werden, sobald die großen alten Familien, wie wir gesehen haben, wieder abtreten. Ihre Zeit sind die Jahrhunderte zwischen 1150 und 1500, das hohe und das späte Mittelalter, die Zeit der Ritter und Grafen, aber auch die Zeit der fahrenden Sänger, der Dichter an der Tafel des Schloßherrn.

Der Spielmann, der singend Geschichten erzählt, Frauen lobt und den Kriegsruhm der Herren besingt, ist eine uralte Erscheinung und begegnet uns von Island bis zu den Pyrenäen, am Hof des Königs Attila ebenso wie an der Awarengrenze bei Wien. Aber während die adeligen Herren doch hin und wieder als Zeugen in einem Prozeß auftreten, Schulden machen, die verbrieft werden müssen oder ihre Burgen kunstvoll aufteilen, worüber es dann Protokolle gibt, sind die Lebensspuren der großen wie der kleinen Dichter jener Zeit noch mehr als dürftig: Zufalls-Belege für Kleidungsstücke, sehr vereinzelte späte Besitzurkunden, wenn der Fahrende endlich seßhaft wird, Anspielungen in dem Werk, aus denen sich Schlüsse ziehen lassen. Da kann man nicht, wie auf den elsässischen Burgbergen, die Erde zwischen den Mauern aufgraben und alte Feuersbrünste datieren, da fließt die Glut in die Verse, und man muß sehen, was man mit ihr anfangen kann.

Sie waren zum Teil ritterbürtig, zum andern Teil taten sie so, indem sie ihrem Vornamen einen Ortsnamen hinzugesellten, denn so reich uns auch die Fülle halbvergessener Vornamen anmutet, vor allem bei den Frauen, so gab es in jedem Jahrhundert wie heute besonders beliebte Namen und darum ein Halbdutzend Dichter, die Reinmar hießen. Der von Hagenau war aus kleinstem, ärmsten Adel, und was ihn erweckt hatte, das war eine schöne Liebschaft in Straßburg gewesen:

Min liep ich mir vil nâhe trage,
des ich zwâre nie vergaß,
des êre ich singe und sage;
mit rehten triuwen tuon ich das.

Mit Herrn Reinmar, wie er als Adeliger genannt wird, hat das Elsaß Anteil an der großen deutschen Dichtung dieser Epoche, ja Reinmar wird in Wien, wo er als Hofpoet besser lebt als im Elsaß, der Lehrer Walthers von der Vogelweide und unter seinen Kollegen der geachtete große Meister. Gottfried von Straßburg betrauert um 1207 den Tod des Landsmannes, Walther widmet ihm einen lyrischen Nachruf, aber es gibt keine einzige Urkunde zu diesem Dichterleben...

Erstaunlich bleibt nicht nur, wie weit der Ruhm dieses fahrenden Sängers sich verbreitet und wie lange er sich gehalten hat, verblüffend ist, daß er wie kein anderer eine mittelhochdeutsche Gemeinsprache schrieb, so daß es bis heute noch den einen oder anderen Forscher gibt, der aus dem oberösterreichischen Ort Hagenau folgern möchte, Herr Reinmar habe dort seine ersten Schritte getan und das Schreiben erlernt (die großen Gelehrten ließen sich freilich nicht täuschen, ja Konrad Burdach hat für Reinmar sogar eine Familie gefunden, ein altes Ministerialengeschlecht, Reichsadel, der bis ins dreizehnte Jahrhundert zurückzuverfolgen ist).

Aber in einem Geschichts- und Geschichtenbuch wie diesem kommt es nicht nur auf die Größe und die Einmaligkeit an; eindrucksvoll ist auch die Breite der dichterischen Woge aus den Vogesenburgen, stehen neben Reinmar dem Alten und nach ihm doch noch ein Gösli von Ehenheim, Dienstmann des Straßburger Bischofs und am Fuß des Odilienberges geboren, und ein Poet aus dem Straßburger Stadtadel, der sich Harwart nannte. Etwas mehr wissen wir von Konrad dem Püller, einem jüngeren Sohn aus der männerreichen Familie der Hohenburger. Er zog mit Rudolf von Habsburg ins Feld, über dessen Verhältnis zur Poesie die Literarhistoriker anderer Meinung sind als die Historiker: Josef Nadler nennt das Heerlager des Habsburgers einen „Zeltplatz der alemannischen Poesie", Oswald Redlich sagt in der maßgebenden Biographie des Königs, er habe gegenüber den Dichtern nur zugeknöpfte Taschen gehabt. Jedenfalls war Konrad der Püller dabei, als Rudolf auf dem Marchfeld über Ottokar von Böhmen siegte, und seither ging die Saat der habsburgischen Elsaßpolitik noch viel prächtiger auf als unter den habsburgischen Grafen. Vorbei war die Zeit, da man einen Schultheiß in ein Faß stecken und nach Colmar hineinschmuggeln mußte, damit er für Habsburg die Tore öffne, vorbei waren die Liebes- und Reise- und Schiedsrichterdienste, mit denen sich ein an sich armes Geschlecht in einem reichen Land etablierte, das sonst wohl den Bischöfen zugefallen wäre. Allein hätten es die Habsburger nicht geschafft; was ihnen half, war der elsässische Bürgersinn mit Mut und Findigkeit, war der Stadtadel, ein geschäftstüchtiges Patriziat, dem die geistlichen Herren und ihre das Schwert schwingenden Neffen nachgerade unheimlich geworden waren. Man begann nun doch unter einem Bischof einen Seelenhirten zu verstehen und nicht mehr einen Kriegshauptmann wie in karolingischen und staufischen

Zeiten, als es gegen die Sachsen ging und dann gegen die Sarazenen.

Kennzeichnend für dieses erwachte und selbstbewußte Bürgertum ist der größte elsässische Dichter, ist Gottfried von Straßburg, der am Vorabend der habsburgischen Herrlichkeit in der Stadt lebte und gelegentlich als Meister bezeichnet wird, was auf ein Handwerk hindeutet. Da sich in seinem Werk aber keine jener Anspielungen findet, die wir etwa von Hans Sachs kennen, mißt man heute dieser Bezeichnung nicht mehr soviel Gewicht zu und sucht Gottfried eher in einem Patriziergeschlecht, das um 1200, als die Stadt ihren ersten Rat bildete, zu Ansehen und Geltung gelangte. Vielleicht geschah dies durch Gottfried selbst, den man sich als Schreiber des Rates in einer Position denken kann, die nichts Bürokratisches hat, sondern ihn eher als kundigen Wortführer und heimlich regierenden Sekretär etabliert. Auffällig sind seine Bildung, seine Kenntnis des Rechts und der Verfahren, seine Belesenheit und seine Vertrautheit mit französischer Sprache und Geisteskultur. Er ist kein Dachstubenpoet, sondern wirtschaftlich unabhängig, eine glänzende Erscheinung, die nicht aus dem Blickwinkel des Schlechtweggekommenen schreibt, sondern in der Erkenntnis, daß seine Zeitgenossen in Straßburg – die Oberschicht einer lebhaften Stadt – der Erinnerung an die wahren Werte, an die Kraft der Gefühle, und den Wert der Liebe bedürfen. Darum wählte er sich die keltische Märe von Tristan und Isolde als Stoff und gestaltete ihn elegant und engagiert vermutlich zwischen 1205 und 1215.

Das Elsässische an dieser großen Dichtung ist wohl die glückliche Mischung aus französischen Einflüssen und deutscher Art, dazu eine streckenweise betörende Musikalität, die den Dichter selbst berauscht zu haben scheint, so daß er mehr sagt, als er eigentlich sagen wollte und aus der formgerechten Dichtung zu einem intimen Bekenntnis vorstößt. Französisch ist auch eine gewisse Selbstgefälligkeit, mit der Gottfried in einer stark beachteten Szene zeitgenössische Poeten auftreten läßt, sich vor einigen von ihnen verneigt (wie vor Hartmann von Aue), andere wieder wegen der provinziellen Grobheit ihres Tons und wegen ihrer rüden Dunkelheit tadelt (wie Wolfram von Eschenbach, den er allerdings nicht namentlich nennt).

Die beiden Größten der Epoche wetteifern, ohne es zu wollen, auch darin, daß sich eben beide um keltische Stoffe bemühen, wobei Gottfried für einige Rätsel gesorgt hat, die noch heute die Forschung bemühen (die Liebesgrotte von Tristan und Isolde, das kristallene Bett, der masochistische Grundzug, die esoterischen Anspielungen). Man hat sogar Querverbindungen zum Straßburger Dom herstellen und in der Dichtung Gottfrieds eine Art Deutung dieser Kathedrale sehen wollen, als sei sie die Cheopspyramide am Rhein.

Gottfried, der wenig später als 1220 starb, ist offensichtlich nicht alt geworden, alle Anspielungen in seinem Werk drängen sich auf dem geschichtlichen Raum weniger Jahrzehnte zusammen. Daß sein Werk unvollendet blieb, mag freilich auch daran liegen, daß Gottfried dafür einen Auftraggeber hatte, einen ebenfalls noch nicht ermittelten Grafen Dietrich, der die Hilfe eingestellt oder das Zeitliche gesegnet haben kann, ehe das Werk vollendet war. Die Versuche, in der Art Gottfrieds den bekannten Schluß anzufügen, haben eine Art Dichterschule geschaffen, der er noch nach seinem Tod im Geiste vorstand und in der sich bedeutende Talente wie Ulrich von Türheim, Heinrich von Freiberg, Rudolf von Ems und Konrad von Würzburg einen Namen machten.

Wir dürfen diese wenigen Beispiele aus einem bis heute nur unzureichend bekannten elsässischen Geistesleben immerhin als Beweis dafür nehmen, daß spätestens seit dem zwölften Jahrhundert der Laienstand mit erheblichen Ambitionen neben die Geistlichkeit tritt, die bis dahin den großen Vorzug, Lesen und Schreiben zu können und Zugang zum Wissen der Welt zu haben, mit niemandem geteilt hatte. Daß die ersten gebildeten Laien aus dem Kleinadel kamen oder geweckte jüngere Söhne großer Familien waren, denen die traditionelle Adelslaufbahn wenig Aussichten eröffnete, ist ein Übergang. Schon um die Wende zum dreizehnten Jahrhundert treten die Stadtbürger mit an und dringen selbstbewußt in jene Bereiche des Lebens vor, in denen man nicht ritterbürtig sein muß, in denen es keiner Burg bedarf und keiner Grundherrschaft, um jemand zu sein, um etwas zu gelten.

Zweifellos sind Kunst und Kultur im ganzen süddeutschen Raum breiter ländlich gestreut als in den rheinischen Städten nördlich des Mains, im Raum der Hanse oder gar im Mittelmeergebiet. Dennoch bedurfte der Mensch, der sich geistig regen wollte, eines Minimums an Freiraum, wie ihn das Landleben mit der gnadenlosen Leibeigenschaft dem einfachen Menschen eben nicht bieten konnte. Man zählt im Deutschland des Hochmittelalters etwa dreitausend stadtähnliche Gemeinwesen, viele von ihnen nur ein paar hundert Familien umfassend, zwölf bis fünfzehn von ihnen mittelalterliche Großstädte mit mehr als zehntausend Einwohnern. Eine von diesen ist Straßburg, vielfach gesegnet und ausgezeichnet durch seine Lage an dem Hauptverkehrsweg des Heiligen Römischen Reiches, aber auch durch die Tatsache, daß in der Stadt ein Bischof residierte – denn die Straßburger Bischöfe sind, eben weil sie keine Kurfürsten sind und in die Reichspolitik nicht eingreifen, große unabhängige Herren und werden von Jahrhundert zu Jahrhundert reicher, bis zum skandalösen Prunk der Herzöge aus dem Hause Rohan.

Das Bürgertum beginnt, in Person oder mit Hilfe seines Vermögens, den adeligen Mäzen zwar nicht abzulösen, aber doch neben ihn hinzutreten mit Aufgaben, die mehr Tatsachensinn verraten als wir ihn bei den Burgherren finden, die allenfalls ihren Kriegsruhm darstellen lassen oder die Geschichte einer Familie. Aus dem Copialbuch des Münsters zu Straßburg kennen wir das Testament des Fabrikmeisters Elnhart, eines Gewerbetreibenden, der seiner imposanten Gestalt wegen der Große genannt wurde. Nun, er war es auch, was seine Interessen, was seinen Umgang mit seinem Vermögen betraf, denn er beauftragte den Gotfrid von Ensmingen, die Geschichte Rudolfs I. und seines Sohnes Albrecht I. zu verfassen, Aufzeichnungen aus den Jahren 1273 bis 1299, deren Wert auf der Hand liegt. Elnhart scheint ein hohes Alter erreicht zu haben und dürfte um 1310 gestorben sein.

Ungleich schwieriger war es, ein anderes Erbe der Kirchen und der Klöster anzutreten: die Armenpflege. In dem Maß, als die Bürger die Verantwortung in der Stadt übernahmen und sie nun selbst mit Rat und Verfassung regierten, zogen sich naturgemäß jene aus den Lasten und Pflichten zurück, die bis dahin alles in den Händen gehalten hatten, vor allem die Klöster und die Kanzlei des Bischofs. Wir wissen nicht, ob in den Zeiten vor 1200, also vor der Straßburger Selbstverwaltung, die Armenfürsorge wirklich funktionierte. Nach den allgemeinen Gepflogenheiten des Mittelalters zu urteilen, gab es punktweise verteilte Almosen, und wenn dabei nicht allzuviele verhungerten, so kam das daher, daß ganz Deutschland bei einer bereits ansehnlichen landwirtschaftlich genutzten Fläche erst zwölf Millionen Menschen zählte. Es gab westlich der Elbe nur noch wenige ungenutzte Flächen (weswegen ja die Ostkolonisation einsetzte), für die zwölf Millionen Münder wurde also hinreichend Nahrung produziert, nur die Verteilung war ein gewisses Problem, sobald ein Gemeinwesen so viele Einwohner zählte wie Köln oder Straßburg, Basel oder Augsburg. Dann ging es darum, die umliegenden Dörfer daran zu gewöhnen, ihre Überschüsse auf die Märkte der Stadt zu bringen und gegen die gewerblichen Erzeugnisse der städtischen Handwerker zu tauschen. Da der Rhein das Umfeld von Straßburg erhebliche vergrößerte, wurde die Stadt bald ein begehrter Zielort auch für Notleidende aus anderen Gegenden, und man fühlt sich an aktuelle Sachverhalte erinnert, wenn man in einer alten Straßburger Handschrift *in folio* annalistisch aufgezeichnete Klagen darüber liest, wie viele bedürftige Walschen (welsche, also Franzosen und französische Schweizer, vielleicht auch italienische Wanderarbeiter) den Stadtsäckel belasten:

„Umb johannis ist ein großer Haufen, alles oder der mehrtheil Welsche für Strasburg komen, für den weisen thurn mit weib und kind von hungers wegen, also das auf einmal 900 gezelt sind worden, das inen die burger allerlei speis mittheilten. Des nachts haben sie meine herren (d.h. die Stadträte) in der ellenden herberg ligen lassen und inen zu essen und trincken geben, des morgens wider für das thor gewysen... Und da sie wegzogen, hat man sie mit einer zerung (Proviant) dazu begabt."

Ein vergleichbares Problem warfen die unterschiedslos Schüler genannten wandernden Studenten auf, die offensichtlich den Bürgern am lästigsten fielen, weil sie nicht wie die armen Walschen mit Frau und Kind demütig auf die Ausspeisung warteten, sondern die wohlhäbigen Bewohner des reichen Straßburg überall ansprachen. Sie wurden eilends auf die verschiedenen Klöster aufgeteilt; die Stadt selbst übernahm es, hundert Scholaren zu versorgen: Sie erhielten eine kleine Menge Brot, diese aber regelmäßig, und durften Dienstag, Donnerstag und Samstag an die Türen gehen und singen...

Es ist ein Problem des ganzen Mittelalters und keineswegs nur in Deutschland, und wenn Straßburg Jahre mit 90.000 Armennächtigungen hatte, wenn an manchen Tagen sechzehnhundert Bedürftige zu versorgen waren, dann wird klar, daß die einzelnen Gemeinden damit überfordert waren. Es wird einem sehr seltsam zumute, angesichts der Tatsache, daß noch Jahrhunderte vergehen werden, bis eine gewisse soziale Absicherung Wirklichkeit wird. Noch als Bettina Brentano mutig schrieb *Dieses Buch gehört dem König*, als sie ihre unerschrockene Reportage aus Berliner Elendsvierteln der Gesellschaft auf den wohlgedeckten Tisch knallte, herrschten zwischen Straßburg und Königsberg praktisch jene Zustände, die unser anonymer, aber mitfühlender Stadtschreiber auf seinen Folioblättern niederlegte. Er sagt auch, daß die Walschen oder Welschen vor allem aus Lothringen und Burgund kamen, und eben in Burgund gab es jenes Modell, das ein reiches Weinland wie das Elsaß zu seinem Ruhm hätte kopieren können: Das bis heute eindrucksvoll vor uns stehende *Hospice de Beaune*, in das die Alten aufgenommen wurden, das sich von gutwilligen Bürgern Weinberge vermachen ließ, die schlechten und mittleren Lagen zugunsten der Hospizkasse verkaufte, die besten Lagen aber behielt und aus alljährlichen Weinversteigerungen die Mittel gewann, das Hospiz weiter zu erhalten (und ihm heute eines der modernsten Spitäler des ganzen Frankreich anzugliedern).

Wir sehen daraus, daß Straßburg im besonderen und das Elsaß im allgemeinen zu jenen glücklichen Gegenden zählten, die nur eine importierte Not, aber sehr wenig hausgemachtes Elend kannten. Auch als die Habsburger abwanderten, als das Zentrum des Reiches sich nach Osten verlagerte und die königlichen Besuche am Oberrhein seltener wurden, wurde immer noch Wein verschifft, nur daß sich nun als zweites Bein feine Webereien und Manufakturen etabliert hatten, die für den Klerus Seide und gute Tuche verarbeiteten, Seide von der Rhône und Tuche aus den Niederlanden.

Und da man nun einmal nicht bequemer reisen konnte als auf einem großen Fluß, wurde Straßburg im hohen Mittelalter eine stark besuchte Messestadt wie Nördlingen, Eichstätt oder Leipzig, denen freilich bald Frankfurt, Köln, Wien und Breslau den Rang abliefen.

Zu den Attraktionen Straßburgs kam schließlich noch der Umstand, daß es eine sichere Stadt war. Führten die Bischöfe auch keine großen Kriege mehr, so unterhielten sie doch ihre eigene Polizei, zu der noch eine energische Stadtwache kam:

„Im disem jar hat man ein(en) Welschen gehenckt, hat vil gelt uß den stöcken in den kirchen gestolen, und ist über dem waisenstock in dem münster ergriffen worden."

Angesichts dieser Grundsätze ist es wohl kein Zufall, daß

wir die größten und berühmtesten südwestdeutschen Scharfrichtersippen auch in Straßburg vertreten finden, die Bickel (aus der bekanntlich der Schinderhannes hervorging), die Großholtz, die das ganze siebzehnte Jahrhundert in Straßburg beherrschen, und die Burckhardt, die zwischen diesen Großsippen als Verbindungsglied fungieren, weil Scharfrichtersöhne und -töchter ja nicht in die ehrsamen Gewerbe einheiraten durften.

Drei Städte

Das Elsaß ist ein ordentliches Land – Gebirge, Täler, Ebene, Fluß sind säuberlich geschieden – mit ordentlichen Menschen. Darum schieben sich auch die elsässischen Städte keineswegs alle zugleich in unser Blickfeld, sondern mit jener behäbigen Ordnung, die sie aufmarschieren läßt, sobald sie an Bedeutung gewinnen. Das ist nicht überall so. Man lese Barbara Tuchmans Buch *Der ferne Spiegel* über das vierzehnte Jahrhundert vornehmlich in Frankreich, und man wird amüsiert verfolgen, wie diese kluge Frau, die in den Vereinigten Staaten gewiß nichts mehr verblüffen kann, aus einem Staunen ins andere fällt über unser altes Europa und seine Bizarrerien.

Im Elsaß geht dies alles zunächst noch ruhig vor sich. Die Habsburger brauchen ihre Methoden keineswegs zu verfeinern oder gar abzuwandeln, um sich die Städte geneigt zu machen, das Rezept ist überall das gleiche: Ein Bischofsgegner in der Stadt selbst öffnet nachts heimlich eines der Stadttore. Draußen auf den Äckern hat ein Habsburger mit seinen Leuten gewartet (natürlich nicht der spätere König, der muß auf seinen Ruf achten, sondern ein stürmischer Vetter wie Gottfried aus der Laufenburgischen Linie, der rechtsrheinisch verheiratet ist und damit gute Rückzugspositionen hat). Knarrt das Tor in den Angeln, so springen die habsburgischen Kämpfer aus den Ackerfurchen auf, dringen durch das Tor in das Städtchen und wecken die Bürger mit dem Schlachtruf *Habsburg*!

Sie rufen nicht „Nieder mit dem Bischof"; wozu jemanden kränken, den man ja doch noch brauchen wird. Sie rufen auch nicht „Es lebe der König", denn so weit sind die Habsburger noch nicht; der deutsche König heißt seltsamerweise Richard of Cornwall (1209-72) und ist dank der Ausbeutung der Blei- und Zinngruben in seiner Heimat der reichste Fürst der Christenheit. Ein Teil dieses Reichtums ist in die Taschen der deutschen Kurfürsten geflossen, darunter in die des Bischofs von Köln, was die Sympathie der Habsburger für die Kirchenfürsten nicht erhöht hat. Aber da es im Elsaß weder Blei- noch Zinngruben gibt, müssen sie sich ihre Ausgangsbasis für den Sprung an die Spitze nach und nach schaffen, in der richtigen Erkenntnis, daß es eben diese neue Macht gibt, den Bürger, und die neuen wirtschaftlichen Zentren, die Städte, auf die sich ein König und eine Herrscherfamilie ungleich fester verlassen können als auf die Geistlichkeit, die noch immer nach Rom blickt und davon auch nicht abzubringen ist.

Wir wüßten gerne mehr von jenem Gottfried, dem jüngeren Kampfgefährten des späteren Königs, von dem Grafen, den die Chroniken ob seiner Kühnheit rühmen, der sich keineswegs auf das Elsaß beschränkt, sondern auch Basel und Bern besiegt und der noch als junger Mann stirbt, wenige Wochen nach dem Sieg über Bern, also vielleicht an einer erlittenen Verletzung, und der einen einjährigen Sohn hinterläßt, der später die Schweizer dadurch versöhnen wird, daß er ein Mädchen aus Rapperswyl heiratet.

Rudolf wird König, Gottfried der Städtestürmer hat es nicht mehr erlebt, er stirbt am 29. September 1271, und die elsässischen Städte erkennen abermals, wie schon unter Karolingern und Staufern, daß ihr Heil in einer guten Beziehung zum deutschen König liege.

In Mülhausen, etwas näher an Basel als an Colmar gelegen, hatte man wenig Mühe, dies einzusehen, denn der Ort war in Abhängigkeit vom Kloster Sankt Stephan zu Straßburg um 700 entstanden, rund um einige Wassermühlen am alten Ill-Bett. Danach gerieten die Mülhausener unter die Fuchtel der Äbte von Masseveaux (Masmünster) und hatten ihre härteste Zeit unter Heinrich von Stahleck, Bischof von Straßburg, der durch einen Vogt fünfzehn Jahre lang aus der Stadt pressen ließ, was immer zu erlangen war. Daß hier die Habsburger willkommen sein würden, konnte keinem Zweifel unterliegen, aber die Bischöfe gaben nicht auf: Walther von Geroldsegg versuchte, die Stadt wieder zu gewinnen, und selbst als Rudolf König geworden war und Mülhausen die Reichsunmittelbarkeit gab (1273), ließen die Kirchenfürsten von Straßburg nicht von ihren Hausmachtplänen. In keinem anderen deutschen Bistum wurde der Versuch, sich ähnlich wie der Papst ein eigenes Territorium zu schaffen und weltlicher Fürst zu werden, so weit getrieben. Auch die Autorität und die Machtmöglichkeiten Rudolfs als deutscher König reichten nicht zu, die Herren in Straßburg in ihre Schranken zu weisen: sie hielten erst still, als ihnen statt des schnell gewachsenen Mülhausen ein Trio kleinerer Siedlungen zugeschoben wurde, nämlich Molsheim, Mutzig und das Dorf Wege.

In der Folge wurde den Bürgern von Mülhausen ihr eigener wirtschaftlicher Erfolg zum Verhängnis. Jedermann wußte, daß in dieser Stadt etwas zu holen sei, und man holte es sich mit unterschiedlichen Methoden. König Adolf von Nassau, der Nachfolger Rudolfs als König, akkordierte den Bürgern ein Hausfriedensrecht, das tatsächlich aus jedem Haus eine Burg machte: Zog der Bürger sich in sein Eigen zurück, so war er vor Verfolgung durch die Obrigkeit sicher, und hätte er auch gemordet.

Ein so weit gehendes Privilegium hatte der König, der sich gegen Rudolfs Sohn wehren mußte, sich nicht nur teuer bezahlen lassen, es wirkte sich auch auf den inneren Frieden von Mülhausen nachteilig aus, und dies bekamen vor allem die in der betriebsamen Stadt besonders zahlreichen Juden zu spüren. Sie wurden erstmals 1290 aus der Stadt vertrieben, ja den reichsten Juden von Mülhausen, er hieß Salomon aus Neuburg, erschlug man sogar bei dieser Gelegenheit. 1348 wiederholte sich die Judenverfolgung, weil man sie – wie auch anderswo – für den Schwarzen Tod verantwortlich machte.

Im bewegten vierzehnten Jahrhundert wurde das reiche Mülhausen ein Lieblingsziel adeliger Plünderer und streunender Banden ehemaliger Krieger. Sie kamen von allen Seiten: Der österreichische Herzog Albert der Hinker kam

1326, vierzig Jahre später die sogenannten *Grandes Compagnies* (Marodeure) und 1375 schließlich Enguerrand de Coucy mit seinen burgundischen Freischärlern, unter denen das ganze Elsaß furchtbar zu leiden hatte. In Enguerrand haben wir den reinsten Typus jener Feudalherren vor uns, deren Macht im Elsaß inzwischen zu Ende gegangen war, die in Frankreich aber noch die Sympathien des Adels und sogar der Krone genossen. Die mächtigen Türme des Schlosses von Coucy sagen uns noch heute, was diese Herren mit ihrer Devise gemeint hatten, an die man sich noch gut erinnert: *Roy ne suis, ni prince, ni duc, ni comte – je suis le sire de Coucy* (Ich bin kein König, noch bin ich Fürst, Herzog oder Graf – ich bin der Herr von Coucy.)

Enguerrand überzog den ganzen Osten Frankreichs, vornehmlich aber die burgundisch-lothringisch-elsässischen Randgebiete seines Landes, mit einem jener Kriege, wie sie immer dann entstehen, wenn die eigentliche Macht nach langen Fehden die Waffen schweigen läßt. Nach dem Aufstand der Pariser Bürger, nach den Bauernunruhen der Jacquerie in Nordfrankreich hatte Enguerrand sich zu seinen blutigen Aktionen ermutigt gefühlt und wurde zum Schrecken ganzer Provinzen. Mit seinem Sohn, der in die Hände der Türken fiel und in einem Kerker zu Brousse elend zugrunde ging, starb das Geschlecht dieser harten Männer aus, ihr Besitz kam an das französische Königshaus.

Bei diesen und späteren Gelegenheiten zeigte sich, daß Mülhausen bei den anderen elsässischen Städten nicht sonderlich beliebt war: Man war zu schnell reich geworden, hatte sich auch sonst nicht sehr kameradschaftlich gezeigt und stand somit allein da, als die Nachwehen des Hundertjährigen Krieges abermals Unfrieden brachten – den Überfall der sogenannten Armagnacs im Jahr 1444.

Wie leichtfertig man damals in lokale Fehden hineinschlitterte und welche Ausmaße sie annehmen konnten, bewies schließlich der Sechs-Plappert-Krieg, also ein Krieg um eine kleine, sehr kleine Summe Geldes, die ein Mühlenbesitzer seinem Knecht Hermann Klee schuldig geblieben war (nach einigen Historikern, darunter Daniel Specklin, soll es allerdings um ein Wasserrecht gegangen sein). Als auch die Anrufung des Magistrats für Klee nichts erbrachte, tat dieser sich mit einem der ja stets auf der Lauer liegenden Adelsherren zusammen, mit Peter von Regisheim, und da jeder wußte, wie reich Mülhausen war, machten sich auf einmal nicht wenige Burgherren zu Verbündeten des armen Müllers. Da die elsässischen Städte, wie schon Jahre zuvor, den Mülhausenern nicht zu Hilfe kamen, wandte sich die Stadt an Bern und an Solothurn um Hilfe. Erst jetzt, da man schweizerische Eroberungen auf elsässischem Boden befürchten mußte, sprangen die Städte dem bedrohten Mülhausen bei. Hoch-Hatstatt und Egisheim, zwei dem Regisheimer gehörende Burgen, wurden niedergebrannt, Hermann Klee, der eine davon verteidigt hatte, wurde aufgehängt, die Adelsherren mußten Mülhausen entschädigen – und das alles wegen sechs Groschen.

Statt aus den Vorgängen klug zu werden, trat ein elsässischer Kohlhaas namens Conrad Kieffer in die Fußstapfen des Hermann Klee, nur daß die Stadt Mülhausen inzwischen solide Bündnisverträge mit Bern, Solothurn und gleich sieben weiteren Schweizer Kantonen geschlossen hatte. Da die Schweizer damals noch als Europas beste Soldaten galten, erfüllte dies die adeligen Gegner der Stadt mit einiger Besorgnis, der österreichische Landvogt und die Städte Freiburg und Breisach brachten die Adeligen aus dem Sundgau an den Verhandlungstisch. So wurde, nachdem einige Burgen und Dörfer eingeäschert worden waren, im Jahr 1468 der Frieden von Waldshut geschlossen. Österreichs Erzherzog Sigismund hätte 10.000 Gulden an Kriegsentschädigung bezahlen sollen, vermochte dies jedoch nicht. Dafür erhielt Karl der Kühne von Burgund 1469 die herrlichsten Pfänder: Den Sundgau, den Breisgau und Teile des Schwarzwalds!

In dieser bedrohlichen Lage versuchte der burgundische Kapitän Peter von Hagenbach, die Mülhausener auf friedlichem Weg dazu zu bringen, sich dem stolzen Burgunderherzog zu unterwerfen und zog schließlich mit der burgundischen Armee unter dem Oberbefehl des Herzogs vor die Stadt. Da kam es, als nichts anderes mehr helfen wollte, zu einem gewaltigen Hochwasser der Ill. Mülhausen lag unversehens in einem ausgedehnten See, und Karl der Kühne zog mit seinen fluchenden Truppen wütend ab. Peter von Hagenbach wurde überall dort, wo die burgundische Macht sich etablieren wollte, der Statthalter des Herzogs und brachte durch fünf Jahre eines grausamen Regiments das ganze Elsaß gegen sich auf. Als Karl der Kühne endlich in verschiedenen Schlachten unterlegen und bei Nancy gefallen war, schlug auch für Peter von Hagenbach die Stunde: Nicht weniger als siebenundzwanzig Richter verurteilten ihn in einem nächtlichen Prozeß bei Fackelschein zu Tode.

Angesichts so heftiger Auseinandersetzungen, emsiger wirtschaftlicher Tätigkeit und andauernder Kriege zur Verteidigung des eigenen Reichtums wundert es uns nicht allzusehr, daß wir in der Zeit bis 1500 nur von einem einzigen Mülhausener hören, der sich den brotlosen Künsten gewidmet hat: Es war der Dichter mit dem Namen Wachsmouth, von dem ein einziges, aber sehr schönes Gedicht erhalten ist. Es steht in der Manessischen Liederhandschrift und sichert ihm die Unsterblichkeit. Er sagt darin, daß er „nicht die Krone von Rom", also die Kaiserkrone, haben wolle, verlöre er dafür die Liebe seines Weibes.

Seit Mülhausen ins Unmäßige gewachsen, Straßburg aber sehr französisch geworden ist, sammeln sich die Sympathien jener, die das alte Elsaß lieben, um die Stadt Colmar, was keineswegs bedeutet, daß man sie mit K schreiben sollte oder gar müßte. Denn diese uralte Stadt an den vielen Rinnsalen, an den Kreuzungspunkten der Römerstraßen, am Ostfuß der Vogesenpässe und nahe den Rheinbrücken finden wir, so lange wir auch suchen, stets mit dem

C am Anbeginn, auch als die Namensform deutlich deutsch wird und nicht mehr dem Urkundenlatein verhaftet ist: *Colmere* lesen wir 1153, *Cholumbare* 1179 und in der schönen frühneuhochdeutschen Erzählung „Von des Bischofes, der von Lichtenberg und von Straßburg Krieg wider die von Hagenowe", wie sie ein uns bekanntes Mitglied des Stadtrates von Hagenau im vierzehnten Jahrhundert niederschrieb, finden wir die Aufzählung Colmar, Slezstadt, Ehenheim, Rosheim, Mülnhausen und Keysersperg. Ob dieser Name aber tatsächlich aus dem Keltischen herzuleiten ist (*giolan* für Gießbach und *breoch* für Waldrand), das wird wohl für immer das Geheimnis der Herren Baquol und Ristelhuber bleiben, die in der Auffindung solch altkeltischer Bezüge exzellieren. Ebensowohl könnte man mit Jakob Spiegel, dem Chronisten aus Schlettstadt, annehmen, Herkules habe, als er rheinabwärts wanderte, seine Keule (Kolben) just in den Gestaden des späteren Colmar verloren, in dessen Wappen sie darum auch wiederkehrt. Beatus Rhenanus erfindet zur Erklärung des Namens sogar die sehr unbekannte Familie der Colmaringer.

Man sieht, es handelt sich um keine alltägliche Stadt, selbst wenn sich ihr Name ganz schlicht aus dem lateinischen Wort *columbarium* (Taubenhaus) herleiten sollte. Fest steht, daß der Raum von Colmar seit mehr als zweitausend Jahren ununterbrochen besiedelt ist, auch wenn diese Besiedlung zeitweise nur aus Landhäusern mit landwirtschaftlichen Gebäuden bestanden haben mag. In den Taten Karls des Großen von Notker ist Colmar bereits eindeutig als größerer Ort erwähnt, unter den Ottonen haben Schweizer Klöster bedeutende Rechte in Colmar, und 1106 brennt die kleine Stadt bis auf die Grundmauern nieder, eine Katastrophe, die in den Annalen von Münster erwähnt ist.

Man scheint schnell aufgebaut zu haben, denn 1153 und 1155 weilt Friedrich I. Rotbart in Colmar und 1185 abermals. Im Jahr 1220 erhält die Stadt – wie schon erwähnt – durch Albin Woelfelin ihre Mauern und wird 1226 kaiserlich. In der Zeit allgemeinen Unfriedens und dauernder Unsicherheit erhält die nun befestigte Stadt viel Zuzug aus den Vogesendörfern, leidet wie das ganze Land aber auch unter den Zwistigkeiten zwischen Papisten und Kaiserlichen.

Der erste Schultheiß, den wir mit Namen kennen, ist von einfachster Herkunft: Johannes Roesselmann ist der Sohn eines Gerbers aus dem nahen Türckheim, aber es gelingt ihm, die Stadt ins habsburgische Fahrwasser zu steuern. Sein adeliger Konkurrent, der bischofstreue Herr von Rathamshausen, wird ebenso aus Colmar verbannt wie sieben weitere Herren von Adel und zehn angesehene Bürger der bischöflichen Partei. Roesselmann, ein unerschrockener Vorkämpfer der städtischen Freiheiten, fiel gegen bischöfliche Truppen, die in habsburgische Uniformen verkleidet in die Stadt eingedrungen waren. Sein Sohn Walter erbte von ihm Zähigkeit und Mut, aber nicht den großen Charakter. Er führte die Stadt in einem Aufstand gegen Adolf von Nassau und verkam in einem Gefängnis ebenso wie sein Sohn, das tragische Ende der Geschichte der drei Roesselmann. Wie Adolf von Nassau über die Stadt triumphiert hatte, verdient eine Erwähnung, denn sie mußte ihre Tore wegen eines Mangels an Energie öffnen: Der findige König ließ nicht nur die Schlösser Wihr und Guémar zerstören, sondern auch den Logelbach ableiten, der die Mühlen der Stadt betrieb, so daß die Colmarer alsbald kein Brot mehr zu essen hatten.

Zwei begüterte Damen aus vornehmen Familien, nämlich Agnes von Herxheim und Agnes von Mittelheim, die sich von einem Dominikanerpater namens Walter gerne beraten ließen, stifteten nach 1232 und vor 1269 ein hübsches, unter hohen Linden schattig gelegenes Haus als Kernstück eines Klosters, an das bald auch eine Kirche angebaut wurde. Sie wurde 1269 von Albert, Bischof zu Regensburg, eingeweiht. Am 7. November 1296 kam es zu einer weiteren Schenkung zugunster der Dominikanerinnen von Unterlinden, und zwar durch Adelaide Gräfin Ensisheim. An dem Dokument brachten der habsburgische Profos, einige Mitglieder des Stadtrates und der in diesem Zusammenhang zum erstenmal so genannte Bürgermeister von Colmar ihre Siegel an. Da ihm alle anderen Zeugen vorangingen, muß man annehmen, daß er zunächst noch nicht die allgewaltige Position eines Roesselmann innehatte, sondern gegenüber den adeligen Patriziern noch nichts anderes war als der Vertreter aller Zünfte, des vereinigten Handwerks von Colmar. Die Zunftmeister selbst sind vom jüngeren Roesselmann in einen Treueid eingebunden, in welchem Dokument sie in kurioser deutsch-lateinischer Mischsprache *magistri zunftarum* genannt sind.

Im vierzehnten Jahrhundert hatte Colmar einen kaiserlichen Vogt, der zuvor Burggraf von Magdeburg gewesen war, also die Ostsiedlung kannte und die Bedeutung des Stadtrechts für ein Gemeinwesen, galt das magdeburgische Recht doch als vorbildlich. Er entwarf den Colmarern eine Stadtverfassung mit einem Rat aus dreißig Mitgliedern. Acht Herren von Adel, zwei dem Adel anhängende Bürger und zwanzig Zunftmeister. Es schadet nichts, bei dieser Gelegenheit die Zünfte aufzuzählen, zeigen sie uns doch die in der Stadt vertretenen verschiedenen Gewerbe:

An erster Stelle standen die Kuffluten (Kaufleute), dann folgten die Winluten (Weinhändler), Ackerluten (Stadtbauern), Kornluten (Getreidehändler), Meder (Mäher, Schnitter), und dann ging es mehr nach unserer Weise weiter mit Bäckern, Gerbern, Schuhmachern, Fleischern, Hufschmieden, Gärtnern, Müllern, Kleinhändlern (Kremer). Den Schluß bilden die Kürschner, Küfner, Steinmetzen, Tuchhändler, Fischer und Schneider. (In anderen deutschen Städten findet man am Ende der Reihe meist die Müller, die zwischen den ehrsamen Gewerben und den nicht ehrsamen Gewerben der Scharfrichter, Wasenmeister, Bader und Bordellwirte eine Mittelstellung einnehmen.) Einen Exzeß an Demokratie müssen wir auch in einem Rotationssystem sehen, das für jedes Jahr drei Bürgermeister vorsah: Nach jeweils vier Monaten kam der nächste an die Reihe, blieb aber auch nach der Ablösung in beratender Funktion tätig.

In Colmar war, nach den alten Berichten zu urteilen, das Leben nicht sehr ruhig. Die zentral gelegene Stadt vermochte sich aus Streitigkeiten nie herauszuhalten und setzte oft auf den falschen Mann, so etwa auf Friedrich den Schönen, Gegenkönig Ludwigs des Bayern. Bis ins Mark trafen Colmar jedoch die Judenverfolgungen, und an sie muß man erinnern, während die kleinen Querelen mit dem Bischof von Straßburg und einzelnen adeligen Nachbarn heute mit Recht vergessen sind. Colmar war nämlich das Hauptbetätigungsfeld einer sinistren Erscheinung, des Wirtes Armleder, der sich an die Spitze der Judenverfolgungen setzte und von 1337 an beinahe dreißig Jahre lang für Unruhe sorgte. Seinen Namen verdankt er ledernen Armbändern, die ihm ein martialisches Aussehen gaben, und er ließ sich auch, als Ludwig der Bayer gesiegt hatte und das Reich befriedete, von seinem Tun nicht abbringen, umso weniger, als ihm in der zweiten Gemahlin des Königs, in Margarete, Tochter des Grafen Wilhelms III. von Holland, eine hochgeborene Verbündete zugewachsen war, die es ihrem Gatten sehr verübelte, daß er –aus welchen Gründen immer – die Juden beschützte und den Verfolgungen Einhalt gebot. In einer der wenigen Anekdoten, die über die deutschen Könige dieses Jahrhunderts umlaufen, wird erzählt, sie habe ihm an einem Fasttag Fleisch vorgesetzt (oder vorsetzen lassen...) und auf seine erstaunte Frage geantwortet, da er im Herzen ja doch ein Jude sei, könne ihm das wohl nichts ausmachen.

Dennoch braucht man nicht anzunehmen, daß die Judenverfolgungen des vierzehnten Jahrhunderts primär religiös bedingt gewesen seien. Eine große Welle wurde zweifellos durch die Pest ausgelöst, also durch ein unerklärbares gemeinschaftliches Unglück, für das man nach Verursachern suchte. Dies war eine abergläubische Mechanik, wie sie alle Völker kennen, sie hat mit dem Christentum an sich nichts zu tun. Vielfach mag auch die Gelegenheit genutzt worden sein, sich von drückenden Schulden zu befreien: Es war schließlich viel einfacher, die jüdi-

Heute sind Schloß und Schloßplatz Hauptattraktion des Städtchens Zabern.

Die Gründung des Klosters St. Odile geht in das 7. Jahrhundert zurück.

uis René Eduoard von Rohan ließ das Schloß in Zabern nach einem Brand neu er-hten. Die Französische Revolution hinderte ihn an der Fertigstellung.

erehnheim ist nicht nur Geburtsort der Heiligen Odilia, sondern auch des Elsaß-hters René Schickele.

schen Geldgeber, Wechsler (und zum Teil zweifellos Wucherer) aus der Stadt zu treiben, als die Schulden zu bezahlen. In wohlhabenden Gegenden wie dem Elsaß mit seinen schon früh sehr starken Judengemeinden kam natürlich auch der Neid hinzu. Fleißig, sparsam und enthaltsam wie sie waren, kamen die Juden schneller zu Vermögen als die dem Wein und dem Wohlleben gleichsam aus lokaler Tradition ergebenen übrigen Bürger.

Armleder ist darum als Erscheinung wohl mehr als eine Zufälligkeit, er muß für das Zusammenleben von Juden und Einheimischen im Elsaß als Symptom genommen werden, und er macht auf die wirtschaftliche Bedeutung des Judentums gerade in dieser deutschen Landschaft aufmerksam. Armleder und seine Leute führten sich in den idyllischen elsässischen Gestaden auf wie die Kosaken in Ostpolen und Wolhynien. Sie zogen durch das Land und erschlugen alles, was sie für Juden halten konnten, allein in Ensisheim und Ruffach fünfzehnhundert Menschen, gut ein Viertel der Bevölkerung dieser Kleinstädte.

Angesichts dieser Bedrohung flüchteten die Juden aus dem flachen Land und den ungeschützten Gemeinden hinter die Mauern von Colmar, und es spricht für Mut und Charakter des Stadtrates, daß man den lärmenden und drohenden Horden Armleders die Herausgabe der jüdischen Flüchtlinge verweigerte, obwohl sie ja keine Stadtbürger waren. Armleder begann eine regelrechte Belagerung der Stadt, und, was schlimmer war, er verwüstete, um Colmar unter Druck zu setzen, alle Landgüter und Höfe ringsum, so daß bald Hungersnot eingetreten wäre, hätte Ludwig der Bayer nicht eine Eingreiftruppe gegen den wütenden Wirt entsandt. Kaum waren die Landsknechte jedoch abgerückt, machte Armleder weiter, und es bedurfte einer Not-Liga zwischen dem Straßburger Bischof und den bedrohten Städten, um dem widerlichen Spuk 1338 endlich ein Ende zu bereiten. Der Friede war jedoch, wie angedeutet, nur von kurzer Dauer: Unter der furchtbaren Geisel der Pest flammte der Judenhaß wieder auf. 1349 wurden alle Colmarer Juden vor die Stadt getrieben und bei lebendigem Leibe verbrannt, der Ort heißt noch heute Fosse-aux-Juifs (Judengraben). Die Verfolgungen rissen nicht ab, den Juden wurde der Zuzug verboten, und erst das Jahr 1789 brachte eine Änderung dieser beschämenden Verhältnisse.

Im fünfzehnten Jahrhundert setzten sich die blutigen Wirren fort; nun aber bezahlte Colmar die Zeche. Es gab Streit mit dem Markgrafen von Baden, der Rheinzölle erhob, die den Bürgern unberechtigt erschienen und französischen Adel gegen die wehrhafte Stadt zu Hilfe rief. Es waren die Grafen von Chalons, also aus der Champagne, und Herren aus Orange, die sich die Gelegenheit zu Raubzügen im Sundgau nicht entgehen ließen, und es waren abermals die Schweizer, welche die Franzosen vertrieben. Schlimmer betrugen sich die Mordbanden, 12.000 Marodeure unter der Führung des Sire von Fénétrange, die in den Vogesentälern so grausam hausten, wie man es im Elsaß noch nie erlebt hatte. Als sie sechs Jahre später (1445) unter einem anderen Anführer wiederkehrten, gelang den Colmarern ein Hinterhalt, und die ganze Nachhut der welschen Räuber wurde massakriert.

Es mutet wie ein Wunder an, daß in solchen Zeiten, als Burgund, Elsaß, Pfalz und Schwarzwald immer wieder von Schrecken und blutigem Terror heimgesucht wurden, einer der größten deutschen Maler in Colmar seine Lehrzeit absolvierte und auch später wirkte: Martin Schongauer, nach dem im heutigen Colmar noch eine Straße benannt ist, in der sein Anwesen dem Geburts- und Wohnhaus seines Lehrers Kaspar Isenmann gegenüberliegt. Schongauer, nach deutschen Forschern in Augsburg um 1448/50 geboren, wird von Colmar als Sohn der Stadt reklamiert: Sein Vater, der Goldschmied Caspar Schongauer aus Augsburg, habe sich um 1440 im Colmar niedergelassen. Martin Schongauer empfing erste Unterweisungen im Atelier seines Vaters, später von Isenmann, und zeigte sich stark beeindruckt von der flämischen Kunst, wie man sie damals in dem mit den Niederlanden dynastisch verbundenen Burgund kennenlernen konnte. Es ist sicher, daß Schongauer den herrlichen *Christus in der Glorie* kopierte, der im Armenspital von Beaune damals an der Wand des großen Saales hing und die Siechen aufrichtete. Dieses Werk Rogier von der Weydens beeinflußte Schongauer so sehr, daß Vasari ihn für einen Schüler van der Weydens hält. Dürer schätzte Schongauer schon früh, aber die Colmarer machten ihn nicht zum Bürger, so daß er 1488 nach Breisach ging, dort Bürger wurde und beamteter Maler der Stadt. Als Dürer nach Breisach kam, ausschließlich um Schongauer zu sehen und zu sprechen, war der Meister, nicht viel über vierzig Jahre alt, gerade gestorben.

Heute hält Colmar eisern an Schongauer fest, zeigt in der Altstadtstraße, die seinen Namen trägt, das Schwanenhaus, das ihm gehörte (Nr. 2) und das angebliche Geburtshaus auf Nr. 36. Sein Lehrer Isenmann (1410-85) erfreute sich schon bei Lebzeiten eines großen Rufes in Colmar. Die Stadt übertrug ihm die verschiedensten Funktionen: Er war nicht nur Richter (!), sondern hatte auch die Aufgabe, alle Festivitäten zu inszenieren und Theateraufführungen zu leiten, Tätigkeiten, zu denen allerdings die Maler auch anderswo herangezogen wurden. Die erhaltenen Teile seines Hochaltars von Sankt Martin finden sich ebenso wie eine reiche Sammlung Schongauerscher Gemälde im Musée Unterlinden. Schongauers liebliche Madonna im Rosenhag war auch für die Sankt-Martins-Kirche bestimmt, ein Gotteshaus aus dem Jahr 1237, das die Colmarer ihre Kathedrale nennen. 1511-1516, als Meister Mathis, genannt Grünewald, am Antoniteraltar von Isenheim arbeitete, war keiner der beiden großen Colmarer Maler mehr am Leben. Er arbeitete dennoch mit einem großen elsässischen Künstler zusammen, mit dem Bildhauer Nikolaus von Hagenau.

Etwa um die gleiche Zeit verließ ein deutscher Drucker seine Heimat Colmar, er hieß Michael Friburger, hatte seine Kunst in Paris vervollkommnet und wurde mit seinen

Gefährten Ulrich Gering aus Konstanz und Martin Crantz Vorreiter jener fruchtbaren und durch die Jahrhunderte bewahrten Verbindung zwischen den Druck-Künstlern im Elsaß und seinem westlichen Nachbarland. Ludwig XI., ein den schönen Künsten nicht sonderlich zuneigender König, war von diesem Colmarer Drucker so angetan, daß er ihn 1474 zum Bürger von Paris machte.

Zum nahen Isenheim, das heute stets in einem Atem mit Colmar genannt wird, ist ein wenig Historie zu ergänzen, nicht nur wegen der großen Anzahl von Gräbern aus der Merowingerzeit, die im Gebiet des Weilers Osthein gefunden wurden. Die Bauern tränkten jahrhundertelang ihr Vieh aus merowingischen Steinsärgen, bis das Dorf 1375 von Räubern aus der Champagne dem Erdboden gleichgemacht wurde. Nicht viel besser erging es dem Schloß Ostein, das seinen Namen einer Adelsfamilie gab. Sie stellte dem Kloster Murbach einige Fürstäbte.Isenheim selbst hatte verschiedene ausländische Besitzer oder Lehnsherren, die österreichischen Hausen, die Schauenburger und endlich den schwedischen Obristen Johann von Rosen.

Colmars Schwester an der Lauch ist das Städtchen Gebweiler, das heute mehr nach Guebwiller aussieht, weil die Industrie hier ähnlich wie in Mülhausen das Stadtbild und das Weichbild nachhaltig verändert hat. Der geschichtliche Kern der Siedlung läßt sich dennoch herausschälen, so laut die kleine Stadt an der Kreuzung der Straßen nach Colmar, Isenheim und zum Col de la Schlucht (grauenhafter Name) auch geworden ist. Die Nähe des ehrwürdigen Klosters Murbach ist kaum noch fühlbar; die zwei alten Kirchen der Stadt gehen in einer Betriebsamkeit unter, wie man sie bei uns in so kleinen Gemeinwesen noch nicht kennt...

Das Kloster, die Pirmin-Gründung von 727, steht auch am Anfang der Geschichte von Gebweiler, denn schon 774, also ein halbes Jahrhundert nach der Begründung der Abtei, wird ihr ein Feld, benannt Gebunwilare geschenkt, von dem die Urkunde sagt, es liege bei Roedersheim. Heute erhebt sich auf diesem Feld eine Stadt, die zwanzig mal soviele Einwohner hat wie Roedersheim, so wie die ersten Erwähnungen Münchens ja auch den Zusatz trugen: *Ain Dorf bey Freisink*. Da wir das Dokument vom 10. April 774 kennen, wissen wir, daß der Stifter Williarius hieß und daß er mit dem großen Acker die Mönche von Murbach dazu bewegen wollte, recht eifrig für das Seelenheil seiner verstorbenen Frau zu beten.

Im dreizehnten Jahrhundert erhielt Gebweiler zumindest die äußeren Kennzeichen einer Stadt, es wurde ummauert und damit zur Herausforderung: Die Herren von Angreth auf dem nahen Schloß protestierten gegen die Befestigung, und es bedurfte der diplomatischen Vermittlung des Abtes von Murbach, um den Konflikt beizulegen. Als der Streit jedoch wieder aufflackerte, verloren die Mönche die Geduld: Abt Berthold von Steinbrunn belagerte das Schloß, eroberte es und ließ es schleifen, und zwar so gründlich, daß auch Charles-Laurent Salch, Direktor des Straßburger Instituts für Archäologie des Mittelalters, keine Spur von Schloß Angreth mehr gefunden hat. Die Äbte ließen auch sonst nicht mit sich spaßen. Bertholds Nachfolger gleichen Namens, aber aus dem Geschlecht der von Falkenheim, präsentierte dem Städtchen Gebweiler die Rechnung für den Feldzug. Er verlangte nicht mehr und nicht weniger als allen Besitz der Einwohner, ja er scheint diese selbst als Leibeigene des Klosters angesehen zu haben, ein Verlangen, von dem endlich jedoch nicht mehr übrig blieb als der Betrag von vierzig Mark Silber. Friede zwischen Kloster und Stadt kehrte erst unter dem Abt Conrad von Stauffenberg ein, der zwischen 1314 und 1328 an die Stadt verschiedene Waldstücke und andere Territorien herausgab, unter der Bedingung, daß der Ertrag der Pflege und dem Ausbau der Befestigungen zugute kommen sollte.

Der Abt aus der alten, auch uns teueren schwäbischen Familie hatte damit bewiesen, daß er in die Zukunft zu blikken verstand, denn schon wenige Jahre später kamen die

Marodeure des Enguerrand de Coucy auch nach Murbach und Gebweiler. Der Abt dieser Stunde hieß Johann Schultheiß, war also ein Bürgerlicher. Er zog sich mit seinen Mönchen in die Stadt zurück und leitete die Verteidigung selbst. Die geringe Zahl der Kämpfer nötigte ihn, Frauen und Kinder zumindest militärisch einzukleiden, aber so manche der Frauen stand auch mit Waffen und Händen ihren Mann. Das bewies sich am glorreichsten am 14. Februar 1445 in einem schier aussichtslosen Kampf gegen die starken Banden der Armagnacs. Sie hatten den Blutdurst aus dem Hundertjährigen Krieg, sie gedachten mit dem Elsaßstädtchen kurzen Prozeß zu machen und legten um drei Uhr morgens, im Finstern und in vollster Stille, ihre Sturmleitern an die Mauern. Es war eine Frau namens Brigitte Schick, die, von verdächtigen Geräuschen geweckt, ihre Herdglut zur Waffe machte, Stroh entzündete und auf die Angreifer hinabwarf, bis die Stadt erwachte und man ihr zu Hilfe kam.

Für den Ruf, den Bischöfe und Äbte damals genossen, ist sehr bezeichnend, daß die Bürger von Gebweiler, aber auch von anderen Städten überzeugt sind, Bischof Wilhelm von Diest und Abt Dietrich von Haus hätten die Armagnacs gegen die Städter ins Land gerufen, um den Bürgerstolz und den Freiheitsdrang hinter den Stadtmauern im Keim zu ersticken. Der Vorwurf wiegt schwer, denn diese Banden hießen nicht zu Unrecht *les écorcheurs* (die Schinder, Hautabzieher), und es war gewiß ein bitterer Tag für Abt Dietrich, als er sich in Gebweiler, inmitten seiner geistlichen Herren und adeligen Freunde, von den Bürgern diesen Vorwurf machen lassen mußte, der bis heute nicht widerlegt ist.

Mit einfachen Räuberhauptleuten hätten die Prälaten gewiß nicht gemeinsame Sache gemacht; das Besondere an diesen Banden im vierzehnten wie im fünfzehnten Jahrhundert war aber, daß sie von französischen Adeligen geführt wurden, die überall, wohin sie kamen, mit einem Teil der Einwohner paktierten und auf diese Weise geschlossene Abwehrfronten zu verhindern verstanden. Eben darum wandten sich damals die elsässischen Städte immer wieder und glücklicherweise mit Erfolg an die Schweizer: In diesem damals armen Land waren die Männer durchaus darauf eingestellt, ihre ausgezeichnete Kampfmoral gegen Geld zu verdingen; sie standen den Päpsten bei, sie ließen sich später in den Tuilerien für Ludwig XVI. abschlachten. Da ihre kargen Hochweiden zu wenig hergaben und spezielle Schweizer Industrien noch nicht existierten, trugen sie im wahrsten Sinn des Wortes ihre Haut zu Markte, und mancher tüchtige Reisige schuf sich aus der Kriegsbeute zu Hause einen schönen Besitz.

Gebweiler ist zu klein, um in der elsässischen Geistesgeschichte eine besondere Rolle zu spielen. Es stellte der Kathedrale von Straßburg einen großen Prediger namens Creutzer und einen Chronisten namens Johann Stolz, der die Geschichte der Dominikaner von Gebweiler schrieb. Die Kirche dieses Ordens ist tatsächlich ein Kleinod, das heute noch lebendige Herzstück dieser Chronik mit einer verblüffenden Fülle von Kunstwerken. Bedenkt man, wie klein Gebweiler war und im Grunde noch ist, wie bedroht diese winzigen Stadtgemeinden im späten Mittelalter zwischen Raubbanden, verräterischen Prälaten, gierigen Adeligen dahinlebten, dann sind die kürzlich von ihrer Übermalung befreiten Fresken aus dem vierzehnten Jahrhundert ein Wunder für sich.

Eine auch im literarischen Bereich aktive Patrizierfamilie von Gebweiler, die Schlumberger mit ihren Verzweigungen, haben sich im vorigen Jahrhundert des nahe der Stadt aufragenden Schlosses Hugstein angenommen, das 1220 zum ersten Mal erwähnt wird, aber noch im achtzehnten Jahrhundert, wenn auch nur als Armenasyl, im Gebrauch war. Erster Herr des Castrum Hugstein war Hugo von Rothenburg gewesen, der mit Friedrich II., dem Staufer, ins Heilige Land zog und dort zum Fürstabt von Murbach gemacht wurde. Conrad von Stauffenberg hat 1313 an die herrschaftliche Residenz der Äbte eine Kapelle angebaut.

Im sechzehnten Jahrhundert schlug der Blitz in das Schloß, und im Jahrhundert darauf verwahrte man besonders gefährliche Hexen auf Hugstein. Wandlungen eines Schlosses, Wandlungen einer Stadt...

Luthers schneller Sieg im Elsaß

Die große Pest, die Marodeure und die Bauernunruhen hatten auch dem Elsaß schwere Zeiten gebracht, aber zum Unterschied von anderen Teilen des Heiligen Römischen Reiches blieb diesem glücklichen Landstrich zwischen dem Rhein und den Vogesen eines doch immer erhalten: Ein Wohlstand, der nur in äußersten Katastrophen wirklich gefährdet erscheint, nach dem Eintreten normaler Verhältnisse aber sehr bald wieder zurückkehrt. Gewiß, der reiche Handel lockt auch Räuber an, und die Straßenräuber, die sich auf Adelsnester stürzen können, fehlen im Elsaß ebensowenig wie in Italien oder in der Mark Brandenburg. Aber selbst ein Heinrich May, der sich auf Ortenberg verschanzt und zeitweise sogar die Hochkönigsburg als Zuflucht mißbraucht, kann das Land nur vorübergehend beunruhigen. Als sich der Erzbischof von Straßburg und der Herzog von Lothringen gegen ihn zusammentun, wird er mit seinem Schutzherrn, dem Grafen Rathsamhausen, gefangengenommen und zur Verantwortung gezogen, das Kastell aber dem Erdboden gleichgemacht.

Schon diese begrenzte, wenn auch typische Aktion zeigt uns die Besonderheiten der landschaftlichen Lage. Der hinsichtlich der Stadt Straßburg weitgehend entmachtete Bischof, der seit dem dreizehnten Jahrhundert den Bürgern nicht mehr sehr viel zu sagen hat, ist als Ordnungsmacht gegen den aufmüpfigen Adel nach wie vor unentbehrlich, und der Herzog von Lothringen, dessen Vor- und Nachfahren von Begehrlichkeiten nicht frei gesprochen werden können und hinter so manchem Versuch stehen, das Elsaß nach Frankreich zu holen, diese Herzogsmacht ist ebenso wichtig wie Straßburgs Diözesanherr, wenn die Ordnung im Land wieder hergestellt werden soll. Daß dabei vor allem Lothringen oft über das Ziel hinausschießt, haben auf blutige und traurige Weise die Bauernkriege gezeigt.

An der Wende des fünfzehnten zum sechzehnten Jahrhundert aber wird das Elsaß von einer Bewegung erreicht, die weder die Soldaten des Bischofs noch die des Herzogs aufhalten können: Von der humanistischen Bildung, wie sie aus Italien, Prag und Wien hereinströmt, aber auch rheinaufwärts aus den freisinnigen Niederlanden, und von der Reformation des Doktors Martin Luther.

An diesem Vorgang ist zweierlei bemerkenswert: Einmal die Schnelligkeit, mit der die neuen Ideen und Gedanken am elsässischen Rheinufer siegen, zum anderen aber auch die außerordentliche Blüte des Geisteslebens, die das Einströmen des neuen Gedankengutes im Elsaß zur Folge hat. Schon wenige Jahre, nachdem der Humanismus und die Reformation im Elsaß gesiegt haben, wird das Land durch die wichtigsten Zentren Straßburg und Schlettstadt, vor allem aber durch bedeutende, schöpferische Geister zu einem Kernraum der Auseinandersetzungen. Ja, als schließlich im weiteren Verlauf der Reformation Calvin und Luther sich immer weiter voneinander entfernen und Zwingli mit einer besonderen Form der neuen Lehre auftritt, gehen die Integrationsbemühungen, der Versuch, die Reform unter einen Hut zu bringen, von den elsässischen Autoritäten des neuen Gedankengutes aus, ganz im Sinn einer geographischen Position, die dem Elsaß als einer Landschaft der Mitte und des Übergangs gleichsam die Verpflichtung auferlegt, divergierende Entwicklungen wieder zusammen und auf das Gemeinsame zurückzuführen. Nie zuvor hat das Elsaß in der deutschen Geistesgeschichte eine so bedeutende Rolle gespielt wie in den Jahren zwischen 1450 und 1550, nie zuvor aber hat sich das Elsaß auch so deutlich als zum deutschen Sprach- und Kulturraum zugehörig erwiesen. Denn nicht die Hugenotten haben in Straßburg Fuß gefaßt, obwohl ihre Bewegung in Frankreich doch gewaltige Expansionskraft und große Geschlossenheit besaß, sondern es waren die eher vagen und auf Vagantenart vorgetragenen Einflüsse der Lutheraner, die auf den elsässischen Humanismus stießen und diesen als Nährboden nutzen durften. Nur der Name, den die Reformatoren und ihre Anhänger im Elsaß bekamen, erscheint als eine deutsch-französische Mittellösung, denn man nannte sie nicht Lutheraner, sondern Martinisten, was sich für welsche Zungen leichter spricht.

Die Schnelligkeit dieser Entwicklungen hängt zweifellos damit zusammen, daß der Rhein nach wie vor eine Verkehrsader ersten Ranges und größter Leistungsfähigkeit war, und daß er zwischen geistig so lebhaften Städten wie Basel und Straßburg eine Verbindung schuf, wie sie zwischen gleichwertigen Zentren im übrigen Europa nur ausnahmsweise bestand (etwa hundert Jahre zuvor zwischen Avignon als Papstresidenz und Lyon durch die Rhône). Natürlich waren es nicht die Professoren, und seien sie noch so berühmt, die den Rheinverkehr in Gang hielten, ja nicht einmal die zahlreichen Studenten; sie alle waren vielmehr Nutznießer eines blühenden elsässischen Handels, dessen Transporte *nolens volens* zum Vehikel auch der Ideen wurden: Der Wein aus dem Elsaß reiste nach wie vor rheinabwärts in die Niederlande, von wo aus er weiter verschifft wurde. Massengüter wie verschiedene Brotgetreidesorten füllten die Schiffsbäuche, und die elsässischen Webereien im Großraum Hagenau, aber auch in Straßburg, Colmar und Masmünster produzierten eine solide Billigware, die zwar mit den feinsten Stoffen aus Flandern und England nicht konkurrieren konnte, aber für die Verarbeitung als Massengut gesucht wurden.

Feinere Künste pflegten die schon damals und bis heute berühmten Straßburger Goldschmiede; ihre Erzeugnisse gingen wie die Stoffe nach Süden, also rheinaufwärts, in die Schweiz, und nach Norden über Mainz nach Frankfurt. (Das berühmte Hallwyl-Reliquiar zu Basel ist 1467 in Straßburg gefertigt worden.) Es nimmt nicht Wunder, daß diese lebhafte und viel besuchte Stadt sich bald an die Spitze jener Bemühungen um eine neue Kunst setzte, die den neuen Gedanken die schnellste Verbreitung sichern sollte: Die schwarze Kunst der Buchdrucker.

Es ist der Augenblick, da sich Straßburg entscheidend über die Bedeutung der anderen elsässischen Städte erhebt und zu einem echten Mittelpunkt des Landes wird, was in gewissem Maße freilich schon seit Römerzeiten vorbereitet und durch die geographische Lage vorgegeben war. Aber ein Gottfried von Straßburg, ein großer Prediger wie Tauler, ein berühmter Lehrer wie Meister Eckhart, sie alle hatten seit dem Hochmittelalter die Bedeutung der Bischofs- und Handelsstadt doch auch im Reich des Geistes verankert, und wenn sie im fünfzehnten Jahrhundert mehr als zwanzigtausend Einwohner zählte, dann war das für mittelalterliche Verhältnisse sehr viel und stellte Straßburg neben Köln und Hamburg (Wien hatte damals etwa fünfzigtausend Einwohner). In den Jahren 1404 bis 41 hatte Straßburg sich zum fünften Mal vergrößert, Mauern niedergerissen, neue errichtet und nach der Eingemeindung damaliger Vororte nun neun Stadttore. Straßburg hatte sich im Jahr 1482 eine neue Verfassung gegeben, den sogenannten Schwoerbrief, weil er auf dem Platz vor der Kathedrale feierlich beschworen worden war.

Bedenkt man dies alles, die wirtschaftliche Blüte, die glückliche Verkehrslage, die Offenheit für neue Gedanken, so ist es nicht verwunderlich, daß der Mann, den die Franzosen Jean Gaensfleisch de Soulgeloch nennen, wir aber einfach Gutenberg, zwischen 1436 und 1439 in Straßburg an seiner großen Erfindung arbeitete.

Angesichts des Vorsprungs, den in jenem Jahrhundert die italienischen Städte nicht nur im Geistesleben, sondern auch in der materiellen Kultur unbestreitbar hatten, ist die frühe Bemühung Gutenbergs ebenso sensationell wie ihr Erfolg, und man schmückt das Elsaß wohl nicht mit fremden Federn, wenn man in diesem Zusammenhang auf die lokalen Traditionen der Buchherstellung hinweist, die es schon vor der Erfindung des Gutenberg in und um Straßburg gegeben hat. Wir verdanken einer Arbeit von Josef Rest, Freiburg im Breisgau, die Kenntnis von einer florierenden Bücherwerkstatt in Hagenau, die Diebold Lauber unterhielt. Er hatte viele Mitarbeiter, seine Kunden waren vorwiegend Geistliche, und was er nicht kostbar kalligraphierend, sondern in oft recht flüchtiger Machart herstellte, waren handgeschriebene Bücher. Die Werkstatt, die in ihrem Katalog bis zu vierzig keineswegs nur gelehrte Titel anbot, arbeitete von 1427 bis 1467, also noch ins Druck-Zeitalter hinein, andere ähnliche Unternehmungen sollen bis um 1500 beschäftigt gewesen sein.

Gutenberg selbst trägt zu dem Dunkel rund um die Erfindung der Buchdruckerkunst einiges dadurch bei, daß er uns als ein sehr unruhiger, streitsüchtiger, starrsinniger, aber auch mutiger und rechtsbewußter Mainzer Bürger erscheint, der sich, vor den Schwierigkeiten mit den Mainzern flüchtend, 1434 in Straßburg niederläßt, aber noch eine Weile braucht, ehe er, zunächst als Goldschmied arbeitend, zu den beweglichen Lettern vorstößt. Der Gesellschaftsvertrag zur Gründung einer Firma, die diese Erfindung auswerten soll, wird 1438 in Straßburg geschlossen, Gutenbergs Partner sind Straßburger Bürger. Und da die Herren Andreas Heilmann und Andreas Dritzehn, die der ersten Sozietät zwischen Hans Riffe und Gutenberg beitraten, ja wohl irgend etwas von dieser Erfindung gesehen haben müssen, ehe sie ihr gutes Geld herausrückten, darf man also annehmen, daß die Erfindung als solche auf dem Boden der Stadt Straßburg gelang, auch wenn Gutenberg dort noch kein Buch druckte, sondern erst nach seiner Rückkehr in die Stadt Mainz.

Der erste elsässische Straßburger Drucker ist der bischöfliche Notar Johannes Mentelin aus Schlettstadt, der jahrelang gesiegelt und geschrieben hatte, ehe er sich 1458 an die Einrichtung einer eigenen Presse wagte. Er hatte auch einen guten kaufmännischen Verstand und verschickte seine Druckwerke seit etwa 1460 zunächst in alle Teile Deutschlands, später, als die Konkurrenz fühlbarer wurde, vor allem in das südliche Bayern. Mentelin druckte 1466 die erste deutsche Bibel. Sein Schwiegersohn und Nachfolger Adolf Rusch aus Ingweiler wurde ein sehr guter Drukker, den so berühmte Werkstätten wie die Kobergersche in Nürnberg und Amerbach in Basel beschäfigten. Rusch muß auch ein Mann von Bildung gewesen sein, denn er nahm als erster Drucker die Verbindung zu den Humanisten auf. Rudolf Agricola und der gelehrte Straßburger Kanonikus Peter Schott waren mit ihm befreundet. Auch ein Heinrich Knoblochtzer hat schon vor 1468 in Straßburg gedruckt!

In der betriebsamen Offizin des Johannes Grueninger hatten die Herren Humanisten dann eine Menge Korrekturarbeiten zu verrichten, denn dieser aus Württemberg nach Straßburg eingewanderte Geschäftsmann arbeitete, wie wir heute sagen würden, eher industriell, pflegte seine Druckerzeugnisse nicht so wie die anderen Frühdrucker und war auf kundige Hilfe angewiesen. Er brachte zwischen 1483 und 1531 nicht weniger als 250 Druckwerke heraus. Wertvoll sind hingegen Grueningers Holzschnitte, denn er beschäftigte einen Straßburger Holzschneider, der es verstand, durch schraffierte Flächen Licht- und Schattenwirkungen zu erzielen, so daß sich bei seinen etwa tausend Holzschnitten eine nachträgliche Kolorierung erübrigte.

Grueninger hatte viel Erfolg und erzielte große Umsätze, obwohl er als einziger von den Straßburger Druckern bei der katholischen Religion blieb; auf welche Weise er mit dem Colmarer Drucker Bartholomäus Grueninger verwandt war, ist bis heute nicht sicher etabliert, wie überhaupt über der Frühzeit des Buchdrucks im Elsaß auffällige Unsicherheiten liegen: Zahlreiche gute Drucker verzichteten darauf, Druckort und Druckjahr zu nennen und verschwiegen auch den Namen des Druckers, was man verstehen kann, wenn es sich um Flugschriften oder um die Werke der oft recht streitbaren Humanisten handelte. Aber selbst der Drucker einer schönen Ausgabe der *Legenda Aurea*, also höchst unverdächtiger Heiligenviten, nannte sich nicht (1481 bis 83 in Straßburg).

Schließlich blühte der Buchdruck in Straßburg so intensiv, daß sich Meister aus Speyer, Landsberg am Lech, ja sogar aus Zofingen nach Straßburg begaben, um dort ihre Werkstätten zu eröffnen, während sich neben den berühmten Druckorten Basel und Straßburg neugegründete Universitätsdruckereien in Heidelberg oder Freiburg nicht halten konnten. Einzig das elsässische Hagenau behauptete sich eine Weile, weil hier ein tüchtiger Drucker namens Heinrich Gran zahlreiche Aufträge von auswärts erhielt. Hinter ihm stand der Großverleger Johannes Rynmann aus Oehringen, aber auch mancher Straßburger Verleger ließ in Hagenau drucken. Der berühmteste unter den Hagenauer Druckern wurde Thomas Anshelm, ein etwas unsteter, aber tüchtiger Meister aus Baden-Baden, der in Straßburg, in Pforzheim und in Tübingen gearbeitet hatte, ehe er sich um 1516 in Hagenau niederließ. Er wurde zu einem der wichtigsten Drucker der elsässischen Humanisten, und sein Signet, das Buchgeschichte gemacht hat, entwarf Hans Baldung, genannt Grien. Es ist insofern ein Bekenntnis zum Humanismus und zur Wissenschaft, als es neben zwei nackten Engelsgestalten Schriftbänder mit griechischen und hebräischen Schriftzeichen zeigt.

Das alles sind nicht nur Äußerlichkeiten, denn Drucker, die an ihre eigene Arbeit so große Ansprüche stellen, weiten diese Grundsätze meist auch auf die Druckvorlagen aus, das heißt: Nicht wenige dieser Meister waren klug und gebildet genug, um auf einwandfreie Texte zu achten, so daß diese Ansprüche der jungen Drucker-Kunst auch eine zweite Wissenschaft förderten, nämlich die der Textkritik.

Als Mentelin, der Notar aus Schlettstadt, in Straßburg eine Schrift des Augustinus herausbrachte, und zwar *De arte predicandi*, veranlaßte er schon damals, in dem sehr frühen Druckjahr 1466, den uns unbekannten Herausgeber, an der Universität Heidelberg, aber auch in den Bibliotheken von Speyer, Worms und Straßburg selbst nach Texten des berühmten Werkes zu fahnden und durch Textvergleich und Leseartenforschung den besten Text als Druckvorlage zu ermitteln. Auch Amerbach in Basel legte anspruchsvolle Maßstäbe an, als er 1492 seine Ambrosius-Ausgabe druckte: Der Herausgeber, ein bekannter Baseler Humanist namens Johannes de Lapide, hatte sich jahrelang um verläßliche Handschriften der Werke des Mailänder Kirchenlehrers bemühen müssen, wobei übrigens Geiler von Kaysersberg geholfen hatte. So erscheint uns die neue Kunst auch als ein Anstoß zu neuem Denken, ganz so, als wolle man die Endgültigkeit des Satzes wie eine Weihe werten, die nur den besten Texten zuteil werden dürfe. Und natürlich war es auch eine durchaus logische Überlegung, sich zu sagen: Wenn nun gedruckt, das heißt also in großer Zahl vervielfältigt wird, dann sollten diese vielen in Umlauf gelangenden Exemplare auch von Fehlern frei sein und einen möglichst gesicherten Text verbreiten.

Die Sorgfalt erwies sich auf ungeahnte Weise als nützlich: Die kommenden Jahrhunderte wurden für das Elsaß wieder sehr unruhig; Handschriften, die in Kleinstadt- und Klosterbibliotheken aufbewahrt gewesen waren, gingen verloren oder verbrannten; man hatte nun aber gute und verläßliche Texte in den Druckwerken, was diese Verluste einigermaßen verschmerzen ließ.

Neben diesen neuen Möglichkeiten, Ideen, Lehren und Meinungen zu verbreiten, behielt natürlich die mittelalterliche Form des Ideenkonsums und der Propagierung von Lehrmeinungen ihre Bedeutung, die Schule auf ihren höchsten Stufen, die Ansammlung berühmter Lehrer, die aus bis dahin wenig beachteten Orten plötzlich ein Mekka der Geister machte.

Das war die große Stunde des kleinen Schlestadt, heute Schlettstadt genannt oder französisch Séléstat, ein Städtchen, 45 Kilometer südwestlich von Straßburg an der Ill gelegen und vergleichsweise jung neben dem berühmten Argentoratum: 728 wird ein Selatstatt erwähnt, 775 ein Schletstat in Elsatio, 778 ein Sclatistati Villa. Der Bischof von Straßburg hatte hier seit dem elften Jahrhundert Münzen geprägt, 1216 hatte die Stadt Mauern erhalten, war in den verschiedenen Stauferkonflikten umkämpft worden und wurde 1387 vom kaiserlichen Bannstrahl getroffen, weil die Stadt seit 1349 von den Judenverfolgungen nicht lassen wollte. Ja die spätere Humanistenstadt richtete sogar ein Sendschreiben nach Frankfurt am Main, in dem die verbrecherische Natur der Juden dargelegt wurde. Ein ehemaliger Schlettstädter Bürgermeister namens Johannes Uhlmann war einer der tapfersten Bauernführer und büßte dafür auf dem Rad.

Im Elsaß hatte es, auch von Straßburg abgesehen, schon seit langem gute Schulen gegeben, Lehranstalten, die ihre Geltung von starken Persönlichkeiten bezogen, ohne darum als Universitäten gelten zu können. Eine lag in Murbach und blühte unter dem Abt Bartholomäus von Andlau um die Mitte des fünfzehnten Jahrhunderts. Eine zweite entstand in Hagenau und wurde von dem Humanisten Hieronymus Gebwiller aus Kaysersberg geleitet. Die dritte in Schlettstadt nahm ihren Aufschwung, als 1441 der Westfale Ludwig Dringenberg an ihre Spitze berufen wurde, ein begnadeter Pädagoge, zu dessen Schülern der große Humanist Jakob Wimpheling (1450-1528) gehörte. Dadurch, und weil Dringenberg tüchtige Nachfolger hatte, überflügelte Schlettstadt alsbald die anderen Schulzentren, ja es erreichte in seinen besten Zeiten mit einer Hörerzahl von neunhundert Studenten und neugierigen Magistern aus anderen Teilen Deutschlands eine Frequenz, deren sich im damaligen Mitteleuropa nur wenige hohe Schulen rühmen konnten. Paul Adam, Abbé und Ehrenkonservator der Humanistenbibliothek im heutigen Séléstat, sagt es ganz genau: Zwischen 1441 und 1525 sei Schlettstadt die berühmteste humanistische Schule des südlichen Deutschland gewesen. Das rege geistige Leben ging aber auch über den Rahmen der Schule selbst hinaus, als im Jahr 1515 von den Schlettstädter Gelehrten die bald sehr bekannt gewordene *Stubengesellschaft* gegründet wurde. Hier wurden gemeinsam Briefe an die großen Geister der Zeit entworfen,

Textstellen diskutiert und reisende Gelehrte zum Verweilen in Schlettstadt eingeladen. In einer Zeit, da der persönliche Kontakt noch den Austausch von Schriften ergänzen und oft ersetzen mußte, kam dieser Einrichtung ebenso große Bedeutung zu wie dem Schulbetrieb.

Diese Schule selbst lag seit dem Ende des vierzehnten Jahrhunderts, als sie Gestalt annahm, vor der Sankt Fideskirche am Grünen Markt in einem geräumigen Haus neben dem Benediktiner-Priorat (heutige Hausnummern etwa 7 und 8). Natürlich waren dort neunhundert Hörer nicht mehr unterzubringen, weswegen die Stadt später einen nicht mehr benutzten Anbau der Sankt Georgenkirche abreißen und dort einen neuen Schulbau errichten ließ, für jene Zeiten erstaunlich fortschrittlich, hell und über zwei großen Hörsälen im Erdgeschoß aufwachsend. Im ersten Stock lagen die Wohnungen des Rektors und anderer Herren, die jedoch weniger günstige Verhältnisse vorfanden, da die nahe Westfassade der Kirche ihnen den Blick nahm.

Die Stadt, die bald noch weitere Räume dazumietete, erkannte zeitgerecht den Ruhmestitel, den die Schule für das kleine Schlettstadt bedeutete und lebte natürlich auch ganz gut von den Studenten, von denen ja einer auf vier Einwohner kam. Zu Ehren der Schlettstädter sei jedoch gesagt, daß sie sich auch mittelloser Studenten annahmen und daß niemand abgewiesen wurde.

Sehr bekannt ist das Lob Schlettstadts geworden, das Erasmus von Rotterdam der Stadt in lateinischen Versen gesungen hat, als der Berühmteste unter vielen Hunderten und Tausenden Namenloser, die den Geist, die neue Lehre, den Sinn ihres Lebens suchten.

Freilich sollte man nicht verkennen, daß die Gunst der Lage dem Ruhm der Lehrer zuhilfe kam. Die Rheinstädte Freiburg, Basel und Straßburg mit ihren rhein-nahen Vorwerken wie dem berühmten Schlettstadt spielten ihre große Rolle auch, weil sie leicht erreichbar waren und weil man, auch wenn man nicht mehr jung oder noch nicht reich war, auf dem Rhein gut reisen konnte. Erasmus von Rotterdam bewegte sich in seiner zweiten Lebenshälfte vorwiegend mit Hilfe der Rheinschiffahrt, aber auch die meisten anderen starken und schöpferischen Geister der Epoche machten zumindest zeitweise Station in Straßburg, Freiburg, Schlettstadt oder Hagenau, wobei Straßburg wie Basel durch ihre Druck-Kapazitäten eine zusätzliche, über das Lehrangebot hinausgehende Anziehungskraft bewiesen.

Dennoch bleibt bemerkenswert, welch hoher Anteil schöpferischer deutscher Geister an diesem elsässischen Kreuzungspunkt der Einflüsse festzustellen ist und nicht etwa nur ausschwärmt, sondern auch wieder zurückkehrt. Der Vorgang ist nicht einzigartig, wir kennen ihn in der deutschen Geistesgeschichte von Schlesien im siebzehnten, von Königsberg im achtzehnten und von Wien im neunzehnten Jahrhundert; im sechzehnten Jahrhundert aber nimmt das Elsaß die von Mitteldeutschland und Böhmen ausgehende, in Luthers starker Persönlichkeit begründete Erneuerungsbewegung eigenschöpferisch auf und verschmilzt die religiöse Emphase mit dem aus dem Süden zu uns gelangten humanistisch erweiterten Bildungsstreben. Dies gelingt, weil neben den großen Gelehrten und Lehrern auch einige starke und schöpferische Temperamente am Werk sind, die sich zwar nicht lebenslang auf Lehrmeinungen oder Parteinahmen festlegen lassen, mit Dichtungen und Polemik aber über das Elsaß, ja über ihre Lebenszeit hinaus wirken.

Zum Unterschied von so mancher Zeitgröße, die damals die Gemüter bewegte und die Druckerpressen heißlaufen ließ, sind die Großen dieser elsässischen Wende alle aus der Reformations- in die Literaturgeschichte eingegangen: Ein Schlettstadt-Zuwanderer war Beatus Rhenanus, dessen Vater aus Rheinau gekommen war, ein Fleischer, der den Sohn bei Erasmus in Basel studieren ließ. Der dem Geist verschworene Elsässer war ähnlich wie Bucer typisch für jene vermittelnde Einstellung, wie sie das Land der Übergänge seinen Kindern nahelegt, er mahnt die Eiferer zur Ruhe und Toleranz, er distanzierte sich selbst von allen Extremen und widmete sich, „mit glücklicher Behaglichkeit, im Leben schüchtern und ohne festen Tritt" (Nadler) seinen Wissenschaften, im besonderen aber auch der Geschichte der elsässischen Städte und Landschaften.

Beatus Rhenanus weist uns auch auf einen Schlettstädter hin, dessen Schicksale abenteuerlich und bedeutend waren, dessen bewegtes Leben aber am Verlust seiner Werke Schuld trägt: Er hieß Beatus Arnoaldus (1484-1532), wurde auch von Erasmus geschätzt und von Kaiser Karl V., den er auf der Expedition gegen die Barbareskenstädte begleitete. Der gebildete Elsässer, der ein so elegantes Latein schrieb, daß Erasmus ihn darum beneidete, kehrte von diesem kriegerischen Unternehmen nicht mehr zurück.

Etwas jünger als er war Butzer (Bucer, Bucerius), der schon erwähnte Reformator, der nach Reisen durch ganz Deutschland seine Heimat wiederfand und in dem Viertausend-Einwohner-Städtchen Schlettstadt durchaus zufrieden war, soviele andere Höfe und Bildungsstätten er auch kennengelernt hatte. Auch Jakob Wimpheling überlegte es sich beinahe ein Leben lang, ehe er, mit 65 Jahren in die Heimatstadt zurückkehrte, wo er 1528 hochbetagt starb. In seiner Gesellschaft fühlte sich sogar der temperamentvolle Prediger Johannes Geiler von Kayserberg wohl, aus Schaffhausen ins Elsaß gekommen und durch die Schlettstädter Kultur-Patrizier, die Druckerfamilie Schott nach Straßburg vermittelt. Er wurde am Straßburger Münster wohl der berühmteste Prediger seiner Zeit. Auf ihn wirkten, zum Unterschied von so vielen anderen Kritikern der Kirche, weniger die deutschen Reformatoren ein als der um ein Jahrhundert ältere Franzose de Gerson, der schon im hohen Mittelalter zu geistvoller Kritik an der katholischen Kirche angesetzt hatte.

Französische und kerndeutsche Einflüsse vereinigten sich also im Elsaß, aber die Sprache, in der diese Anregungen zu Papier gebracht wurden und zur Wirkung gelangten, war das Deutsche mit dem alemannischen Zungenschlag, und das zu einer Zeit, da Luthers wortgewaltige und im Tonfall unerreichbare Bibelübersetzung die Deutschen auf eine gemeinsame Sprache festzulegen begann, ein mitteldeutsches Idiom, das es an Buntheit und Einfallsreichtum mit dem Alemannischen gewiß nicht aufnehmen konnte. Wir treffen diese Sprache, die ja nun bald als Literatursprache ausscheiden wird, an der Wende zum sechzehnten Jahrhundert in ihrer stärksten und eindrucksvollsten Ausprägung: Im gesprochenen Wort bei Geiler von Kaysersberg, in der volkstümlichen Dichtung eines Sebastian Brant und endlich in der stets geradeaus schlagenden Polemik des Thomas Murner.

Brant war Sohn eines Straßburger Ratsherrn, Murners Vaters stammte aus Oberehnheim, einer der traditionsreichsten elsässischen Kleinstädte. Brant wie Murner blieben katholisch, was für den streitbaren Murner nicht ganz ungefährlich war: Man überfiel einmal sein Haus und verbrannte ihm seine Bücher. Brant war geschickter, seine gereimte große Satire, *Das NarrenSchyff* (1494) unterhielt seine Leser so trefflich mit Schwänken, Sprichwörtern, Anspielungen und einfallsreichem Schimpf, daß auch die Betroffenen mitlachten und sich gut gelaunt den Spiegel vorhalten ließen. Für uns ist das wiederholt ins Neuhochdeutsche übertragene gewaltige Werk eine Fundgrube auch der kulturgeschichtlichen und volkskundlichen Besonderheiten jener Zeit.

Neben Hagenau, Straßburg, Schlettstadt und Oberehnheim durfte Colmar nicht fehlen, eine Stadt, in der die bildenden Künste sich deutlicher bekundeten als das geschriebene Wort. Aber es gab einen Ratsdiener unehelicher Herkunft, also einen Mann, den man ein wenig scheel ansah, obwohl er nicht ohne Vermögen war, der hieß Jörg Wickram, war 1505 geboren und somit einer der jüngsten Autoren jener eindrucksvollen Blüte, und er hatte sich seine Anregungen weniger aus der Religion und der Antike geholt denn aus der Spielfreude seines Stammes. Von Wickram gab es unterhaltsame, angriffslustige, derb-heitere Volksstücke in beträchtlicher Anzahl, ehe er zu der Sammlung ansetzte, die ihn über sein Jahrhundert hinaus berühmt machte, zum *Rollwagenbüchlein*. Es erschien 1555, im Jahr des Augsburger Religionsfriedens, was ein Zufall gewesen sein mag. Wickram jedenfalls war, wie die Straßburger Ratsherrenfamilie Sturm, für die neue Lehre, was ihn freilich nicht hinderte, sich der Kunstmittel der älteren elsässischen Wortkünstler, eines Geiler und eines Murner, zu bedienen. Und er wußte, was er dem elsässischen Liedgut schuldete, denn er erwarb die nachmals berühmte Colmarer Liederhandschrift und begründete zu Schlettstadt eine Schule des Meistergesangs, womit wir ihn einen elsässischen Hans Sachs nennen dürfen. Für die nun literarisch geweckten Elsässer blieb Wickram freilich der Dichter des Rollwagenbüchleins, in dem nicht wenige Schwänke und Geschichten bestimmten Orten des Elsaß zugeschrieben werden. Selbst wenn wir nicht so hoch greifen wollen, ihn mit einem Tallemant des Réaux zu vergleichen, so steht doch fest, daß Brant und Wickram vieles von dem bewahrten, was das alte elsässische Land noch selbstverständlich wußte und kannte und kolportierte, Nachrichten von Menschen und Begebenheiten, die sich sonst gewiß nicht erhalten hätten. Eine elsässische Bibliothek, die dem Selbstbehauptungswillen des Landes wohl anstünde, müßte mit Auswahlen aus Brant, Murner und Wickram anheben.

Ganz gewiß ist dies alles nicht mehr so ohne weiteres lesbar, und zum Unterschied von der neuen elsässischen Dichtung in unserer Sprache, die immer wieder Publikationsmöglichkeiten findet, wird das spätmittelalterliche und frühneuzeitliche Leben zwischen Hagenau und Basel heute nur noch wenig beachtet. Wir müssen uns aber klar machen, daß zwischen 1450 und 1550 das Elsaß seine große Zeit hatte, nicht nur wegen der Rolle, die Straßburg und

Schlettstadt in den religiösen und wissenschaftlichen Kämpfen der Zeit spielten, sondern weil das Elsaß niemals vorher oder nachher stärker beachtet wurde. Daß dies alles, Zeile für Zeile, sich vom Lateinischen ablöste und ins Deutsche überging, nicht ins Französische, ist ein Faktum, das mehr Beachtung verdient, als ihm bisher zuteil wurde. Es war das entscheidende Votum von zwei Dutzend säkulären Begabungen, und es war die Geburt der hohen Schulen an jenem Westrand des deutschen Sprachraums, wo sie die wichtigste Aufgabe hatten. Schlettstadt und Straßburg wurden gegen den Westen hin so wichtig wie Prag und Wien gegen den Osten, nur daß sie eben in ein Hochkulturgebiet wie Frankreich oder Burgund nicht so stark hineinwirken konnten wie es den hohen Schulen von Prag und Wien beschieden war.

Politisch hat in dieser Zeit die Gegnerschaft zwischen Franz I. von Frankreich und dem Habsburger Karl V. dem protestantischen Elsaß zweifellos geholfen. Es ist aus Glaubensgründen in Straßburg weniger Blut geflossen als weiter westlich und weiter östlich. Für dieses eine Mal hatte Frankreich den Elsässern den Rücken gestärkt, nicht um ihnen zu helfen, sondern um gegen den Kaiser aufzutrumpfen. Im Geist der Zeit aber ist das ganze Elsaß, sind alle seine Städte auf die deutschen Bildungsstätten hinorientiert, wobei erstmals Freiburg und Heidelberg stärker in Erscheinung treten, Universitätsstädte, die früher hinter den Einflüssen Basels und der Bischofsstädte am Rhein nicht sonderlich ins Gewicht gefallen waren.

Neben den Stätten des Geistes tritt aber noch eine deutsche Großstadt in Erscheinung, nämlich Augsburg. Die Blüte dieser Stadt, von der aus Fugger wie Welser nach Übersee ausgreifen, drängt das Elsaß nicht in ein Abseits fern von den Handelswegen über die Alpen – die alemannischen Gemeinsamkeiten erhalten auch durch den Handel neue Dimensionen. Mögen in Schlettstadt noch so viele kluge Männer beisammen gesessen sein, das Elsaß lebte doch vom Wein und von den Spinnereien, und man träumte nicht nur von den neuen beweglichen Lettern, man arbeitete nach guter alter Weise auch mit den neuen Erdteilen, die gleichsam vor der Rheinmündung lagen und damit in gewissem Sinn auch vor den Pforten von Straßburg.

Wandlungen und ihre Folgen

Humanismus und Reformation im Elsaß sind überschaubare, inzwischen gut erforschte Entwicklungen, ja sie sind besser bekannt als die gleichzeitigen Geschehnisse etwa in Niederdeutschland, weil das Land zwischen Zabern und Basel eine historische Landschaft *par excellence* geworden ist, häufig durchreist, häufig besucht, eine Begegnungsstätte großer Geister, deren Lebensläufe zusätzliche Aufhellung bringen.

Dennoch vollzog sich Entscheidendes im Schatten dieser gesicherten biographischen Gebäude und Historienmalereien, unter der Decke der in den Chroniken festgehaltenen Beschlüsse in den Stadtparlamenten. Man weiß, daß sich am 20. Februar 1529 die dreihundert Männer, die Straßburg wie eine Republik regierten, für die vollständige Abschaffung der Messe in Straßburgs Kirchen ausgesprochen haben, und daß es dabei nur eine einzige Gegenstimme gab. Abgesehen von dem Mut, den dieser eine Mann damit bekundete, ist aber auch wichtig zu wissen, daß sich 94 Stadtverordnete praktisch der Stimme enthielten, indem sie einen „Aufschub zum weiteren und genaueren Überlegen" verlangten. Von ihnen spricht heute niemand mehr, und doch ist es dieses unentschlossene Drittel, das auf die weniger bekannten Unterströmungen in der Gesamtentwicklung hindeutet und damit auf Beweggründe auch für die Reformation, die als lokale Besonderheiten registriert werden müssen.

Die große Unsicherheit, die seit den burgundischen Eroberungsversuchen und den marodierenden Truppeneinfällen das ganze Land regierte, war nur langsam abgeklungen. Einheimische Räubersippen hatten sie ins Bewußtsein der Elsässer zurückgerufen, und die bis dahin für Stabilität sorgenden kirchlichen Autoritäten waren ebenfalls suspekt geworden. Zwar stand es inzwischen um die Bildung der Geistlichkeit besser, schließlich konnte gerade der Klerus mit seinem Nachwuchs nicht an den so erfolgreich etablierten Hohen Schulen vorbeigehen. Aber die freiere Bewegung im Reich des Geistes wirkte sich auf die Sitten und die Lebensansprüche der geistlichen Herren nicht sehr günstig aus. In den Zeiten einer unbestreitbaren Prosperität verlangten sie, ungeachtet ihrer Gelübde, ihren Anteil am allgemeinen Wohlleben, und dies umsomehr, als ja schon durch das ganze Mittelalter hindurch die elsässischen Klöster nicht gerade Horte der Tugend gewesen waren und die cluniazensischen Reformen im Elsaß weniger gegriffen hatten als zum Beispiel im nahen Burgund.

Es gab eine Fülle großer und kleiner Skandale wie den des Domherrn Sebastian Murrh aus Colmar, der sich eine wohlgenährte Familie leistete und seine Söhne durchwegs auf einträgliche Posten setzte, und es gab den Straßburger Bischof Robert von Bayern, der das Pech hatte, sich ein Bein just in dem Augenblick zu brechen, da er das Haus seiner Geliebten verließ. Pfarrer Firn von Sankt Thomas zu Straßburg verkündete von der Kanzel seinen Übertritt zum Luthertum und seine Heirat, aber die ganze Gemeinde wußte, daß er schon seit Jahren im Konkubinat lebte.

„Straßburg besaß damals sieben Männer- und ebensoviele Frauenklöster", schreibt die unverdächtigste aller Quellen, nämlich Herders Kirchen-Lexikon. „Manche unter ihnen hatten seit Jahren den ernsten Reformversuchen, die von Seiten der geistliche Obrigkeit in theilweisem Einverständnisse mit dem Magistrat unternommen worden (waren), hartnäckigen Widerstand geleistet, an ihrer Spitze das einst blühende Predigerkloster."

Die innere Zwietracht im Klerus hatte soziale Ursachen. Das Elsaß war kaiserlich, die geistlichen Pfründe wurden unter den adeligen Geschlechtern verteilt, die Einfluß oder Fürsprecher bei Hofe hatten, und die niederen Ränge der Geistlichkeit hatten weder Aufstiegs-Chancen, noch ihr Auskommen. Das war zwar nicht erst seit kurzem so, aber inzwischen hatte ja auch der einfache Geistliche Zugang zu besseren Bildungsmöglichkeiten. Da die Reformation nicht antichristlich war, sondern sich nur gegen die Mißstände innerhalb der Kirche und den Luxus der etablierten Hierarchie richtete, war es klar, daß sich in Städten wie Straßburg oder Schlettstadt, Hagenau oder Colmar eine innerkirchliche Opposition zusammengeschlossen hatte, die nur auf Führer wartete – wie den mit einer abtrünnigen Nonne verheirateten Butzer oder den zu Hagenau geborenen Wolfgang Köpfel, der sich nach der Sitte der Zeit Capito nannte.

Ein uneiniger und unzufriedener Klerus gibt dem Volk stets ein schlechtes Beispiel, und die im Elsaß naheliegenden Sünden der Trunksucht und des reichlichen Essens taten ein übriges, umsomehr als die hochadeligen Prälaten sich überall aufhielten, nur nicht in ihrem Amtsbereich. Der mit alemannischer Solidität wirtschaftlich denkende und kalkulierende Elsässer fühlte sich um seine Abgaben betrogen, er kam sich dumm vor in seiner emsigen Arbeit, von der andere profitierten, und so erhielt die lutherische Bewegung im Elsaß ihren besonderen sozialkritischen Charakter und lokalpolitisch grelle Farben.

Daß es nicht nur der lutherische Reformgedanke war, der den schnellen Umschwung in Straßburg auslöste, sondern auch die latente örtliche Lage mit ihren brisanten Problemen, das zeigt sich auch darin, daß eben das erwähnte Drittel der Stadtverordneten das Heil eher im Nachdenken als in der Reformation sah. Zu der katholischen Kirche hatte man kein Vertrauen mehr, aus den erwähnten Gründen, aber auch die gelehrten Reformatoren, die Professoren in Basel, Freiburg oder Heidelberg gewesen waren, hatten nicht alle Gemüter für sich gewinnen können. Darum schlug die Stunde für die Schwarmgeister und Wiedertäufer, für Sekten und Geheimgesellschaften, und es gab Zeiten, da fühlte sich der Protestantismus lutherischer Prägung zurückgedrängt durch Fürsprecher der Anarchie, Vorkämpfer einer aufgelösten Gesellschaft und eines entfesselten Genußlebens. Die Gefahr dieser Entwicklungen lag darin, daß die Habsburger weit vom Schuß waren, während Frankreich und sein Vorposten Lothringen noch jede Unruhe auf elsässischem Boden mit Annexionsversuchen beantwortet hatten. Frankreich sei damals *un appui de dehors*, also eine stützende Hilfe „von außen" gewesen, schreibt Michel Bertrand in seiner *Histoire secrète de Strasbourg*, „eine Hilfe, die man damals noch mehr fürchtete als herbeisehnte". Bemerkenswert an diesem Kapitelschluß im Buch eines guten Kenners der Straßburger Verhältnisse ist die Wendung 'von außen'. Frankreich war etwas ganz anderes, es war nicht das hilfreiche zweite Ich des elsässischen Landes wie die protestantischen Kantone der deutschen Schweiz, es war auch nicht der gleichstämmige Nachbar Baden, es war *dehors*, es war vor der Tür.

In dieser Lage erscheint uns *Das Narren Schyff* des Straßburger Patriziers Sebastian Brant, eines Mannes, der die örtlichen und die gesellschaftlichen Verhältnisse aufs Intimste kannte, als ein Versuch, eine lange schwelende Krise mit eigenen Mitteln und dank der Aussagekraft des Alemannischen zu bewältigen, wozu freilich die deftigsten Holzschnitte kamen. Sie machten aus dem Buch im Verein mit den gereimten, ins Ohr gehenden Texten eine Art *Biblia pauperum*, ein Hausbuch auch für jene Ärmsten, die kaum lesen und noch weniger schreiben konnten. Und wenn man heute annimmt, daß etwa ein Drittel dieser Holzschnitte vom jungen Albrecht Dürer stammten, dann ist damit wohl erklärt, daß dieser Narrenspiegel der elsässischen Wirklichkeit in seinem Erfolg als Buch erst durch Goethes *Werther* übertroffen wurde - beinahe dreihundert Jahre später!

Brant, ein gebildeter Mann, hielt sich doch weitgehend an das, was dem einfachen Leser ein Anknüpfen gestattete; volkstümliche Traditionen, bekannte Geschichten, Anekdoten und natürlich viele biblische Anspielungen sind genial kompiliert; die Sieben Todsünden sind, wie in der zeitgenössischen Malerei, der Leitfaden der Darstellung. Sebastian Brant hat damit nicht nur das große Buch seiner Epoche geschrieben (andernfalls hätte es nicht so sensationellen Erfolg gehabt), sondern sich auch als ein guter, ja prophetischer Kenner seiner Landsleute erwiesen, denn das, was 1494 an privatem und religiösem Wahn, an persönlichem und amtlichem Radikalismus noch nicht so deutlich zutage getreten war, das lieferte nun das neue Jahrhundert nach mit den Wiedertäufern, den Bigamisten, den Adamisten in den Rheinauen, den Geißlern, Bußpredigern und, gegen Ende des Jahrhunderts, mit den Hexenverfolgungen in den elsässischen Städten. Brant hatte deutlich gemacht, daß der Sittenverfall, wie er ihn erkannte, das Weltende nahen lasse, und in gewissem Sinn war ja auch eine Welt zusammengebrochen, die geschlossene Lebensgemeinschaft der Elsässer mit ihrer Kirche, den Klöstern, den Pfarrern.

Was statt dessen entstanden war, wurde zeitweise in ganz Deutschland bewundert: Eine Stadt wie Straßburg, in der ein protestantischer Rat und eine Reihe gleichgesinnter Domherren mit einem katholischen Bischof zusammenlebten, in der das Bistum erhalten blieb, in der bei mehr als zwanzigtausend Einwohnern etwa hundertfünfzig Familien katholisch geblieben waren, in der es aber eben ein Nebeneinander gab, Ansätze zu jener Toleranz, wie sie zu allen Zeiten den besten deutschen Geistern vorschwebte.

Es bedeutete darum einen schweren Schlag nicht nur für das Elsaß, sondern für die deutschen Hoffnungen auf eine Zusammenführung der protestantischen Strömungen, als die große und schöpferische erste Generation der Reformatoren um die Mitte des sechzehnten Jahrhunderts völlig abgetreten war, weil der Tod eben niemanden verschont. Wie so oft in der Entwicklung neuer Gedanken waren die eigentlich kreativen Pioniere des neuen Ideengutes auch jene, die am großzügigsten damit umgingen. Was ihnen selbst neu gewesen war, durfte auch anderen nicht mit Gewalt eingetrichtert werden; Begegnungen mit einer großen und tiefgreifenden Reform verlangen eben Zeit, pädagogischen Verstand und menschliches Verständnis.

Die zweite Generation der Reformatoren brachte von dieser Geisteshaltung nichts mehr mit, und da sie zum Unterschied von den Sturm, Butzer, Capito, Söll und wie sie alle hießen auch keine Elsässer waren, müßte man von jenen düsteren Eiferern nicht viel sagen, hätten sie nicht mit ihrer Hinwendung zu einem intoleranten und orthodoxen Protestantismus das Klima im ganzen elsässischen Land verändert und den Boden für die Verfolgung von Ketzern und Hexen bereitet – woran dann freilich wieder beide Konfessionen beteiligt waren.

Die stärkste und damit auch gefährlichste Persönlichkeit unter den Eiferern war Johannes Marbach aus Lindau, 1545 mit jungen Jahren Pfarrer zu Straßburg geworden, 1552 bis zu seinem Tod im Jahr 1581 Präsident des Straßburger Kirchenkonvents. Er hatte also eine Position inne, die jener Calvins in Genf vergleichbar war, nur ohne die Geistesgröße jenes Reformators. „Seine Physiognomie war die eines Raubvogels", schreibt der temperamentvolle Ottokar Lorenz, „große Habichtsnase, breiter Mund, stechender Blick, üppiger Haarwuchs und Vollbart. Er hatte etwas Wildes, Schreckenerregendes. Er war ein mäßiger Gelehrter, ein zorn- und haßerfülltes Gemüth, unduldsam und tyrannisch, dabei habsüchtig und geldgierig".

Die alten Herren schüttelten den Kopf ob solchen Nachwuchses, und Butzer soll nach Marbachs erster Predigt prophezeit haben, dieser anmaßende Theologe werde der Kirche noch viel Unglück bringen. Das Wort wurde natürlich, wie in Straßburg anders nicht möglich, auch Marbach hinterbracht mit dem Ergebnis, daß er, so lange er lebte, gegen Butzers Nachruhm kämpfte und eine Edition seiner Werke hintertrieb. Marbach gehörte, wie Lorenz es ausdrückte, „zu jenen protestantischen Päpstlein, welche unter dem Schilde des großen Namens Luther ihre Ideenlosigkeit zu verbergen und ihren persönlichen Machtkitzel zu befriedigen suchten... Die sächsische und schwäbische Orthodoxie waren Marbachs Ideal." Tatsächlich denkt man unwillkürlich an Carpzow, wenn man das Portrait dieses Johannes Marbach vor Augen hat, und wenn Carpzow sich seiner zwanzigtausend Hexenurteile rühmte (die notwendigerweise, da es Hexerei ja nicht gibt, ebensoviele Justizmorde waren), so hatte die Orthodoxie, wie sie nun im Elsaß Einzug hielt, ebenfalls Angst und Schrecken im Gefolge. Man muß davon sprechen, eben, weil zu hoffen gewesen war, daß dieser freundlichen Landschaft das blutige Zwischenspiel der Hexenverfolgungen erspart bleiben würde. Aber Marbach und seine Jünger wetteiferten mit der – dank seiner unklugen Übergriffe schnell erfolgreichen – Gegenreformation in der Verfolgung Unschuldiger, in der Ermutigung von Denunzianten und im Terror gegen freie Geister.

Angesichts der reichen Literatur über die Jahrhunderte der Hexenverfolgungen, die gerade in den letzten Jahren durch freilich nicht sehr ergiebige Untersuchungen vermehrt worden ist, beschränken wir uns auf einige Daten. Demnach wurde schon 1569, also wenige Jahre nach Marbachs Übernahme des Präsidentenamtes, im elsässischen Lichtsee eine Hexe verbrannt. 1570 folgte dann die große Schande von Schlettstadt: In der protestantischen Reichsstadt wurden vier Hexen verbrannt, eine fünfte starb an den Folterungen im Gefängnis – und das, obwohl das Schulwesen glücklicherweise kaum unter dem neuen puritanisch-orthodoxen Geist eines Marbachs oder seiner Helfer Specker, Flinner und Rabus zu leiden hatte.

Von nun an jagen sich die Nachrichten über Hexenverbrennungen auch im Elsaß: Das kleine Städtchen Thann im Süden verzeichnet zwischen 1570 und 1620 nicht weniger als 136 Hexen-Hinrichtungen, im protestantischen Hagenau flammen die Holzstöße in den Jahren 1577, 1578, 1580 und 1593. Das schlimmste Jahr ist 1582, Marbach ist soeben gestorben, und wie ein furchtbares Todesopfer steigen die Rauchwolken von Hunderten von Scheiterhaufen in diesem Jahr zum Himmel. Eine Straßburger Schrift nennt für dieses Jahr, allerdings aus einem über das Elsaß hinaus bis

Darmstadt reichenden Gebiet, die Zahl von 134 „Unholden" (der jüngste Unhold war ein Mädchen von dreizehn Jahren). Am 28. Oktober brennen in Türckheim nicht weniger als 36 Hexen, darunter zwei Hebammen, 1589 andere Unschuldige in verschiedenen Vogesenorten und im flachen elsässischen Land (für einen früheren Hexenprozeß, 1531 in Hagenau, wird eigens der glimpfliche Ausgang erwähnt, also war es zu keinem Todesurteil gekommen).

Es ist klar, daß eine Stadt wie Straßburg, die als ein Hort der Gelehrsamkeit gilt, auch in jener Ära verhängnisvoller Rechtsunsicherheit eine besondere, in ganz Deutschland beachtete Rolle spielt, und man darf sagen, daß sich die Straßburger Juristen im Großen und Ganzen gut gehalten haben. Die große Hexenverbrennung von 1212 ist ihnen noch nicht anzulasten: Damals gab es nicht nur noch keine Universität in Straßburg, der Bischof war damals auch noch Herr der Stadt und trägt die Verantwortung für annähernd hundert Morde an Unschuldigen. Auch mit der Bestellung Albrechts von Bayern, des geldgierigen Straßburger Bischofs, als Oberaufseher über die Hexenverfolgung hatte die Fakultät noch nichts zu tun. Erst auf dem Höhepunkt der Gegenreformation, im Jahr 1665, finden sich Fakultätsbekenntnisse zu der Verfolgung, für die Folter und gegen die Milde in diesen Prozessen.

In allen übrigen Fällen und mehr als hundert Jahre lang gab die Straßburger Juristenfakultät der Vernunft so weit Raum, als dies unter damaligen Verhältnissen möglich war und verurteilte insbesondere das blinde Eingehen auf Denunziationen. Die Juristen von Straßburg standen auch hinter jenem Dekret des Magistrats, das im Jahr 1630 das „Diffamieren der Hexen" verbot, „weil bald kein ehrlicher Mensch mehr sicher sein mag".

Man muß freilich sagen, daß so manche Reichsstadt in diesem wirren Jahrzehnten den vorbildlichen Gebrauch ihrer Unabhängigkeit zeigt, und daß die Bürger im Stadtrat sich auch vor Sprenger, Institoris und den Dominikanern nicht fürchteten, wofür neben Straßburg auch Nürnberg

Beispiele liefert. Als 1451 ein Hexenriecher und Provokateur namens Hans Schoch in Straßburg auftrat und eine alte Frau bezichtigte, für ein Hagelunwetter gesorgt zu haben, forderte ihn der Magistrat auf, seine Anklage zu beweisen (sehr naheliegend, aber kaum je verlangt!). Da Schoch dies begreiflicherweise nicht konnte, wurde er statt der Alten ertränkt...

Nächst dem berüchtigten *Hexenhammer*, dem der krankhaften Phantasie der Herren Sprenger und Institoris entsprungenen Buch, war das große Zaubererkompendium des gelehrten Jean Bodin die Bibel der Verfolger. Bodin hatte sein Werk nicht mit frauenfeindlichen religiösen Wahnvorstellungen vollgepfropft, sondern tatsächlich in den Literaturen der Welt Umschau gehalten, überall Spuren eines tiefsitzenden Glaubens an Zauberei und Hexen gefunden und daraus die Überzeugung abgeleitet, etwas, woran alle Völker so fest glaubten, müsse auch wahr sein.

Das Werk, das in Frankreich seit den späten Valois-Königen viel gelesen wurde, ist von jenem Elsässer übersetzt worden, der vermutlich für alle Zeiten der bedeutendste Mittler zwischen den beiden Literaturen bleiben wird, die für das Elsaß so wichtig sind. Er hat den Rabelais in ein kongeniales, grobianisches Deutsch umgegossen, und er übersetzt 1580 das weit ausgreifende Werk des Jean Bodin unter dem Titel *Vom ausgelassenen wüthigen Teufelsheer der besessenen unsinnigen Hexen und Hexenmeister, Unholden, Teufelsbeschwörer, Wahrsager, Schwarzkünstler, Vergifter, Nestverknüpfer, Veruntreuer, Nachtschädiger, Augenverblender und alle anderen Zauberer Geschlecht, sammt ihren ungeheuren Händeln* usw. Das Buch erschien 1581 in Straßburg, machte sogleich Sensation und ließ 1582 die Hexenverbrennungen im ganzen Elsaß auf ein weder vorher noch nachher übertroffenes Maß hinaufschnellen. Damit wäre nun einem der größten Sprachschöpfer des Jahrhunderts, dem Elsässer Johann Fischart (1546-1590) ein wohlgerütteltes Maß an Schuld zugewiesen, zugleich aber ein echtes Problem aufgezeigt: Denn Fischart, Doktor juris, Humanist, unabhängiger Geist und hochgebildet, glaubte tatsächlich an Hexen, an Zauberwesen, an die Zwischenwelt. Geschickt in der Satire, gewandt in allem, was die Sprache betraf, war er trotz starken Temperaments nicht sehr schöpferisch: Als gewitzter Kompilator aber wurde er, ähnlich wie Bodin selbst, ein Opfer all des wohlformulierten aber abstrusen spätmittelalterlichen Unsinns, der damals auch in der gelehrten Welt zirkulierte (man denke nur an die Fassungslosigkeit und die aus ihr resultierenden Theorien der Gelehrten bei der Auffindung der ersten größeren Fossilien).

Immerhin sind Bodin und Fischart und so manches andere, heute vergessene Erfolgsbuch jener Epoche Symptome für die tiefste Verunsicherung, die in den Seelen und Gehirnen um sich griff. Eine im Ganzen doch noch unwissende Menschheit hatte sich an der Hand der Kirche durch das Mittelalter führen lassen, und den Grad von Desorientierung und Verlassenheit, der sich für den schlichten Erdenbürger nun ergab, da sich die Autoritäten als tönerne Götzen erwiesen hatten, den vermögen wir aufgeklärten Menschen des zwanzigsten Jahrhunderts gar nicht mehr zu begreifen. Wenn Sekten und Wiedertäufer Zulauf hatten, wenn vernünftige Menschen auf einmal in der Nachbarin ein zauberbegabtes, der Magie mächtiges Wesen sahen, wenn Schadenszauber überall drohte und der Teufelsglauben wucherte, dann bedeutete dies den Zerfall einer geschlossenen Welt zunächst im Geistigen. Das politische Auseinanderbrechen des großen Reiches folgte auf dem Fuße.

In einem glimpflichen sechzehnten Jahrhundert, in dem die Besonnenheit dank starker Persönlichkeiten und tüchtiger Lehrer nicht völlig erlosch, durfte man den Hexenwahn noch als örtliche Verirrung und als Signal beginnender Verwirrung ansehen. Im blutigen siebzehnten Jahrhundert brach das volle Unheil, wie es innerlich haltlose Menschen einander bereiteten, auch über das Elsaß herein: Politisch und militärisch in der Form des Dreißigjährigen Krieges, orts- und landesgeschichtlich in einer wahnwitzigen Intensivierung der Gegenreformation, der Ketzerverfolgungen und der Hexenverbrennungen. „Während dieser Zeit (1600 bis 1620) sind dergleichen Exekutionen so gemein (üblich) geworden, daß allein im Elsaß, Schwaben und Breisgau 800 dergleichen Personen verbrannt wurden, dergleichen, daß man glaubte, daß je mehr nun verbrannt wurden, desto mehr dergleichen Zauberinnen und Hexen gleichsam aus der Aschen hervorkröchen" (A. Stöber, *Die Hexenprozesse im Elsaß*, Mülhausen 1857). In Thann bestiegen oft fünf bis acht Frauen zugleich den Scheiterhaufen, darunter Greisinnen von neunzig und zweiundneunzig Jahren. Manche Verurteilte wurde in diesem fanatischen Nest noch auf dem Weg zur Richtstatt alle hundert oder tausend Schritte mit glühenden Zangen gezwickt oder am Schweif aufgeregter Rosse zum Scheiterhaufen geschleift. (Rodolphe Reuß, *La Sorcellerie au 16e et 17e siècle*, particulièrement en Alsace).

Die Gesamtbilanz zieht der von uns schon mehrfach zitierte fleißige Lokalhistoriker Heinrich Schreiber (1793-1872) in seinem *Taschenbuch für Geschichte und Alterthum in Süddeutschland*, wenn er feststellt, daß allein in den Jahren 1615 bis 1635 im Bereich des Bistums Straßburg etwa fünftausend Frauen und Mädchen als Hexen angeklagt, gefoltert und danach entweder verbrannt oder ertränkt wurden.

Liest man dies heute, so muß man sich fragen, wie denn ein Kirchenfürst und Seelenhirt dem zusehen konnte, aber da gilt leider die Antwort, daß sie in sehr vielen alten und ruhmreichen Bischofsstädten nicht nur ebenfalls zugesehen, sondern auch noch Öl ins Feuer der Holzstöße gegossen haben. Für Straßburg im Besonderen muß man aber sagen, daß es in jenen kritischen Jahren seine am höchsten gestellten Bischöfe hatte, Prälaten von kaiserlichem Geblüt, die natürlich nicht in die Niederungen der Kerker und Folterkeller herabstiegen und zu denen die Schreie der gemarterten Frauen nicht dringen konnten. Der eine war Leopold, Erzherzog von Österreich, Bruder Kaiser Ferdinands II. und nominell Herr der Diözese von 1607 bis 1625, sein Nachfolger war Leopold Wilhelm, Sohn Kaiser Ferdinands II., auf den bischöflichen Thron gelangt, nachdem sein Onkel zu seinen Gunsten resigniert hatte. Beide Habsburger hatten „energische Maßregeln zur Wiederherstellung des Katholizismus ergriffen", wie sich Herders Kirchen-Lexikon ausdrückt, und dies, obwohl Bischof Leopold Wilhelm in einer Amtszeit von beinahe vierzig Jahren (!) seine Diözese niemals betreten hatte. Man versteht es heute nicht mehr, aber es war offenbar so: Man konnte in einer Person, in einem und demselben hohen Amt, „vieles zur Wiederherstellung des Katholizismus tun" und zugleich fünftausend Frauen und Mädchen verbrennen lassen, ein Widerspruch, der vielleicht nur darum nicht mehr sonderlich auffiel, weil nun im Elsaß überall die Feuer loderten – denn 1618 hatte der Dreißigjährige Krieg begonnen.

Für diese drei Jahrzehnte, in denen die Deutschen einander die Schädel einschlugen, weil die großen Konfessionen sich nicht miteinander einigen konnten, gilt in gewissem Maß auch, was die Hexenverfolgungen so unverständlich macht: Religion wie Zauberglaube sind keineswegs nur Themen der Kulturgeschichte, sondern sie gewinnen in der Gesellschaft jener frühneuzeitlichen Krisen besondere Bedeutung, zwingenden Charakter, der eine Distanzierung ausschließt.

„Es ist daher", schreibt Frau Professor Dr. Heide Wunder, Kassel, in einem Brief vom 12. November 1987, „nicht länger zu verantworten, eine hochkomplexe gesellschaftliche Form von Konfliktaustragung in der Gesellschaft des 16. bis 18. Jahrhunderts auf Ideologie zu reduzieren. Vielmehr gilt es, das Aufeinandertreffen der besonderen wirtschaftlichen, sozialen und politischen Bedingungen der europäischen Agrargesellschaft mit dem modernen Staat zu untersuchen, um die tödliche Wirksamkeit von Vorstellungen als Erklärungsmuster für Schaden an Mensch, Tier und Sachen einsehbarer zu machen."

Der moderne Staat des siebzehnten Jahrhunderts ist das von Richelieu geschaffene zentralistische Frankreich; das Heilige Römische Reich Deutscher Nation ist ihm gegenüber ein Koloß mittelalterlicher Prägung mit schwerfälligen Verwaltungsstrukturen, die durch den endlosen Bürgerkrieg, wie er nun zwischen Ostsee und Alpen ausbricht, heillos überfordert erscheinen. Unter den Ländern des Reiches, die dabei die teuerste Zeche bezahlen, ist das Elsaß, und dies ist besonders bitter, weil man sich hier bereits in Sicherheit gewogen hatte. Die neue protestantische Religion hatte sich voll etabliert, selbst in kleinen Orten wie Molsheim gab es nun hohe Schulen mit protestantischen Lehrern. Hatte man auch die Methoden eines Marbach mißbilligt, so hatte nun doch das Luthertum in seiner reinsten Form gesiegt. Angesehene Straßburger wie die Familie Sturm und verdiente Männer anderer Orte hatte ein neues protestantisches Patriziat angeführt, zu dem auch die Elsässer katholischen Glaubens Zutrauen faßten.

Die Rekatholisierung kam, ganz genau wie die Fanatisierung durch Marbach und seine Jünger, von außen. Dem Elsässer als einem Bürger der Mitte lagen die Extreme stets fern. Waren die Ultra-Lutheraner aus Deutschland gekommen, so kamen die Scharfmacher der Gegenreformation aus Frankreich. Die Habsburger und die österreichischen Beamten, unter denen hochgebildete Herren waren wie Johann Graf zu Ensisheim, sie bildeten mit einem Teil des Klerus den Rest der katholischen Partei, der das Fußvolk zunächst völlig fehlte. „Die wahrhaft Berufenen waren selten", schreibt Philipp Dollinger, „und um die Pfarren nicht verwaist zu lassen, sahen die Bischöfe sich genötigt, jeden Kandidaten zu akzeptieren, der aufzutreiben war." Wenn es sich überdies, wie im Fall des Erzherzogs Leopold, nur um einen Fern-Verwalter des Bischofsstuhles handelte, der alsbald heiratete und damit der Mitra Adieu sagte, dann kann man sich denken, daß die mit seiner Billigung einströmenden Umerzieher der abgefallenen Elsässer nicht die edelsten Talente waren. „Diese Immigranten", fährt

Dollinger fort, „kamen aus Lothringen, der Franche Comté, dem Wallis oder aus Savoyen, und sie waren keineswegs Missionare, die den rechtgläubigen Elsässern helfen wollten; sie waren vielmehr herbeigeströmt, weil sie als Vagabunden eben eine komfortable Position brauchten, und um diese ging es ihnen auch vor allem. Wir brauchen uns also nicht zu wundern, daß sie ihre Pfarrstellen immer wieder wechseln und jene wählen, von denen sie sich das einträglichste Leben erhoffen... Die moralische und geistige Qualität dieser neuen Pfarrer ließ arg zu wünschen übrig."

Das Sittenbild, das Dollinger nach alten Quellen zeichnet, ähnelt frappant den Klagen, wie wir sie aus den freilich achthundert Jahre zuvor geschriebenen Briefen kennen, die Bonifatius nach Rom richtete. Auch jetzt wieder residierten die Pfarrer ärmlich neben oft verbrannten Kirchen; sie widersetzten sich jeder Kontrolle, sie verstanden mit dem Degen besser umzugehen als mit dem Brevier, und sie lebten mit der größten Selbstverständlichkeit in jenen Konkubinaten, die vor der Reformation den Zorn der Gläubigen erregt hatten. „Alle Mißstände, die vor der Reformation angeprangert worden waren und die zu ihr geführt hatten, bestanden noch immer, ja hatten sich verschärft."

Es gab Ausnahmen wie den (auch als Schriftsteller hervorgetretenen) Reinhard Lutz in Schlettstadt und den Pfarrer Jean Rasser in der österreichischen Verwaltungszentrale Ensisheim, aber im übrigen war das vom Konzil von Trient proklamierte Programm der Rekatholisierung inzwischen zwar bekannt, es gab nur niemanden, der fähig und in der Lage gewesen wäre, es anzuwenden, in vernünftige Tat umzusetzen. Die Bischöfe zu Basel und Straßburg riefen in dieser Lage die Jesuiten und andere Orden zu Hilfe; diese begannen auch von Hagenau, Schlettstadt und Ensisheim aus zu arbeiten. Es wäre zwischen den inzwischen wohletablierten, dank solider Familienbindungen schnell heimisch gewordenen Protestanten und den zum Widerstand erwachten Katholiken gewiß zu anderen Spannungen als zum Krieg der Pamphlete gekommen, hätte das glückliche Elsaß nicht, noch am Vorabend des großen Krieges, eine Periode der Prosperität durchlebt, die den arbeitsamen Bürgern kaum Zeit ließ, sich mit anderem als mit ihrem Geld und ihren Geschäften abzugeben.

Teils arbeiteten sie wie die Prechter mit den Fuggern zusammen, teils schufen sie sich selbst ein Familien-Imperium wie die Ingold. Straßburg hatte Handelskontakte mit allen anderen wichtigen Umschlagsplätzen, mit Antwerpen und Lyon, mit Venedig und Nürnberg. Und ähnlich wie die Fugger liehen die großen Straßburger Handelshäuser von ihrem Geld auch den Herrschern jener Zeit, und zwar beiden Gegnern, sowohl Karl V. als auch Franz I. von Frankreich oder König Heinrich II. Seine wichtigsten Geldgeber waren Georg Obrecht und Israel Minkel aus Straßburg, was beweist, daß die elsässischen Juden sich seit den großen Verfolgungen des vierzehnten Jahrhunderts hatten erholen können: Im Jahr 1562 hatten sie Außenstände von insgesamt 2,14 Millionen Tournai- Pfund.

In jenen Zeiten eines noch geringfügigen Geldumlaufs und recht begrenzter Produktionskapazitäten waren diese Aderlässe eine schwere Belastung auch für einen guten Kaufmann, vor allem, da die französischen Könige sich mit der Rückzahlung ebenso wenig beeilten wie etwa Karl V. mit jenen 21.000 Goldgulden, die er dem Haus Prechtel schuldete. Dazu kam, daß in der Gegenreformation der religiöse Streit, den man schon überstanden glaubte, unversehens wieder aufflammte. Auf einmal war es wichtig, bei wem man kaufte und in welcher Stadt, und das protestantische Straßburg verlor in den rekatholisierenden kaiserlichen Ländern an Kundschaft.

Noch ehe der große Krieg begann, neigte sich die Blüte der elsässischen Wirtschaft schon ihrem Ende zu. Das reiche Haus des Israel Minkel (auch Mynckel geschrieben), die Herren, die von den Schreibern der Valois-Könige mit *Seigneur Mynckel* tituliert worden waren, mußten Konkurs anmelden, mit ihnen die Engelmann, Marstaller, Ingold, Mösinger und andere, weil ja sehr oft der eine den anderen mitzieht (so wie auch der brave Straßburger Sturm Bankrott gemacht hatte, als Bürge für eine hochgeborene Verwandte des Hauses Condé). Noch ist im Elsaß kein Schuß des großen Krieges gefallen, aber die erste Niederlage zeichnet sich ab: Straßburg verliert seine Rolle als führende Handelsstadt, doch es bewahrt den Ruhm seiner Universität.

Der große Krieg in einem kleinen Land

In guten Zeiten haben Randlagen erhebliche Vorteile. Von Grenzen läßt sich's im allgemeinen gut leben, und an großen Strömen noch besser. Kommen dazu noch der Wein und der Fleiß einer mit ihrem Ländchen seit alters durchaus zufriedenen Bevölkerung, dann sind eigentlich alle Voraussetzungen erfüllt, eine Landschaft glücklich zu machen, die auch im Klima begünstigt war, das mildeste Wetter der deutschen Länder hatte, reichliche Niederschläge und gute Böden.

Schüttelt jedoch eine schwere Krise den Körper eines großen Reiches, so sind die Schwingungen nicht selten an den Rändern spürbarer als in der Mitte, und wird solch ein altes Gebilde wie das Heilige Römische Reich gar in seinen Grundfesten, nämlich in seinem Glauben und seinem Verhältnis zum Kaiser erschüttert, dann dauert es natürlich nicht lange, bis sich in West und Ost, in Nord und Süd jene melden, die dem geschwächten Giganten das eine oder andere begehrenswerte Territorium entreißen wollen, unter welchem Vorwand immer.

In einem Glaubenskrieg wie jenem, der 1618 in Böhmen ausgebrochen war, hatte das Elsaß schlechte Karten, denn das Land und seine Städte waren inzwischen weitgehend protestantisch geworden, ohne daß dabei Gewalt angewendet worden wäre. Die weltliche Obrigkeit hingegen wurde nicht durch irgendein Fürstenhaus gebildet, das sich wie in Hessen oder Brandenburg der neuen Religion anschließen konnte: Die Habsburger, die an sich in Österreich eine gesunde Hausmacht besaßen, hatten ihre Herkunft aus dem Elsaß dennoch nicht vergessen und sich, gestützt auf die Kaiser und Könige des Geschlechts, im ganzen Elsaß emsig (und häufig kaum bemerkt) Adelsbesitz erworben, gesichert, in Erbgängen gesammelt. Das solchermaßen arrondierte Land war nominell kaiserlich, zudem aber noch habsburgisch, so daß es den Elsässern wenig genutzt hätte, wäre etwa ein evangelischer Luxemburger auf den Kaiserthron gelangt oder hätte ein liberaler Habsburger in der langen Kette eine weniger strenge Religionspolitik gemacht: Das Elsaß war bis auf die Grafschaft Salm und einige andere Hochadels-Territorien Eigentum des Erzhauses geworden und damit katholischer Besitz.

Im Augenblick, da sich evangelischer Fürstenbund und Kaiser gegenüberstanden, brachte dies die Hauptgefahr eines Protestanten-Einfalls, denn der Kaiser war weit weg, die protestantische Pfalz, das antihabsburgische Baden waren nahe. So, wie in einem Kolonialkrieg entlegene Gebiete nicht gehalten werden können, so sah sich Straßburg verloren, als der große Konflikt ausbrach, denn es war von kaiserlichem Land umschlossen, als Stadt aber protestantisch, und für das flache Land mit den kleinen Städten sah es noch schlimmer aus. Während der weitblickende Rat der wohlhabenden Stadt Straßburg schon vor dem Prager Fenstersturz mit Rüstungen begonnen hatte (!), blieb das Elsaß im Ganzen unverteidigt, da Österreich seine Truppen in Böhmen brauchte, wo der ganze mächtige Adel protestantisch geworden war und auf reichen Gütern saß.

Die Mährer unter den Grafen Schlick und Thurn waren denn auch die Tapfersten, als es am 8. November 1620 vor dem Weißen Berg bei Prag zur Schlacht kam und die Übermacht der Kaiserlichen einen schnellen Sieg davontrug. Der Mann, der dies hätte verhindern können, lag mit seinen Truppen bei Pilsen, weil ihn einst der Kaiser und danach die Protestanten gekränkt hatten und er das Zeug in sich fühlte, der große Condottiere dieses Krieges zu werden. Er hieß Peter Ernst II. und war ein Graf von Mansfeld, wenn auch aus einer illegitimen Verbindung. Aber wie so oft bei natürlichen Söhnen: Temperament, Engagement, Ehrgeiz und Mut machten ihn schließlich zum berühmtesten Namensträger, und das will bei diesem Geschlecht der tüchtigen Offiziere, das schon im Jahr 1060 eine wichtige Schlacht entschied, wirklich etwas heißen.

Mansfeld also hatte am Weißen Berg nicht eingegriffen und schlug sich mit seiner intakten Truppe nach Westen durch, in die Pfalz und ins Elsaß, wo er sich aus früheren Feldzügen gut auskannte. Das kleine Hagenau konnte ihm nur ein paar Tage widerstehen und wurde sein Winterquartier 1621/1622, nachdem er Tilly und andere kaiserliche Heerführer geschlagen hatte. Im April 1622 schlug er, vereint mit dem Markgrafen von Baden, Tilly abermals, und zwar bei Wiesloch unweit Heidelberg. Da Mansfeld dann holländische Dienste nahm und in Norddeutschland kämpfte, währte seine Zeit im Elsaß zum Glück der Landschaft und ihrer Menschen nur etwa ein halbes Jahr, und da das Elsaß mehr zu bieten hatte als das arme Ostfriesland, wo Mansfeld 1623 das Land auspreßte, wurde wohl auch mehr geplündert als gemordet. Indessen erhielt das trotz aller Reformationswirren doch noch friedlich prosperierende Land durch die Mansfeldschen Truppen einen Vorgeschmack des Kommenden. Mansfelds Leute waren Versprengte vom Weißen Berg, Pfälzer und englische Abenteuerer. Mit der Hilfe dieser unsicheren Elemente versuchte Mansfeld, sich im Elsaß ein kleines Fürstentum zu schaffen, gestützt auf seine Truppe, gestützt wohl auch von Frankreich und zunächst auch mit gewissen Sympathien im Elsaß begrüßt, weil man sich ja ausrechnen konnte, daß der Kaiser den Protestantismus in diesem seinem Land nicht allzulang dulden würde.

Ein Plan wie dieser erscheint heute phantastischer als er damals war; eine einzige normannische Familie hatte sich Sizilien und Apulien unterworfen, ein Condottiere wie Sforza hatte Mailand gewonnen und ein Fürstenhaus begründet, energische Männer mit Feldherrentalent hatten angesichts der Schwäche der staatlichen Gebilde durchaus Chancen, wenn auch nicht in gefestigten Monarchien wie England, Frankreich oder Spanien. Was Mansfeld scheitern ließ, war die fehlende Mannszucht, waren die Übergriffe seiner Truppen. Hagenau hatte sich kampflos ergeben und wurde glimpflich behandelt, weil keine Armee in Brandruinen überwintern will; Weißenburg und Lauterburg waren jedoch hart geplündert worden, mit allem, was damals dazugehörte, und bei den Versorgungs-Razzien, die Mansfelds Reiter bis nach Colmar, Breisach, Obernai und Rosheim vorstoßen ließen, lernte die Bevölkerung alle Schrecken damaliger Kriegsführung kennen. Straßburg, aber auch Mülhausen, wo die Mansfeldischen Reiter ihre Kriegsbeute verkauften, füllten sich mit Flüchtlingen, und als Mansfeld selbst in die Generalstaaten abzog, wie damals die Niederlande hießen, hatte die protestantische Sache im Elsaß erheblich weniger Anhänger als vorher. Daß Mansfeld sich im Elsaß ebensowenig eine Dauerposition schaffen konnte wie später Wallenstein in Mecklenburg ist ein Faktum, über das die Geschichte hinwegging; daß damals aber Frankreich seine Träume Wirklichkeit werden sah, das gewann für das Elsaß schicksalhafte Bedeutung.

Von Frankreich aus gesehen war die Erringung des elsässischen Landes mit der Rheingrenze jenes politische Muß, das Herrscher unterschiedlichsten Naturells und aller Grade der Intelligenz als Ziel erkannten, von dem genialen Franz I. über den tatkräftigen Heinrich II. bis zu dem debilen Karl IX., der sich nicht entblödete, sich dem protestantischen Straßburg als Schutzherr anzubieten, nachdem er in der Bartholomäusnacht von Paris an die viertausend Hugenotten hatte abschlachten lassen.

Dieser perverse Kretin war keine Versuchung für eine selbstbewußte und gut geführte Stadt wie Straßburg, aber dies änderte sich bald: Kardinal Richelieu, gewiß der größte Staatsmann seiner Zeit, begann unter Ludwig XIII. mit vorsichtig-raffiniertem Liebeswerben um die Elsässer, die schon vorher dem vierten Heinrich aufrichtige Sympathien, ja eine gewisse Verehrung entgegengebracht hatten. Ein König wie er, der die Habsburger jener Zeit an Intelligenz, Bravour und Persönlichkeit so deutlich überragte und danach ein Staatsmann vom Format eines Richelieu, das waren Unterschiede gegenüber dem schlecht regierten Römischen Reich Deutscher Nation, wie sie vor allem in Straßburg und Schlettstadt, wo gute Köpfe saßen, unbedingt Eindruck machen mußten.

Mansfeld war noch nicht abgezogen, als Richelieu bereits durch den französischen Geschäftsträger in der Reichsstadt Straßburg die naheliegende Frage stellte, warum man sich denn all dies habe bieten lassen und ob man sich angesichts der zu erwartenden Kriegsläufe nicht in die sichere Hut des starken Nachbarn begeben wolle. Es fehlt in der Geschichtsschreibung nicht an Stimmen, die dieses Vorgehen perfide nennen, aber man muß, auch wenn man das Elsaß gerne bei Deutschland wüßte, doch um der Wahrheit willen sagen, daß Richelieu keineswegs der einzige war, der nach diesen bitteren elsässischen Erfahrungen die Lage nützen und an den brennenden Dörfern seine Süppchen kochen wollte. Kaiser Ferdinand suchte die Straßburger bei der Stange zu halten, indem er die längst berühmte Hohe Schule der Stadt im Jahr 1621 endlich zur Universität erhob. Leider entsprachen solch einem Akt kaiserlicher Toleranz keinerlei vergleichbare Einsichten, ja mehr als das: Die Schwächung der protestantischen Sache durch das mansfeldische Zwischenspiel rief sofort jene auf den Plan, die nur gezwungenermaßen geschwiegen hatten. Es zeigte sich, wie so oft, daß die durch Jahre zurückgedrängte katholische Partei aus den Abläufen seit 1490 nicht das Geringste gelernt hatte. Kaum witterten die Äbtissinnen und adeligen Grundbesitzer Morgenluft, setzten sie mit der alten drakonischen Strenge dort wieder ein, wo das Auftreten Luthers den Widerstand geweckt hatte. Nicht nur der Erzherzog Leopold als Administrator des Bistums untersagte den evangelischen Gottesdienst in allen Orten der Diözese, selbst Klöster wie Andlau verboten auf ihrem Gebiet protestantische Taufen bei schweren Strafen und schlossen die lutherischen Gotteshäuser. In Hagenau mußten die Protestanten sich vom Jahr

1624 an in einem Privathaus treffen, und selbst die ruhmreichen Schulen von Schlettstadt wurden geschlossen oder rekatholisiert und den Lutheranern sogar die privaten Zusammenkünfte verboten.

Angesichts dieser Repression der schlimmsten und unvernünftigsten Art, die auch der Sache der Gegenreformation in ihrer unsinnigen Härte keinen Dienst erwies, wurde das Frankreich des Kardinals Richelieu, wiewohl katholisch, nun beinahe übermächtig als Hort der Toleranz sichtbar. Das Edikt von Nantes, wie es Gabrielle d'Estrées und Heinrich IV. für Frankreich zustandegebracht hatten, entsprach zwar nicht jenen Erfolgen, die der Protestantismus im Elsaß erreicht hatte; aber gegen das, was nun wieder zu kommen schien, gegen die uneinsichtigen Habsburger und ihre Gefolgschaft, wirkte das von Kardinal Richelieu respektierte Edikt naturgemäß als eine Attraktion, gegen die es kaum Argumente gab. Die Gegenreformation hatte nicht nur in Böhmen, sondern auch im Elsaß der deutschen Sache irreparablen Schaden zugefügt und das Elsaß in die Arme Frankreichs getrieben.

„Der neue Bischof (von Straßburg), der kein anderer war als Leopold Wilhelm, ein unmündiger Sohn Kaiser Ferdinands II., hatte noch keinerlei Verpflichtung übernommen, sich an die Verträge seiner Vorgänger zu halten. Die katholischen Domherren in Zabern arbeiteten mit Energie an der Verdrängung ihrer alten Rivalen in Straßburg... Von der kaiserlichen Regierung ergingen scharfe Mandate in Betreff der Restituierung der geistlichen Güter. Das war der Höhepunkt der katholischen kaiserlichen Reaktion. Wenn man die allgemeine Geschichte Deutschlands in diesem Augenblick in Betracht zieht, so weiß man sich zu erinnern, wie selbst die stärksten Stützen des Wiener Hofes, die Räthe des Kaisers, der General Wallenstein... der Präsident des Hofkriegsrathes in starrem Schrecken über die Höhe des kaiserlichen Fanatismus Warnung auf Warnung häuften und ernstlich mahnten, die Protestanten nicht zum Äußersten der Verzweiflung zu treiben" (Lorenz und Scherer im zweiten Band ihres Geschichtswerkes).

Dieses Äußerste der Verzweiflung kam für das flache Land und für die kleinen Städte nur allzu bald. Die stark verteidigte und reiche Stadt Straßburg, zwischen Rhein und Ill und ihren Hafenbassins kaum einzunehmen, verstand es, sich die Respektierung der Neutralität immer wieder zu erkaufen, durch Geldopfer oder dadurch, daß die Benutzung der Rheinbrücke gestattet oder auch verwehrt wurde, je nach dem, wie stark die andrängenden Armeen waren. Das übrige Elsaß aber hatte gegen die Kriegsvölker keine Chance und versuchte, die schlimmsten Drangsale dadurch zu vermeiden, daß die Städte den unter Horn heranrückenden Schweden ihre Tore kampflos öffneten. Von den Burgen wehrten sich indes viele, einmal, weil der Adel katholisch war, zum anderen, weil man auf Entsatz durch die Kaiserlichen hoffte. Das Ergebnis lesen wir in zahlreichen Burgen-Historien, wie sie Charles-Laurent Salch, Museumsdirektor in Straßburg, für uns niedergeschrieben hat.

Die Schicksale der einst so ruhmreichen elsässischen Befestigungen, eine jede mit alten eingesessenen Familien verbunden und mit den Ortschaften zu ihren Füßen, sind auch in der Schwedenzeit einerseits mannigfaltig, denn jeder Untergang hat seine eigene Tragik, andererseits aber natürlich in gewissem Sinn auch gleichförmig. Wehrt sich eine Burg nicht oder nicht ernsthaft, wie die Hochkönigsburg, so wird sie von den Schweden zunächst nur besetzt, dann aber, beim Abzug der Schweden nach ihrer fürchterlichen Niederlage bei Nördlingen, doch noch zerstört. Wehrt sie sich von Anfang an, so ist sie schon bei der Eroberung eine Ruine, und bisweilen wurden sogar noch Ruinen umkämpft und erobert, wie zum Beispiel Schirmeck. Im ganzen genommen muß man sagen, daß die alte Burgenherrlichkeit des elsässischen Landes in diesem Halbjahrhundert zwischen 1630 und 1680 unterging, denn das, was nach der Schwedenzeit noch einigermaßen intakt war, das zerstörten die neuen französischen Freunde unter den

Feldherren Turenne und Condé. In gewissem Sinn ging es dem Elsaß wie einem anderen vielbegehrten Grenzland, dem Baltikum: Im Kern deutsch, von Russen wie Schweden umworben, wurde das reiche und von seinen Einwohnern geliebte Land schließlich zu einem Opfer der mächtigen Nachbarn.

Im Elsaß hießen sie in jener Zeit nicht Deutschland und Frankreich, denn an seinem Deutschtum hatte das Elsaß ja stets festhalten wollen, sondern der Kaiser und Richelieu. Als die Schwedenzeit für das Elsaß begann, war der hochgeborene Bischof von Straßburg ganze achtzehn Jahre alt, ein Affront für die berühmte Stadt, wie es ihn seit dem frühen Mittelalter in der ganzen Kirchengeschichte nicht mehr gegeben hatte. Für den Kaiser und diesen Kaiser-Sohn war das Elsaß abtrünniges Land, Ketzerland, für die Schweden war es ein Territorium der Kaiserlichen, in dem man möglichst viel Schrecken verbreiten und sich für die kaiserlichen Grausamkeiten etwa in Magdeburg rächen sollte: Eine schlimme Doppelrolle für eine Landschaft, die sich selbst so gut wie gar nicht verteidigen konnte. Die seit jeher wehrhaften Bauern im Sundgau hatten es versucht, man hatte gefangene schwedische Offiziere an den Straßen angepflockt, und jeder und jede durften mit ihnen machen, was sie wollten, bis die Ärmsten endlich durch den Tod erlöst wurden. Die schwedischen Strafgerichte waren dann umso schlimmer.

Im Winter 1638/39 lag ein junger Dragoner aus Gelnhausen unter dem Kommando des Grafen von Götz im Schwarzwald, ein Soldat, den wir unter dem Namen Hans Jakob Christoffel von Grimmelshausen kennen und der später den Deutschen den großen Roman des Dreißigjährigen Krieges schenken wird. Grimmelshausen stand jahrelang im Feld auf Seiten der Kaiserlichen und wurde Regimentsschreiber des Freiherrn Reinhard von Schauenburg. Der Schauenburger muß an ihm Gefallen gefunden haben, denn wir finden Grimmelshausen bald als Verwalter auf dem Schauenburgschen Stammschloß oberhalb Gaisbach im unteren Renchtal, das zwar badisch, also rechtsrheinisch ist, aber zum bischöflich straßburgischen Territorium gehörte. Grimmelshausen gewinnt hier enge Kontakte zur Straßburgischen Gesellschaft, zur Universität und den literarischen Zirkeln. Schließlich verwaltet er gar die Ullenburg für den reichen Straßburger Arzt Dr. Johannes Küffer.

Mit den Geldern des Arztes wieder aufgebaut, war die im Krieg zerstörte Burg eine Art Musenhof geworden, wo Grimmelshausen mit den besten Köpfen aus Straßburg, aber auch aus dem schwer heimgesuchten Heidelberg in Berührung geriet. Es waren wohl Beziehungen aus jener Zeit, die dem Dichter später den Schultheißposten zu Renchen verschafften, den Franz Egon Graf zu Fürstenberg, Bischof von Straßburg, zu vergeben hatte: Mit den Fürstenberg und den Rohan begann Straßburgs große Zeit nach dem Elend des Krieges, und Grimmelshausen vollendete hier am 17. August 1676 sein Leben, ein Jahr, nachdem Turenne das Tal erobert hatte.

Dieser letzte Große unter den vielen dem Elsaß verbundenen Dichter hat uns aus der künstlichen, aber wirksamen Position des einfältigen Helden, also in einem der sogenannten simplizianischen Romane, Zeitläufe und Schrekken des Krieges geschildert. Woran er vorbeiging, das war der abenteuerliche, aber auch heroische Versuch des Bernhard von Weimar, im Elsaß ein von Deutschland wie Frankreich weitgehend unabhängiges protestantisches Fürstentum aufzubauen, ein herrlicher Stoff, der merkwürdigerweise bis heute nur höchst unzureichende Gestalter gefunden hat, auch wenn ein Schriftsteller namens Friedrich Christian Schlenkert gleich drei Bände darauf verwendet hat und unter den Dramatikern, die sich um ihn bemühten, immerhin ein Ernst von Wildenbruch war.

Bernhard, Herzog von Sachsen-Weimar (1604-1639), war der jüngste Sohn Herzog Johanns III. und ist, seit Gustav Adolfs Charakterbild in der Geschichte schwankt, der reinste Held des großen Krieges, nicht zuletzt durch seinen

Gifttod, der ihn in die Nähe des strahlenden Don Juan d'Austria rückt, der ebenfalls von einem perfiden Gegner, der auf ehrliche Weise nicht siegen konnte, vergiftet wurde. Bernhard von Weimar war bei großem persönlichem Mut ein ausgezeichneter Heerführer, zudem aber für die Gewohnheiten des Adels jener Zeit ausgezeichnet erzogen und hochgebildet. 1622, also als Achtzehnjähriger, hatte er bereits bei Wiesloch gegen die Kaiserlichen gekämpft, seit 1630 focht er unter Gustav Adolf. 1632 hatte er bei Nürnberg rühmlichen Anteil am Sieg über Wallenstein. Im gleichen Jahr erfocht er, nach dem Schlachtentod Gustav Adolfs, den Sieg der protestantischen Armeen bei Lützen. Damals war er achtundzwanzig Jahre alt, der gefeierte Held seiner Truppen und nur durch sein Ungestüm gefährdet, das ihn bei Nördlingen angreifen ließ, obwohl der zweite Kommandeur, der schwedische General Horn, noch Verstärkungen abwarten wollte. Die Niederlage bei Nördlingen, bei der Bernhard verwundet wurde und achttausend Mann verlor, trieb die Schweden ins französische Lager, und das aus einem sehr einfachen Grund: Es gab in jenem ersten Drittel des siebzehnten Jahrhunderts keine weitere Militärmacht, die gegen den Kaiser hätte gewonnen werden können. Rußland wird erst zu Beginn des nächsten Jahrhunderts so weit sein und die Schlacht von Poltawa gewinnen, das erzkatholische Spanien stand ohnedies im habsburgischen Lager, die Schweden waren im deutschen Südwesten geschlagen worden, und es war mehr als zweifelhaft, ob die Kraft der deutschen Protestanten überhaupt noch ausreichte, den Schweden die Rückkehr an die Ostsee zu sichern.

Es war der Augenblick, auf den Armand-Jean Duplessis, Herzog von Richelieu und Kardinal, gewartet hatte, der Augenblick auch, auf den er durch die Geheimmissionen seines vertrauten Beraters, des Père Joseph und die Besprechungen des französischen Geschäftsträgers in Straßburg bestens vorbereitet war. Da Frankreich in früheren Jahrhunderten durch den plumpen direkten Zugriff keinen anderen Erfolg erzielt hatte, als das ganze Elsaß gegen sich aufzubringen, ging Richelieu nun den klügeren Weg, Parteigänger für sich anzuwerben. Und da gab es nach Nördlingen keinen geeigneteren Mann als den tapferen und jungen Feldherrn Bernhard von Weimar, dem die Felle in Franken davongeschwommen waren.

Die Elsässer hätten es zufrieden sein können, denn Bernhard war ein deutscher Fürst und unter ihnen einer der besten. Angesichts seines Charakters durfte man sicher sein, daß dieses deutsche Land zwischen Vogesen und Rhein deutsch und beim Reich bleiben würde, mochte Frankreich für seine Hilfe auch Zugeständnisse erhalten, wirtschaftliche Begünstigungen, Freihafenzonen, Zugang zur Rheinschiffahrt und dergleichen mehr. Dank französischer Subsidien schlug Bernhard von Weimar die gegen ihn ausgeschickte bayrische Armee, nahm den kühnen Reiterführer Johan van Weerth gefangen und eroberte die standhafte und wichtige Festung Breisach. Das war vier Jahre nach der Niederlage von Nördlingen. Bernhard von Weimar hatte seine Zeit gut genutzt, und es wäre nun an Frankreich gewesen, die Zusage eines eigenen elsässischen Herzogtums unter dem tüchtigen Sachsen einzulösen. In diesem Augenblick rückte Richelieu, der dank der Schwäche des Reiches schon eine Reihe anderer Stützpunkte im deutsch-französischen Grenzbereich gewonnen hatte, mit der Forderung heraus, die Festung Breisach müsse als französische Enklave die Suprematie Frankreichs über den neuen Rheinstaat garantieren.

Damit hätte Bernhard für immer den Pfahl im Fleisch gehabt, ganz abgesehen von der Tatsache, daß dies nun wirklich ein Verrat nicht so sehr an kaiserlichen als an deutschen Interessen gewesen wäre. Zudem mußte Bernhard von Weimar, der in dem kleinen Beamtenstädtchen Ensisheim residierte wie seine habsburgischen Vorgänger, sich für sein elsässisches Land eine Hauptstadt schaffen, die das bischöfliche Straßburg nicht sein konnte. Bernhard lehnte also ab und führte seine Truppen in die kaiserliche Franche-Comté, um Frankreich dort zu entschädigen, kehrte 1639 aber nach Breisach zurück. Er starb während der Vorbereitungen zu einem neuen Feldzug in Neuenburg am Rhein unweit Mülhausen auf rätselhafte Weise und unter verdächtigen Umständen, nachdem er schon Monate vorher aus England und aus der Schweiz gewarnt worden war, man bereite Giftanschläge gegen ihn vor.

Die Frage, ob Bernhard von Weimar vergiftet wurde, betrifft das Elsaß nicht nur am Rande. Zwar waren durch den Grafen Salm und andere schon eine Reihe elsässischer Plätze inzwischen in französischer Hand, darunter Colmar. Alle Vereinbarungen waren jedoch auf Kriegsdauer getroffen worden; nach einem Friedensschluß sollte wieder der Rechtszustand von 1618 gelten. Bernhard von Weimar selbst war seit seinen Siegen über Weerth und der spektakulären Eroberung von Breisach der meistgesuchte Feldherr der Zeit (Wallenstein war ja schon fünf Jahre zuvor ermordet worden). Bernhard von Weimar hatte nicht nur die britische Versicherung, daß man ihn unterstützen werde, wenn es mit Frankreich zum Bruch käme, es gab auch einen kaiserlichen Unterhändler, der ihm die Verzeihung Ferdinands zusicherte und, für den Fall seines Übertritts, die alleinige Verhandlungsführung beim Friedensschluß, worin man ohne weiteres eine Garantie für eine eigene Herrschaft Bernhards erblicken darf. Wir dürfen annehmen, daß dem Kardinal dies ebenso bekannt war wie Bernhards strikte Weigerung, Breisach auszuliefern. "Zweifellos war Richelieu durch diesen Tod von einer ebenso großen Sorge befreit wie damals, als der ihm zu stark gewordene Gustav Adolf bei Lützen fiel" (Carl J. Burckhardt).

Giftmorde waren bis zu den Errungenschaften der modernen Gerichtsmedizin praktisch nicht nachzuweisen, und sie gehörten darum zum ständigen Rüstzeug vor allem geistlicher Politiker, die nicht wie die weltlichen einfach die Klingen kreuzen konnten. Das berühmte Gift der Borgia ist ebenso Geschichte wie die *Affaire des Poisons* wenige

Jahrzehnte nach dem Tod Richelieus, und daß Bernhard von Weimar kurz nach dem großen Streitgespräch mit Richelieus Unterhändler Guébriant starb, der für den Kardinal einen letzten Versuch gemacht hatte, Breisach zu bekommen, ist ebenfalls leicht beweisbar. Von französischen Emissären umgeben, konnte Bernhard, obwohl er gewarnt war, zwar die Einladung nach Paris unter Vorwänden ablehnen, sich aber nicht wirksam dagegen schützen, daß ihm immer wieder Giftdosen beigebracht wurden, die ihn schwächten und schließlich sein Leben auslöschten, ehe er noch vierzig Jahre alt geworden war.

Von den vielen Versuchen, dem Elsaß eine sichere Eigenposition im Reich zu geben, ist dieser, unternommen von einem persönlich schwierigen, aber kühnen und hochbegabten deutschen Fürsten, vielleicht der tragischste, weil Bernhard von Weimar auch dem Menschenbild entsprach, das wir seit den Tagen des Herzogs Eticho von den Herrscherpersönlichkeiten des Vogesenlandes haben.

Er hätte hierher gepaßt, gerade weil Burckhardt ihn mit einem Felsen vergleicht und – obwohl Biograph des grossen Kardinals – auch klar macht, daß Bernhard von Weimar nicht der Mann war, sich durch Geld oder Intrigen fangen zu lassen. Richelieu hat ihm nicht zugemutet, katholisch zu werden; derlei war dem Realpolitiker Richelieu weitgehend gleichgültig, vor allem aber hätte ein katholischer Feldherr vom Rang Bernhards in Wien offene Türen gefunden. Aber Richelieu wollte ein französisches Elsaß und kein zweites Lothringen, hatte er doch schon mit diesem selbständigen Herzogtum Mühen genug gehabt. Und das Elsaß unter einem Herzog Bernhard wäre wohl ein sehr unbequemer Nachbar Frankreichs geblieben, selbst wenn der stolze Sachse auf eine eheliche Verbindung mit den Bourbonen eingegangen wäre.

Der Tod von Neuenburg beraubte das Vogesenland einer großen Chance. Die Kaiserlichen waren aus dem Elsaß vertrieben, die Franzosen traten das Erbe eines Mannes an, den sie vielleicht umgebracht hatten. Eine neue Ära begann mit einem Tod, zu dem auch moderne französische Nachschlagewerke bemerken, daß er möglicherweise durch Gift hervorgerufen wurde, und das ist gewiß kein guter Anfang.

DRITTES BUCH

Magnet Frankreich

Nach dem Zuckerbrot die Peitsche

Kaum hatte Paris sichere Nachricht vom Tod Bernhards von Weimar, so ließ Richelieu die Maske fallen. Der Arzt Blandini, der in den letzten Monaten stets um Bernhard gewesen war und für die Anhänger der Giftmord-Theorie darum der Hauptverdächtige ist, verschwindet auffällig schnell in der Versenkung; er wird in so hohem Maß eine Unperson der Geschichte, daß nicht einmal sein Vorname bekannt ist. Er hatte sich dem Feldherrn angeschlossen, als Bernhards treuer Kampfgefährte und älterer Freund Henri Herzog von Rohan in einem Schweizer Spital verstorben war, sprach kein Wort deutsch und war vielleicht schon bei Rohan als Aufpasser für Richelieu tätig, der Henri de Rohan wie die Pest haßte. Johann Ludwig von Erlach-Kastelen (1595-1650), Bernhards Vertrauensmann, Emissär nach Paris, Unterhändler für alle Gelegenheiten, erhält nicht nur eine französische Pension in beträchtlicher Höhe, sondern wird auch mit dem wichtigsten Posten ausgezeichnet, den Frankreich am Oberrhein zu vergeben hat: Er wird im Generalsrang Gouverneur der Festung Breisach und Staatsrat. Gift oder natürlicher Tod – Bernhards Pläne im Elsaß waren jedenfalls in einem Netz von Intrigen gescheitert, der tüchtige Feldherr und mutige Mann war dem Raffinement des besten Diplomaten seiner Zeit nicht gewachsen und ging unter, Frankreich aber belohnte treue Diener, sofern sie ihre Grenzen erkannten.

Frankreichs Grenzen aber erscheinen mit einemmal weit nach Osten vorgeschoben, französische Garnisonen sitzen in allen elsässischen Städten von einiger Bedeutung. Richelieu lebt zwar nicht mehr, als man in Münster und Osnabrück endlich, nach dreißigjährigem Kriegselend, zu Friedensverhandlungen schreitet, aber sein Nachfolger, der aus Italien stammende Kardinal Mazarin, hat eine ganze Reihe wichtiger Stützpunkte am Oberrhein und in den Vogesen als Unterpfand in der Hand. Dabei war so gut wie kein Blut geflossen; die französischen Emissäre arbeiteten lautlos und waren mit viel Geld ausgestattet, das wohldosiert an die Offiziere Bernhards und die Stadtkommandanten verteilt wurde, von 20.000 Livres für einen Kleinstadtkommandeur bis zu den 200.000 Livres, die Erlach erhalten haben soll (die Summe ist möglicherweise die Kapitalisierung seiner laufenden Bezüge). Da Kaufkraft-Umrechnungen immer mißlich sind, sei hier mitgeteilt, daß eine mehrköpfige Handwerkerfamilie in Paris etwa 1500 Livres im Jahr brauchte und daß 200.000 Livres auch im Hochadel als eine sehr anständige Mitgift angesehen wurden.
Es waren also ein großer Kardinal und eine kleine Truppe sehr geschickter Unterhändler, denen gelang, was schlagkräftigen lothringischen und burgundischen Armeen in früheren Jahrhunderten mißlungen war. Der Graf von Guébriant, Bernhards härtester Widersacher in allen Verhandlungen, dirigierte die Aktion wie man heute sagt „vor Ort" und kommandierte 1643 vor Rottweil, wobei er tödlich verwundet wurde. Das zeigt, daß erst nach Richelieus Tod die heiße Phase der französischen Bemühungen um das Elsaß begann. Die führerlosen Truppen Bernhards von Weimar brauchten zur Rückenstärkung französische Truppenteile und Offiziere, denn die Bayern griffen im kaiserlichen Auftrag hartnäckig weiter an. Andere Unterhändler wie der Baron d'Oyssonville, der Graf d'Avaux, ein Sieur de la Grange aux Ormes und wie sie alle wohlklingend hießen, ließen lieber die Goldstücke rollen. Wieviel die ganze Landschaft den Franzosen und dem genialen Führer ihrer

Politik wert war, erhellt aus der bösen Anekdote, daß Richelieu seinem engsten Vertrauten, dem Kapuzinerpater François Joseph Le Clerc du Tremblay, in dessen Sterbestunde mit den Worten mutgemacht habe: *„Courage, Père Joseph, Brisach est à nous"* (Mut, Pater Joseph, Breisach ist in unserer Hand).

Die Zeitgenossen, ja die einfachen Offiziere in Bernhards Armee, sahen dies mindestens ebenso deutlich wie es uns in der Rückschau erscheint, schließlich bemerkt man es, wenn plötzlich ein Stadtkommandant ohne Not die halbe Garnison gegen französische Truppen austauscht oder sich einen der feingekleideten Berater aus Paris an die Seite stellen läßt. Lorenz und Scherer zitieren dazu eine Stimme aus Bernhards Armee, leider ohne die Quelle zu nennen, aber der Wortlaut und der Tonfall sind so echt, daß ich mich gegen alle guten Regeln zum *Nach*zitieren berechtigt fühle:

„Unserm kaum begrabenen Fürsten, welcher durch seine Tugend die allerschönste Braut, die Festung Breisach erworben, ist von den französischen Hähnen das Hirschgeweih aufgesetzt, er zum Hahnrei gemacht, und die ehrliche Dame ist mit den Franzosen beschrien worden (Wortspiel: 'Die Franzosen' nannte man die Syphilis). Die Dame, um welche wir Deutschen mit Granaten, die Franzosen mit Ducaten, wir mit Musqueten, sie mit Pistolen (Wortspiel: *pistole* = Goldmünze), wir mit Pferd und Infanterie, sie mit Furfanterie (von *forfaire* = pflichtwidrig handeln) und beladenen Mauleseln, wir mit Schanzen, sie mit Schenken, wir mit Feld-, sie mit Hofstücken (Feldstücke = leichte Geschütze), wir mit Schießen und Stechen, sie mit Bestreichen und Schmieren, wir mit Kriegen, sie mit Trügen erworben... Der Hahn ist im Korbe, sitzt auf fremden Eiern, er hat den Nutzen, das Kränzlein (Anspielung auf Breisach, die begehrte Braut) und den Preis, die anderen den Sack."

Da ist noch ein Nachklang von Fischart und Moscherosch zu hören, die oberrheinische Freude am Wortspiel bricht durch, selbst wenn der Ärger so groß ist und die Betroffenheit so tief. Und die berühmten Städte und Stätten der elsässischen Geistigkeit, sie verstummen angesichts einer Wendung, an der sie sich nicht unschuldig fühlen dürfen. Das Bürgertum, wiewohl weit besser geschützt als der Landmann, hatte sich den harten Zeit weniger gewachsen gezeigt und vom ersten Augenblick an erkennen lassen, daß Frankreich eine willkommene Schutzmacht sein würde. Dazu muß freilich gesagt werden, daß im siebzehnten Jahrhundert Frankreich schon beinahe so attraktiv war wie im achzehnten, daß die ganze Nation, nicht nur die Stadt Paris, bei allen Intellektuellen Europas stark beachtet und als ein Mekka des Geistes angesehen wurde. Vor allem in Straßburg war auch schon lange vor dem Beginn der französischen Ära jede Anerkennung aus Paris auf die Goldwaage gelegt worden, ein Zustand, der auch noch andauerte, als Goethe dort studierte, ja eine Versuchung, der auch er beinahe erliegt (vgl. Kap. 14). Es ist also ein hartes Wort, wenn ein Mann wie der Straßburger Josias Glaser wegen seiner Verwaltungs-Entwürfe als ein Judas bezeichnet wird. Gerade die Straßburger, die im Schutz ihrer Neutralität eine hasenherzige Politik machten, waren durchaus ungeeignet, als die letzten Märtyrer eines deutschen elsässischen Landes die Zeche zu bezahlen; sie hatten im Herzen schon aufgegeben, als Mansfeld vor den Toren erschien.

Als Kardinal Mazarin die frischen französischen Truppen gegen die ausgebluteten Kaiserlichen ins Gefecht schickte, war das Elsaß nicht mehr zu retten. Gegen den energischen Turenne gelang es nur noch, das rechte Rheinufer mit Freiburg zu bewahren. Die letzten Schlachten ließ Mazarin schlagen, als die Verhandlungen über den Westfälischen Frieden bereits begonnen hatten, ja dieser Friede schien die Franzosen wenig zu interessieren. Die Rheinarmee meldete der Königin-Mutter Anne d'Autriche schon gegen Ende des Jahres 1646 die Erreichung der Rheingrenze als Ostgrenze Frankreichs durch Kurier! Anne, wie man heute weiß, heimlich angetraute Gemahlin des Kardinals Mazarin, teilte in dieser Hinsicht vollkommen die Ziele der Politik, wie sie Richelieu proklamiert und so konsequent verfochten hatte.

Angesichts der verarmten und geschwächten deutschen Staaten konnte sich das gut gerüstete, von dem langen Krieg niemals heimgesuchte Frankreich ohne Risiko auf den Standpunkt stellen, daß es über Orte und Landschaften, in denen französische Truppen stehen, nicht zu verhandeln bereit sei. Die kaiserlichen Hoffnungen, Frankreich durch eine De-jure-Anerkennung der Lage in Lothringen zu Verhandlungen über das Elsaß bestimmen zu können, erwies sich als Wunschdenken; selbst die Rückgabe des rechtsufrigen Breisach wurde erst 1697 im Frieden von Ryswick zugestanden (darüber haben sich die Franzosen bis heute nicht getröstet, was man der Gegengründung Neuf-Brisach in jedem Quadratmeter ansieht).

Nach den Artikeln über die wichtigen ostfranzösischen Städte Metz, Toul und Verdun, die im Westfälischen Frieden an Frankreich kamen, fährt der Vertragstext fort: "Es begeben sich der Kaiser für sich und das ganze Haus Österreich, wie auch das Römische Reich, aller Rechte auf die Stadt Breisach, die Landgrafschaft Ober- und Niederelsaß, den Sundgau, die Landvogtei der zehn im Elsaß gelegenen Reichsstädte Hagenau, Colmar, Schlettstadt, Weissenburg, Landau(!), Kaysersberg, Oberrheinheim, Roßheim, Münster im Thale, Thüringheim und alle Dörfer, die zu denselben gehören, und übergeben sie dem allerchristlichsten König und der Krone Frankreichs, so daß die genannte Stadt Breisach sammt... dem ganzen Gebiete, soweit es sich von alten Zeiten her erstreckt hat, nunmehr der Krone Frankreichs gehören soll. Ferner sollen die besagten beiden Elsaß und Sundgau wie auch die zehn Städte mit allen dazugehörigen Unterthanen, Städten, Dörfern, Schlössern, Wäldern, Bergwerken, Gewässern, Weiden und samt allen Rechten ohne allen Vorbehalt, mit der Oberherrschaft nun bis zu ewigen Tagen dem allerchristlichsten König und der Krone Frankreichs zustehen, ohne daß der Kaiser, das Reich und das Haus Österreich oder ein Anderer widersprechen könnten, so daß auch keiner irgendein Recht oder eine Gewalt in den genannten dies- und jenseits des Rheins gelegenen Ländern jemals gebrauchen dürfe."

Es ist eine Aufzählung, aber sie hat es in sich und erregt einen noch heute mehr als ein dramatischer Ablauf, denn wir wissen doch, wie Frankreich zu diesen Posaunenstößen gekommen ist: Indem es über ein ausgeblutetes, auf dem Boden liegendes Reich hergefallen ist, nachdem es ein Vierteljahrhundert lang insgeheim den großen Krieg geschürt und ohne Rücksicht auf die eigene Landesreligion die Feinde des Kaisers unterstützt hatte. Gewiß, Politik ist so, und wer wüßte und erlebte heute nicht, wie schmutzig sie ist. Dennoch bleibt dieser Passus des großen Friedenswerkes ein Dokument nackten Raubes von einer Unverblümtheit, wie sie zwischen christlichen und allerchristlichen Monarchen glücklicherweise selten anzutreffen ist.

Das Land und die Städte, um die es dabei geht, existieren in diesem Augenblick freilich kaum mehr. Gerade in den letzten Jahren des Krieges, als die Franzosen auf dem rechten Rheinufer kämpften, war das Elsaß wieder allen durchziehenden Kriegsvölkern preisgegeben. Die Armeen hatten sich weitgehend aufgelöst; in Böhmen, Schlesien und Südwestdeutschland wurde noch gekämpft, um die Positionen für den Friedensschluß ein wenig zu verbessern, die Marodeure aber kümmerten sich um keinen Befehl mehr, ja sie verstärkten sich noch durch jene verzweifelten Bauern, die – nachdem man ihnen zum zweiten, dritten, vierten Mal den Hof über dem Kopf angezündet hatte – endlich selbst die Sense weggelegt und nach den Waffen gegriffen hatten. Es kam zu Akten viehischer Grausamkeit, weil alle am Ende waren; die Polen und die Lothringer hatten kein Vaterland mehr, die Böhmen keine Religion, die Schweden keine Chance, durch das brodelnde Deutschland heimzukehren, wo in jedem Dorf jemand unter den

Schweden gelitten hatte und es den überlebenden Soldaten heimzahlen wollte. Kannibalismus fiel nicht nur in der belagerten Festung Breisach vor (wo der Kommandant bei der Übergabe noch zwei Dutzend gutgenährte Kavalleriepferde mitführte, zum fassungslosen Zorn Bernhards von Weimar), sondern auch in allen Teilen der elsässischen Landschaft; und wie es zuging, wenn ein Hof, ein Dorf überfallen wurde, das hat uns nicht nur Grimmelshausen geschildert.

1648, als es endlich Frieden gab und die Glocken läuteten, wußten nur noch die Älteren und die Alten, was dieses Wort eigentlich bedeute; erwachsene Männer hatten geglaubt, so wie es zugegangen war seit den ersten Einfällen des Herrn von Mansfeld, so sei das Leben im Elsaß eben, so sei die Welt, so müsse man sie hinnehmen. Die Felder waren seit Jahren nicht mehr bestellt, die am besten versteckten Vorräte geplündert oder aufgebraucht, die Männer erschlagen oder verschollen, die Kinder unterernährt, die Frauen zu schwach für die Landarbeit. Wir wissen nicht, ob im Elsaß wie im ordentlichen Brandenburg die Wüstungen gezählt wurden, die verlassenen Herdstellen, die menschenleeren Dörfer. Strauchwerk wuchs über Brandruinen, Seuchen hatten leichtes Spiel mit geschwächten und verzweifelten Menschen, fast muß man sagen: Niemals zuvor, trotz der fernen Alemannenkriege, trotz der blutigen Niederschlagung der Bauernunruhen, hatte es in diesem reichen und schönen Land zwischen Rhein und Vogesen so ausgesehen, war es um das Elsaß so schlimm gestanden.

Einzig Straßburg scheint noch seine Anziehungskraft bewahrt zu haben, die Stadt, die hinter dicken Mauern und im Schutz ihrer Kanäle und Strombecken wohl die allgemeine Not, die Teuerung und die Kontributionen zu erdulden gehabt hatte, aber über die der Krieg doch nicht wie eine Furie hingegangen war. Die letzte harte Brandschatzung nahm Schlettstadt 12.000, Straßburg aber 120.000 Dukaten, und Straßburg hatte diese gewaltige Summe noch!

Neid und Mißgunst haben der Stadt ihr vergleichsweise mildes Schicksal in den dreißig schrecklichen Jahren zum Vorwurf gemacht und auch ihre Neutralität. Aber haben nicht die Grafen von Hanau-Lichtenberg die Franzosen gerufen und ihnen Buchsweiler, Neuweiler und Ingsweiler ausgeliefert? War es nicht ein kaiserlicher General aus dem alten Geschlecht der Grafen und späteren Fürsten Salm, der im Januar 1634 Hagenau und Zabern unter französischen Schutz stellte? Konnte man von den Bürgern der Bischofsstadt mehr Heldenmut verlangen als vom alten elsässischen Adel? Gewiß, die Straßburger waren Kosmopoliten, in gewissem Sinn schon immer, und sie taten sich etwas darauf zugute, wie alle Bürger großer Handelsstädte. Denken wir nur an die Venezianer, die in der Kreuzzugszeit die Kreuzheere ebenso belieferten wie die Moslems. Und es muß dieser etwas verdächtige Charme einer schönen Stadt gewesen sein, der ihr auch unter den neuen Herren sogleich Freunde und Fürsprecher schuf wie den Comte de Harcourt aus dem Hause Lothringen, einen jener Epikuräer, die Richelieu nie hatte leiden können. Männer, welche die Königin Anne darum aber umso lieber um sich hatte. Harcourt erging es, wie so vielen vor ihm: Er wollte in dem Land, in dem er *Gouverneur et lieutenant général pour sa Majesté* war, auch noch ein quasi unabhängiger Fürst sein. Es waren nicht die Schlechtesten, die sich in dieser Weise für das Elsaß erwärmten, Harcourt war der jüngste Sproß des Hauses Lothringen, wurde *Cadet la Perle* genannt, weil er eine im Ohr trug und verblüffte durch großartige Waffentaten vor den Iles de Lérins, in Italien, wo er dreifach überlegene Armeen schlug und in Spanien. Dort freilich gelang ihm nicht alles, aber dieses Schicksal teilte er schließlich mit einem Napoleon.

Henri de Lorraine, Comte d'Harcourt, wollte jedenfalls mehr sein als Gouverneur, verhandelte mit den zehn Reichsstädten, der Dekapole, in der richtigen Erkenntnis, daß deren Unterwerfung unter Frankreich durch den Weiterbestand der Reichsunmittelbarkeit weitgehend relativiert war und erregte endlich soviel Argwohn in Paris, daß die für ihren noch unmündigen Sohn agierende Königin einen Comte de la Ferté ins Elsaß entsandte und den verdienten Haudegen aus dem alten Geschlecht der Lothringer mit der Statthalterschaft von Anjou und einer großen Pension abfand. Das Anjou liegt mittendrin in Frankreich, daß selbst ein militärisch so begabter Graf wie d'Harcourt dort nichts anstellen konnte und denn auch im nächsten Jahrzehnt friedlich entschlief.

Das Elsaß machte allerdings einen guten Tausch: Nach d'Harcourt und La Ferté kam endlich ein Mann, der auch mit dem Frieden etwas anzufangen wußte, und ihn brauchte das Land dringender als die begabtesten Generale. Er hieß Charles Colbert de Croissy, war ganze sechsundzwanzig Jahre alt und zeigte alle Anlagen, die seinen Bruder (oder Vetter?) bald darauf berühmt machen sollten. Charles Colbert jedenfalls bescherte dem darniederliegenden Land sieben Jahre umsichtigen Wiederaufbaus, er nützte seine beinahe unbeschränkten Vollmachten zugunsten der Bevölkerung und der Gemeinwesen, und man muß, um der Wahrheit die Ehre zu geben sagen, daß es den Habsburgern wohl sehr schwer gefallen wäre, einen zwar begabten, aber doch noch sehr jungen Mann mit soviel Verantwortung auszustatten (für Mitglieder des Erzhauses galten freilich andere Grundsätze: Da konnte man achtzehn Jahre jung und hervorragend unbegabt sein und wurde dennoch Bischof einer Stadt wie Straßburg...).

Colbert de Croissy legte nach sieben erfolgreichen Jahren die weitere Arbeit in die Hände eines *Conseil supérieur d'Alsace*, also gleichsam eines Obersten Verwaltungsrates mit dem Sitz in der alten österreichischen Residenz Ensisheim, die somit ihre Rolle weiter spielte: Straßburg war noch immer nicht Hauptstadt, sondern eine Art Enklave, eine starke und eigenwillige Stadt, die um ihre Sonderexistenz auch gegen die Franzosen kämpfte. Die Gründung des Rates war ein Geniestreich. Colbert de Croissy hatte natürlich bald erkannt, daß die Lage zumindest der zehn

Reichsstädte sehr kompliziert war. Weder wollte der Kaiser sie aufgeben, noch wollte er Frankreich, ihre Schutzmacht, in Verwaltungsgremien des Heiligen Römischen Reiches sehen. Der Rat zu Ensisheim war mit höchsten Vollmachten ausgestattet und mit guten Juristen besetzt, an denen es weder in Frankreich noch in Straßburg jemals gefehlt hatte; er sollte behutsam und unangreifbar darauf hinarbeiten, die Rechte, die Frankreich seit 1649 im Elsaß wahrnahm, zu festigen und die Ansprüche des Reiches zurückzudrängen.

In den zehn Städten hatten inzwischen die ersten Bedenken eingesetzt, und geheime Gesandtschaften versuchten bei Kaiser Leopold I. zu retten, was noch zu retten war. Die Fronten verhärteten sich, und 1672 kam das eingesetzte Schiedsgericht zu dem Schluß, Frankreich habe hinsichtlich der zehn Städte lediglich Schutz-Rechte, keinesfalls aber die staatsrechtliche Souveränität auszuüben. Der Konflikt zwischen Frankreich und dem Reich wurde offenkundig. Ludwig XIV. wurde zum Schicksal der elsässischen Städte und Landschaften, ein König, über den ein kleiner Exkurs unvermeidlich ist.

Anne d'Autriche, eine Königin, die von ihren französischen Untertanen wenig geliebt und von ihrem zeugungsunfähigen Gatten geradezu verabscheut wurde, hatte Frankreich den größten Dienst dadurch erwiesen, daß sie den eindrucksvollsten Mann am französischen Hof zum Vater des vierzehnten Ludwig erkor, den in vielen Schlachten bewährten, von einigen Säbelhieben malerisch verunstalteten Josias von Rantzau, Höhepunkt in der Generationenfolge eines jener Geschlechter, die wie die baltischen Rosen oder die schwedischen Königsmarck dem alten Europa in jedem Jahrhundert prächtige Wildlinge bescherten.

Kaum war 1661 Mazarin gestorben, unter Hinterlassung dreier schöner Nichten, einer berühmten Bibliothek und eines ungeheuren Vermögens, da zeigte der junge König, was in ihm steckte. Er ließ seinen korrupten Finanzminister verhaften und sein Vermögen beschlagnahmen und zwang schon im ersten Jahr seiner Selbstregierung die elsässischen Städte zum Treueschwur. Das war 1662, und Ludwig war eben vierundzwanzig Jahre alt. Daß er sich nicht sogleich mit militärischen Aktionen gegen das Elsaß wandte, hatte seinen Grund darin, daß die spanisch-österreichischen Niederlande und die vor den Toren Frankreichs liegende Franche-Comté (das Land zwischen Dijon und der Schweiz) ihn dringender beschäftigten. 1672 aber, nach dem Schiedsspruch, war Ludwigs Geduld zu Ende, und er befahl im November 1672, zu einer Zeit, die damals für kriegerische Aktionen höchst ungewöhnlich war, den Abbruch der Straßburger Brückenverbindung zum deutschen Ufer bei Kehl. 1673 wurden die Städte Colmar, Schlettstadt, Hagenau, Weißenburg, Münster, Obernai und Rosheim besetzt und ihrer Befestigungen beraubt.

Frankreich hatte mit einem Wirtschaftsminister wie Colbert, einem Kriegsminister wie Louvois und einem Festungsbauer wie Vauban eine Führungsmannschaft, der das übrige Europa nichts Gleichwertiges an die Seite zu stellen hatte, und der dreiundsechzigjährige Wenzel Eusebius Fürst von Lobkowitz "Vorsitzender der Staatskonferenz", wie das damals in Wien hieß, war vor allem dem Tempo der französischen Aktionen ganz und gar nicht gewachsen.

Straßburg bekannte zum erstenmal Farbe und riskierte es, die Brücke wieder herzustellen; Turenne griff wütend an, und es gab bei Enzheim am 4. Oktober eine unentschiedene Schlacht (daß Turenne hier gesiegt hätte, wie man selbst in deutschen Quellen lesen kann, wird durch seinen Rückzug nach Lothringen widerlegt). Zu diesem Zeitpunkt hatte Henri de Latour-d'Auvergne, Vicomte de Turenne, der Feldherr aus einem der edelsten französischen Geschlechter, seinen Namen bereits durch viele Übergriffe beschmutzt, aber er war noch immer ein genialer Feldherr, schlug westlich der Vogesen unbeobachtet einen Bogen und führte vom südlichen Elsaß her nach der Eroberung von Belfort einen brillanten Winterfeldzug gegen die Österreicher, die noch immer auf die traditionelle Winterruhe der alten gemächlichen Kriegsführung vertrauten. Im Juli 1675 stellte Montecuccoli die Franzosen im rechtsrheinischen Sasbach bei Achern, und eine österreichische Kanonenkugel tötete Turenne.

Dennoch blieb Frankreichs Überlegenheit deutlich; die wie über Nacht verjüngte Großmacht war überall zur Initiative gelangt und erreichte im Frieden von Nymwegen, daß das ganze Elsaß bis auf das damals schweizerische Mülhausen und die Stadt Straßburg französisch blieb. Ludwig hatte also doch nicht alles erreicht, aber Straßburg war hoffnungslos isoliert, war eine Stadt ohne Hinterland, so daß Frankreich sie, wenn es wollte, wirtschaftlich in die Knie zwingen konnte. Und gegenüber solchen Pressionen war das Stadtbürgertum aus Handelsleuten, Handwerkern und anderen Gewerbetreibenden naturgemäß stets empfindlich geblieben. Wie sollte es auch anders sein!

Man kann in diesen wirtschaftlichen Interessen mildernde Umstände für das Verhalten einzelner gutplazierter Bürger sehen oder aber den Beweis dafür, daß beim Übergang der Stadt an die Franzosen das Geld über alle Gefühle, Anhänglichkeiten und die Treue zum eigenen Deutschtum triumphierte – Jacques Baquol jedenfalls nennt die Dinge beim Namen, und da er Franzose war und französisch schrieb, hat sein Bericht über Straßburgs kritische Jahre für uns hohen Zeugniswert:

„Als Louvois im Jahr 1679 das Elsaß besuchte, beeilten sich einige Vertreter der Stadt, ihn in Schlettstadt aufzusuchen und ihre Aufwartung zu machen. Es besteht Grund zu der Annahme, daß mit dieser Entrevue jene geheimen Verhandlungen begannen, bei denen Einzelinteressen eine größere Rolle spielten als das Gesamtinteresse der Republik (Straßburg). Zwei Männer vor allem scheinen seit diesen Tagen in einer dauernden Verbindung zu Louvois geblieben zu sein: der Juriskonsulent Obrecht und der

Syndicus der Stadt Güntzer. Daß im Besitzwechsel von Straßburg das Geld eine große Rolle spielte, ist außer jedem Zweifel."

Rousset zitierte in seiner Monographie über Louvois einen Brief Güntzers an den mächtigen Minister, in dem ein Scherzwort auf Straßburg angewendet wird: Man habe den Hals so voll Geld, daß man weder schreien noch laut sprechen könne, weswegen es klüger sei, zu schweigen.

Im Juni 1681 traf der kaiserliche Sondergesandte Freiherr von Mercy in Straßburg ein, was Louvois natürlich sofort gemeldet wurde und zur Eile antrieb, und schon am 10. September wurde in einer verschwiegenen Herberge in der Franche Comté, also außerhalb des elsässischen Gesichtskreises, der Handstreich auf Straßburg ausgeheckt. In der Nacht vom 27. auf den 28. September, gegen zwei Uhr, näherten sich drei Dragonerregimenter unter dem Kommando von Benoît Bidal, Baron d'Asfeld. Überfallartig besetzten sie alle Zugänge und danach alle strategischen Punkte der Stadt. Von der Redoute an der Straße zum Rhein erhielten sie Gewehrfeuer, doch machten sich die wenigen Verteidiger angesichts der Übermacht schnell im Dunkeln davon. Asfeld nahm alle Positionen an der Rheinbrücke und auf beiden Ufern ein und besetzte sie mit seinen Truppen, ein tüchtiger Offizier aus einem alten Geschlecht der Stadt Bremen. Der erste Asfeld war als Gesandter der Königin Christine von Schweden nach Frankreich gekommen, der junge Baron nahm dem Deutschen Reich die schöne Stadt Straßburg weg. Asfeld und der elsässische Statthalter Baron de Montclar setzten den aus dem Schlaf gerissenen Stadtvätern auseinander, daß sie eine befristete Chance hätten, sich zu unterwerfen, dann würden die Waffen sprechen. Am 30. September wurde jene Kapitulation unterzeichnet, deren Perfidie uns noch heute deutlich genug ist, und die eigentlich nur durch die Arroganz der französischen Herren übertroffen wurde, begann doch Louvois den Text wie ein Souverain mit den Worten „*Wir* François Michel Le Tellier, Marquis de Louvois".

Die einzelnen Artikel wirkten im Wortlaut mitunter harmlos, die Zusätze der Sieger jedoch zeigen, daß Frankreich ganz einfach nur zugestand, was es zugestehen wollte. So wurde zum Beispiel die Religionsfreiheit, die Richelieu noch geachtet hatte, nur noch in dem Maße garantiert, als sie 1624 existierte: Das aber war jenes Jahr, in dem die Gegenreformation zu ihrem Hauptschlag ausgeholt hatte. Darüber hinaus mußte die Kathedrale an die Katholiken zurückgegeben werden. Man räumte dem Magistrat seine alte Handlungsfreiheit auch unter der französischen Flagge ein, begrenzte sie aber auf Angelegenheiten von maximal 2000 Livres Streitwert usw.

Unterzeichnet wurde das Dokument, das binnen längstens zehn Tagen vom König genehmigt wieder in Straßburg vorliegen sollte, nach den französischen Herren von Johann Georg von Zedlitz, dem kaiserlichen Schatzmeister, und von den Straßburger Bürgern Dominik Dietrich, Johann Leonhard Fröreisen, Johann Philipp Schmidt, Daniel Richshofer, Jonas Stör, Joachim Frantz und von Christoph Güntzer als Syndicus der Stadt.

Ludwig und Colbert unterzeichneten am 3. Oktober in Vitry-le-François, woraus sich erkennen läßt, daß der König Paris in östlicher Richtung verlassen hatte, um den Ereignissen von Straßburg näher zu sein. Am 4. Oktober leisteten die Stadthäupter von Straßburg für Ludwig XIV. den Treueid, und die Besetzung der Stadt selbst wurde vollendet. Am 20. Oktober hielt Franz-Egon von Fürstenberg, der Fürsterzbischof, seinen Einzug in der Stadt, und drei Tage später kam Ludwig selbst mit einigen Mitgliedern der königlichen Familie. Vauban erhielt den Befehl, eine Zitadelle zu bauen und die Befestigungen den neuen Gegebenheiten anzupassen – sie waren ja bisher im Hinblick auf einen Angriff von Westen her konstruiert gewesen.

In der Folge zeigte sich, daß Ludwig wie noch jeder, der nach Straßburg gekommen war, ein besonderes und positives Verhältnis zu der Stadt gewonnen hatte. Da der Vertrag für Frankreich sehr günstig war, andererseits aber der

Stadt doch eine gewisse Unabhängigkeit in ihrem Innenleben bewahrte, hatten beide Teile Interesse, ihn einzuhalten. Er wurde in den nächsten Jahrzehnten nur durch die Ernennung eines königlichen Prätors verändert, der allen Sitzungen des Stadtsenats beizuwohnen hatte. Hingegen wirkte sich eben wegen der Freiheiten dieser Stadt die Aufhebung des Edikts von Nantes in Straßburg so gut wie gar nicht aus. Die Protestantenverfolgungen (Dragonaden), die das übrige Frankreich schon bald in Angst und Schrecken versetzen und die Hugenotten aus dem Land treiben sollten, blieben Straßburg erspart. Allerdings setzte man im ganzen Elsaß Häscher ein, die flüchtige Hugenotten am Übertritt nach Deutschland hindern sollten (auswandern durften ja nur die Geistlichen, ja sie mußten es sogar tun, weil man wollte, daß ihre Gemeinden führerlos würden).

Das Jahrhundert ging für die Stadt Straßburg friedlicher zu Ende, als es begonnen hatte. Ludwig XIV., gewiß der größte Monarch seines Zeitalters, stand auf dem Höhepunkt seiner Erfolge und verstand sich auch darauf, dies zu zeigen. Und die Straßburger, die beim Einzug der französischen Truppen noch die Läden geschlossen und sich nicht auf die Straße gewagt hatten, sie ahnten ein neues glanzvolles Zeitalter, als der Oberhirte der Stadt im wiedergewonnenen Dom ein feierliches *Te deum* anstimmen ließ, als der König die Messe hörte.

Obwohl auch Frankreich noch das mittelalterliche Steuersystem der Steuerpacht aufrecht erhielt, konnte es zu jener Zeit als das bestverwaltete und am besten regierte Land Europas gelten, und ein guter Kopf wie der Minister Colbert hatte die Wirtschaft in einer Weise in Schwung gebracht, die naturgemäß auch einer Stadt wie Straßburg, am Kreuzungspunkt wichtiger Land- und Wasserstraßen, zugute kommen mußte. Die Prosperität, die in dieser Stadt schon so viele Wunden geheilt hatte, tat wiederum ihr Werk. Man versammelte sich alljährlich vor der Kathedrale wie in früheren Zeiten, wählte seine Stadtverordneten und hörte die Lesung der Stadtverfassung, als sei Straßburg noch die freie Republik seiner heroischen Zeiten. Aber die bis dahin wenig bemerkten französischen Verordnungen im Elsaß, die Bevorzugung der Katholiken in allen Fragen des Grunderwerbs und der Niederlassung, wirkten sich nun auch auf Straßburg aus, und das eigentliche republikanische Element, die gegen den Bischof eingestellten Protestanten, verlor von Jahr zu Jahr an wirtschaftlicher Basis und politischer Bedeutung.

Die Oberhirten jener Jahre in Straßburg waren zunächst Franz-Egon und nach ihm sein Bruder Wilhelm-Egon von Fürstenberg, zwei deutsche Grafen, die leidenschaftliche Parteigänger Frankreichs gewesen und darum von Mazarin nachhaltig gefördert worden waren. Sie hatten gemeinschaftlich versucht, das geistliche Kurfürstentum Köln den Franzosen zuzuschanzen, waren darum vom Kaiser aller ihrer deutschen Besitzungen für verlustig erklärt worden und hatten diese erst im Frieden von Nymwegen und auf französischen Druck hin zurückbekommen. Nach dem Tod Franz-Egons war das Bistum Straßburg für Wilhelm-Egon frei, aber er wurde nicht sehr lange glücklich in dieser Stadt: Nach nur sieben Jahren verwickelte ihn sein maßloser Ehrgeiz in neue Querelen, vor denen er sich nach Paris zurückzog (was beide Brüder zeitweise schon früher hatten tun müssen); er starb 1704 im Kloster von Saint-Germain-des-Prés.

In Straßburg mochte man sich mit dem Fall der Stadt und den neuen Herren abgefunden haben, man kannte die Franzosen schließlich als Nachbarn. Im ganzen übrigen Deutschland jedoch löste der von außen gesehen friedliche Abfall dieser Stadt zu Frankreich sogleich den Verdacht aus, daß hier Verrat im Spiel gewesen sei. Zwar wird eine Sache dadurch nicht besser, daß dabei Blut fließt, aber so still und leise und widerstandslos, wie sich um und in Straßburg alles begeben hatte, so wollte die deutsche Nation eine ihrer schönsten und berühmtesten Städte denn doch nicht verlieren. Der schlesische Epigrammatiker Logau glossierte die Ereignisse mit seinem beißenden Witz, indem er Ludwig XIV. die Worte in den Mund legte: „Ich hab euch nicht bekriegt, ich hab euch nur betrogen", und selbst der große Denker Leibniz, Korrespondent von Fürsten und Gelehrten, schrieb bitter:

Pfuy, Straßburg schäme dich,
mußt mit vielen Scherzen,
verspotten lassen dich
zu deiner Pein und Last.

Das sind nur wenige Zeilen aus einer Reihe von Schriftstellen zu diesem Ereignis, das Leibniz offensichtlich stark beschäftigt hat. In einer Prosastelle heißt es: „Wer den Schlüssel zu seinem Hause seinem Nachbarn, seinem Feind, einem formidablen (furchtbaren) Feind, der eine ewige Jalousie (Eifersucht) und Ambition (Begehrlichkeit) gegen das römische Reich unterhält und nimmermehr quittieren wird, überlassen muß, der kann in diesem Haus gewißlich nicht ruhig schlafen."

Das ist, vom heutigen Status im Herzen Europas her gewesen, natürlich Schnee von gestern, aber wir müssen es zu verstehen versuchen: Deutschland erholte sich nur langsam vom Dreißigjährigen Krieg, der Süden und der Südosten des Reiches waren von den mit stillschweigender Unterstützung durch die Franzosen anrennenden Türken bedroht, und ein Jahr vor dem großen Türkensturm auf die Kaiserstadt Wien ging im Westen des Reiches Straßburg verloren. Das drückte manchem die Feder in die Hand zu einer satirischen Klage, etwa einem „Reichs-Abschied, gesprochen von der Mutter, dem Römischen Reich, an die enterbte Tochter, die nun französische Stadt Straßburg".

Ernüchterung und neue Verführung

Bedenkt man, was französische Truppen in der Pfalz sengend und mordend getrieben hatten, betrachtet man alte Ansichten von der Brandruine des Heidelberger Schlosses, erinnert man sich der Tränen, die Liselotte von der Pfalz über die Taten ihres Schwagers, des Sonnenkönigs, vergossen hat, dann muß man sich sagen, daß Straßburg behandelt worden war wie das *morceau du roi* der ganzen Reunionscampagne, der Königsbissen, für den besondere Gesetze galten. Das geschah wohl zunächst mit Rücksicht auf die Brüder Fürstenberg, denen schon das französische Köln beinahe gelungen war und die nun das französische Straßburg genießen sollten (woran den einen freilich sein Tod hinderte). Denn Verräter, und vor allem die hochgestellten, sind äußerst empfindlich, wenn an ihnen selbst Verrat geübt wird. So sehen wir denn Ludwig mit beinahe zärtlicher Fürsorge um die Rekatholisierung der Stadt bemüht, die sich ja den habsburgischen Bemühungen in dieser Richtung noch weitgehend hatte entziehen können.

Ludwig, der neue Herr der elsässischen Städte und Landschaften, war als junger Mensch der Übelste nicht gewesen, bis man die warmherzige Maria Mancini von seiner Seite gerissen und ihn zur Ehe mit einer buckligen und bigotten Spanierin genötigt hatte. Weitere Verdüsterungen brachten der rätselhafte Tod seiner schönen und geistvollen englischen Schwägerin Henriette und die Giftaffaire, in der mindestens zwei ihm sehr nahestehende Damen des Hofes bedenklich kompromittiert waren: Olympia Mancini, die schöne Mutter des Prinzen Eugen, und die Marquise de Montespan, die an Schwarzen Messen teilgenommen und mit ihren Aphrodisiaka den König beinahe ums Leben gebracht hatte. Der letzte Schritt, die letzte Phase des Erkaltens und der Verhärtung der großen königlichen

Persönlichkeit, kam 1679, als Ludwig sich von der Montespan löste und endgültig zu jener Witwe Scarron und nunmehrigen Marquise de Maintenon überging, die ihm allabendlich seine Sünden vorhielt und ihm die Angst vor dem Fegefeuer ins alternde Gebein jagte. Damit brachte sie ihn dazu, sich durch die Unterdrückung der Protestanten in Frankreich, im Elsaß und insbesondere im stolzen Straßburg den Himmel, den er an sich verwirkt hatte, neu zu verdienen. Heimlich mit der Maintenon vermählt, deren Sündenregister dem seinen nicht viel nachstand, entdeckte Ludwig Straßburg als ein Betätigungsfeld besonderer Art; es war die letzte protestantische Enklave, das geeignete Terrain, um die von der Maintenon hartnäckig betriebene Aufhebung des Edikts von Nantes wie in einem großen Terrarium zu erproben.

Daß die Herren Obrecht und Güntzer schon am Tag nach der Kapitulation der Stadt auch ihrem lutherischen Glauben abschworen, wunderte niemanden, sie wären ja sonst nicht in den Genuß ihres Verräterlohns gelangt, duldete das neue Regime doch nur katholische Beamte. Einer aber blieb standhaft, das war der Altammeister Dominikus Dietrich. Da er an allen offiziellen Verhandlungen teilgenommen hatte, war er von weniger Informierten in Deutschland den Verrätern hinzugerechnet worden, wie sich nun zeigte, zu Unrecht. Ludwig ließ ihn nach Versailles kommen, wo der in seiner Vaterstadt noch immer sehr angesehene Mann zunächst höflich behandelt und aufgefordert wurde, katholisch zu werden: Dann stehe seiner Zukunft in ehrenvollen Ämtern nichts mehr im Wege.

Als Dietrich ablehnte, war es auch mit den Freundlichkeiten vorbei; er wurde nach Guéret verbannt, an sich eine passable Kleinstadt im heutigen Département Creuse, nur war Dietrich dort völlig isoliert und mußte, obwohl nicht mehr jung, auch den einzigen Vertrauten, seinen Diener aus Straßburg, entlassen, weil dieser Protestant war(!). Jahrelange Bekehrungsversuche folgten, und als Dietrich widerstand, brachte man ihn nach kurzem Urlaub in Straßburg in die Festungsstadt Vesoul. Erst als er so alt war, daß von ihm keine Gefahr mehr zu drohen schien, wurde er in den Hausarrest bei seiner Familie entlassen und starb dort 1694 als ein wenig beachteter Zeuge von den Dunkelseiten der französischen Elsaßpolitik.

Die anderen Stadtväter scheinen sich weitgehend arrangiert zu haben und waren im übrigen auch bald nicht mehr in der Lage, zu widersprechen, da Ludwig oder die Maintenon dekretiert hatten, der halbe Senat müsse aus Katholiken bestehen. Solchermaßen zur Willfährigkeit gezwungen, bezahlte die Stadt die Befestigungen, die Vauban umso großzügiger entwerfen konnte, als die Kosten ja nur zum geringsten Teil von der Krone zu tragen waren. Andererseits muß man zugeben, daß die Lasten für den Hof mit etwa 100.000 Livres jährlich vergleichsweise gering blieben. Am stärksten fühlbar blieben in der prosperierenden und wachsenden Stadt all jene Maßnahmen, die man heute Umerziehung nennen würde, die aber nichts waren als primitive Lockungen. Trat ein Straßburger Lutheraner zum römischen Katholizismus über, so durfte er drei Jahre lang nicht wegen seiner Schulden verfolgt werden, auch waren ihm all seine Abgaben für diese Zeit erlassen. War es auch ein seltsames Gelichter, das auf diese Weise an der Brust der alten Kirche Zuflucht und Schutz suchte, so läßt sich an der Zahl der Eheschließungen und der Taufen doch ablesen, daß die Katholiken, die lange Zeit, ja eineinhalb Jahrhunderte hindurch eine zunächst verschwindende und dann eine unbedeutende Minderheit gewesen waren, langsam das Gleichgewicht der Kräfte herbeiführen und endlich die Oberhand gewinnen konnten.

Verständlich bleibt an all dem aus heutiger Sicht nur die Rückkehr des Doms in die Verantwortung des Bischofs, weil es der mächtigen Kathedralkirche nun einmal so zustand. 1284, vierhundert Jahre, ehe Straßburg französisch wurde, hatte Meister Erwin von Steinbach die Leitung des Dombauvorhabens übernommen, 1318 war er gestorben, und sein Sohn hatte weitergebaut. Zweihundert Jahre vor dem Franzosen-Überfall hatte der Dom seine Schatzkammer bekommen, und 1682 schließlich war der Lettner abgebrochen worden, er stammte noch aus der Bauphase vor dem Meister Erwin. Straßburg hatte stets mit seinem Münster gelebt; mitten in der Stadt gelegen, hatte es alles mit angesehen und hatte es ständig Anpassungen, Veränderungen, Bereicherungen und Ausbauten erfahren, war aber stets ein gotisches Gotteshaus geblieben und damit ein Stück des alten katholischen Straßburg, der Bischofsstadt. Und es hatte schließlich große Bischöfe gegeben, die reineren Herzens in ihre Kathedrale hätten einziehen können als jener Graf von Fürstenberg, der seinen maßlosen Ehrgeiz ein Leben lang über den alten deutschen Adel seines Geschlechtes gesetzt hatte.

Wer sich im Straßburger Münster selbst an die protestantische Zeit des Bauwerks zu erinnern wünschte, in der nur das Chor dem katholischen Kult zur Verfügung stand, der durfte die große astronomische Uhr betrachten, die nach einer ersten Bauphase zwischen 1547 und 1550 endlich 1571 vollendet wurde, ein seltsamer Zufall, als hätten die Lutheraner sich vor Augen halten wollen, daß ihre Zeit bald ablaufen würde.

Man kann nicht erwarten, daß die energischen Rekatholisierungs-Aktionen des vierzehnten Ludwig von seinen größten Teils diesem Glauben anhängenden Untertanen mißbilligt wurden; im allgemeinen mochte eine gewisse Zufriedenheit darüber eingekehrt sein, daß der Hof aus seiner skandalträchtigen Ära nun herausgetreten war und daß an ihm nicht mehr so hurtig gemordet wurde. Die Eroberung des Elsaß und der Handstreich auf Straßburg fanden jedoch keineswegs ungeteilte Zustimmung. Die Geschichtsschreibung über das Elsaß, auch aus französischen Federn, distanziert sich eindeutig von diesen Gewaltaktionen, und Ludwigs vorgebliche Re-Unions-Aktivität, also die behauptete Wiedervereinigung dieser Territorien mit

Frankreich, ist in unseren Quellen, auch den französischen, stets in Anführungszeichen gesetzt. Es kann ja auch nicht anders sein, weiß doch jeder Historiker, daß die elsässischen Landstriche und Städte seit dem Karolingerreich nicht mehr mit Frankreich vereinigt waren, und ginge man von diesem aus, so hätten die deutschen Kaiser ganz Frankreich bis Toulouse beanspruchen können.

Die deutlichste Sprache aber riskierte ein Zeitgenosse des Sonnenkönigs, der verehrungswürdige Fénélon, Erzbischof von Cambrai. Bis dahin in gutem Einvernehmen mit dem Sonnenkönig, richtete er nun den berühmten mutigen Brief an ihn, in dem es unter anderem heißt:

„Man hat Eure Majestät zu dem Kriegszug in den Niederlanden veranlaßt... Er wurde zur Quelle all der weiteren, die ebenfalls keine anderen Beweggründe hatten als die Ruhmsucht und das Verlangen nach Rache, sie aber können einen Krieg niemals zu einem gerechten Krieg machen: Und auch dadurch, daß er gut ausgeht, wird ein Krieg nicht gerechter. Die Friedensschlüsse, die ihnen folgten, sind keine Rechtfertigung, denn alles, was man Frankreich zugestand, wurde mit dem Messer an der Kehle bewilligt... Man unterzeichnete, so wie man (einem Straßenräuber) seine Börse ausfolgt, um am Leben zu bleiben."

Das waren schon sehr deutliche Worte, aber hinsichtlich der Stadt Straßburg und ihres Besitzwechsels zog Fénélon noch herzhafter vom Leder:

„In tiefstem Frieden haben Eure Majestät die Feindseligkeiten eröffnet und schon bei den Verhandlungen über den Westfälischen Frieden jene unklaren Formulierungen erlangt, die Eurer Majestät nun den Vorwand lieferten, Straßburg zu überfallen, obwohl keiner von Eurer Majestät Ministern bis dahin diese angeblichen Grundlagen für den Handstreich auch nur zu erwähnen gewagt hatte... Sie kennen Gott nicht, Majestät, Sie lieben ihn nicht, und Ihre Gebete kommen nicht von Herzen, denn Sie tun nicht das Geringste, um sich ihm zu nähern."

Wir wissen heute, daß Fénélon nicht nur die Dragonaden

gebilligt hatte, sondern auch die unvorstellbaren Quälereien, denen junge Hugenottinnen in den Umerziehungs-Klöstern ausgesetzt waren. Sein Brief an den König zieht also eine deutliche Trennungslinie zwischen der Rekatholisierung und den imperialistischen Ambitionen, und erst durch die mutwilligen Eroberungskriege erscheint der König seinen urteilsfähigsten Untertanen als Sünder, als von Gott abgefallen, als ein schlechter Christ.

Gottfried Wilhelm Leibniz (1646-1716), als emsiger Korrespondent der Kurfürstin Sophie und anderer hochgestellter Persönlichkeiten ständig bestens informiert und ernsthaft politisch interessiert, gab 1683, also unmittelbar nach dem Überfall auf Straßburg eine „Spottschrift wider alle Verächter des Völkerrechts" heraus, die den Titel *Der Allerchristlichste Kriegsgott* trug, sich zunächst mit dem Raub Lothringens und dem Einfall in den Niederlanden beschäftigt und dann fortfährt: „...darauf gestützt, haben die französischen Heere Deutschland angefallen... So hat man Trier genommen, so die zehn Städte im Elsaß überrumpelt und geschleift (d.h. die Befestigungen zerstört) ohne sich viel um Treu und Glauben zu kümmern, so die ganzen Feindseligkeiten in der Pfalz verübt... einer der ungerechtesten Kriege aller Zeiten. Dazu nun Straßburg! Die Besetzung dieser Stadt verrät eine Politik, so gewalttätig, so tükkisch, wie sie nie ein christlicher Fürst zu üben gewagt hat, und es ist der Gipfel der Schamlosigkeit, wenn man sie entschuldigen will. Dieser Streich geschah im vollen Frieden, ohne den Schatten eines Vorwands, gegen das frisch gegebene Wort... Jeder, der urteilen kann, hat geurteilt, daß es fortan unnütz sein würde, sich auf Recht und Redlichkeit zu verlassen. Gewissen, Treu und Glauben, Völkerrecht sind leere Begriffe und eitle Schatten, seit man nicht einmal einen Vorwand mehr für die Gewalttat sucht..."

Was nach Straßburg geschah, die absichtsvollen neuerlichen Verwüstungen in der Pfalz, die Einhebung von Kontributionen in diesem Land, angeblich für Liselotte, die sich darüber die Augen ausweinte und wegen der Leiden ihrer

Heimat nachts nicht schlafen konnte, dies freilich zeigte ganz Europa und vornehmlich den Deutschen, daß sie in Ludwig XIV. – getäuscht durch seine Prachtenfaltung, das Kulturgepränge und die zur Schau getragene Frömmigkeit – durchaus zu Unrecht einen Präzeptor Europas gesehen hatten; die Ernüchterung erreichte nun einen Grad, der endlich auch aktive Gegnerschaft auf den Plan rief. Wir können uns den Stimmungswandel gegen Ende des siebzehnten Jahrhunderts am besten vergegenwärtigen, wenn wir an das Frühjahr 1939 denken. Im Oktober 1938, als es um die deutschen Gebiete der Tschechoslowakei ging, hatten viele Hitler noch für jenen Idealisten gehalten, der eben seine Landsleute in einem Reich vereinigen wollte, und der Tag von München mit einer kurzen auf ihn folgenden euphorischen Phase wiegte Europa in trügerischen Hoffnungen. Der Einmarsch in Böhmen und Mähren erst gab das Signal zum allgemeinen Umdenken und zur entschlossenen Aufrüstung. Im Jahr 1681 war eine gleichartige Bewegung von Straßburg ausgegangen.

Die Sympathien, die der König verloren hatte, versuchte das kulturelle Frankreich zurückzugewinnen, und es hatte die besseren Karten. Noch deutlicher als im folgenden Jahrhundert hatte sich Frankreich in seinem *Grand Siècle* über die anderen Nationen erhoben. Spielte Italien dank seiner reisenden Komödiantentruppen und der Anfänge der Oper eine gewisse Rolle, so hatten Racine, Corneille und Molière, den der Sonnenkönig sehr schätzte, eine große Ära des Theaters heraufgeführt, der Deutschland damals noch nichts entgegenzusetzen hatte als die spätesten Ausläufer jener grobianischen Schöpfungen, von denen nicht wenige am Oberrhein entstanden waren.

Trotz aller Absurditäten, die natürlich auch im Elsaß bekannt wurden, übte der Glanz von Versailles, übten die dort tätigen Maler, Bildhauer, Dichter und Schauspieler eine mächtige Anziehungskraft aus, und dies umsomehr, als die Gegenreformation im Elsaß ein Klima der Niedergeschlagenheit, der Enttäuschung und der Verzweiflung erzeugt hatte. Der francophile Oberhirte der Stadt hatte zur Bevölkerung keinen wirklichen Kontakt und suchte ihn in seiner Arroganz ebensowenig wie dies später bei den Prälaten aus dem Hause Rohan der Fall sein wird, und der tief veranlagte Philipp Jacob Spener (1635-1705), ein Beamtensohn aus Rappoltstein im Oberelsaß, hatte seine Heimat schon vor der Besetzung Straßburgs verlassen, so daß die von ihm begründete neue pietistische Frömmigkeit dem starken Einfluß aus Frankreich nur schwach entgegen wirken konnte. Der Pietismus wäre eine taugliche Gegenbewegung gewesen, er hatte zu einer neuen Innerlichkeit geführt und damit eine erstaunliche Parallele zu einer anderen deutschen Grenzlandschaft, zu Schlesien, gezogen. Er hatte die Frauen mit ihrem Hang zur Vertiefung des häuslichen Lebens geistig zu interessieren vermocht und damit Klopstock ein Publikum geschaffen. Aber Spener hatte eben Deutschland gesucht und war dem französischen Geist ausgewichen.

Das Terrain, das Spener preisgab, nahmen in gewissem Sinn jene Hugenotten, also Calvinisten ein, die sich im Elsaß eine etwas weniger drückende Überwachung erwarteten als im alten Frankreich. Man kann aus den Memoiren jener Zeit nach der Aufhebung des Toleranzedikts von Nantes erschütternde Berichte über die Fluchtversuche in das Elsaß und in die Pfalz lesen, wobei sehr oft die französischen Truppen mit jenen Flüchtlingen milder umsprangen oder sich den Damen gegenüber sogar ritterlich verhielten. Dieser Zustrom brachte dem Elsaß nicht nur beträchtlich ansteigende Bevölkerungszahlen, sondern auch wirtschaftlich lebhafte Elemente und eine gewisse Bereicherung des Gewerbebetriebes durch die fleißigen Hugenotten mit ihren oft sehr speziellen Kenntnissen. In ihren religiösen Aktivitäten mußten sie freilich stillhalten, es ergab sich also keine dritte protestantische Gruppe im Elsaß, die Lutheraner blieben, vom Sundgau und Mülhausen abgesehen, bei weitem in der Überzahl. Aber wirtschaftlich hatte das Elsaß bald deutliche Vorteile, die sich neben den kulturellen Einflüssen naturgemäß im Sinn einer gewissen Französisierung auswirkten: Das offizielle Frankreich nämlich zog die wirtschaftliche Grenze immer noch auf den Vogesenpässen, belegte elsässische Waren mit Einfuhrzöllen und nötigte damit das Land, seine alten Handelsbindungen an das Reich aufrechtzuerhalten.

Nur langsam konsolidierten sich diese widersprüchlichen Verhältnisse, und zwar vor allem dadurch, daß das Land nun einen echten Mittelpunkt, eine wirkliche Hauptstadt hatte, war doch die Bischofsstadt und Stadtrepublik Straßburg bis dahin ein Rechts- und Wirtschaftskörper für sich gewesen mit zum Teil schwierigen Beziehungen zu den Orten des flachen Landes. In den hundert Jahren, die auf Straßburgs Eroberung folgten, verdoppelte die Stadt ihre Einwohnerzahl. Im ganzen Elsaß zählte man an die 400.000 Seelen statt etwa 250.000 um 1680 (die Schätzungen sind vage und werden von manchen Autoren angezweifelt: Die erste Ziffer soll zu niedrig, die zweite zu hoch sein). Aber selbst, wenn wir annehmen, daß sich im ganzen elsässischen Land nur hunderttausend Neubürger eingestellt haben, zuwandernde katholische Bauern und hugenottische Gewerbetreibende, so ergibt sich ein gewaltiger Zustrom französischer Elemente, der nicht dirigiert war, sondern eine natürliche Folge der ganz Frankreich betreffenden Maßnahmen: Der Dragonaden und anderer Drangsale gegen die Hugenotten, der Landarmut und Teuerung auf den französischen Adelsgütern, die immer schlechter verwaltet wurden, je länger sich die Gutsherren in Versailles herumdrückten.

Frankreich begnügte sich aber nicht mit dieser Entwicklung, die freilich unter Ludwig XIV. noch nicht voll abzusehen war, sondern griff mit sehr deutlichen Maßnahmen ein, so daß die Annahme, man werde die lokalen Traditionen des Elsaß und die Sonderrechte seiner Städte achten, sehr bald in nichts zerstob. Läßt man die Absurditäten der

Rekatholisierung beiseite (etwa, daß in einem Ort mit mindestens sieben katholischen Familien diesen dann die Kirche zustand), so bleiben Sprache und Kleidung als Zeichen der Zugehörigkeit zum elsässisch-deutschen Volkstum, und was dagegen unternommen wurde, war naturgemäß gravierender, als wenn man einem ehrgeizigen Prälaten zu Andlau erklärte, „im Elsaß unterwerfe sich der Heilige Geist dem König".

Schon im März 1666 war im Elsaß die Verordnung proklamiert worden, die den Unterricht in der französischen Sprache vorschrieb, „damit diese eines Tages den Menschen ebenso vertraut werde wie das Deutsche und im Laufe der Zeit dieses, wenn schon nicht völlig verdränge, so doch entbehrlich mache, wonach dann der französischen Sprache der Vorzug zu geben ist, auch in der Meinung der Landesbewohner."

Man vertraute also auf die übermächtigen Einwirkungen aus dem französischen Bereich, auf Kultur, Verwaltung und Wirtschaft als natürliche Werbung für die französische Sprache, sobald diese erst einmal einem größeren Kreis von Elsässern zumindest von der Schule her bekannt sei.

Härter schlug der König am 30. Januar 1685 zu, als er das Französische als Gerichtssprache im Elsaß einführte. Die Richter wurden mit einer Strafe von 500 Livres bedroht, wenn sie Schriftstücke zu den Akten oder als Grundlage ihrer Entscheidungen nahmen, die in der *langue ethnique* abgefaßt worden seien. Und da die Verfasser solcher Vorschriften in den Elsässern somit Eingeborene sahen, schrieb man ihnen auch eine andere Kleidung vor: Monsieur de la Grange dekretierte am 25. Juni 1685, daß *le costume traditionel alsacien* eine Sympathiebekundung für Deutschland darstelle, weswegen sich Männer wie Frauen im Elsaß nach französischer Mode zu kleiden hätten.

Pierre Zind, der den Wortlaut dieser Dekrete in seiner *Brève Histoire de l'Alsace* mitteilt, beruhigt seine Leser freilich mit der Mitteilung, daß weder die Verordnung hinsichtlich der Sprache noch das Verbot der elsässischen Trachten ernsthaft angewendet werden konnten und darum auch nicht wirklich befolgt wurden. Noch zwanzig Jahre nach dem Tod des Sonnenkönigs mußte ein Oberhaupt der französischen Verwaltung im Elsaß feststellen, daß die Bewohner dieses Landes zwar eine gewisse Anhänglichkeit gegenüber dem König zeigten (was kein Kunststück war: Ludwig XV. hatte ja noch kaum von sich reden gemacht), daß sie im Herzen aber noch immer den Adler trügen, also das Wappentier des Heiligen Römischen Reiches Deutscher Nation.

„Es fällt ihnen daher nicht ganz leicht, sich der Versuchung jener Ideen zu entziehen, die auf eine Unabhängigkeit des elsässischen Landes von Frankreich abzielen."

Die Schlußfolgerung des scharfsichtigen Beamten ist bemerkenswert, weil in jenem Jahr 1735 Frankreich weitgehend schuldenfrei geworden war, weil es die ausgezeichnete Verwaltung durch Philipp von Orléans erlebt hatte, den hochintelligenten Sohn der Liselotte von der Pfalz, und weil die Zeiten im ganzen friedlich waren, was dem Elsaß stets gute Geschäfte und Wohlstand bescherte. Die harten Maßnahmen Ludwigs XIV. und der Herren Colbert hatten also gegen das Selbstbehauptungsvermögen der Elsässer noch keinen nennenswerten Erfolg erzielt, im Gegenteil: Dem Kaiser war die Gegenreformation offenbar verziehen, das Deutschtum stand als Wert wieder über dem bitteren Streit der Bekenntnisse.

Lichter und Irrlichter

Das achtzehnte Jahrhundert war für jene Mächte, die am Elsaß interessiert waren, beinahe pausenlos mit Krieg erfüllt: Auf den Spanischen Erbfolgekrieg, der beinahe ganz Europa unter Waffen sah, folgten der binnendeutsche Krieg um die Erbfolge der Maria Theresia; danach führten Preußen und Österreich drei Kriege um Schlesien, in die alle Großmächte eingriffen, und Frankreich versuchte in anhaltenden Kämpfen zur See und zu Lande sein Kolinialreich gegen England zu behaupten.

Umso erstaunlicher sind die Folgen für das Elsaß, die diese Landschaft aus dem großen Geschehen auszuklammern scheinen: Es gab zu Beginn des Jahrhunderts und 1744 Einfälle kaiserlicher Truppen mit Plünderungen im Elsaß, aber verglichen mit früheren Zeiten eigentlich kein Kriegs-Elend und nur sehr geringe Verluste der Bevölkerung und der Wirtschaft. Noch erstaunlicher ist, daß weder das Heilige Römische Reich noch Österreich den Niedergang der französischen Macht in den letzten Lebensjahren des Sonnenkönigs zur Wiedergewinnung der elsässischen Landschaften und der Stadt Straßburg nutzten. Von Marlborough, vor allem aber vom Prinzen Eugen wiederholt geschlagen, hätte Frankreich 1713 zu Utrecht oder 1714 zu Rastatt gegen die Rückforderung der Deutschland abgepreßten Landschaften und des überhaupt ohne jeden Rechtstitel überfallenen Straßburg weder Argumente noch militärische Möglichkeiten gehabt. Aber in dem dynastisch-verrannten Denken der alten Politik ging es, speziell in den Auseinandersetzungen der ersten Jahrhunderthälfte, um die Thronfolge in Spanien und in Wien. Als der Friedensschluß zu Rastatt zwischen Österreich und Frankreich die neue Lage besiegelte, hatten die Habsburger sich Länder gerettet, die auf die Dauer doch nicht zu halten waren wie Neapel, Sardinien und ein paar italienische Herzogtümer; am Oberrhein kamen lediglich Kehl und Alt-Breisach, also rechtsrheinische Städte, wieder ans Reich, und endlich auch Freiburg. Landau hingegen blieb den Franzosen wie das ganze elsässische Territorium. Dabei weiß man heute aus bekannt gewordenen Instruktionen für die Unterhändler des vierzehnten Ludwig, daß zumindest hinsichtlich Straßburgs echte Chancen auf eine Herauslösung der Stadt und ihre Verselbständigung als Stadtrepublik zwischen Frankreich und Deutschland bestanden hätten.

Die Gefahr war für Frankreich so groß gewesen, daß Paul Arnold in seiner francophilen *Histoire secrète de l'Alsace* im Kapitel über das achtzehnte Jahrhundert aufatmend von einer Rückkehr des Elsaß nach Frankreich spricht *Le retour de l'Alsace à la France.*

Rückkehr oder nicht, dem Elsaß blieb einiges erspart, und es hat die Gunst der Zeiten genutzt, ist es doch eine Tatsache, daß in Kriegszeiten die nicht selbst betroffenen Länder am Unheil der Kriegsführenden nicht unerheblich verdienen. Das galt für die Schweiz, die in früheren Zeiten durch ihre Reisläufer den Landesknechtslohn ins Land bekommen hatte, nun aber nur noch Garden für den Papst und für den König von Frankreich stellte, und das galt für den elsässischen Handel, der nach und nach von den innerfranzösischen Schranken befreit worden war und nun ebenso aufblühte wie die Bevölkerung im Ganzen.

Dadurch veränderten sich auch die gesellschaftlichen Strukturen im Land, und zwar schneller als anderswo. Ein Kuriosum der Geschichte darf man darin erblicken, daß der europäische Adel mit seinen grenzübergreifenden Heiraten, Verwandschaften und Kriegsdiensten von allen Herrschern als beinahe exterritorial angesehen wurde, solange er sich standesgemäß verhielt. Den Fürstenberg waren nur ihre deutschen Besitzungen weggenommen worden, und auch diese erst, als sie buchstäblich Hochverrat begangen hatten. Friedrich der Große kümmerte sich, wenn er über die Schlachtfelder ging, um die verwundeten adeligen Offiziere aus Frankreich oder Österreich genau so wie um seine eigenen Landsleute, und im nunmehr französischen Elsaß genoß der elsässische Adel des Nordteils, aber auch der österreichische Adel im Sundgau unter Ludwig XV. die gleichen Rechte wie sie ihm das Heilige Römische Reich oder die Habsburger zugestanden hatten. Nennenswerte Veränderungen ergaben sich hingegen für das Großbürgertum und den Mittelstand, der im Elsaß noch lange seinen Zunftordnungen treublieb. Hier wirkten sich die erheblichen Einwanderungen, aber auch die neuen Absatz-Chancen in einem kriegführenden Europa sehr günstig aus. Kam es auch nicht zur Bildung großer Vermögen (es gab ganz einfach zu viele fleißige Leute seit dem Hugenottenzustrom), so prosperierte das Land doch im Ganzen und die Stadt Straßburg im Besonderen.

In seinem Bestreben, es den Franzosen gleich zu tun, verschuldete sich der elsässische Adel von Jahr zu Jahr mehr in erster Linie bei den Straßburger Juden; aber auch in Hagenau, Mülhausen und Schlettstadt entstanden nun wieder nicht unbeträchtliche Judengemeinden, in denen man freilich nicht zu vergessen vermochte, wie grausam gerade im Elsaß die Juden verfolgt worden waren. Synagogen wurden gebaut und eine besondere Spielart des Jiddischen entstand, die neben den bekannten deutschen, slawischen und hebräischen Elementen nun auch französische Worte und Wortstämme und französisches Argot enthielt. Damit begann die Festigung einer der interessantesten, tüchtigsten und auch im Schöpferischen sehr bemerkenswerten Siedlungsgruppen der europäischen Juden, die am Vorabend des Zweiten Weltkriegs im Elsaß, vor allem aber in der Stadt Straßburg eine große Rolle spielen und an die drei Prozent der Bevölkerung stellen wird.

Schweizerische und jüdische Konkurrenz hatten aus den Elsässern schon früh agile Kaufleute gemacht, und so ist es nicht sehr verwunderlich, daß 1746 in Mülhausen die erste elsässische Fabrik für bedruckte Kleider- und Möbelstoffe entstand. Die Brauereien entwickelten sich zu Großunternehmen, hatten doch die Weinberge durch die Verwüstungen des siebzehnten Jahrhunderts besonders gelitten. Das milde elsässische Klima begünstigte auch den Anbau von Tabakpflanzen, die allerdings nur in Kleinbetrieben weiterverarbeitet wurden. Auch die Keramik-Industrie lebte vom kunsthandwerklich betriebenen Klein-Unternehmen (so wie bis heute die besten Brennereien), aber insgesamt gab dies alles doch sehr viele Arbeitsplätze und bot bald eine Alternative zur Landwirtschaft alten Stils.

Eine der Folgen der französisch-österreichischen Friedensschlüsse und der gemeinsamen kriegerischen Aktionen der einst verfeindeten Staaten war der endgültige Verzicht des Reiches auf Lothringen. Ein Lothringer hatte Maria Theresia geheiratet, das Erzhaus nannte sich nun Habsburg-Lothringen, und statt Lothringen besaßen die Habsburger neuerdings die bankrotte Toscana, wo sie allerdings gute Figur machten und erhebliche Verbesserungen bewirkten. In Lothringen war – man tauschte damals die Länder wie heute Briefmarken – *le roi Stanislas* eingezogen, der in Polen als König gescheiterte Schwiegervater des fünfzehnten Ludwig, ein Mann von größter persönlicher Kultur, dem Nancy sehr viel verdankt.

Dieses nun entschlossen französische Lothringen in der nächsten Nachbarschaft gewann auch für das Elsaß neue Bedeutung, und nach lothringischem Vorbild entwickelte sich im Elsaß eine gewisse Stahlindustrie, der königliche Privilegien auf die Beine halfen. Denn wenn man Ludwig XV. auch nachsagte, daß er sich so gut wie ausschließlich für Frauen interessierte, so waren diese Frauen, allen voran die Marquise de Pompadour, ihrerseits doch oft kluge Mehrerinnen des französischen Steueraufkommens, hätten sie doch in einem wirtschaftlich verelendeten Land auch selbst kein so angenehmes Leben gehabt.

Im übrigen bestätigt diese ganze Entwicklung auch im Elsaß den von Sombart erstmals nachgewiesenen Zusammenhang zwischen den protestantischen Lebensdoktrinen und der Entstehung des Kapitalismus: All diese prosperierenden Wirtschaftsbetriebe, vor allem aber die größeren, gewichtigen, verdankten ihre Blüte der puritanischen Emsigkeit. Obwohl die Protestanten gegen Ende des Jahrhunderts nur noch ein Drittel der nun mehr als 650.000 Elsässer bildeten, gehörten ihnen mehr als die Hälfte aller Wirtschaftsbetriebe, und von den Großbetrieben an die zwei Drittel. Die katholischen Zuwanderer waren nur vereinzelt und langsam aus der Landwirtschaft aufgestiegen und im übrigen in der Verwaltung tätig.

Die Jahrzehnte der Hochkonjunktur brachten in Straßburgs Gesellschaft schillernde Extreme hervor, wendige Bürger, die es dem Adel gleichzutun hofften, die sich reiches Mobiliar der Epoche anfertigen ließen, sich nach französischer Mode kleideten und ein so großes Haus führten, daß man sich nach den Quellen ihrer Einkünfte fragen mußte. Das höchste Jahreseinkommen in Straßburg hatte naturgemäß der Bischof, es lag bei einer halben Million Livres. Von dem staatlichen Prätor (wie die französischen Intendanten hießen) wußte man, daß er auf dem Papier 32.000 Livres verdiente, sah man aber, wie Monsieur Franz-Joseph Klinglin lebte, dann wurde einem bald klar, daß er beträchtliche Nebeneinkünfte haben mußte. Er war zwanzig Jahre im Amt, Straßburgs beste Jahre im ganzen Jahrhundert; er verstand also etwas von dem, was die Stadt und was die elsässische Wirtschaft brauchte, und er hatte in Paris einen mächtigen Fürsprecher, dem er nicht wenig von seinen geheimen Einkünften abgeben mußte, den korrupten, aber klugen Minister d'Argenson. Der Sturz d'Argensons zog auch jenen Klinglins nach sich, und der Mann, der die ganze Affäre in einem Verfahren aufdeckte, Frankreichs Intendant Mégret de Serilly, hat die Angelegenheit in seinen Memoiren als exemplarisch darzustellen vermocht – exemplarisch für eine neue Bürgergesinnung, die im Schutz immer noch bestehender, wie Mégret meint: überholter Privilegien den eigenen Vorteil über das Amt und die Pflichten stellt. Es ist kennzeichend für das Interesse und für das besondere Verständnis, die Goethe dem Elsaß entgegenbrachte, daß er in *Dichtung und Wahrheit* auch Klinglins gedenkt:

„Weil denn nun auch jede Stadt ihre Tragödie haben muß, wovor sich Kinder und Kindeskinder entsetzen, so ward in Straßburg oft des unglücklichen Prätors Klinglin gedacht, der, nachdem er die höchste Stufe irdischer Glückseligkeit erstiegen, Stadt und Land fast unumschränkt beherrscht und alles genossen, was Vermögen, Rang und Einfluß nur gewähren können, endlich die Hofgunst verloren habe und wegen alles dessen, was man ihm bisher nachgesehen, zur Verantwortung gezogen worden, ja sogar in den Kerker gebracht, wo er, über siebzig Jahre alt, eines zweideutigen Todes verblichen."

Die Stelle ist bezeichnend für die Einstellung der Elsässer selbst. Ihnen blieb Klinglin offensichtlich einer der Ihren, war nur durch die neuen Möglichkeiten im Absolutismus, geschützt durch einen unangreifbaren Hof, in Versuchungen geführt, die es im alten Straßburg, vor dem Franzoseneinmarsch, eben gar nicht gegeben habe. Man verhielt sich, nicht nur in der Affäre Klinglin, ganz so, als seien Korruption, unmäßiges Wohlleben, rücksichtsloses Gewinnstreben und hoffärtige Eleganz allesamt Krankheitskeime, die Frankreich in ein Land eingeschleppt habe, wo man dagegen eben nicht immun war. Und wenn es so, wie es dasteht, auch kaum zu unterschreiben ist, weil die Elsässer schließlich ihren freien Willen und ihren christlichen Glauben hatten, so ist jenes Körnchen Wahrheit, um das es geht, sicherlich auch in dieser Behauptung zu finden. Die offensichtliche Unsicherheit des elsässischen Urteils in Hinblick auf so moderne Erscheinungen wie jenen Monsieur Klinglin und einige weniger kühne Nachahmer beweist aber auch, daß im Elsaß uralte, gewachsene Gesellschaftsstrukturen sich plötzlich mit einer Entwicklung konfrontiert sahen, die in der Régence begonnen hatte: Nach dem Tod Ludwigs XIV. im Jahr 1715 war ganz Frankreich aus seiner glorreichen Erstarrung erwacht, hatte sich wahren Gebirgen von Schulden gegenübergesehen und sie nur durch völlig neue Methoden der Wirtschaftspolitik einigermaßen abtragen können. Die Franzosen hatten erfahren, was Kolonialgesellschaften sind, daß man mit Anteilscheinen, sprich Aktien, eine Menge Geld machen oder auch verlieren könne, und daß es neben der ehrlichen Arbeit auch die lukrative Spekulation gebe. Die Hugenotten wußten zu erzählen, wie man ihnen ihre Güter für wenig Geld abgepreßt habe und daß eine der eifrigsten dieser Spekulantinnen die so fromme Maintenon gewesen sei, die dadurch ihren Bruder zum vielfachen Millionär gemacht habe. Und die weniger fromme, dafür aber sehr viel schönere Marquise de Pompadour hatte sich ganz auf die gleiche Weise verhalten.

So manches geriet ins Wanken. Der Weinbauer sah sich einem neuen Typus von Weinhändlern gegenüber, die ihr Exportkontingent durch billige Loire-Weine ergänzten, wenn die bodenständige Ernte zu teuer ausgefallen war, und nur die *Indiennes* waren weitgehend konkurrenzlos, die anmutig bedruckten Billig-Baumwollstoffe aus dem Elsaß, die den schweren Seiden aus Lyon und den kostspieligen Samtstoffen aus Flandern den Markt eng machten.

Das Beispiel des Regenten und vor allem des eiskalten Lüstlings an seiner Seite, des Kardinals Dubois, hatte aber auch die eigentliche Gesellschaft im Elsaß mit einem neuen Menschenbild konfrontiert, mit dem aufgeklärten Intellektuellen in hoher Position, eine neue Spezies, für die der große Voltaire am Hof Friedrichs in Potsdam und dann auf seinem herrschaftlichen Besitz bei Genf das eindrucksvollste Beispiel abgab. Zwar lebte er nur ein Jahr lang im Elsaß, aber er hatte, wie auch Rousseau, wiederholt Grund, sich in Lothringen von den Pariser Häschern zu verstecken; er suchte mitunter die Franche-Comté auf, wo es den Musenhof von Dijon und wohnliche Klöster gab, und war somit dem Elsaß atmosphärisch ebenso nahe wie die Schweizer

Aufklärer, wie der in Pontarlier gefangene Graf Mirabeau – kurz, das Jahrhundert des Lichts strahlte von Westen und Südwesten auch in das Elsaß hinein.

Man kann nicht sagen, daß die Elsässer dieses große Erwachen des europäischen Geistes begeistert begrüßt hätten, und wer nach kongenialen Antworten auf die Einflüsse aus Frankreich oder England sucht, wird herb enttäuscht. Niemals in seiner Geschichte hat sich das Elsaß so deutlich provinziell ausgenommen und gebärdet wie in dieser großen Zeit, und das, obwohl in diesem Jahrhundert so eifrig gereist wurde wie noch nie und es an klugen Köpfen oder feurigen Begabungen nicht fehlte, die Straßburg und andere Orte aufsuchten. Denken wir nur an das ehrwürdige Hôtel du Corbeau (Zum Raben), Nobelherberge von 1528 (erste Erwähnung) bis 1854, ein Haus, in dem 1740 Friedrich der Große abstieg (unter dem Namen eines Grafen Dufour), 1777 Kaiser Josef II. (als Graf Falkenstein), aber auch durchaus zweifelhafte Prominenzen wie zum Beispiel der Chevalier de Seingalt, bekannter als Giacomo Casanova. Für ihn begann in dem alten und renommierten Hotel eines der tristesten Abenteuer seines Lebens, die Begegnung mit der Renaud (sie ging später sogar in die Geschichte ein, als Gemahlin jenes Juweliers Böhmer, der das schicksalhafte Halsband für Marie Antoinette anfertigte, so daß die *Affaire du Collier*, in der Straßburgs Erzbischof, der Kardinal Rohan schließlich die Hauptrolle spielte, in gewissem Sinn im Hotel zum Raben begann...) Immerhin, daß eine Frau wie Catherine Renaud, damals eine der Mätressen des allmächtigen Grafen Brühl, in Straßburg weilte, daß es neben dem konservativen *Corbeau* noch das mondänere Hôtel de l'*Esprit* gab, daß sich also, wenn schon nicht die große Gesellschaft des Jahrhunderts, so doch ihr Train und die inkognito reisenden Großen in Straßburg aufhielten, das zeigt uns einen seltsamen neuen Stil in dieser bislang so seriösen Stadt. Der neue Geist, das neue Jahrhundert, sie schlüpfen auf einem sehr kuriosen Weg ins alte Straßburg hinein, nämlich durch Freimaurerei und Mesmerismus.

Die Wissenschaft als solche war inzwischen gesellschaftsfähig geworden; jeder Salon, der auf sich hielt, leistete sich mindestens einen Physiker, und zu den erregendsten Errungenschaften der sehr jungen Naturwissenschaft gehörten die elektrischen Erscheinungen, der Magnetismus, den man beinahe noch als ein okkultes Phänomen auffaßte. Mesmer stammte vom Bodensee, also gleichsam aus dem elsässischen Umfeld, er war nach Paris gegangen, wo seine Experimente und seine angebliche Heilmethode Furore machten, und es gehört schließlich bis heute zum Charakteristikum der Provinzstädte, daß sie die Metropolen gelegentlich zu überholen suchen, vor allem in jenen Bereichen, die sich einer Kontrolle entziehen.

Es war klar, daß Abenteurer und Scharlatane wie Cagliostro oder der Graf von Saint Germain, der eine Sohn eines jüdischen Wanderhändlers auf Sizilien, der andere vermutlich ein Geiger aus Ungarn, an reichen Städten wie Straßburg nicht vorbeigingen und dort ihre durch die Fama angekündigten Séancen hielten. Zu der Technik dieser Betrüger gehörte es jedoch auch, das Weite zu suchen, ehe man sich eingehender mit ihnen beschäftigen konnte. Der Magnetismus hingegen war oder galt als eine Wissenschaft; wir wissen, daß auch die Brüder Humboldt sich mit ihm beschäftigt haben. In Straßburg wurde er zu einer Art gesellschaftlichen Epidemie und vereinte die größten Namen des alten elsässischen Adels wie einen Grafen Lützelburg mit den Spitzen der Straßburger Gesellschaft. Nicht wenige Ärzte wollten wissen, wie es dabei zuginge, und auch die Geistlichkeit beider Kirchen fehlte nicht. Es waren diese Bemühungen um eine an der Grenze zur Esoterik verharrende neue Heilmethode, die Straßburg nicht nur mit Paris in Verbindung brachten, sondern auch mit kleinen Metropolen wie Karlsruhe oder Stuttgart.

Nach einer nur kurzen Unterbrechung durch die Revolution erreichte die im Kern ungebrochene Bewegung ihren Höhepunkt mit der Baronin Krüdener, die sich im Elsaß mit dem Mesmerianer Bergasse verschworen und endlich den

Zaren in ihre Netze gezogen hatte (1815). Da der Pfarrer Fontaines und die Seherin Marie Gottliebin Kummer aus jener Richtung elsässischer Frömmigkeit nicht hinwegzudenken sind, ziehen sich auch zur Heiligen Allianz, die der Zar nicht zuletzt nach den Einflüsterungen der Krüdener mit Metternich abschloß, Einflußlinien aus dem Elsaß jener Jahre, geheime und kaum sichtbare Beziehungen, die aber für das Leben dieser Landschaft und seiner Metropole besondere Bedeutung gewannen. Marie Gottliebin, ihrem Familiennamen nach eine Bäuerin, die eigentlich Kummer hieß, beeindruckte mit ihren Geschichten die Baltin Juliane von Krüdener, geborene Vietinghoff so sehr, daß diese sich für ein Werkzeug der Vorsehung halten mußte. Sie durchzog das Elsaß und die angrenzenden Gebiete eifrig predigend und goß die alte angestammte protestantische Frömmigkeit der elsässischen Kleinstädte in eine neue ekstatische Bewegung um.

Dies alles, der prophetische Pietismus, die Freimaurerei und der Magnetismus, erweisen das Elsaß als eine zumindest in diesen Zeiten eines großen Übergangs völlig verwaiste Landschaft. Vom alten Reich losgelöst, von Frankreichs rationaler Kultur noch nicht akzeptiert oder erobert, so trieb dieses Land einst hochberühmter Schulen auf den Wogen der vorrevolutionären Epoche. Es fehlte trotz einer Universität mit guten Köpfen an jenen sicheren Verankerungen, wie sie der dauernde Konnex mit dem Wissenschaftsbetrieb der großen Zentren nun einmal unvergleichlich schafft.

Das Elsaß besaß in jener Zeit einen einzigen einigermaßen bekannten Dichter, dafür aber einen hochbegabten und wendigen Journalisten, der manches ins Werk setzte, was noch im folgenden Jahrhundert weiterwirkte. Der Dichter kam aus Colmar und hieß Konrad Pfeffel (1736-1809), der Journalist, Buchhändler, Zeitkritiker und Gesellschaftslöwe des Jahrhundert-Endes war Friedrich Rudolf Salzmann aus Sainte-Marie-aux-Mines, wie der kleine

Industrieort Markirch nun ziemlich kompliziert genannt wurde. Das so modern benannte Städtchen im Leberau-Tal ist erstaunlich alt, es wird schon im elften Jahrhundert erwähnt und wurde dank seiner versteckten Lage in verhältnismäßig geringer Distanz zu den Zentren (35 km von Colmar) einer der Haupt-Zufluchtsorte der ins Elsaß abgewanderten Hugenotten. Seit dem sechzehnten Jahrhundert wurde hier ertragreich Silberbergbau betrieben, dessen Ergebnisse um 1765 jedoch überraschend nachließen. Zu jener Zeit war Friedrich Rudolf Salzmann sechzehn Jahre alt; er verließ den Ort, in dem er wohl keine Zukunftsaussichten mehr erkennen konnte, und begab sich nach Straßburg, dem Mekka aller aufgeweckten Elsässer. Dort lebte sein Onkel Johann Daniel Salzmann (die Franzosen schreiben diesen Namen mit tz, um ihn nicht Salsmann aussprechen zu müssen). Johann Daniel (1722-1812) war Aktuarius an der Pupillenkammer, in heutigem Amtsdeutsch also etwa Vormundschaftsrichter oder auch Berufsvormund, und ist uns Deutschen besser bekannt als der bedeutendere Neffe, denn der ältere Salzmann war einer der engsten Freunde und Vertraute Goethes in seiner Straßburger Zeit.

Salzmann-*neveu* hatte, obwohl Pfarrerssohn, seinen christlichen Glauben schon während der Studien in Straßburg und Zürich verloren, war dann, wie damals üblich, Hauslehrer in deutschen Adelsfamilien geworden (eine mitunter recht demütigende Existenz, die wir aus dem *Hofmeister* von Jakob Michael Reinhold Lenz kennen) und hatte über die Freimaurerei schnell Anschluß an wohlhabende Milieus im heimatlichen Elsaß und in der Schweiz gefunden. Dies ermöglichte ihm ausgedehnte Reisen in Frankreich mit einem längeren Aufenthalt in Paris und bald danach eine ähnliche Reise durch Italien.

In der Folge versuchte er, Freimaurerei und Christentum zu verbinden und verdankte wohl dieser Rückkehr zum Glauben die Konzession für eine Buchhandlung im Herzen von Straßburg, unweit Sankt Thomas und dem Alten Zoll.

Gestützt auf den Eckladen an der Schlosser- und Kettengasse gab Salzmann bald eine Literarische Gazette heraus, die beide Sprachen gleichberechtigt nebeneinander verwendete, aber auch über britische, holländische und schweizerische Neuerscheinungen berichtete und vor allem natürlich über das Geistesleben in der französischen und den deutschen Hauptstädten. Salzmann machte Karriere, wobei ihm die angesehene Familie Lauth half, die schon unter den Mesmeristen eine Rolle gespielt hatte, und er ging schließlich als Abgeordneter der Generalstände am Vorabend der Revolution nach Paris. Wir werden ihm in den Revolutionsjahren Straßburgs wiederbegegnen, als einem der kuriosesten Vermenger mystischer Strömungen, wie sie von Pastor Frédéric Fontaine ausgingen, mit dem neuen Gedankengut der Jakobiner.

Sein Onkel Johann Daniel erscheint uns diesem umgetriebenen Talent gegenüber als eine bürgerlich-ruhige Persönlichkeit, jedoch mit einer beträchtlichen gesellschaftlichen Begabung. Auch er verdankte dem ansässigen Patriziat nicht wenig, präsidierte in seiner Bonhomie und umfassenden Bildung gerne Tischgesellschaften, wie sie in verschiedenen großbürgerlichen Häusern gehalten wurden, und begründete auch eine Gesellschaft der schönen Wissenschaften, wobei die *Belles Lettres* etwa jenen sieben Freien Künsten entsprachen, die man in der Frühzeit der Universitäten gleichsam als allgemeinbildenden Untergrund in sich aufzunehmen hatte.

Eine dieser Gesellschaften schildert Goethe in *Dichtung und Wahrheit*:

„Salzmann hatte viel Bekanntschaften und überall Zutritt; eine große Annehmlichkeit für seine Begleitenden, besonders im Sommer, weil man überall in Gärten nah und fern gute Aufnahme, gute Gesellschaft und Erfrischung fand, auch zugleich mehr als eine Einladung zu diesem oder jenem frohen Tage erhielt. In einem solchen Falle traf ich Gelegenheit, mich einer Familie, die ich erst zum zweiten Male besuchte, sehr schnell zu empfehlen. Wir waren eingeladen und stellten uns zur bestimmten Zeit ein. Die Gesellschaft war nicht groß, einige spielten und einige spazierten wie gewöhnlich. Späterhin, als es zu Tische gehen sollte, sah ich die Wirtin und ihre Schwester lebhaft und wie in einer besonderen Verlegenheit miteinander sprechen. Ich begegnete ihnen eben und sagte: 'Zwar habe ich kein Recht, meine Frauenzimmer, in Ihre Geheimnisse einzudringen; vielleicht bin ich aber imstande, einen guten Rat zu geben oder wohl gar zu dienen'. Sie eröffneten mir hierauf ihre peinliche Lage: Daß sie nämlich zwölf Personen zu Tisch gebeten, und in diesem Augenblicke sei ein Verwandter von der Reise zurückgekommen, der nun als der Dreizehnte wo nicht sich selbst, doch gewiß einigen der Gäste ein fatales Memento mori werden würde. 'Der Sache ist sehr leicht abzuhelfen', versetzte ich; 'Sie erlauben mir, daß ich mich entferne und mir die Entschädigung vorbehalte'. Da es Personen von Ansehen und guter Lebensart waren, so wollten sie es keineswegs zugeben, sondern schickten in der Nachbarschaft umher, um den Vierzehnten aufzufinden. Ich ließ es geschehen, doch da ich den Bedienten unverrichteter Sache zur Gartentüre hereinkommen sah, entwischte ich und brachte meinen Abend vergnügt unter den alten Linden der Wanzenau hin. Daß mir diese Entsagung reichlich vergolten worden, war wohl eine natürlich Folge".

Die bekannte Anekdote gibt ein Bild von der angenehmen Gastlichkeit in dem milden elsässischen Klima, in Stadt- und Landhäusern, und wir wissen aus französischen Memoiren der Baronin Oberkirch, aber auch der in und um Straßburg tätigen höheren Beamten und Offiziere, daß diese nicht nur das Elsaß, sondern auch die Anmut der elsässischen Mädchen schätzten. Verbindungen bahnten sich an, die ähnlich wie des jüngeren Salzmann Zweisprachen-Zeitschriften zwar nicht gerade jenes französische Elsaß schufen, von dem man in Geschichtswerken aus Paris lesen kann, aber die doch einem neuen Lebensgefühl vorarbeiteten. Man war es zwar nicht zufrieden, zu Frankreich zu gehören, aber man gefiel sich in der Rolle eines gern besuchten Vorlandes der großen Nation. In einem Brief an den Goethe-Freund Merck lesen wir unter dem 9. März 1775 aus Straßburg:

„Ich habe hier viele Bekanntschaften gemacht... Die Liebhaber der deutschen Literatur sind dünn gesät, und diese ziehen den *Clavigo* dem *Götz von Berlichingen* vor, so wie sie sich auch nicht in die Stücke des Herrn Lenz, den *Hofmeister* und am wenigsten in den *Neuen Menoza* finden können. Alles spricht hier fertig lateinisch und französisch, schreibt es auch; mich dünkt aber, sie wüßten keine Sprache recht, weder lateinisch noch französisch, noch deutsch."

Georg Wilhelm Petersen, Theologe und später Prinzenerzieher am Hof von Hessen-Darmstadt, bestätigt also die hohe und lebhafte gesellige Kultur in Straßburg, schreibt aber schließlich doch auch prophetische Zeilen nieder, die ein Problem der elsässischen Städte und ihrer Gesellschaft schon früh aufzeigen. Die Attraktivität des Französischen war damals größer denn jemals zuvor, wurde inzwischen doch auch in der russischen Gesellschaft französisch gesprochen (in Konkurrenz zum Deutschen, wie uns unter anderen Casanova aus Petersburg berichtet). Zwei Sprachen rangen um Europa, aber die französische hatte einen Vorsprung durch die Literatur, durch die großen Dramen und seit neuestem auch durch jenen Herrn von Voltaire, der seine Jünger und Jüngerinnen nicht nur begeisterte und belehrte, sondern vor allem auch unterhielt.

In Straßburg begegnete Goethe dem Konflikt zwischen der französischen Bühne und den Werken Shakespeares, und dem berühmtesten aller in Straßburg Station machenden Hofmeister, dem Ostpreußen Herder (1744-1803), natürlich in der *Auberge de L'Esprit,* die wir schon als Aufenthalt der Kokotte Renaud kennen, jenes Hotel also, das dem Raben den ersten Rang in Straßburg streitig machte: „Herder hatte den Prinzen von Holstein-Eutin, der sich in traurigen Gemütszuständen befand, auf Reisen begleitet und

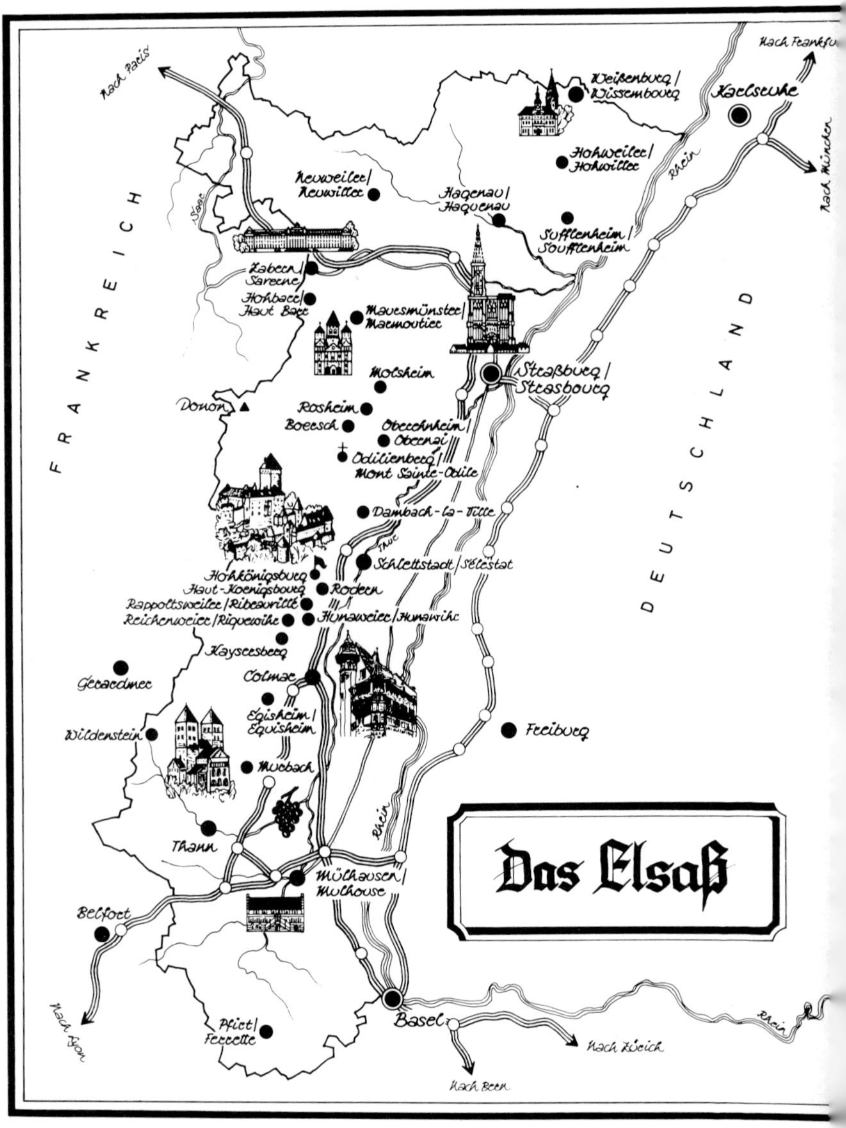

Nur die Türme von Egisheim blieben durch die Zerstörungen aus dem Jahr 1
übrig.

Colmarer Altstadt hat sich bis heute mit ihren verwinkelten Gassen erhalten.

ch heute kann man die einstige beherrschende Stellung der Festung Ortenburg
tlich ausmachen.

war mit ihm bis Straßburg gekommen. Unsere Sozietät (Freundeskreis), sobald sie seine Gegenwart vernahm, trug ein großes Verlangen, sich ihm zu nähern, und mir begegnete dieses Glück zuerst ganz unvermutet und zufällig. Ich war nämlich in den Gasthof 'Zum Geist' gegangen, ich weiß nicht welchen bedeutenden Fremden aufzusuchen. Gleich unten an der Treppe fand ich einen Mann, der eben auch hinaufzusteigen im Begriff war und den ich für einen Geistlichen halten konnte. Sein gepudertes Haar war in eine Locke aufgesteckt, das schwarze Kleid bezeichnete ihn gleichfalls, mehr noch aber ein langer, schwarzer seidener Mantel, dessen Ende er zusammengenommen und in die Tasche gesteckt hatte. Dieses einigermaßen auffallende, aber doch im Ganzen galante und gefällige Wesen, wovon ich schon hatte sprechen hören, ließ mich keineswegs zweifeln, daß er der berühmte Ankömmling sei."

Auf straßburgischen Hoteltreppen also fand eine schicksalhafte Begegnung statt, die der deutschen Literatur eine neue Richtung gab; in Straßburg beschäftigte man sich mit den Hauptwerken des Sturmes und Dranges wie Lenzens Satire vom *Neuen Menoza*, und im Straßburg des achtzehnten Jahrhunderts begegneten die großen Geister des deutschen Ostens, die Originalgenies aus dem unverbrauchten ostelbischen Deutschland und dem Baltikum, dem französischen Geist, vor allem aber der besonders reizvollen elsässischen Spielart der Salons, unter freiem Himmel, bei gutem Wein und gewürzt durch die Anwesenheit einer offensichtlich überdurchschnittlich großen Anzahl hübscher Mädchen und schöner Frauen. Lenz war schon damals der sehr modernen Auffassung, daß die Komödie ein Gemälde der menschlichen Gesellschaft zu sein habe, war jedoch mit den Deutschen in ihrer Rolle als Zuseher und Personen dieser Komödien nicht sehr glücklich: Die deutschen Komödienschreiber müßten „komisch und tragisch zugleich schreiben, weil das Volk, für das sie schreiben... ein solcher Mischmasch von Kultur und Rohigkeit, Sittigkeit und Wildheit ist". Der unglückliche, hochbegabte Balte war nirgends auf der Welt glücklicher als in eben jenen elsässischen Städten, Dörfern und Gärten, in denen dieser von ihm so beklagte Gegensatz aufgehoben zu sein schien...

Eine Universität von ganz besonderer Art

Hat man die Geschichte der elsässischen Städte durch die Jahrhunderte verfolgt, so gewinnt man den Eindruck, daß hier nichts so sei wie im rechtsrheinischen Deutschland und erst recht nicht wie in Frankreich. Die buntesten Spielarten städtischen Lebens und bürgerlicher Bildungswelten machen bis heute die besondere Attraktion des Landes aus, und das durch die Jahrhunderte strahlende und wirkende Zentrum dieses reizvollen Anders-Seins ist die Universität Straßburg.

Man durfte, ja man mußte eine Weile zaudern, so kurzweg von einer Universität zu sprechen, denn jene aus einem protestantischen Gymnasium erwachsene Akademie, der Kaiser Maximilian II. 1566 gewisse Rechte zuerkannte, wurde zunächst von den ehrwürdigen Schwestern Freiburg im Breisgau, Heidelberg und sogar von dem nur neunzig Jahre älteren Tübingen noch keineswegs für voll genommen. Man durfte in Straßburg nun zwar einen Magister kreieren, aber eine in allen Fakultäten ausgebaute Universität war Straßburg wegen seiner beschränkten Geldmittel eben doch noch nicht und wollte es vielleicht auch gar nicht werden, wenn wir Goethe glauben dürfen, dem berühmtesten Hörer der jungen Hochschule:

„Mit diesem Manne (Salzmann) beredete ich meinen Vorsatz, mich hier in Straßburg der Rechtswissenschaft ferner zu befleißigen, um baldmöglichst promovieren zu können. Da er von allem genau unterrichtet war, so befragte ich ihn über die Kollegia, die ich zu hören hätte, und was er allenfalls von der Sache denke? Darauf erwiderte er mir, daß es sich in Straßburg nicht etwa wie auf deutschen Akademieen verhalte, wo man wohl Juristen im weiten und gelehrten Sinn zu bilden suche. Hier sei alles, dem Verhältnis gegen Frankreich gemäß, eigentlich auf das Praktische gerichtet und nach dem Sinne der Franzosen eingeleitet... Gewisse allgemeine Grundsätze, gewisse Vorkenntnisse suche man einem jeden beizubringen, man fasse sich so kurz wie möglich und überliefere nur das Notwendigste".

Gewiß galten diese Prinzipien nicht für alle Generationen der Straßburger Lehrerschaft in gleichem Maße, aber im Grunde wirkten die Klarheit und Zweckmäßigkeit des französischen Lehrbetriebes auch in den Zeiten, in denen Straßburg deutsch war, der allzudeutschen Dunkelmännerei, dem teutonischen Bohren nach dem tiefsten Sinn entgegen, ganz zu schweigen von der oberrheinischen Leichtlebigkeit, die sich Professoren wie Studenten im gleichen Maß mitteilte und hallensische Grübeleien ebenso unmöglich machten wie Gelehrtenstreit nach Göttinger Muster.

Die ganz großen, die monomanischen Gelehrtenpersönlichkeiten fehlen darum im Umkreis der Straßburger Schule, von der man sagen muß, daß ihre Hörer berühmter wurden als die Dozenten, was an sich kein schlechtes Zeugnis für den Lehrerfolg ist. Es gab unter vielen andren jener heute vergessenen, aber verdienstlichen Männer den Physiker Friedrich-Ludwig Ehrmann, in Straßburg geboren und gestorben (1740-1800), der schon 1784 ein Buch über die Ballonfahrt schrieb und Erfindungen im Bereich der Beleuchtungstechnik machte (er publizierte deutsch und französisch). Es gab den schon mehrfach erwähnten Polyhistor des Elsaß, den großen Johann Daniel Schoepflin (1694-1771) und seinen Nachfolger auf dem Lehrstuhl für Öffentliches Recht, den aus Buchsweiler stammenden Christoph Wilhelm von Koch (1737-1813). Die Aufeinanderfolge dieser beiden so gegensätzlichen und doch gleichermaßen bedeutenden Männer auf ein und derselben Lehrkanzel ist kennzeichnend für den Geist, der in Straßburg herrschte und der seine Anziehungskraft auf Studenten nicht verfehlte, die aus dem Osten kamen wie Herder oder Lenz, oder die wie Goethe in Leipzig die protestantische Scholastik kennengelernt hatten.

Schoepflin begann mit sechsundzwanzig Jahren zu lesen, nicht etwa Jurisprudenz, sondern Geschichte und Rhetorik. 1727 wurde er Kanonikus zu Sankt Thomas und 1760 französischer Hof-Historiograph, womit er ein Kollege so großer Geister wie eines Voltaire und Duclos wurde. Seine großen und kostbar illustrierten Geschichtswerke über das Elsaß (1751-63 in Colmar erschienen), über Zähringen und Baden (1763-66) sind als die Summe seines Wissens umso wertvoller geblieben, als ja seine einzigartigen geschichtlichen Sammlungen und seine reiche Bibliothek bei dem vollkommen überflüssigen Bombardement der Stadt am 24. August 1870 vollständig vernichtet werden.

Christoph Wilhelm von Koch hatte ein auf andere Weise bewegtes Leben, sein Wirken war nicht von Bomben, sondern von der Guillotine bedroht. Als die Revolution Frankreichs alte Landschaften zu Départements umgeschnitten hatte, wurde Koch Abgeordneter des *Bas-Rhin* in jener gesetzgebenden Versammlung, die in Paris ein neues Frankreich zu erschaffen versuchte. Er erlebte mit, wie sich der Pöbel von Paris am 10. August 1792 in den Tuilerien gebärdete und wie sich die Revolution durch die Septembermorde des gleichen Jahres selbst befleckte – und er sagte, was er darüber dachte. Während der Schreckensherrschaft verhaftet und eingekerkert, überlebte er wie so mancher andere dank des Sturzes von Robespierre und starb erst 1813 in Straßburg. Er beschäftigte sich sieben Jahre vor dem Bastille-Tag mit den Revolutionen in der Geschichte Europas und verfaßte später eine Geschichte der Friedensverträge. Zu dieser Zeit galt er schon als der beste Kenner des Staatsrechts.

Schoepflin starb nach einem erfüllten Leben und manchen Reisen am 7. August 1771, einen Tag nach des jungen Goethe Promotion, und wenn wir aus Goethes warmherzigem Nachruf auf den großen Gelehrten zitieren, so geschieht dies nicht nur dieser beiden wegen, sondern weil vieles von dem, was Goethe über Schoepflin sagt, das geistige Leben und die Existenz eines *homme de lettres* im

Elsaß ganz allgemein und über den Anlaß hinaus zutreffend charakterisiert:

„Sein Glück war, ohne daß er sich sonderlich angestrengt hätte, die Folge angeborener und ruhig ausgebildeter Verdienste. Er gehörte zu den glücklichen Menschen, welche Vergangenheit und Gegenwart zu vereinigen geneigt sind, die dem Lebensinteresse das historische Wissen anzuknüpfen verstehn. Im Badischen geboren, in Basel und Straßburg erzogen, gehörte er dem paradiesischen Rheintal ganz eigentlich an, als einem ausgebreiteten, wohlgelegenen Vaterlande. Auf historische und antiquarische Gegenstände hingewiesen, ergriff er sie munter durch eine glückliche Vorstellungskraft und erhielt sie sich durch das bequemste Gedächtnis... Er reist durch Deutschland, Holland, Frankreich, Italien; er kommt in Berührung mit allen Gelehrten seiner Zeit; er unterhält die Fürsten, und nur, wenn durch seine lebhafte Redseligkeit die Stunden der Tafel, der Audienz verlängert werden, ist er den Hofleuten lästig. Dagegen erwirbt er sich das Vertrauen der Staatsmänner, arbeitet für sie die gründlichsten Deduktionen und findet so überall einen Schauplatz für seine Talente. Man wünscht ihn an gar manchem Ort festzuhalten; allein er beharrt bei seiner Treue für Straßburg und den französischen Hof. Seine unverrückte deutsche Redlichkeit wird auch dort anerkannt, man schützt ihn sogar gegen den mächtigen Prätor Klinglin, der ihn heimlich anfeindet. Gesellig und gesprächig von Natur, verbreitet er sich, wie in Wissen und Geschäften, so auch im Umgange, und man begriffe kaum, wo er alle Zeit hergenommen, wüßten wir nicht, daß eine Abneigung gegen die Frauen ihn durch sein ganzes Leben begleitet, wodurch er so manche Tage und Stunden gewann, welche von frauenhaft Gesinnten glücklich vergeudet werden".

Dieses schöne Stück Goethescher Prosa voll Verständnis und Versöhnlichkeit, obwohl Goethe weißgott ein 'frauenhaft Gesinnter' gewesen ist und Schoepflin ihm somit in einem wesentlichen Punkt fremd gewesen sein muß, zeigt uns den elsässischen Menschen *par excellence* in seiner Weltläufigkeit, wie sie das Leben auf der Grenze der Nationen hervorbringt. Wir sehen Goethe so sehr angezogen von dieser Verdoppelung eigener Existenz, wie sie das zweite Vaterland allemal mit sich bringt, daß auch er in Gefahr gerät, dem übermächtigen Deutschtum ins lockere Nachbarland zu entrinnen. Die Schoepflin-Schüler Koch und Oberlin „kannten mich genug, um zu wissen, wie leicht ich bestimmbar sei; aus meiner Lust zum akademischen Leben hatte ich auch kein Geheimnis gemacht, und sie dachten mich daher für Geschichte, Staatsrecht, Redekunst erst nur im Vorübergehen, dann aber entschiedener, zu erwerben. Straßburg selbst bot Vorteile genug. Eine Aussicht auf die deutsche Kanzlei in Versailles, der Vorgang von Schoepflin, dessen Verdienst mir freilich unerreichbar schien, sollte zwar nicht zur Nachahmung, aber zur Nacheiferung reizen und vielleicht dadurch ein ähnliches Talent zur Ausbildung gelangen".

Goethe als elsässischer Geschäftsträger in Versailles und schließlich in der *Terreur* womöglich auf der Guillotine! Die Versuchungen der Rheinstadt und des elsässischen Bildungsklimas hätten dies beinahe heraufgeführt. „Wie nun aus all diesem nichts geworden, und wie es gekommen, daß ich wieder von der französischen Seite auf die deutsche herübergetreten", das erklärte Goethe dann in jenen wichtigsten Seiten im elften Buch von *Dichtung und Wahrheit*, in dem er von Herder, von Shakespeare und von der ganzen großen und fruchtbaren Wendung seines Geistes und seiner Interessen spricht, die endlich in den deutschen Sturm und Drang mündete.

Dennoch waren das Elsaß und Straßburg für die großen deutschen Talente jener Bewegung mehr als eine episodische Versuchung, und es war keineswegs das ferne Rokoko-Frankreich, von dem sie ausging, sondern es waren die uralten und wohlbegründeten, in Jahrhunderten zu reizvoller Eigenart gediehenen Vorzüge einer Landschaft und eines Menschenschlages, dem diese erwachenden Genies mit ahnungsvoller Emphase entgegenkamen. Die großen binnendeutschen Auseinandersetzungen waren abgeklungen, Preußens Friedrich schickte sich zu den Friedensjahren an, die seine wahre Größe zeigen sollten, und der junge Joseph II. ließ ahnen, daß auch er ein Erneuerer sein würde, ein Reformer, ein Verwirklicher, während so manche graue Theorie aus Frankreich von dem kleinen Kreis um Salzmann, Herder, Goethe, Lerse und andere Kommilitonen gar nicht 'hinausgelesen', also zuende gebracht wurde. Das Elsaß hatte diesen jungen Männern seine spezifischen Würzen ins Blut gegossen und sie mit einer besonderen Unruhe erfüllt, und Goethe wie der Balte Lenz erlebten jenes wehmütige Idyll von Sesenheim, mit dem die besondere Atmosphäre elsässischer Pfarrhäuser bis heute in der deutschen Geistesgeschichte präsent geblieben ist, zugleich aber auch die liebenswürdige Spielart des sonst so strengen reformierten Christentums. „In so gestimmter und aufgeregter Gesellschaft gelang mir manche angenehme Fahrt nach dem oberen Elsaß... In dem Kreuzgange der Abtei Molsheim bewunderten wir die farbigen Scheibengemälde; in der fruchtbaren Gegend zwischen Kolmar und Schlettstadt ertönen possierliche Hymnen an Ceres... In Ensisheim sahen wir den ungeheuren Aerolithen in der Kirche aufgehangen... Einer mit hundert, ja tausend Gläubigen auf den Ottilienberg begangenen Wallfahrt denk ich noch immer gern. Hier, wo das Grundgemäuer eines römischen Kastells noch übrig, sollte sich in Ruinen und Steinritzen eine schöne Grafentochter, aus frommen Neigungen, aufgehalten haben. Unfern der Kapelle, wo sich die Wanderer erbauen, zeigt man ihren Brunnen und erzählt gar manches Anmutige. Das Bild, das ich mir von ihr machte, und ihr Name prägten sich tief bei mir ein. Beide trug ich lange mit mir herum, bis ich endlich eine meiner zwar spätern, aber darum nicht minder geliebten Töchter damit ausstattete".

Saint Odile, wie sie heute heißt, ist, wie diese Andeutung

sagt, mehr als fünfundzwanzig Jahre später in Goethes *Wahlverwandtschaften* eingegangen, als die tragische Heldin Ottilie, der Goethe auch noch die berühmte Reflexionen-Sammlung widmete, indem er sie 'Ottiliens Tagebuch' nannte, Fernwirkungen einer Begegnung, wie sie in Goethes Jugend- und Werdejahren einzigartig dasteht.

Goethe besuchte nicht nur in Straßburg selbst gern den protestantischen Gottesdienst, er tauchte, wie wohl niemand vergessen hat, der Goethe liebt, auch tief ein in die besondere Atmosphäre der Pfarrersfamilie Brion, und soviele Leser, Verehrer und Bewunderer auch manch andere elsässische Begebenheit – etwa bei René Schickele – gefunden hat, die tragisch endende Liebesbeziehung zwischen dem jungen Doktor Goethe und der Pfarrerstochter Friederike Brion ist die stärkste emotionale Annäherung und Anbindung geblieben, die es zwischen dem rechten und dem linken Oberrheinufer gegeben hat.

Die Verhältnisse, die sich bei näherer Beschäftigung mit den Brions erschließen, sind sehr aufschlußreich und elsaßspezifisch. Jakob Brion, Pfarrer von Niederrödern im Unterelsaß, vertauschte nach siebzehn Jahren diese kleine Amtsstelle mit der ungleich besseren in Sesenheim (1760), wo die vier überlebenden seiner zehn (!) Kinder schließlich heranwuchsen; Friederike war damals acht oder neun Jahre alt: Die Revolutionäre verbrannten das Kirchenbuch von Niederrödern, so daß Genaueres nicht bekannt ist.

Patronatsherr von Sesenheim war der reiche und mächtige Prince de Rohan, Erzbischof von Straßburg, Schloßherr in Zabern, ein katholischer Kirchenfürst, der wie andere Rohan vor und nach ihm diese Diözese innehatte und auch über die sechs Dörfer gebot, in denen der Pfarrer Brion 1400 bis 1500 Protestanten zu betreuen hatte. Sesenheim selbst hatte etwa siebenhundert Anhänger jener Religion, die in Frankreich bis zur Revolution abschätzig als *pretendue reformé*, als angeblich reformiert bezeichnet wurde. Brion und sein katholischer Amtskollege benützten die gleiche Dorfkirche; zum Pfarrhaus gehörten ausgedehnte

Äcker, so daß man halb bäuerlich, halb pfarrherrlich lebte; die Sprache war die elsässische Mundart. Auch wenn die Töchter zu Verwandten in Straßburg geschickt wurden, blieb es dabei, sie lernten das Französische nicht, so wie ja auch Goethe berichtet, daß in Straßburg, das nun immerhin schon wieder mehr als ein Jahrhundert französisch war, ausschließlich deutsch in der elsässischen Mundart gesprochen wurde. Nun beherrschten die Gebildeten natürlich das Französische, und Goethe merkt neidvoll an, daß es Salzmann mit Eleganz und Leichtigkeit sprach, während ihm selbst, dem Frankfurter, allerlei französische Sprachebenen, die moderne und die von Frankreichs großen Tragödiendichtern, stets durcheinandergerieten.

Obwohl Pfarrer Brions Vorfahren Hugenotten, also Calvinisten gewesen waren und als solche die Normandie verlassen hatten, war Johann Jakob Brion ein eifriger und etwas engherziger Lutheraner. Goethe, der sich bei seiner Einführung durch einen Freund als armer Theologiestudent ausgab, war in dem töchterreichen Haus ebenso willkommen wie zwei Jahre später der baltische Pastorensohn Lenz, der Friederike Brion ebensosehr geliebt haben mag wie Goethe und der sie wohl auch hätte heimführen dürfen, wäre er nicht in freiwilliger Armut und Berufslosigkeit seinem Dichtertum treu geblieben, unter Verzicht auf alles, was Pfarrer Brion für seine Töchter wünschen mußte.

Das Tausend-Seelen-Dorf Sesenheim, heute überflüssigerweise Sessenheim geschrieben, ist auf eine durchaus einzigartige Weise zu einem Begegnungsort keineswegs nur zwischen Deutschland und Frankreich geworden, sondern dank der sinnfälligen Konzentration der Erinnerungsstücke in einem Landgasthof auch ein Ziel für jene vielen Menschen, die Goethes Werk jenseits der deutschen Sprachgrenzen erreicht hat.

Die Geschichte der kleinen und anspruchslosen Gedenkstätte wird uns zwar immer mit dem bitteren Gedanken erfüllen, daß Friederikens Schwester Sophie in kleinlichem Haß die wichtigsten Zeugnisse dieser einzigartigen

Liebe vernichtet hat. Andererseits aber sind wir dem biographischen Zufall dankbar, daß es das reizende Dorf unweit des Rheins und der Fähren ist, in dem sich ein großer deutscher Dichter in eine Pfarrerstochter verliebte, die seither nicht ganz unberechtigt als Französin aufgefaßt wird und für viele Verehrer Goethes in unserem Nachbarland die schicksalhafte Ergänzung des deutschen Geistes durch den französischen Eros geworden ist. Die martialischen Straßburger Eide, die Frankreich und Deutschland, wie man fürchten muß: Für immer voneinander trennten, die grausamen karolingischen Zerstückelungen, die in Lotharingien schon das Schicksal des Elsässischen Zwischenreiches vorwegnahmen, dies alles scheint – scheint! – überwunden, wenn wir das Mädchen mit den franconormannischen Ahnen und den Mann aus dem deutschen Patrizierhaus in Silhouetten und Briefen, Gedichten und anderen Erinnerungsstücken verewigt finden. Sie sind längst mehr als Held und Heldin einer tragischen Liebesgeschichte, wie die vielen Bände der Sesenheimer Gästebücher es ausweisen.

Es ist nicht wichtig, daß, angesichts solcher Gelegenheit, im Gasthof *Zum Ochsen* die Besucher des kleinen Museums keine sonderlichen Geistesblitze produzierten. Wichtig ist, daß sie kamen, sahen und fühlten. Und es sind ahnungsvolle Wanderer zwischen den beiden Welten darunter, welche sich im Westen wie im Osten an das Elsaß schließen: „Als Deutscher, der seine Jugend bis zum 21. Lebensjahr in Straßburg verlebte, verließ ich die Heimat 1919. Als Europäer besuchte ich das herrliche Elsaß mit seinen wunderbaren Einwohnern nach 1945 sehr häufig. Alles ist vergessen, es lebe das schöne Elsaß, es lebe Frankreich, es lebe Europa".

Es sind Schicksale, die sich imaginieren lassen, Schicksale, die dem Hin- und Hergeworfenwerden des Landes 1871, 1919, 1940 und 1945 entsprechen, jenem grausamen Vorgang, der – vollzöge er sich etwa im Osten – Austreibungen, Wanderungen, Drangsale und ähnliches mehr zur

Folge gehabt hätte. Dort, wo Friederike und Goethe einander trafen, wurde zwar wiederholt gekämpft, und in den Sesenheimer Gästebüchern hat sich mancher Soldar, mancher emphatische Leutnant verewigt. Aber der Boden war doch nie erobertes Territorium gewesen, die Bevölkerung auf ihm hatte sich nie wirklich in deutsch und französisch gespalten, wie hätte sie dies auch zuwege bringen sollen. Es scheint, daß der Studiosus und die Pfarrerstochter eben durch die unglückliche Romanze einer unerfüllten Liebe etwas zuwege gebracht haben, das selbst dem großen Schoepflin nicht im gleichen Maße gelungen ist: Aus der Duldung des anderen, aus dem Verständnis für die andere Sprache eine übergreifende, Grenzen überschreitende Liebe werden zu lassen. Es geht schließlich nicht nur um die Geistesverwandtschaften eines Goethe, eines Lenz, eines Herder, es geht auch um die treuen Gemüter, die unumwunden gestehen, sie seien hierher gekommen, weil sie die Lehar-Operette *Friederike* gesehen und gehört hätten, schlichtere Gemüter, die eine schlichte Gedenkstätte vorfinden und in dem wenig veränderten Dorf Goethes Erdenwallen mühelos imaginieren können.

Er selbst, soviel steht fest, ist ein Leben lang von jenem Landstrich nicht mehr losgekommen, der ihm die Überzeugung eingegeben hatte, auch außerhalb der deutschen Grenzen leben zu können, ja vielleicht sogar in jenem Land, das einst sein Großvater, der Schneidermeister Goethe, zu seiner Wirkungsstätte erkoren hatte. Und es hat Goethes Liebe zum Elsaß im allgemeinen und zu Straßburg im Besonderen auch nicht trüben können, daß seine Dissertation *De Legislatoribus* wegen einiger ketzerischer Bemerkungen über die Lehre Christi und ihren Stifter als für den Doktorgrad unzureichend befunden und abgelehnt wurde, so daß Goethe, anders als sein Vater, nur Lizentiat der Rechte wurde und bis 1825 warten mußte, ehe er den Doktor *honoris causa*, dann aber aller Fakultäten, erhielt.

Den zwei ihm nächststehenden Universitätslehrern, die sich in einer an den heutigen Massenuniversitäten kaum noch möglichen Weise des jungen Studiosus Goethe annahmen, widmet er in *Dichtung und Wahrheit* so herzliche Worte, als sei man in jener traulichen Enge beisammen gesessen, die der Humanistenkreis von Schlettstadt noch für angemessen hielt. Koch muß tatsächlich ein Rechtsdenker von übernationalem Format gewesen sein, und es ist eigentlich erstaunlich, daß sich von seinen Perspektiven in dem ausgebreiteten goethischen Werk nur schwache Spuren finden, vielleicht, weil Goethe ja miterleben konnte, wie die Revolution selbst den unbestritten rechtschaffenen Vordenkern wie Koch mitspielte. Von daher ist wohl jener deutliche Skeptizismus zu verstehen, der Goethe in der zweiten Lebenshälfte zu allem auf Distanz gehen läßt, was ihm die Straßburger Lehrer noch guten Glaubens vorgesetzt hatten, was sich aber schon im nächsten Jahrzehnt in der Entartung der mit so hehren Zielen angetretenen großen Revolution, in sein Gegenteil verkehrte. „Wenn nur die Menschen das Rechte, nachdem es gefunden, nicht wieder umkehrten und verdüsterten", sagt er 1827 zu Eckermann, „so wäre ich zufrieden, denn es täte der Menschheit ein Positives not, das man ihr von Generation zu Generation überlieferte. Und es wäre doch gut, wenn das Positive zugleich das Rechte und Wahre wäre."

Jenes Positive wäre zu finden gewesen, in einem abgelegenen elsässischen Tal, in dem ein Pastor Wunder gewirkt hat und damit als Person historisch geworden ist, nämlich Johann Friedrich (der jüngere) Oberlin 1740-1826. Goethe aber pflegt nur die Verbindung zu dem älteren Bruder des Philanthropen, dem Polyhistor Jeremias Jacob Oberlin, der Gymnasiallehrer war, aber schon seit 1763 Vorlesungen an der Universität hielt und nach gutem elsässischen Brauch 1770 den Lehrstuhl seines verstorbenen Vaters zu verwalten begann, auch wenn er erst 1778 Professor wurde. Oberlin las allgemeine Literaturgeschichte, Denkmälerkunde, Heraldik und Diplomatik, und wenn Goethe – anders als er seinem Vater berichtete – sich in Straßburg so vielen

Wissenschaften eifriger widmete als seiner Jurisprudenz, dann war daran weniger der alte Schoepflin schuld, der ja nicht mehr lange zu leben hatte, als emphatische und allgemein gebildete Heimatkundler wie Oberlin, die das Elsaß vollkommener hervorbrachte als jede andere europäische Landschaft. Oberlin, den Goethe einen 'wackeren Mann' nennt, erschloß dem jungen Frankfurter die Wunder der elsässischen Sondergeschichte, aber auch der deutschen Dichtung des Mittelalters, die ja am Oberrhein eine besondere Stätte hatte.

Oberlin war ähnlich wie Koch monatelang inhaftiert, weil die Jakobiner an einer ehrwürdigen Bewahrergestalt, wie er war, nicht viel Gutes finden konnten, und wie Koch wurde er durch den 9. Thermidor gerettet, durch den Sturz Maximilien Robespierres. Er steht aber auch in anderer Hinsicht in einer langen Reihe, weil nämlich die elsässischen Gelehrten zu allen Zeiten nicht in den Städten blieben, sondern ihr Land als eine Gemeinschaft der Täler und Höhen, der Dörfer und Straßen ansahen. Sein jüngerer Bruder (nicht sein Sohn, wie man in manchen Lexika lesen kann) ist darum heute der berühmtere Oberlin: Johann Friedrich, geboren 1740, studierte zunächst Philosophie nach der alten Tradition der Sieben Freien Künste, machte seinen Magister und wurde drei Jahre darauf, 1766, protestantischer Pfarrer in Waldersbach im Steintal, wo damals, in einem abgeschiedenen und unerschlossenen Waldtal, etwa achtzig weitgehend verkommene Familien lebten. Pfarrer Oberlin und seine Frau widmeten ihr Leben einem jahrzehntelangen Kampf gegen Not und Dumpfheit, ein Kampf, der in den Hungerjahren 1816 und 1817 geradezu heroisch wurde und alles umschloß, was ein Hirte für seine Herde tun konnte, von der Fürsorge für die Kinder bis zur Schulbildung und Seelenführung.

Während Goethes Oberlin nur noch durch seine Schüler weiterlebt, ist Johann Friedrich Oberlin, der Pfarrer vom Steintal, inzwischen zur Legende geworden und hat verschiedene literarische Darstellungen gefunden. Die erste schuf Jakob Michael Reinhold Lenz schon 1777, also zu Lebzeiten Oberlins ('Der Landprediger'), die ausführlichste Friedrich Lienhard, aber er spielt auch in viele andere Lebensgeschichten hinein wie die des blinden Dichters Pfeffel, die Jung-Stillings und wirkt herauf bis Reinhold Schneider. Neben ihm standen zwei Frauen, die Pfarrfrau Madeleine Witter, die ihm in Söhnen und Töchtern Helfer schenkte und sich selbst nicht schonte, und die Magd Louise Scheppler (1763-1837), als Mensch ein besonders schönes Beispiel der Bildungsfähigkeit, die schließlich die Schulen aller fünf Gemeinden in Oberlins Pfarre leitete und lange genug lebte, um den Prix Montyon zu erhalten (und an Bedürftige verteilen zu können).

Dieses Stichwort, der Name des reichen Barons und Philanthropen Montyon, kennzeichnet das Interesse, das Frankreich an Oberlin und seiner Arbeit nahm, weswegen der ganze Vorgang falsch verstanden wird, wenn man ihn als nur deutsche Pionierarbeit in den Vogesen darstellt. Das Steintal war seit dem Dreißigjährigen Krieg in die Verwilderung zurückgefallen und Wüstung geblieben durch mehr als hundert Jahre. Die Menschen dort sprachen nicht elsässisch, sondern ein romanisches Patois, weiß Gott, woher sie gekommen sein mochten, waren solche Täler doch noch in den Zeiten der Revolution als Zufluchtsstätten ebenso begehrt wie vordem in den Religionskriegen und während der Dragonaden. Und nun kommt, was Oberlins Leistung sosehr auszeichnet: Er nötigte die Pfarrkinder seiner wilden Dörfer nicht, deutsch zu lernen, in der richtigen Erkenntnis, daß das elsässische Deutsch ja doch eine Mundart sei, sondern er baute auf jenem Patois auf und brachte sie zum Schulfranzösischen, da das Tal nun einmal in Frankreich lag, für eine ganze Weile. Die Franzosen nennen die ganze Gegend, die eine französische Burgherrschaft war und mehrheitlich französische Dörfer umschließt, den Ban de la Roche, nach der Adelsbesitzung, dem nahen Château de la Roche, das zu Oberlins Zeiten dem wohlhabenden Straßburger Bürgermeister Jean de Diétrich gehörte. Mit seiner Hilfe wurde auch jenes Presbyterium errichtet, das den 1618 erbauten sehr einfachen Kirchen- oder Betsaal ersetzte, den sich die Flüchtlinge ähnlich wie in den Cevennen selbst geschaffen hatten. (Im Presbyterium heute ein kleines Museum).

Der Mikrokosmos dieses Waldtales, ungleich rauher als Sesenheim und bisweilen in seiner Düsternis sogar bedrückend, vereint die deutschen und die französischen Bemühungen und Mittel gleichwohl ähnlich wie das freundliche Pfarrdorf am Rhein. Zwischen Fouday und Rothau überschreiten wir eine Brücke, die Oberlin bauen ließ; zahlreiche Wege wurden angelegt, Kartoffelfelder geschaffen, Hauswebstühle in das Tal gebracht, in dem, als Oberlin starb, etwa fünftausend Menschen lebten, gegen fünfhundert zuvor. Oberlin wie sein Vorgänger Strouhler, der das Problem erkannt hatte, aber nicht so nachhaltig hatte helfen können, standen ganz offensichtlich zwischen den Sprachen und den Kulturen, aber sie empfanden es nicht als Last, sondern als Verpflichtung, und die Gelder des Barons de Montyon flossen keineswegs nur nach Frankreichs Binnenlandschaften, sondern auch in jene kleine Gemeinschaft, die sich mitten in den Vogesen um ein lebenswertes Leben mühte.

Die arbeitsame Zurückgezogenheit im Steintal, die große Stille der Vogesen zwischen zwei Großmächten, dem alten Reich und seinem französischen Widersacher, das schuf rund um Straßburg, aber auch im ganzen Rheintal bis hinauf nach Mannheim und Köln, eine seltsame und nicht wiederkehrende Stimmung der Begegnungen und der wechselseitigen Erkundung, in der alle Wege möglich waren. Goethe hat es deutlich genug bekannt, die Oberlins hatten es vorgelebt und die beiden genialen Balten Herder und Lenz bewiesen, daß auch die fernsten deutschen Zonen gegen die Attraktionen des Elsaß nicht gefeit waren.

Herder, der etwas älter war als Goethe und Lenz und in Königsberg dank Hamann schon weit gekommen war in der Suche nach neuen dichterischen Welten, er war mehr zufällig nach Straßburg gekommen, eines lästigen Leidens wegen, das mehr ein Lid als das Auge selbst betraf. Wir wissen, daß er ein Leben lang damit Ärger hatte, und schon in Straßburg mußte er länger aushalten, als er gewollt hatte. Dies hatte ihn mit Goethe zusammengeführt in der fruchtbarsten und folgenreichsten Begegnung, die sich jemals in Straßburg ereignet hatte. Und als Herder endlich abreiste, kam Lenz an den Rhein, als unbezahlter sprachkundiger Begleiter zweier Herren von Kleist. Bei einem der beiden logierte er auf einer Rheininsel, die damals das Fort Louis trug, eine Wegstunde von Sesenheim, und lernte Friederike Brion kennen, als der große Abschiedsschmerz von Goethe ihr schon die strahlende Jugendfrische gedämpft hatte. Und es war der geniale junge Balte, der es wagte, dort zu trösten, wo ein Goethe verwundet hatte, ein Goethe, der damals freilich nicht viel mehr war als Lenz selbst.

Ein Dutzend gründlicher Germanisten müht sich seitdem, aus den Liebesgedichten an Friederike Brion lenzische Strophen herauszusortieren, und daß dies garnicht so leicht ist, sollte eigentlich jene zum Schweigen bringen, die in Lenzens Annäherung eine Frechheit sahen. Friederike selbst mag es nicht allzuviel geholfen haben, denn auch Lenz war ein unsteter Gesell. Seine Geschichte vom Landprediger ist eine mehr als vage Annäherung an Oberlin, das Beispiel des entsagungsvollen Philanthropen scheint ihn nicht angezogen zu haben, auch hatten die Balten jener Tage noch alle einen gewaltigen Rückhalt an dem großen Zarenreich, in dem die Herren aus Lettland und Estland hohe Positionen innehatten. Lenz träumte von einem Posten als russischer Geschäftsträger in Hessen-Darmstadt, Hoffnungen, die vielleicht Salzmann genährt hatte, um den einstigen Kandidaten der Theologie zur Jurisprudenz hinüberziehen zu können.

So wie diese beiden Wissenschaften, so rangen in ihnen allen die französischen und die englischen Einflüsse gegeneinander, weil auch die gelehrten Professoren der

Literaturgeschichte und der Redekunst an der Straßburger Universität diesen jungen Stürmern und Drängern nicht sagen konnten, welche Woge einer neuen deutschen Dichtkunst förderlicher sei. Hatte sich Goethe eben, im weihevollen Staunen vor dem Straßburger Münster und nach Herders Shakespeare-Lektionen, zum Wesen der germanischen Kunstübung durchgerungen, so kamen auf den langen und geraden Landstraßen aus Paris die ersten Exemplare eines höchst seltsamen Werkes daher, das den Titel *Das Jahr 2440* trug.

Diese Utopie, die in Paris sofort verboten wurde, aber dennoch einen ungeheuren Erfolg errang, stammte von jenem Louis-Sébastien Mercier, den wir heute beinahe nur noch als Sittenschilderer kennen. Aber seine theoretischen Schriften vornehmlich zum Drama und sein Schlachtruf *Elargissez l'Art* (Weitet die Kunst aus) erreichten in Straßburg all jene, die sich eben entschlossen hatten, ihr Heil aus der Fingalshöhle, von Ossian, von Shakespeare und von dem geheimnisvollen Johann Georg Hamann aus Königsberg zu empfangen. Und da auch Mercier das Joch des Klassizismus abschütteln wollte, darf man sagen, daß diese Entscheidungshilfe eben zur rechten Zeit kam.

Es darf nicht verschwiegen werden, daß ein glückliches Zusammentreffen Goethe leichten Herzens aus den Versuchungen der Francophilie und der klassischen Schönheiten entrinnen ließ – die Begegnung mit dem ehrwürdigen Dom, dem Straßburger Münster, dem er sich mit deutlicher Wahlverwandtschaft und ahnungsvollen Erwartungen widmete, auf dem er herumkletterte, als sei er ein Bauarbeiter und an dem er so viele geheime Schönheiten, Bezüge und Sinnfälligkeiten entdeckte wie mancher andere etwa an der Cheops-Pyramide. Es waren Deutungen, wie sie ihm der reiche gotische Zierat erschloß, „die Verschränkung zwar gleichartiger, aber doch an Gestalt höchst abwechselnder Einzelheiten, vom Heiligen bis zum Ungeheuer, vom Blatt bis zum Zacken. Je mehr ich untersuche, desto mehr geriet ich in Erstaunen; je mehr ich mich mit

Messen und Zeichnen unterhielt und abmühte, desto mehr wuchs meine Anhänglichkeit, so daß ich viel Zeit darauf verwendete, teils das Vorhandene zu studieren, teils das Fehlende, Unvollendete, besonders der Türme, in Gedanken und auf dem Blatte wieder herzustellen".

Goethe nennt das Elsaß wiederholt *Halbfrankreich*, ein Begriff, den er nicht abschätzig meint, der aber doch unterstellt, daß die französischen Phasen der Goethe so lieben Landschaft im Grunde vorübergehend seien, wofür er eifrig Beweise sammelte:

„Da ich nun an alter deutscher Stätte dieses Gebäude (das Münster) gegründet und in echter deutscher Zeit so weit gediehen fand, auch der Name des Meisters auf dem bescheidenen Grabstein gleichfalls vaterländischen Klanges und Ursprungs war, so wagte ich, die bisher verrufene Benennung gotischer Bauart, aufgefordert durch den Wert dieses Kunstwerkes, abzuändern und sie als deutsche Baukunst unserer Nation zu vindizieren".

Wir wissen, wie dies geschah: In der bald mehrfach gedruckten kleinen, aber ungemein gehaltvollen Schrift 'Von deutscher Baukunst' (1772).

Der Erstdruck vom November 1772 mit der Jahreszahl 1773 trägt die Widmung D.M. Ervini a Steinbach, also 'den Manen des Erwin von Steinbach', eine jugendlich-emphatische Geste, die dem Lizentiaten Goethe recht wohl ansteht, auch wenn wir heute einen ziemlich genauen Überblick über die Baugeschichte des Münsters und die Veränderungen haben, die am genialen Urkonzept des Meisters vorgenommen wurden. Es ist das erste Mal, daß Goethe sich speziell mit Kunst und ihrer Geschichte beschäftigt, und es steht der kaum bekannte Meister im Mittelpunkt, wenn der junge Autor von einem 'Blatt verhüllter Innigkeit' spricht und von Wallfahrten zu Erwins Grab.

Man kann es heute als einen Glücksfall bezeichnen, daß Goethe die Gotik just in ihrem elsässischen Streifen kennenlernte und folglich als eine deutsche, ja teutonische Gegenwehr gegen das Französische beschwor und empfahl, so wie die Italiener ja bis heute die Goten als eine barbarische Gegenströmung gegen die antike Kunst und ihre Fortsetzung in der Renaissance empfinden, als eine Art antiitalienischer Gegenwelt. Wäre Goethe als Reisender fleißiger gewesen, hätte er die Möglichkeiten wahrgenommen, die Schoepflin ihm eröffnete, aber auch noch Schoepflins Schüler Koch, er hätte in der Ile de France und bis hinaus in die Paris-nahe Normandie die herrlichen Schöpfungen der französischen Gotik kennengelernt und die geschichtliche Entwicklung der mitteleuropäischen Kunst besser überblickt. Ohne Reims, Chartres und Jumièges zu kennen, erarbeitete sich Goethe, ohne die Gefahren eigenmächtigen Kletterns zu scheuen, den Dom des Erwin von Steinbach gleichsam quadratmeterweise und ergänzte die Herderschen geschichtlich-literarischen Blätter durch eine begeisterte und dennoch grundsätzliche, ja tragfähige Arbeit.

Die Reisen ins Elsaß oder durch elsässische Städte wurden fortan also zu Wallfahrten, und wenn Goethe inzwischen auch die gewaltigen Schweizer Berge, eindrucksvolle Schluchten und Paßwege kennengelernt hatte, als er im Juli 1775 wieder vor dem Münster zu Straßburg stand, sprach der herrliche Bau doch wieder so stark zu ihm wie am ersten Tag. Goethe knüpft auch drei Jahre nach den ersten Arbeiten wieder an die Gedanken an, die ihm lebensentscheidend im Elsaß aufgegangen waren, als dem Studenten sich hier eine andere und reizvolle Spielart deutscher Kunst und deutschen Wesens erschloß. Aber auch die Natur des Künstlers und des Kunstwerks hatten sich in einem einzigartigen Prozeß für Goethe geklärt und verdeutlicht, wenn er, nun schon in Frankfurt, an den Straßburger Studienfreund und späteren Pfarrer Johann Gottfried Röderer schreibt:

„Wer soll Jupiters Wohnung in die Wolken türmen, wenn es nicht Vulkan ist, ein Gott wie er? Ja, der Künstler muß eine große Seele haben, wie der König, für den er Säle wölbt, ein Mann wie Erwin, wie Bramante. Das größte Meisterstück der deutschen Baukunst, das Sie täglich vor

Augen haben, das Sie mit Muße bei genialischen Stunden durchdenken können, wird Ihnen nachdrücklicher als ich sagen, daß der große Geist sich hauptsächlich von kleinen darin unterscheidet, daß sein Werk selbstständig ist, daß es ohne Rücksicht auf das, was andere getan haben, mit seiner Bestimmung von Ewigkeit her zu coexistieren scheine."

Im Vorfeld der großen Revolution

Am 7. Mai 1770 hatte Marie Antoinette, Erzherzogin von Österreich, in Straßburg Einzug gehalten, eine Tochter der Maria Theresia, die den Rhein überschritt, um das Bündnis der einst verfeindeten Großmächte durch ihre Heirat mit dem Dauphin, dem späteren Ludwig XVI. zu besiegeln. Die Zeremonien der Übergabe der *per procurationem* bereits in Wien verehelichten Habsburgerin an ihre neue Heimat fanden auf einer Rhein-Insel statt, so wie spanische Prinzessinen auch schon auf Inseln in einem Grenzfluß übergeben worden waren, um Eifersüchteleien auszuschalten und die Neutralität des Ortes zu betonen.

Das im Rhein bei Straßburg entstandene Bauwerk, das diesen wichtigen Akt beschirmen sollte, war offensichtlich etwas hastig errichtet worden, und man hatte die nackten Wände mit Gobelins nach Gemälden bedeckt, um das Ganze etwas freundlicher zu machen. „Nun hätte ich mich wohl auch mit dieser Manier befreundet", schreibt Goethe als Augenzeuge der Vorgänge in *Dichtung und Wahrheit*, „weil meine Empfindung wie mein Urteil nicht leicht etwas völlig ausschloß; aber äußerst empört mich der Gegenstand. Diese Bilder enthielten die Geschichte von Jadson, Medea und Kreusa und also ein Beispiel der unglücklichsten Heirat. Zur Linken des Throns sah man die mit dem grausamsten Tod ringende Braut, umgeben von jammervollen Teilnehmenden; zur Rechten entsetzte sich der Vater über die ermordeten Kinder zu seinen Füßen".

Goethe verbreitete sich über diesen Mißgriff eineinhalb Seiten lang und liefert uns damit ein unbestreitbares Beispiel der Prophetie, für das er seine Straßburger Freunde als Zeugen anführt, denn Kreusa, die Braut, stirbt in der Sage ja bekanntlich den langsamen und grausamen Tod im Flammenhemd und Jasons Kinder werden von Medea ermordet.

Es fehlte für die Heirat zwischen Marie Antoinette und dem späteren Ludwig XVI. nicht an düsteren Vorzeichen; die vielen Toten bei jenem Feuerwerk zu Ehren des jungen Paares in Paris war das nächste, aber die sich in Schmerzen windende Braut von der Straßburger Rheininsel blieb doch das merkwürdigste.

Im übrigen aber schienen die letzten Jahre vor der Revolution gewisse Veränderungen zu bringen, die man vor allem im Elsaß begrüßen mußte. Es war ja nicht so, daß erst die Revolution die nötigen Reformen gebracht hätte. Sie wären – was heute gerne vergessen wird – auf jeden Fall gekommen, ja sie waren eingeleitet, und aus der Einberufung der Generalstände, die das große Erneuerungswerk des Staates billigen und überwachen sollten, entstand ja erst die Revolution selbst. Das Elsaß wurd 1787 ermuntert, eine *Assemblée provinciale* einzuberufen. Sie trat unter dem Vorsitz eines Herrn von Flachslanden in Straßburg zusammen und formulierte jene Bitten und Anregungen, durch die Ludwig XVI. Basismaterial für die Reformen zu erhalten hoffte.

Die wichtigsten dieser Forderungen liefen auf eine gewisse wirtschaftliche und Verwaltungs-Autonomie für das ganze Elsaß und für Lothringen hinaus. Man wünschte die Beibehaltung der Zollgrenze auf den Vogesen-Pässen, um das elsässische Gewerbe gegen die übermächtige französische Industrie zu schützen, man wünschte die Beibehaltung der rheinüberschreitenden Verbindungen mit den alten Absatzgebieten in Baden und Württemberg, das heißt: Die Wiederherstellung des elsässischen Sonder-Status als *Province étrangère effective*, also die Sonder-Situation eines französischen Vorlandes mit besonderen Rechten zum Schutz des Handels und der Schiffahrt auf dem Oberrhein.

Im ganzen genommen begrüßten die Elsässer den sich ankündigenden Wandel mit Hoffnungen, ja mitunter sogar mit Begeisterung, weil man sich einbildete, der straffen Colbertschen Verwaltung entgehen zu können und zumindest einige jener Freiheiten wieder zu erlangen, mit denen die Kaiser vor allem die zehn Reichsstädte verwöhnt hatten.

Umso tiefer war die Enttäuschung, als die radikale Gleichmacherei der Revolution zunächst das Elsaß in zwei Départements zerschlug, dann die Zollgrenze an den Rhein vorverlegte und endlich, nach diesem Schlag gegen die elsässische Wirtschaft, auch noch das reiche Kirchengut in den beiden Départements plünderte. Die neuen Départements Haut-Rhin (Süden) und Bas-Rhin (Norden) hatten keine Verbindungen mehr zu den Bischofsstädten Basel beziehungsweise Speyer. Nur Straßburg herrschte in seiner Diözese weiter, wenn auch nur noch im Geiste und ohne materielle Güter, denn der Kardinal von Rohan hatte sich dem Treueschwur verweigert und abgedankt. Ein ehrgeiziger Theologieprofessor aus dem Spessart hingegen hatte seinen Namen Brandtler in Brendel französisiert und den verlangten Eid auf die (revolutionäre) gesetzgebende Nationalversammlung geleistet.

Viel fand Herr Brendel freilich nicht mehr vor. In seiner Finanznot hatte das revolutionäre Frankreich nämlich überall auf die letzten vorhandenen Vermögen greifen müssen, auf die der Kirche, darum „wurden der Straßburger Kirche alle ihre Güter entrissen und der Clerus auf eine staatliche Besoldung angewiesen. Umsonst hatte dieser, den Cardinal von Rohan an seiner Spitze, sich auf sein Eigentumsrecht und auf die internationalen Verträge berufen und sich zur Linderung der Finanznoth des Staates zu schwersten Geldopfern bereit erklärt. Nur die Protestantischen Kirchengüten wurden... von der Confiscation ausgenommen. Die reichste Diöcese Frankreichs, deren bischöflicher Stuhl über mehr als eine Million Livres Einkommen verfügte, sah nun ihre ganze Habe, die durch so viele Jahrhunderte von der frommen Freigebigkeit des gläubigen Volkes zusammengetragen (worden) war, zu Spottpreisen... an die von den revolutionären Clubs unterstützten Juden und Protestanten verschachert".

Dies schrieb Eugen Müller 1898 in Herders Kirchen-lexikon, und es sind trotz der erklärlichen Einseitigkeit aufschlußreiche Mitteilungen. Wenn bei einem Gesamtaufkommen diözesaler Einnahmen von mehr als einer Million der Bischof für sich eine halbe Million hatte verbrauchen dürfen, dann erklärt dies schon zu einem guten Teil die beträchtlichen Privatvermögen der Häuser Fürstenberg und Rohan. Die Mitteilungen über die revolutionären Clubs von Straßburg bestätigen aber auch die Einflüsse der freimaurerischen Vereinigungen, wie sie der jüngere Salzmann und andere in jener Krisenzeit in der alten Bischofstadt begründet und zum Erfolg geführt hatten, zweifellos dadurch begünstigt, daß der Kardinal von Rohan, zunächst in die Pariser Affären eng verstrickt, dann am Hof in Ungnade gefallen, sich immer weniger in Straßburg aufhielt, sondern soweit er durfte, sein Palais in Paris vorzog oder seinen prächtigen Schloßbau in Zabern. Der Hof verzieh ihm auch insofern, als Rohan in Zabern 600 Soldaten zu seinem Schutz zur Verfügung erhielt, so lange Ludwig XVI. noch etwas zu sagen hatte und die bewaffnete Truppe sich einer gewissen Autonomie erfreuen durfte.

„Der elsässische Theil der Diöcese", fährt Eugen Müller fort, „zählte damals noch 43 Ordenshäuser, das ganze Elsaß 98. Durch das Decret vom 13. April 1791, welches Gelübde und Orden aufhob, wurden auch diese zerstört. Noch stand die kirchliche Organisation unversehrt. Die Civilconstitution des Clerus (d.h. die Priester, die den von der Revolution verlangten Treueid geleistet hatten) sollte nun an ihr das Zerstörungswerk vollziehen. Aber noch bevor die päpstliche Entscheidung (darüber) erfolgte, legte der Cardinal von Rohan, der jetzt durch seine feste kirchliche Haltung die Fehler seiner früheren Jahre sühnte, energischen Protest gegen sie ein, und er hatte die Freude, seinen im Ganzen so vorzüglichen Clerus und das katholische Volk zum größten Theil auf seiner Seite zu sehen".

Rohan war zunächst ja als ein Opfer Marie Antoinettes angesehen worden und wegen seiner offiziellen Ungnade bei Hof in den Frühphasen der Neuordnung Abgeordneter für Hagenau in der Pariser Versammlung der Generalstände. Als er dort jedoch gegen die Aufhebung der Privilegien des Adels zu Felde zog, als er später den Eid auf die Revolution verweigerte, entwand man ihm sein Bistum oder doch dessen französische Gebiete. Straßburg hatte ja als Diözese ein beachtliches, wohlabgerundetes Besitztum, das tief nach Baden hineinreichte und dessen Halbmesser ältere Quellen mit 23 Wegstunden angeben. Der Kardinal Fürst Rohan starb in Ettenheim im Badischen im Jahr 1803.

Die neuen Herren des Bistums, jener Brendel und die von ihm durch Zeitungsinserate (!) aus deutschen Universitätsstädten wie Bonn nach Straßburg berufenen Linksintellektuellen lösten die Freimaurerclubs als bewegendes Zentrum im Straßburger Geschehen ab, was zum Teil absurde Verhältnisse mit sich brachte. In einer großen Anzahl irrlichternder Geister und Geist-Abenteurer bleiben zwei Figuren der Revolution im Elsaß und im besonderen in Straßburg bemerkenswert: Der eine war Eulogius Schneider, ehemaliger Franziskaner, Professor für Griechisch und Rhetorik an der Universität Bonn, Hofprediger und Verfasser schlüpfriger Poesien und eines umstrittenen Katechismus. Der andere hieß Friedrich von Dietrich und war der Enkel jenes Straßburger Amtmanns und Patriziers, der unter Ludwig XIV. so standhaft für seinen Glauben gelitten hatte.

Die Familie der Dietrichs hieß ursprünglich Didier, kam aus Lothringen im sechzehnten Jahrhundert nach Straßburg und änderte wohl mit dem Übertritt zum protestantischen Bekenntnis auch den Namen ins Deutsche. Friedrichs Vater hatte im beginnenden industriellen Bergwerksbetrieb in den Vogesen ein Vermögen gemacht. Goethe, ein eifriger Wanderer mit frühen mineralogischen und topographischen Interessen, schreibt: „So erfuhr ich bei einiger Nachfrage leicht, daß von Dietrich sich früher als andere sich der Gebirgsschätze des Eisens, der Kohle und des Holzes mit gutem Erfolg zu bedienen gewußt und sich zu einem immer wachsenden Wohlhaben herangearbeitet habe".

Dieses Wohlhaben hatte die Revolutionäre der ersten Stunde nicht gestört; der Sohn des Bergwerksmagnaten, eben Friedrich von Dietrich, kam wenige Tage vor dem Fall der Bastille als neuer Prätor nach Straßburg. Dietrich war ein Mann der neuen Gedanken, wohlvertraut mit der neuesten Literatur und dank seiner gesellschaftlichen Kontakte auch mit den Freimaurer-Milieus im Elsaß, obwohl er seine Studien in Frankreich und auf großen Reisen absolviert hatte. Als Mineraloge von Ruf war er Mitglied der Pariser Akademie der *sciences naturelles*, schrieb französisch und trat sein Amt vermutlich schon mit der Absicht an, eine Voll-Integration seiner Heimat in den französischen Staat durchzuführen.

Ein Volksaufstand vom 21. Juli 1789, genau so gut inszeniert wie der Pariser Bastille-Sturm des Philippe Egalité, schüchterte die Straßburger Bürger so nachhaltig ein, daß der gesamte Stadtrat demissionierte und – angesichts einer Gewehr bei Fuß zusehenden Garnison – Rathaus und Archive geplündert werden konnten. Ein zweiter Nachfahre namhafter Geschlechter, der Sohn des korrupten Prätors Klinglin, führte angeblich die plündernden Horden. Ähnliche Auftritte gab es in anderen elsässischen Städten wie Hagenau, Schlettstadt oder Colmar, bis endlich die alten Stadtverfassungen zugunsten der neuen einheitlichen Gemeindestatute aufgehoben und überall Bürgermeister nach französischem Vorbild gewählt wurden. Friedrich von Dietrich war der vielbejubelte erste *Maire* von Straßburg, zu dessen Glanz seine Bildung und seine Rednergabe nicht wenig beitrugen, aber auch der durch und durch französische Salon, den seine Gemahlin hielt (sie war eine geborene Ochs aus Basel, ihr Bruder der bekannte Geschichtsschreiber der Stadt Basel, der mit dem Achtbände-Werk damals freilich eben erst begonnen hatte). Im Salon der Madame de Dietrich wurde im April 1792 die Marseillaise des Artillerieoffiziers Rouget de l'Isle zum ersten Mal vorgetragen, damals noch *Chant de Guerre de l'armée du Rhin* genannt.

Im Grunde genommen mußten die Straßburger diese

Phase ihrer Existenz positiv sehen und taten es auch; zweifellos hatte die Stadt selten ein Oberhaupt von soviel Charakter und persönlicher Kultur gehabt, und es stand zu hoffen, daß Dietrich in Straßburg selbst einen Weg zur vernünftigen Verbindung des Französischen mit dem Deutschen finden werde. Aber er war, wie die besten Geister der Revolution, eher gemäßigt eingestellt, ein Humanist von Charakter und hohen Zielen, und die hatten ja spätestens beim Sturz der Girondisten in Paris ausgespielt. Noch ehe man in Straßburg wirklich Bescheid wußte, war die Stadt, war auch das ganze Elsaß als reaktionär und im Herzen noch immer österreichisch verschrien.

Als die Jakobiner auch in Straßburg immer mehr die Oberhand gewannen, wurde Dietrich in Besançon vor Gericht gestellt, konnte sich aber – da man damals den Angeklagten noch zuhörte – glänzend rechtfertigen, indem er die Widersprüche der verschiedensten Anwürfe aufzeigte. Neider und Denunzianten haben freilich gemeinsam, daß sie nicht ruhen; sie nutzten die Verschärfung der revolutionären Gangart für weitere Anwürfe, Dietrich wurde nach Paris zitiert und folgte – obwohl er inzwischen ein Schweizer Exil gefunden hatte – im Vertrauen auf seine Unschuld und integre Amtsführung der Vorladung. Der Prozeß wurde abermals in Besançon geführt und begann aussichtsreich, weil sich in der Provinz noch ein paar gemäßigte und vernünftige Männer hatten halten können. Dann aber verlangte der Jakobinerclub seine Überstellung nach Paris, und Dietrich saß monatelang in jenem berüchtigten Abbaye-Gefängnis, in dessen Hof im September 1792 Hunderte abgeschlachtet worden waren. Für Dietrich schlug die Todesstunde am 29. Dezember 1793. Auf der Guillotine endete ein merkwürdiges, ja exemplarisches Schicksal, das Leben eines francophilen Elsässers, der dem Mißtrauen der Revolution gegen diese einst österreichische Landschaft zum Opfer gefallen war.

Eulogius Schneider, der eifrigste elsässische Jakobiner, überlebte Dietrich nur um etwa ein Jahr. Er hatte die Flucht nach vorne angetreten, hatte als öffentlicher Ankläger in Straßburg jenen Schrecken verbreitet, durch den Fouché in Lyon und Cartier in Nantes in die Geschichte eingingen: Am 31. März 1793 starben die ersten Elsässer auf der Guillotine, junge Männer aus Molsheim, Bergbiten und Avolsheim, die sich dem Kriegsdienst hatten entziehen wollen. Die Straßburger wagten immerhin einmal, die Fallbeil-Maschine des Doktors Guillotin umzustürzen und drangen auch in Schneiders Haus ein, ohne ihn allerdings vorzufinden. Im Ganzen aber ging es in Straßburg so blutig zu wie damals im ganzen Machtbereich der Revolution: Die Herren Colin und Lepreux schrieben am 5. Januar 1794 aus Straßburg an ihre Freunde vom Jakobinerclub zu Saint Jean de Losne einen Brief, den Gustav Landauer wie folgt übersetzt: (Auszug)

„In der Stadt Straßburg geht's himmlisch vorwärts; die Guillotine hat immer Arbeit; heute soll sie auch spielen. Ah, wenn ihr wüßtet, welche Wirkungen sie in dieser Gemeinde hervorbringt! Sie tut mehr als Wunder; an einem Tag bekehrt sie mehr Menschen als alle Heiligen von anno dazumal... Was uns angeht, Republikaner und Freunde, zählt auf unsren Eifer und unsre Hingebung an die Sache des Gemeinwohls".

Es ergab sich der grausig-kuriose Wettstreit zwischen vom Westen und vom Nordosten gekommenen Jakobinern, war doch das Rheinland damals nicht arm an Sympathisanten mit der Revolution. Es geht somit nicht an, die Entweihung des ehrwürdigen Straßburger Münsters, aus dem man damals einen Tempel der Vernunft machte, ausschließlich den Franzosen in die Schuhe zu schieben: Die Namen Cotta, Butenschön, Jung und Schneider sind zweifellos deutsch, wenn auch nicht elsässisch, und man wird nie erfahren, ob Maire Dietrich mit der Trikolore vor dem Münster den herrlichen Bau gerettet hat oder ob es jener Unbekannte war, der eine Jakobinermütze auf eine Turmspitze beförderte. Sicher ist, daß der Dom, Tempel der Vernunft oder auch Tempel des höchsten Wesens genannt, durch den Irrsinn der miteinander wetteifernden Revolutionäre aus Frankreich und Deutschland damals stärker gefährdet war als in den hitzigsten Phasen der Reformation, wie schließlich der Verlust von mehr als zweihundert Statuen der Außenwände beweist, und der brave Mann, der immerhin 67 der bedeutendsten Fassadenkunstwerke ablösen und retten konnte, riskierte mit dieser Heldentat für toten Stein zweifellos sein Leben.

Die Größen der Pariser Klubs ließen sich nur kurz in Straßburg sehen, wohl herbeigerufen von Schneiders französischen Rivalen. Sie bemängelten im Herbst 1793, daß es erst etwa dreißig Todesurteile gegeben habe (was wohl die Ursache für die Beschleunigung des Guillotinierens war, die sich in dem zitierten Brief spiegelt); vor allem aber warf man Schneider vor, daß alle großen Straßburger Familien noch verschont geblieben waren, die bislang Verurteilten seien wenig ansehnliche Leute vom Land gewesen.

Dieser Vorwurf ist bemerkenswert, weil er ja wohl kaum von Saint-Just, dem Pariser, kommen konnte, der sich in elsässischen Verhältnissen nicht zureichend auskannte. Es muß wohl Schneiders Rivale Monet gewesen sein, dem das Straßburger Patriziat mit seiner Anhänglichkeit an die deutsche Kultur ein Dorn im Auge war.

Es half Schneider nichts, daß er nun wie ein Rattenfänger mit dem Schinderkarren über Land zog und daß sich die Zahl der Hinrichtungen erheblich steigerte – seine eigenen Tage waren gezählt. Just, als er mit seinem jungen Weibchen und deren reichem Heiratsgut sechsspännig (wenn auch nächtlicherweile) in Straßburg Einzug halten wollte, wurde er verhaftet und nach vier Stunden am Pranger ins Abteigefängnis nach Paris überstellt. Am 1. April 1794, also wenige Monate vor dem Sturz Robespierres und dem Ende der *Terreur*, wurde er hingerichtet. Schneiders Genossen Martin, Boch, Cotta, Butenschön, Wolff und den Brüdern Edelmann rettete der 9. Thermidor das Leben.

Für Straßburg selbst hatte sich durch die Alleinherrschaft der französischen Jakobiner nicht allzuviel geändert. Es wurde nun nur wirklich deutlich, daß die Männer, die soviel von Gleichheit und Brüderlichkeit gesprochen und geschrieben hatten, sich im Elsaß gebärdeten, als wären sie rechtsradikale Nationalrevolutionäre. Maire Monet erklärte in einer Rede vom 10. Mai 1794 die Elsässer als die natürlichen Feinde der Franzosen, weil sie 'Franzos' oder 'Welscher' als Schimpfworte gebrauchten; im Grunde müßte man alle Elsässer, die des Französischen nicht mächtig seien, umsiedeln usw. Lorenz und Scherer wollen sogar von einem Plan wissen, sechstausend Deutsche im Rhein zu ertränken, nach dem Muster der Noyaden von Nantes...

Bürgermeister Monet hatte sein eigenes Patentrezept für das Elsaß, wenn es auch in seinen Methoden eher an die Zaren oder die Kaiser von China erinnerte: Alle verdienten Soldaten der Revolutionsarmee sollten im Elsaß Ackerland und Weinberge erhalten, dort, wo die Elsaßdeutschen ausgewiesen worden waren: „So würde die germanische Barbarei im Elsaß verschwinden und die Republik wäre in ihrem Innersten nicht französischer als das neue Elsaß".

Man kann den Kummer Monets verstehen: Alles, was Absolutismus und Revolution nacheinander gegen das elsässische Deutschtum ins Werk gesetzt hatten, war vergeblich geblieben; selbst die Freimaurer, die Juden und die Adepten der verschiedenen Geheimgesellschaften hatten sich als Versager erwiesen, hatten im Elsaß nicht Fuß gefaßt und demnach das ansässige Bürgertum nicht in seinen Anschauungen wandeln können. Eine gewisse wohlhäbige Selbstzufriedenheit hatte sich in diesen harten Zeiten zur Elefantenhaut entwickelt; das ganze aufgeregte Gehabe der Neutöner, der Schergen und der miteinander wetteifernden Mordgesellen war an einer Art passiver Resistenz gescheitert. Für den Massenmord im Rhein hatten sich plötzlich weder Schiffe noch gar ein Organisator gefunden, und auch das Geistesleben in Straßburg, wiewohl man dort recht gut französisch verstand, war deutsch geblieben. Selbst die besten französischen Nachschlagewerke wie der unschätzbare *Guide littéraire de la France* aus dem Verlag Hachette verzeichnen noch immer keine französischen Poeten aus dem Elsaß, wo doch die Franzosen zu Hunderttausenden zugewandert waren. Erst die junge Republik entsendet ein paar literarisch interessierte hohe Beamte an den Rhein – die dann dort so nebenbei ein wenig dichten, um eine elsässische Literatur in französischer Sprache zu schaffen – darunter den Geologen Corbonnières.

Franzose, in Straßburg geboren, war François Andrieux (1759-1833), hoher Richter und ein Mann von beachtlichem Mut, der sich mit Napoloen manches Scharmützel lieferte. Als der Kaiser ihn einmal wegen seiner Opposition zur Rede stellte, antwortete er: „Sire, man kann sich doch nur auf etwas stützen, das widersteht". Es war dann aber doch der keinen Widerspruch duldende große Korse, der Andrieux von seinem Posten entfernte; der inzwischen als Komödienschreiber erfolgreiche Jurist ging nach Paris und wurde ständiger Sektretär der *Académie Française*, gelangte also auf eine jener Positionen, die jeden, der sie innehatte, berühmt machten. Napoleon war es auch, der dank seines Weitblicks jene Welle der Französisierung zum Stillstand brachte, die während der Spätphasen der Revolution sich immer deutlicher als die eigentliche Gefahr erwiesen hatte. Vor, neben und nach Monet hatten die schreiblustigen französischen Republikaner einander in Plänen gegen das elsässische Deutschtum überboten, Schriften, in denen das Elsaß *ci- devant Alsace* genannt wurde, so wie man die Adeligen als *ci-devant comte* (einst Graf von...) bezeichnete und damit nicht nur verächtlich gemacht, sondern auch zu Gegnern gestempelt hatte. Das neue Elsaß war ja in zwei Départements geteilt, deren keines den deutschen Namen bewahrt hatte, sondern nach Ober- und Niederrhein benannt war, so wie Hitler Oberösterreich Oberdonau und Niederösterreich Niederdonau genannt hatte, um den tausendjährigen Namen des Landes auszutilgen.

Man braucht die einzelnen Schriften und vor allem ihre

Autoren nicht allzu ernst zu nehmen, denn es hatte sich ja gezeigt, daß gegen eine geschlossen zusammenstehende Bevölkerung einzelne Wüteriche ziemlich machtlos sind. Aber man sollte doch festhalten, daß es der Abgeordnete Lacoste aus Buchsweiler war, der am 24. November 1793 vorschlug: „Die einzige Maßnahme, die man jetzt ergreifen müßte, wäre, ein Viertel der (elsässischen) Bevölkerung zu guillotinieren und nur jene im Land zu belassen, die einen aktiven Anteil an der Revolution nachweisen können; der Rest wäre auszuweisen, ihr Eigentum müßte beschlagnahmt werden."

Ein glücklicherweise nicht näher bekannter Monsieur Simond verlangte am 6. Mai 1794 eine Umsiedlung von der Hälfte der elsässischen Bevölkerung ins Landesinnere von Frankreich gegen eine gleiche Anzahl nur französisch sprechender Neubürger für '*ci-devant l'alsace*'. Damit wäre dann auf dem linken Rheinufer den rechtsufrigen Deutschen eine Bevölkerung entgegengestellt, die zu ihnen 'einen frappanten Gegensatz' bildete, wie Bürgermeister Monet von Straßburg es ausdrückte. Harmlosere Vorschläge liefen auf eine zeitweise Verpflanzung der Elsässer etwa in die Auvergne hinaus (wo damals tatsächlich noch Platz war), von wo sie dann als Franzosen wieder an den Rhein zurückkehren dürften. Das waren Ideen, die leider 1939 und 1940 wieder aufgegriffen wurden, weswegen wir heute nicht nur den Kopf schütteln sollten über jenen Monsieur Rousseville, einen ehemaligen Priester, der solch einen Plan haarklein ausgearbeitet und am 19. Februar 1794 als Dissertation in Straßburg vorgelegt hatte. Nun, wir wissen, daß die Weltgeschichte über all dies hinweggegangen ist. Napoleon brachte durch seine linksrheinischen Eroberungen so viele Deutsche unter französische Herrschaft, daß die beiden Départements des alten Elsaß nun nicht mehr allein waren und sich das chauvinistische Interesse der Stamm-Franzosen nicht mehr ausschließlich mit Straßburg und den anderen traditionsreichen Orten des Elsaß beschäftigte.

Umso mehr mußten sich die Elsässer mit dem beschäftigen, was Napoleon allen Völkern unter seiner Fuchtel aufbürdete, und die Armeen, die er aus dem Boden stampfte und in Italien, Deutschland, Spanien und Rußland verheizte, sie verbanden Elsässer, Franzosen und unterworfene Deutsche auf neue miteinander in einem gemeinsamen Schicksal, das ebenso zu einer Annäherung beitrug wie die außerordentliche Blüte der straßburgischen Wirtschaft während der Kontinentalsperre: Frankreichs Meerhäfen waren blockiert oder überwacht, der Handel vollzog sich in einem hohen Maße auf den Flüssen, und Straßburg wurde wieder zur wichtigsten Pforte. Nach Napoleons schweren Niederlagen 1814 und 1815 wurde Straßburg nicht als befreite deutsche Stadt behandelt, sondern von den Verbündeten als französische Stadt eingeschlossen und der Rheinhafen gesperrt. Jean Rapp aus Colmar, einer der tüchtigsten Generale Napoleons, der ihn nach der Schlacht von Aspern zum Grafen gemacht hatte, kapitulierte in Straßburg und wollte seine Truppen heimschicken, die aber rebellierten, weil sie noch sehr viel rückständigen Sold zu bekommen hatten.

Was sich nun begab, wurde zu einer sehr kennzeichnenden Episode, die wir lieber erzählen als all die napoleonischen Feldzüge: Ein Unteroffizier namens Dalouzy, der sich den *nom de Guerre* 'General Garnison' gegeben hatte, brachte im Handstreich Arsenal, Tore und Nachrichten-Übermittlung von Straßburg in seine Hände, verlangte und erlangte vom Magistrat, daß er die fehlenden Summen für die Soldauszahlung vorstreckte und dankt ab, als alle nach einer schnell veranstalteten Sammlung unter der Bevölkerung erhalten haben, was ihnen zusteht. Ein österreichischer General vom anderen Rheinufer soll dem unerschrockenen und fähigen Mann, der die Legende von Napoleons tüchtigen Unteroffizieren bestätigt, ein Leutnantspatent angeboten haben.

Rapp hatte Napoleon die Treue gehalten, aber die Bourbonen verziehen ihm auch seinen Einsatz in den Hundert Tagen, also den Schlachten nach der Rückkehr Napoleons von Elba, und während ein Ney an die Wand gestellt und füsiliert wurde, lebte Rapp friedlich auf seinem Gut Wildenstein im Aargau, wurde Pair von Frankreich von den Gnaden des achtzehnten Ludwig, und Colmar errichtete ihm eine Statue. Er war der erste von jenen (wie manche meinen: viel zu vielen) Generälen, die das Elsaß dem französischen Staat geschenkt hat, wie ganz ähnlich das deutsche Baltikum den Russen.

Trotz allem, was man während der Revolution und auch in den Jahren nachher noch über Elsässer und ihre unaustilgbaren Gefühle für Deutschland und Österreich lesen konnte, schien zumindest ein Franzose aus dem älteren Adel sein Herz an das Elsaß gehängt zu haben – der ehemalige Erzbischof und trotz aller Revolutionsjahre heil gebliebene Prince de Talleyrand-Périgord, Außenminister Napoleons und der zurückgekehrten Bourbonen. Er verstand es nämlich als Vertreter des unterlegenen Frankreich den siegreichen Österreichern in Wien das alte habsburgische Stammland am Oberrhein vorzuenthalten. Metternich, am Mittelrhein begütert, und Humboldt, dem die Franzosen Schloß Tegel verwüstet hatten, waren die beiden Gegenspieler Talleyrands auf dem Wiener Kongreß, aber offensichtlich beide nicht hinreichend an einer Wiedergewinnung dieses deutschen Landes am Oberrhein interessiert. So wie nach den Niederlagen Ludwigs XIV. blieb auch nach dem doppelten Debakel Napoleons das Elsaß bei Frankreich, ganz so, als hätten die Sieger in den beiden Départements das alte Elsaß nicht wiedererkannt.

Die neuen Kaiser

Am 30. Oktober 1836 präsentierte sich am Tor der Kaserne des Vierten Artillerieregiments zu Straßburg ein etwas aufgeregter junger Mann in einer Uniform, die vermutlich von einem Zirkusschneider stammte, und mit einer kleinen Suite, in der eine gut gekleidete Engländerin die bemerkenswerteste Erscheinung war. Der Achtundzwanzigjährige gab sich als Prince Louis Napoléon zu erkennen, somit als der dritte Sohn des Napoleon-Bruders Ludwig Bonaparte, einst König von Holland, und der Hortense Beauharnais, Napoleons Stieftochter aus seiner ersten Ehe. Ein Oberst namens Vaudrey, der den Prinzen begleitete, hatte die Lage offensichtlich ein wenig sondiert, denn die Artilleristen erklärten sich tatsächlich unter beachtlichem Stimmaufwand *(Vive l'Empereur)* für den jungen Mann in der Phantasieuniform, verhafteten den Stadtkommandanten von Straßburg und den Präfekten und zogen dann mit Louis Napoléon zur Finckmattkaserne, wo die Infanterie in Garnison lag. Sei es nun, daß die schlichten Infanteristenhirne von dem großen Korsen zu wenig wußten oder aber zuviel – Louis Napoléon, der sich in der Aufregung als Sohn Napoléons I. bezeichnet hatte, wurde hier nicht ernst genommen. Ein ordenbedeckter alter Sergeant schrie, der Sohn des Kaisers sei tot und dies sei ein Schwindler; ein Handgemenge zwischen Artillerie und Infanterie machte dem Staatsstreich ein Ende. Die tragische Figur der mißglückten Aktion ist Oberst Vaudrey, Artilleriekommandeur von Straßburg, den ein Gefährte des Prinzen mit Hilfe einer willigen Sängerin zu dieser unüberlegten Handlung bewogen hatte: Der liebesblinde alte Offizier war der einzige Militär von Rang, der sich dieser chancenlosen Revolte angeschlossen hatte.

Die Regierung des Bürgerkönigs Louis Philippe aus dem

Hause Orléans bewies Mäßigung und Selbstsicherheit, ließ den Prinzen über Cherbourg in die Vereinigten Staaten bringen und sprach seine Mitverschworenen frei. Ganz Frankreich bejubelte die Weisheit der Straßburger Geschworenen und sammelte für die Angeklagten. 1840, also nur vier Jahre später, versuchte der Prinz bei Boulogne-sur-mer sein Glück abermals, wurde diesmal, wenn auch sehr schonsam, inhaftiert und trat am 10. Dezember 1848, in dem Jahr, in dem Frankreich sich abermals zur Republik erklärt hatte, als Kandidat für die Präsidentschaft auf. Sein Sieg – er erhielt mehr als dreimal soviel Stimmen wie sein Gegenkandidat – bereitete die Rückkehr auf den Thron vor, und im Dezember 1852 ließ der Zirkusprinz von Straßburg sich als Napoléon III. zum Kaiser der Franzosen ausrufen (Napoléon II., der Herzog von Reichsstadt, war 1832 gestorben).

In dieser Zeit, zwischen dem ersten und dem dritten Napoléon, hatten Frankreich und Deutschland so unterschiedliche Entwicklungen vor allem im geistigen Bereich genommen, daß eine Entfremdung auch zwischen dem Elsaß und den deutschen Ländern unvermeidlich war. Wirkt schon das ganze Theater um den dritten Napoléon sehr französisch, so war auf der anderen Seite des Rheins das Deutschtum ungleich bewußter geworden als bis dahin. Die große Erneuerungsbewegung, die Stein, Humboldt und ihre Helfer in Preußen eingeleitet und durchgeführt hatten, war in ihren Wirkungen auch bis in den deutschen Südwesten und zum Rhein gedrungen. Die deutschen Studenten, das Wartburgfest, der gemeinsame Widerstand einer nun geschlossen deutsch fühlenden Jugend gegen die Heilige Allianz und die alten Monarchien, dies alles hatte Straßburg und das Elsaß weitgehend unberührt gelassen. Man hatte von der importierten Revolution und den Schwarmgeistern aus Heidelberg, Bonn und Mainz im Elsaß wenig Gutes erfahren, man hatte begonnen, die Vorteile der Zugehörigkeit zu einem geschlossenen Königreich zu erkennen und interessierte sich für die Zänkereien um eine deutsche Einigung ebensowenig wie für den sich versteifenden Gegensatz zwischen Preußen und Österreich. Als dann gar 1859 Napoléon III. zu ersten Erfolgen kam, als die Preußen im Norden und die Österreicher in Italien als militärische Schutzmächte der Unterdrückung erschienen, reduzierte sich die Anziehungskraft der deutschen Großmächte erheblich, von dem gelegentlich des *Hortus deliciarum* schon erwähnten barbarischen Bombardement der Stadt Straßburg im Jahr 1870 ganz abgesehen.

„Das weite elsässische Land lag zu den Füßen seiner unwillkommenen, ja verhaßten Befreier", schreiben Lorenz und Scherer in ihrer in allen Teilen entschlossen deutschfreundlichen Geschichte des Elsaß, „Dort, wo vor dreihundertundachtzehn Jahren die französische Raubsucht ihren Anfang genommen, um Metz, spielte man den gewaltigen dritten Akt des großen Dramas, welches mit dem erschütternden Zusammenbruch eines ganzen Volkes schloß. Denn des Imperators (d.h. Napoléons III.) Fall war nicht das Ende, wie er auch nicht der Held des Dramas war. Es ist ein überlieferungswürdiges Wort von Ranke, das er uns in den Tagen der größten Erbitterung beider Nationen sagte: Deutschland führe den Krieg nicht gegen Napoléon und nicht gegen das französische Volk, sondern gegen den Geist Ludwigs XIV."

Nach schweren Tagen im August, als die Elsässer nach alter Gewohnheit in die Stadt Straßburg geströmt waren, als seien die Angreifer Hunnen oder Türken, nach einer Beschießung, die man den Bayern bis heute verübelt, war beinahe alles überstanden: Der General von Werder versöhnte die Elsässer ein wenig dadurch, daß er zwischen dem 15. und 17. Januar 1871, bei klirrendem Frost, den Vorstoß der französischen Loire -Armee unter Bourbaki zum Stehen brachte, ehe das Elsaß abermals Kriegsschauplatz werden konnte.

Und dann hätte sich beinahe noch einmal wiederholt, was man schon in den Friedensschlüssen von 1710 und

1815 nicht verstanden hatte: Lothringen und Elsaß wären beinahe abermals den Franzosen belassen worden, wenn auch diesmal mit etwas besseren Gründen als in früheren Jahren. Aus seinem Hauptquartier zu Reims schrieb der greise Wilhelm I. an seine Gemahlin die bittere Klage über die Einmischungen zugunsten des geschlagenen Frankreich: „Selbst aus Petersburg kommen solche Andeutungen, weil Landabzweigungen (gemeint ist die Rückgliederung von Elsaß und Lothringen) ein neuer *pomme de discorde* (Zankapfel) sein würden ... Im Gegenteil: Um Deutschland vor Frankreichs steten Gelüsten auf Einfälle in Deutschland endlich sicherzustellen, muß jene Länderabtretung verlangt werden. Elsaß vor allem. Das ist auch die allgemeine Stimmung in ganz Deutschland, und wollten sich die Fürsten dieser Stimmung entgegenstemmen, so riskieren sie ihre Throne."

Wilhelm wußte sehr genau, warum er so deutlich wurde und gar von der Gefahr von Thronverlusten sprach, hatte er doch in seiner nächsten Umgebung den Mann, der gesagt hatte: „Mir ist die Erwerbung von Lothringen unerwünscht, aber die Generale halten Metz für unerläßlich, da es den Wert von 120.000 Mann repräsentiert". Bismarck, der eine Woche nach dem Sieg von Sedan diese Meinung vertrat, hatte in diesem Krieg der schnellen Erfolge besondere Schwierigkeiten, sich gegen die Militärs durchzusetzen, die inzwischen besonders populär geworden waren, und Gall, sein Biograph, berichtet, Bismarck habe nicht zuletzt darum beinahe während des ganzen Feldzugs die Uniform eines Generalmajors getragen, zu welchem Rang er sich habe kurz vorher befördern lassen. Die Rückkehr des Elsaß in ein nunmehr geeintes, wenn auch Österreich ausschließendes Deutschland bezeichnete Bismarck in einem anderen Zusammenhang als eine Professorenidee.

Nun, wir wissen, was dann wirklich geschah; man traf sich auf den Rothschild-Besitzungen von Ferrières-en-Brie, wo der zu diesem Zeitpunkt nicht mehr lebende James Rothschild schon Jahrzehnte zuvor dreitausend Hektar heute unschätzbaren Geländes gekauft und ein altes Schloß auf das prächtigste renoviert hatte. Was niemand erwartet hatte, wurde zum politischen Ereignis: Das so oft vergessene Elsaß teilte auf einmal die Meinungen. In Königsberg sprach sich Dr. Johann Jacoby, seit Jahren einer der Wortführer der Opposition, gegen eine „Annexion" von Elsaß und Lothringen aus, was schon in der Wortwahl ein Mißgriff war: Jacoby, der Bismarck sechs Jahre zuvor des Macchiavellismus beschuldigt hatte, unterstellte Preussen mit dem Anspruch auf diese deutschen Grenzländer eine reine Eroberungspolitik in der Art des Sonnenkönigs. Die Öffentlichkeit aber stand hinter dem eisernen Kanzler und der Professorenidee, die er sich zu eigen gemacht hatte; Jacoby wurde verhaftet und auch auf Bismarcks Fürsprache zunächst nicht wieder freigelassen. Die französischen Unterhändler aber, die erklärt hatten, der 'napoleonische Krieg' interessiere Frankreich nicht mehr, man wünsche ihn schnell zu beenden, sahen sich mit der Abtretungsforderung konfrontiert, „die einen Friedensschluß in weite Ferne rückte... ja grundlegende Zweifel über Charakter und Zielsetzung der preußisch-deutschen Politik weckte: Mit der Forderung nach der Abtretung des Elsaß und eines Teiles von Lothringen. War dies, so fragte man sich nun überall in Europa, ...vielleicht gar kein in seinen politischen Zielen klar begrenzter, auf die nationale Einigung im kleindeutschen Sinn zielender Krieg ...sondern ein solche Grenzen sprengender Eroberungskrieg, in dem das Erreichte die jeweiligen Wünsche und Ziele bestimmte?" (Gall)

Ich glaube, es ist nicht nationaler Chauvinismus, wenn man hier feststellt, daß solche Vorwürfe geschichtlich gesehen unbegründet sind. Ludwig XIV. hatte reine Annexionskriege, wenn auch unter dem Deckmantel der Re-Union geführt, hatte Straßburg im Frieden überfallen, hatte ein Land, dessen allerchristlichste Schutzmacht Frankreich war, durch gewaltsame Maßnahmen in seinem Volkstumskern zu verändern und in seiner Religion zu gängeln versucht. Napoléon I. hatte sich um Rechtstitel überhaupt nicht mehr gekümmert und seine Brüder in Ländern zu Herrschern eingesetzt, die niemals französisch gewesen waren wie Holland, Westfalen oder Spanien. Und wenn nun nach einem von Frankreich provozierten Krieg ein Randstreifen mit – trotz aller Unterdrückungsmaßnahmen – noch immer deutscher Bevölkerung Reichsland werden sollte, empörte sich nicht nur die europäische Öffentlichkeit, sondern sogar die innerdeutsche Opposition.

Diese Einstellung blieb und hielt sich, und die ja nicht sonderlich geschickte Öffentlichkeitsarbeit im wilhelminischen Deutschland vermochte sie weder international noch national erheblich zu verändern; erst, als das Deutsche Reich nach Kolonien griff und auf der weltpolitischen Bühne neben die anderen imperialistischen Mächte trat, gerieten Elsaß und Lothringen in Vergessenheit oder wurden jedenfalls nicht mehr als auslösende Momente eines politischen Umdenkens überbewertet.

Der Landjunker von Bismarck, der in seinen keineswegs billanten Studentenjahren eher eine Abneigung gegen die Professoren entwickelt hatte, war also der deutschen Öffentlichkeit zuliebe auf die Professorenidee eingegangen, und so verzichteten denn die Franzosen "zu Gunsten des deutschen Kaiserthums", wie es im ersten Artikel des Präliminarfriedens heißt, auf den deutschen Teil von Lothringen, der den Generalen Preußens so wichtig war, und auf das Elsaß in den Grenzen der beiden Départements. Die wichtige Festung Belfort in der burgundischen Pforte und ihr Umland blieben mit einigem Recht bei Frankreich, da die ganze dahinter liegende Franche-Comté wie auch Burgund französisch besiedelt waren, und dies schon seit Jahrhunderten.

Was sich nun im Reichsland Elsaß-Lothringen begab, ist exemplarisch und ein Stück der großen historischen Tragödie dieses schönen, wertvollen und durchaus einzigartigen Grenzlandes. Wir wissen heute sehr viel mehr von der Attraktivität der francophonen Kultur als 1870. Wir erleben es tagtäglich, wie sich große Teile Afrikas heute noch durchaus freiwillig mit Frankreich und Paris verbunden fühlen, während die im ganzen besser funktionierende britische Kolonialverwaltung sich weit weniger Anhänglichkeit erworben hat. Wir sehen Politiker aus Syrien, aus Tunis, aus dem Libanon, aus Westafrika mit bestem Französisch an Europas Kultur und Literatur teilhaben und erleben es, wie Norditalien, Portugal, Spanien und viele andere Länder ganz selbstverständlich französische Abteilungen in den Buchhandlungen führen. Französisch, eine Sprache, die sich heute als die Kultursprache der Welt neben der Airportsprache Englisch durchgesetzt hat, war auch im Elsaß heimisch geworden, nicht zuletzt, weil wir nach dem siebzehnten Jahrhundert elsaßdeutsche literarische Begabungen von einigem Rang bis 1900 nicht mehr feststellen können. Gewiß, die Ereignisse der Rückkehr in den deutschen Bereich haben einigen Heimatdichtern das Herz überfließen lassen. Aber für diese (und andere, außerhalb des Elsaß erschienene) Poesien gilt sicherlich das Gide-Wort, daß man mit den hehrsten Gefühlen die schlechteste Literatur mache, eine Maxime, bei der er allerdings gewiß nicht an das Elsaß gedacht hat.

Begeisterung und Enttäuschung hielten einander wohl die Waage, sofern man nicht einzelne Jahre herausgreift, wie es die moderne Meinungsforschung tun würde, sondern den ganzen Ablauf der etwa fünfzig Jahre zwischen den beiden Verträgen von Versailles ins Auge faßt. Es erging dem Elsaß zunächst wie seinerzeit Schlesien: Dort war nach dem österreichischen *laisser-faire* der preußische Schulmeister eingekehrt, und alle, denen es soweit ganz gut gegangen war und die dabei in den angenehmsten Stimmungen gelebt hatten, sahen sich nun mit vorbildlich vernünftigen, eminent phantasielosen und in keiner Weise auf das Volk selbst eingehenden Maßnahmen konfrontiert. Auch die Elsässer hatten Zeit gehabt, die unleugbaren Vorzüge eines Lebens in Frankreich kennenzulernen, und da sie stets fleißig geblieben waren, ging es ihnen bald besser als den Binnenfranzosen. Damit war nun Schluß; die Grenze rückte wieder auf die Vogesenhöhen, und der sympathische Schlendrian, an den man sich gewöhnt hatte, wich der gewiß nicht sehr attraktiven wilhelminischen Ordnung, deren Vorzüge sich hinter dem Auftreten der preußischen Beamten schwer erkennen ließen.

Schließlich setzte sich aber eine überraschend kluge Wahl der Statthalter gegen Enttäuschungen und Vorurteile durch. Schon der Feldmarschall Edwin Freiherr von Manteuffel (1879-1885) aus dem in Pommern und im Baltikum begüterten Geschlecht verstand es, die elsässische Oberschicht mit der neuen Lage zu versöhnen, was dann freilich einige der eingesetzten deutschen Beamten kränkte und die Hoffnungen auf elsässische Unabhängigkeit ermutigte. Als Manteuffel in Karlsbad gestorben war, bekam Elsaß-Lothringen seinen fähigsten Statthalter, den späteren Reichskanzler Chlodwig von Hohenlohe-Schillingsfürst aus einer auch kulturell sehr aktiven deutschen Adelsfamilie. Das benachbarte Frankreich hatte damals (1885-1894) sehr unruhige Zeiten. Der Dreyfus-Prozeß hatte das Land in zwei Lager geteilt und die Kritik an der Regierung verschärft, und der heute vergessene General Boulanger hatte versucht, eine radikal-kriegerische Politik durchzusetzen, was für das Elsaß praktisch den Revanchismus bedeutete. Boulanger scheiterte auf spektakuläre Weise – er ging ausser Landes, wurde wegen Veruntreuungen angeklagt und erschoß sich schließlich am Grab einer reichen Gönnerin – und damit kamen, spät aber doch, jene Milieus zur Ruhe, in denen man dem früheren Vaterland Frankreich nachtrauerte.

Großbürgertum und Klerus begannen, sich auf die neuen Tatsachen einzustellen, und unter einer neuen Generation warb Frankreich, klug und flexibel, nicht mehr für die Rückkehr unter die Botmäßigkeit einer nicht mehr attraktiven Republik, sondern für eine neue selbständige staatliche Existenz von Elsaß und Lothringen. Das *Journal d'Alsace-Lorraine* schrieb am 22. April 1910 die suggestiven Zeilen:

„Mit der Schweiz, mit Luxemburg, Belgien und Holland könnte ein selbständiges Elsaß-Lothringen ein neutrales Band zwischen Frankreich und Deutschland bilden, das jede kriegerische Handlung zwischen den Großmächten unmöglich machen würde."

Es war der Gedanke des alten Lotharingien nach der Auflösung des karolingischen Großreiches, und vielleicht waren es diese Tendenzen, die zu dem neuen Statut von 1911 führten. Es hob das Reichsland Elsaß-Lothringen in den Rang eines deutschen Bundesstaates, nur daß das Reichsland nicht, wie Sachsen oder Bayern, einen König oder wie Baden einen Großherzog hatte. Der Souverän blieb nach wie vor der deutsche Kaiser, der sich durch einen Statthalter vertreten ließ. Die alten Habsburgischen Rechte waren durch die von Preußen und Bayern erkämpften Verträge von 1871 nicht wieder aufgelebt. Man darf in der Rückschau sagen, daß diese Jahre zwischen 1880 und 1914 die besten waren, die das Elsaß in seiner ganzen Geschichte erlebt hat. Verwaltung und Exekutive arbeiteten ausgezeichnet zusammen, die Umstellung auf die Wirtschaft des Reiches war vollzogen, die Prosperität der Gründerzeit kam dem nun wieder deutschen Elsaß, vor allem aber auch der lothringischen Industrie und Bergbauwirtschaft voll zugute.

Die Statthalter hatten zwar ausgesprochen revanchistische Organe der Presse und die sie tragenden Vereinigungen verbieten müssen, aber die Autonomie-Propaganda mündete eben darum, weil der starke Druck von oben fehlte, in eine von der ganzen Bevölkerung getragene Selbstbesinnung auf das spezifisch Elsässische im Rahmen des deutschen Volkstums. Das neue Statut von 1911 mit seinem Zweikammer-System dehnte die seit alters funktionierende Straßburger Stadt-Demokratie erstmals auf das ganze Land aus, in dem ja stets lokale Herrschaften und klerikale Grundeigentümer das Sagen gehabt hatten. Und unter der elsässischen rot-weißen Flagge entwickelte sich erstmals eine tragfähige patriotische Gesinnung, die von beiden Nachbarn, den Franzosen wie den Reichsdeutschen, ohne Feindschaftsgefühle unabhängig war. (Das Rot und Weiß war kein Anklang an die österreichischen Farben, sondern an die Wimpel der freien Rheinschifffahrt).

Charles Grad, Abgeordneter der Stadt Colmar, hatte den Slogan *Elsaß den Elsässern* lanciert und damit auch in den Bereichen der Industrie und des Großbürgertums ein gewisses Echo erzielt, vor allem aber bei den Intellektuellen, die den konservativen Wilhelminismus und seine restriktive Kulturpolitik fürchteten (Hohenlohe-Schillingsfürst, der im Elsaß so vorbildlich regiert hatte, war in Berlin zu einem erklärten Gegner neuer Strömungen in Literatur und Kunst geworden). Es war ein im ganzen Elsaß begrüßtes Zugeständnis an diese Entwicklungen, daß den sehr geschickten Verwaltungs-Staatssekretären von Puttkammer und von Koeller ein Elsässer von reinstem Wasser an die Seite gestellt wurde, der Baron Hugo Zorn von Bulach, früherer Kammerherr des dritten Napoleon... Zu den regsamsten Geistern jener Jahre gehörten liberale jüdische Intellektuelle, die sich auf das alte und seit jeher wirtschaftlich und zahlenmässig starke elsässiche Judentum stützen konnten, wenn es um die Frage elsässischer Autonomie ging, und sie wiederum riefen rechtsradikale französische Antisemiten und Revanchisten auf den Plan, von denen einige große Schriftsteller waren: Maurice Barrès zum Beispiel und René Bazin.

Es gab also, trotz der allgemeinen elsässischen Zufriedenheit, immer ein paar geschickte Federn oder – wie heute – einige profilierungssüchtige Landespolitiker, die Spannungen aus alten Zeiten aufrechterhielten, und darum bedurfte es nur eines an sich lächerlichen Zwischenfalls, um die Gemüter tatsächlich zu erhitzen und einen echten Konflikt zwischen Straßburg und Berlin heraufzubeschwören, das war die heute völlig vergessene Affaire von Zabern. In einer dortigen Kaserne hatte ein schneidiger preußischer Leutnant namens von Forster die gemütlichen elsässischen Weinbauernsöhne als flaue Figuren bezeichnet, denen man am besten die Haut durchlöchern würde. Der Oberst des Regiments deckte den Offizier gegen die ausbrechende Entrüstung, der deutsche Kronprinz hielt es für angebracht, den Militärs mit zwei Depeschen den Rücken zu stärken, und auf die Anfragen der elsaß-lothringischen liberalen Abgeordneten im Reichstag erfolgte absolut nichts.

Daraufhin demissionierte nicht nur die Regierung in Straßburg, sondern auch der Statthalter Karl Graf von Wedel, der nicht nur wegen seiner in der Fürsorge sehr aktiven Gemahlin Stephanie von Hamilton im Elsaß sehr beliebt war. Auf ihn folgte, wenige Monate vor dem Ausbruch des Ersten Weltkriegs, ein Herr von Dallwitz, der weder vom Elsaß noch von seinen Menschen auch nur die flüchtigste Ahnung hatte – was freilich angesichts der kriegerischen Ereignisse, die über die Vogesen hereinbrachen, keine große Rolle mehr spielte.

Daß seit 1870 vieles nicht nur anders geworden war im Elsaß, sondern entschieden auch besser, das spiegelte sich im langsamen Anschwellen einer Erzählkunst mit landesgeschichtlichen und volkstümlichen Motiven. Die breite Invasion französischen Gedankengutes im leuchtenden achtzehnten Jahrhundert hatte die elsässische Eigenart offensichtlich nur ein wenig eingeschüchtert, nicht ausgelöscht, und nun erhoben wieder jene den Kopf, die zwar nicht so glatt und suggestiv formulieren konnten wie die Vettern von der Seine, Autoren die nicht in Salons zu Hause waren und in Akademien gewählt wurden, die aber doch auch etwas zu sagen hatten.

Es ist natürlich, daß sie ihre Stunde hatten seit 1870, und daß viele von ihnen heute wieder vergessen sind, aber wir möchten doch Hermann Stegemann nennen, der eine sehr lesbare Geschichte des Ersten Weltkriegs geschrieben hat und mit vielen Geschichten aus dem Elsaß begonnen hatte (Familienromane wie 'Die Krafft von Illzach' oder 'Die Himmelspacher', den großen Bauernroman 'Söhne des Reichslands') oder auch Friedrich Lienhard, der als Essayist unvergessen, als Erzähler aber wenig bekannt ist ('Wasgaufahrten' 1895, 'Die weiße Frau' 1889). Zu den bekanntesten jener Autoren, die sich mit dem Elsaß beschäftigten, ohne aus der Landschaft zu stammen, gehören der Schweizer Jakob Schaffner mit seinem Kleinstadtroman 'Konrad Pilater', der in der Nähe von Straßburg spielt, aber auch Ernst von Wolzogen aus Breslau, der offensichtlich seine Studentenjahre in Straßburg nicht hatte vergessen können und darum die heiteren Geschichten „S'Meikatel und der Sexack" schrieb (1886). Hans Sterneder, uneheliches Bauernkind aus Niederösterreich, war als Wanderbursch 1910-1912 durch Europa gezogen und hatte dabei das Elsaß kennen und lieben gelernt, was sich in seinem Roman 'Der Sonnenbruder' (1922) spiegelt; sogar der vielgelesene Rudolf Stratz widmete 1917 seinen Weltkriegsroman 'Der eiserne Mann' der Vogesenlandschaft.

Zu dieser Zeit war der größte Erzähler des elsässischen Landes schon ein Mitdreißiger, ein Mann, dessen Namen heute nur noch ein paar Eingeweihte kennen, obwohl in seinen Büchern das Elsaß sein eigentliches Denkmal in unserer Sprache erhalten hat: René Schickele aus Oberehnheim, am 4. August 1883 als Sohn eines deutschen Weingutsbesitzers und einer Französin geboren und aus dieser exemplarischen Verbindung zu einem elsässischen Kosmopoliten geworden, weil es nun ja kaum noch anders sein konnte. Er hatte in Straßburg studiert, dort schon mit neunzehn Jahren eine erste Zeitschrift gegründet, und zwar gemeinsam mit Otto Flake und Ernst Stadler, zwei kongenialen Freunden. Nach Reisen, die auf ein wohlhabendes Elternhaus schließen lassen, finden wir ihn 1909 in Paris als Korrespondenten der Straßburger *Neuen Zeitung*, 1915-1919 lebte er meist in

Zürich und gab die berühmte, in ihren damaligen Ausgaben sehr gesuchte Avantgarde-Zeitschrift *Die weißen Blätter* heraus, durch die er mit allen Autoren der jungen Generation und der neuen Richtungen in persönlichen Kontakt kam. 1920-1932 hatte er seine ruhigste und zugleich fruchtbarste Zeit im Schwarzwald-Badeort Badenweiler – das Elsaß war ja nun wieder französisch – und 1932 ging Schickele ahnungsvoll an die französische Riviera, in jenes Sanary-sur-Mer, wohin ihm bald darauf zahlreiche andere deutsche Autoren folgten.

Frankreich und seine Sprache waren Schickele von Kind auf vertraut, denn seine Mutter sprach nicht deutsch; er liebte aber auch das lebhafte Berlin und den heimatnahen Schwarzwald. Diese Gegensätze, die zugleich dauernder Schaffens-Anreiz waren, fanden ihre bedeutendste Gestaltung in der Romantrilogie *Das Erbe am Rhein* (1925-1927), Familienbilder zwischen den mächtigen Antipoden Frankreich und Deutschland, in denen das ganze Elsaß ständig gegenwärtig ist. Auch in Schickeles kleineren Romanen lassen sich die seit seiner Kindheit dauernd wirksamen Gegensätze seines Lebens zwischen den Welten erkennen, nur transponiert sie Schickele, ein von Lebenslust und Bildungsenthusiasmus erfüllter Mensch, in Liebesbeziehungen. Die Liebespaare seiner Erzählungen kommen beinahe stets aus verschiedenen Nationen (Meine Freundin Lo) oder bilden nach Natur und Aussehen schreiende Gegensätze (Die Witwe Bosca), und Schickeles letztes melancholisches Buch, die große Novelle *Die Flaschenpost* mündet endlich, angesichts der Unüberbrückbarkeit dieser Gegensätze, in sanftem Irrsinn. Gerade dieses Buch kursierte im Zweiten Weltkrieg unter den Eingeweihten als ein heimlich zu lesender, aufrüttelnder Protest, so wie Kommerells *Lampenschirm aus den drei Taschentüchern*, Jüngers *Auf den Marmorklippen* oder die Goetherede von Hans Carossa.

Schickele starb, ohne die Heimat wiedergesehen zu haben, 1940 in Vence. „Er war groß, blond, blauäugig, mit einem starken, tiefen Blick hinter den Brillengläsern", schreibt Hermann Kesten in einem Erinnerungsbuch, „Er liebte den Wein und die Blumen, das spitze und kluge Gespräch und die Spazierfahrten über Land in seinem alten Auto... Er kam aus einem elsässischen Dorf und verriet mit jeder Geste den Europäer, mit Blick und Lächeln den Weltmann und Weltbürger".

Das zweite Beispiel dieser aus dem Reichsland nach Europa aufbrechenden großen elsässischen Literatur ist Ernst Stadler, am 11.8.1883 in Colmar geboren, am 30. Oktober 1914 bei Ypern gefallen, Student in Straßburg, Oxford-Stipendiat, in Straßburg habilitiert, Professor in Brüssel, Baccalaureus in Oxford, eine jener Hochbegabungen, die unser Volk auf dem Schlachtfeld verlor. Was Stadler in seinem kurzen Leben für seinen eigensten Fachbereich, die vergleichende Literaturwissenschaft tat, für Autoren wie Francis Jammes, Charles Péguy als seine Zeitgenossen, für Shakespeare oder Balzac als Schöpfer des gemeinsamen europäischen Erbes, das steht kaum zurück hinter der weit ausschwingenden hymnischen Dichtung des Frühexpressionisten Ernst Stadler, die von Walt Whitman und von den französischen Symbolisten zu Saint-John Perse und Ezra Pound überleitet.

Die große Arbeit, aus der den Reserveoffizier der Erste Weltkrieg riß, war eine elsässische Literaturgeschichte. Stadlers Lehrer Ernst Martin hatte dem begabten jungen Germanisten alles an Studien übergeben, was er selbst zur elsässischen Literatur des fünfzehnten und sechzehnten Jahrhunderts gesammelt und beschrieben hatte, und Stadler nahm das Vermächtnis sehr ernst: Sein Freund Hans Naumann hat uns Stadler geschildert „Die große Hornbrille vor den lieben Augen, hinter Büchern und gewaltigem Zettelwerk".

Als kurz vor dem Kriegsausbruch eine Gesellschaft für elsässische Literatur ins Leben gerufen wurde, war es naturgemäß der Dozent Dr. Ernst Stadler, der die Festrede halten mußte, und sie fiel – obwohl sie sich vor allem mit dem fünfzehnten und dem sechzehnten Jahrhundert beschäftigte – nicht so aus, wie es die wilhelminischen Gönner hinter dieser Stiftung erwartet haben mochten. „Aber sie (die Rede) diente in einem höheren Sinn wieder dem Elsaß der Zukunft, das Stadler als Symbol einer dereinstigen schönen Vereinigung und Versöhnung Frankreichs und Deutschlands, ja als eine Brücke zur Versöhnung Europas erschien. In der Vermischung und Befruchtung der beiden großen, hier zusammenbrandenden Völkerwellen lagen ihm die Ursachen und die Möglichkeiten kulturellen Reichtums." (Hans Naumann in *Ernst Stadler,* Berlin 1920)

Der dritte im Bund war Otto Flake, kein Elsässer, wie man selbst in Ausgaben seiner Werke lesen kann, sondern in Metz geboren, von Eltern, die nach der Abtretung des deutschen Lothringen aus dem Reich dorthin gekommen waren. Seine Kindheit und Jugend verbrachte Flake in Colmar, einer Stadt, der er seine Liebe bis zuletzt bewahrte; dann studierte er in Straßburg und machte – wie Stadler und Schickele – weite Reisen, ehe er sich 1928 in Baden-Baden niederließ, wo er 1963, wenige Tage nach seinem 83. Geburtstag starb. Flake hatte seine Grenzland-Existenz zu einer Lebensaufgabe gemacht und in den Mittelpunkt seiner kulturgeschichtlichen Interessen gestellt. Das Deutschtum im Elsaß und in der Schweiz interessierte ihn ebenso wie das in Südtirol (wo ihn die Italiener deswegen des Landes verwiesen), und es waren die Jahre 1908 bis 1914, seine Studienjahre, als sich seine tiefe Liebe zum Elsaß und seinen Städten und Dörfern am häufigsten und reinsten in seinem Werk bekundete.

Flakes Portraits der kleineren elsässischen Städte ergänzen ein Bild des Landes, das sich seit der Französischen Revolution und seit Goethe vor allem nach Straßburg orientiert hatte; er spricht von dem „still, unbemerkt und bescheiden" gebliebenen Schlettstadt, von dem stiefmütterlich behandelten, unbeachteten Mülhausen, das doch durch seine Industrien für die Elsässer so wichtig wurde und über Colmar: „Um 1865 zählte Colmar nur 22.000 Einwohner, aber diese kleine Stadt war interessant wie ein ausgereifter, geschlossener Charakter. Es ist noch heute eine der reizvollsten Studien, die man machen kann, dem Bilde des alten Colmar von vor 1870 nachzugehen", und spricht dann von „unseren elsässischen Städten" im allgemeinen, „die von einem Konservativismus sind, der sie von dem übrigen Deutschland bemerkenswert unterscheidet."

Otto Flake, ein Deutscher, der am deutschen Elsaß hängt, tritt auch darin an die Seite von Schickele und Stadler, daß er die französische Kultur und ihre Ausstrahlung als Bereicherungen des Lebens überhaupt ansieht, weswegen sie auch aus dem Elsaß nicht wegzudenken seien. Und eben daher versteht er die Schwierigkeiten, die es weniger in Straßburg als in den stärker französisierten elsässischen Kleinstädten nach 1870 gab. Colmar hatte, da Straßburg ja erst eine Generation später französisch wurde, schon unter Ludwig XIV. ein hohes französisches Gericht erhalten und den damit zusammenhängenden Zuzug akademisch gebildeter Franzosen im Lauf der Jahre in seinem Charakter, in seine wenig zahlreiche Bevölkerung aufgenommen. „Zwischen 1871 und 1880 fand sich kein Colmarer, der zum Bürgermeister gewählt sein wollte", berichtet Flake, „und die deutsche Regierung mußte Zwangsbürgermeister aus den Reihen ihrer Assessoren und Beamten über die Stadt setzen. Erst 1880 fand sich Camille Schlumberger bereit, Maire von Colmar zu werden. Nun war das Eis gebrochen..."

Flake ist auch voll Verständnis für die Lage des Bürgertums in jenen schwierigen Jahren eines allzuplötzlichen Übergangs, den der wilhelminischen Perfektionismus keineswegs erleichterte: „Wenn überhaupt eine Schicht des elsässischen Volkes durch Verschwägerungen, Lebensstil und Wohlergehen mit Frankreich verbunden war, dann die Mülhauser Fabrikanten und mit ihnen die oberelsässischen, die alle, in Thann, in Gebweiler, in Colmar, in Münster, in Rappoltsweiler, von Mülhausen ausgegangen waren. Wer jemals ... die kraftvollen, selbstbewußten und ein wenig altfränkischen Gesichter aus der Bürgerkönigszeit gesehen hat und nach ihnen ihre feingliedrigeren, nervöseren und weltmännischeren Söhne, der wird mit der Deutlichkeit, die nur das Anschauliche gewährt, unmittelbar begreifen, daß für die Mülhauser Familien die Annexion Elsaß-Lothringens mehr bedeutete als nur den Zwang, sich politisch und geschäftlich in einem fremden Staate einzurichten, daß sie sich aus der französischen Luft, die *ihnen* wenigstens unentbehrlich war, versetzt fühlten, daß sie von einem Widerstreben ergriffen wurden, das im einzelnen sich zu einer Art tiefen Überdrusses ausbildete."

Mülhausen war die Stadt, die zwar im Reichsland zur Großstadt angewachsen war, aber durch die Pflanzfabriken westlich der Vogesengrenze, wie sie viele Mülhauser Fabrikanten errichteten, erheblich an wirtschaftlicher und gesellschaftlicher Substanz verloren hatte, die Stadt, die auch nach vierzig Jahren noch nicht bereit schien, sich mit der neuen Existenz im Deutschen Reich abzufinden, ein Dilemma, das der Erste Weltkrieg schließlich beendigte. Flakes ausführliche Analyse von 1911 ist ein Beweis für das Verständnis, das die führenden deutschen Geister im Elsaß diesen Problemen entgegenbrachten, ein Verständnis, wie es leider auf der französischen Seite nur ganz ausnahmsweise festzustellen war und ist, wofür aber auch im wilhelminischen Berlin die Voraussetzungen überhaupt fehlten.

Enttäuschung, Hoffnung und Ungeduld

In den beiden Weltkriegen unseres Jahrhunderts blieben dem Elsaß, anders als bei früheren Kriegen, die schlimmsten Verwüstungen und die großen Schlachten weitgehend erspart. Im Ersten Weltkrieg war es der Schlieffen-Plan, der eine weit ausgreifende Flügelbewegung im Norden vorsah und auch durchführte, wobei Metz der Drehpunkt war und die Elsaßfront zunächst keine besondere Rolle spielte. Die Franzosen führten darum hier Gegenstöße durch, diese riefen deutsche lokale Operationen hervor, aber das Schlimmste, was die Bevölkerung erlebte, blieben stets die Evakuierungsmaßnahmen bald von der französischen, bald von der deutschen Seite. Neben den harten Kämpfen des Jahres 1915 im Münstertal und um den Hartmannsweilerkopf sind den Elsässern vor allem die Drangsale eines Hungermarsches in Erinnerung geblieben, die elsässische Nichtkombattanten, also Frauen, Kinder und alte Leute, zum Teil in Fesseln und an die Pferde der Eskorte gekettet, aus den Räumen Thann und Masmünster nach Westen antreten mußten, durch Orte, in denen der Pöbel sie wütend angriff, ehe sie in den Gefängnissen von Belfort und Lagern in der Umgebung bis zum Friedensschluß ausharren mußten. Die Waggons, in denen andere Elsässer aus ihrer Heimat weggeführt wurden, trugen Aufschriften wie 'Spione aus dem Elsaß' oder 'Schlachtfeld-Hyänen'. Ähnlich war es schon vorher etwa 15.000 Elsässern ergangen, die sich bei Kriegsausbruch im August 1914 in Frankreich befunden hatten. Selbst der Abbé Wetterlé, Urheber der schärfsten Unterdrückungsmaßnahmen nach 1918, mußte zugeben, daß die Elsässer in diesen hektischen Jahren durchaus zu Unrecht als Feinde behandelt wurden. Angesichts dieser Maßnahmen war es nicht verwunderlich, daß die Männer aus dem Reichsland Elsaß-

Lothringen sich als gute deutsche Soldaten erwiesen, etwa dreihunderttausend Mann gegen Frankreich stellten und leider einen sehr hohen Blutzoll von etwa 55.000 Gefallenen zu entrichten hatten. Dazu kam ein Wanderungsverlust in etwa doppelter Höhe nach 1918, als Wetterlé die Elsässer nach der Herkunft ihrer Eltern und den geschlossenen Ehen in vier Klassen teilte (A-D). Nur die Voll-Elsässer durften mit einem akzeptablen Umtauschkurs zwischen Francs und Reichsmark rechnen, und jene, die nach 1870 aus Baden oder anderen Teilen des Deutschen Reiches zugewandert waren, wurden mit nur 40 Kilogramm Gepäck über die Rheinbrücke bei Kehl ausgetrieben. Pierre Zind nennt die exakte Ziffer von 111.915 Ausgewiesenen, zu denen auch Monsignore Adolf Fritzen, Bischof von Straßburg gehört hätte, wäre er nicht angesichts all dieser Aufregungen am 9. September 1919 gestorben. (1871, bei der Begründung des Reichslandes Elsaß-Lothringen, hatte es keinerlei Ausweisungen nach Frankreich gegeben).

Die Antwort der Elsässer auf diese Behandlung war naturgemäß der Versuch, dem Land eine gewiße Autonomie zu sichern, um den in beinahe fünf Jahren geschürten und aufgestauten Haß gegen alles Deutsche an den Vogesenpässen abfangen zu können. Es ist interessant, festzustellen, daß der Gedanke einer elsässischen Autonomie oder gar Eigenstaatlichkeit, so nahe ihn die Geschichte auch legt, weder bei Clemenceau noch bei Poincaré Verständnis fand noch auch bei Hitler oder seinem klügeren Berater Bormann. Die verschiedenen in dieser Richtung arbeitenden Parteiungen und Verbände wurden stets sehr schnell verboten, unter Poincaré gab es ganze Verhaftungs-Wellen, und absolut integere Vorkämpfer des elsässischen Gedankens, denen es weniger um Politik als um die Sprache und das Volkstum ging, wurden vor Gericht gestellt.

Sie sind außerhalb ihrer Heimat kaum bekannt geworden, aber hier sei doch an Karl Roos erinnert, der die heißumkämpfte elsässische Zeitschrift *Die Zukunft* mitbegründete, in ihr die französische Theorie ad absurdum führte, das Elsässische sei ein Mischdialekt auf keltischer Basis(!), und der nach einem ersten Freispruch vor einem Geschworenengericht unmittelbar vor der deutschen Offensive von 1940 mit einer Reihe von Gefährten zum Tod verurteilt wurde. Das Waffenstillstandsabkommen zwischen Pétain und Hitler rettete die Verurteilten, die man nach dem deutschen Namen der lothringischen Stadt Nancy Nanziger genannt hat, in letzter Minute.

1940 wurde der Schlieffen-Plan mit den Halderschen Varianten abermals die Grundlage der deutschen Offensiven, und das Elsaß wurde Operationsgebiet jener französischen Verbände, die aus der Maginotlinie heraus in der Drôle-de-Guerre-Phase am Oberrhein für ein wenig Unruhe sorgten. Zu schwereren Kämpfen kam es erst beim Rückzug der deutschen Armeen aus Ostfrankreich, vor allem im Januar und Februar 1945. Das Elsaß sah also wieder heftige Winterschlachten wie schon im Jahr 1871.

Härter trafen das Land die weniger militärischen als nazistischen Maßnahmen, die Verfolgung der im elsässischen Leben tief verwurzelten Judengemeinden und die Arbeits-Verschickungen ins Deutsche Reich.

Die Zahl dieser Deportierten erreichte eine halbe Million, mehr als 140.000 Elsässer wurden zur Wehrmacht einberufen. An die Deportierten, von denen neunhundert in der Fremde starben, erinnert ein eigener Friedhof in der Nähe des Konzentrationslagers von Struthof, 11 km von Schirmeck. Es war, verglichen mit den Vernichtungslagern im Osten des Reichsgebietes, nur klein; dennoch wurden etwa zehntausend Unschuldige aus Frankreich, dem Elsaß und dem Reich dort die Opfer der nazistischen Tötungsmaschinerien und haben heute ein Ehrenmal erhalten – ein Zeichen dafür, daß es immer die Menschen sind, die am schlimmsten gegeneinander wüten.

Sehr bezeichnend ist auch, daß die Nationalsozialisten, denen immerhin nur viereinhalb Jahre zur Verfügung standen, beinahe vom ersten Augenblick an auch das im Elsaß anzuwenden und durchzusetzen wußten, was sie ihre Kulturpolitik nannten. Das harmonierte zwar auf den ersten Blick mit der natürlichen Volkstumspflege in gefährdeten Gebieten, wie es das geteilte Elsaß innerhalb der französischen Grenzen gewesen war, das lief aber auch dem ersten Aufschwung der elsässischen Literatur entgegen, den diese seit dem achtzehnten Jahrhundert zu verzeichnen hatte. Jene glückliche Mischung des Alemannischen mit dem weltbürgerlichen Blick nach Paris, das geistig besonders bewegliche elsässische Judentum und die Aufgeschlossenheit des Oberrhein-Europäers für neue Formen und Entwicklungen in Literatur und Kunst, hatten neben die soliden Begabungen eines Stadler oder Schickele die Avantgarde-Poeten Yvan Goll (1891-1905) und Hans Arp (1887-1966) treten lassen. Der erste von der Mutter her Lothringer aus Saint Dié, der andere Straßburger, waren sie beide in Straßburg und Paris gebildet, in Zürich als Hechte im Schweizer Karpfenteich aufgefallen als Theoretiker und Praktiker neuer Versuche wie des Dadaismus und neuer Strömungen wie des Expressionismus. Wie niemals mehr seit Bodmer und Breitinger haben sie vom äußersten deutschen Südwesten her die Landschaft der deutschen Literatur neu belebt und bereichert und zugleich die Blicke aller Kundigen wieder auf das Elsaß gelenkt. Für die Nationalsozialisten waren aber gerade diese Begabungen, in denen wirklich geworden war, was eine echte Zukunft für das Elsaß bedeuten konnte, die gefährlichsten Erscheinungen.

Wer ein kompromißlos deutsches Elsaß mit einer feindseligen Frontstellung gegen Frankreich wollte, konnte in Schickele, Arp, Stadler oder Goll nur Verräter erblicken, auch wenn Goll mit einem Band lothringischer Volkslieder in deutscher Sprache begonnen hatte, auch wenn Arp, der ja das zweite Ausdrucksmittel der bildenden Kunst hatte, erst mit fünfzig Jahren französisch zu publizieren begann. So sehr Hitler zeitweise den Ausgleich, ja die Freundschaft und Zusammenarbeit mit Frankreich gesucht hatte, so sehr war diesem oberösterreichischen Kleinbürger jede Art von Weltbürgertum zuwider, und seinen keine Fremdsprachen sprechenden Kulturfunktionären natürlich erst recht. Der Dadaismus fiel für sie alle ohne weiteres und ohne nähere Prüfung ebenso unter den Oberbegriff der entarteten Kunst wie der Surrealismus, und daß im Avantgardekreis zu Zürich Juden wie Tristan Tzara eine große Rolle spielten, daß Arp eine jüdische Malerin geheiratet hatte, daß sie mit Emigranten wie Stefan Zweig verkehrten und mit schwer verständlichen Autoren wie James Joyce, das alles brach den Stab über jenen glanzvollen Wiedereintritt des Elsaß in die große Literatur. Nirgendwo hat der Nationalsozialismus eine so beklagenswerte Cäsur gesetzt wie gerade hier, indem er Dichter, die ein kleines, um seine Eigenständigkeit ringendes Land dringender gebraucht hätte als das große Deutschland, in die Emigration trieb, in alle Welt hinaus. Man konnte in New York oder in Kalifornien ein deutscher Schriftsteller bleiben; die regionale Verwurzelung jedoch blieb in der Emigration regelmäßig auf der Strecke, das haben uns die Tragödien eines Oskar Maria Graf aus Bayern, eines Guido Zernatto aus Kärnten ebenso deutlich bewiesen wie der Untergang der neuen elsässischen Literatur in dieser Zeit oder der Selbstmord des vermutlich reichsten Emigranten, des Wieners Stefan Zweig, in Brasilien.

Über die Dürftigkeit der Neu-Ansätze seit 1950 machen sich die Elsässer selbst keine Illusionen. Der Straßburger Germanist Adrien Finck, 1933 im oberelsässischen Hagenbach geboren, hat sich durch seine in einem Hildesheimer Verlag erscheinenden Essays und Anthologien besondere Verdienste darum erworben, daß die elsässische Situation in der Bundesrepublik Deutschland bekannt und erfaßbar wird, freilich auch, weil das elsässische Verlagswesen selbst heute kaum noch in der Lage ist, den Elsässern entsprechende Möglichkeiten zu schaffen. Finck, der sich nicht nur als Hochschullehrer, sondern auch als Dichter einen Namen gemacht hat, beginnt seinen Aufsatz 'Zur politischen und sprachlichen Situation der Gegenwart' mit der lapidar-unmißverständlichen Feststellung: "Die Zeit nach 1945, und dies bis in die Sechzigerjahre, kann als eine Periode der Verdrängung des Deutschen bezeichnet werden, wie die Geschichte des Elsaß sie in solchem Ausmaß noch nicht gekannt hatte". Finck führt dann, unter Heranziehung neuester interkultureller germanistischer Arbeiten, begründend aus, daß die Franzosen der im Reichsland und in der Zwischenkriegszeit erstarkten autonomistischen Bewegungen, also der Unabhängigkeitstendenzen im Elsaß, wohl niemals Herr geworden wären, hätte es nicht den Nationalsozialismus und die auf seinen Verbrechen fußende Diskriminierung alles Deutschen gegeben: Die Franzosen sollten eigentlich auf der (Straßburger) Place Kléber ein Hitlerdenkmal aufstellen...

In diesen ebenso bitteren wie wohlbegründeten Zeilen schwingen Enttäuschung, ja Resignation und wohl auch Wut zusammen: Die Enttäuschung des elsässischen Intellektuellen, der sein Land liebt, die Geschichte kennt und die elsässischen Marschälle und Generale, nach denen die Franzosen zwischen Belfort und Straßburg so viele Straßen und Plätze benannt haben. Und es ist für Adrien Finck gewiß kein Trost, wenn wir anderen Deutschen ihm sagen, daß der Nationalsozialismus, der doch Deutschland größer machen wollte, uns ja sogar um jene Grenzen von 1937 gebracht hat, innerhalb deren man schließlich leben konnte und könnte, war doch Ostpreußen nicht mehr abgeschnitten als heute Berlin – ja eigentlich weniger, da es schließlich den Seeweg nach Königsberg und Danzig gab.

Die Überreaktionen von 1945 mußten das Elsaß den Franzosen in die Arme treiben, was noch verständlich ist; sie erfüllten aber auch viele Elsässer mit dem Bestreben, in sich und in ihrem Land die deutschen Elemente zurückzudrängen, zu verleugnen, ihnen abzuschwören, und das, obwohl es nicht mit jener Deutlichkeit verlangt worden war, die wir noch in den Dekreten des Sonnenkönigs finden. Das Frankreich de Gaulles, mit der Bundesrepublik in bestem Einvernehmen lebend und handelnd, brauchte offensichtliche Zwangsmaßnahmen gar nicht einzusetzen, brauchte sich keine sichtbare Blöße zu geben. Eben wegen der deutsch-französischen Freundschaft war das Elsaß unversehens in die Lage geraten, in der sich das deutsche Südtirol angesichts der Achse Rom-Berlin befunden hatte: Es war kein Thema mehr, und es brauchte schließlich keines zu sein, weil im Elsaß selbst Kräfte wirkten und Erfolge zeitigten, die sich von außen gar nicht hätten erzielen lassen.

Denn Maßnahmen von außen, kamen sie vom Westen oder vom Osten, hatten am Oberrhein stets Widerstand hervorgerufen; der innere Reinigungsprozeß, nicht etwa von faschistischen Relikten, die es ja kaum gegeben hatte, sondern von dem nun verdächtigen Deutschtum, ging, aus Paris behutsam ermutigt, unaufhaltsam vonstatten. Die Zurücknahme des Deutschunterrichts selbst hinter die in vielen Bereichen des inneren Frankreichs übliche Stundenzahl tat ein Übriges: Selbst wenn man von Umfragen absieht, deren Ergebnisse, wie man heute weiß, leicht zu manipulieren sind, bleiben unbestreitbare Tatsachen bestehen, wie der Rückgang zweisprachiger Zeitungsauflagen (Absinken des Anteils von zwei Dritteln auf ein Drittel) und die Flucht elsässischer Autoren in die Mundart, was die deutsche Schriftsprache weiter schwächte.

Es war weniger ein Problem der Person als der Generation, daß einige für das Elsaß und seine Literatur sehr wichtige Schriftsteller an der Wende von 1945, in der geschilderten Entwicklung, entscheidende Publikations- und Existenzschwierigkeiten hatten: Eduard Reinacher, dessen Namen uns in vielen Sparten der literarischen und landeskundlichen Produktion begegnet, ein Elsaßdeutscher, der sich schon 1918 für das Leben in Deutschland ausgesprochen hatte und 1940, bei der für ihn ersten Möglichkeit, in seine Heimat zurückkehrte; er mußte nach 1945 noch einmal auswandern und starb 1968. Ein Jahr vorher war Bernd Isemann im badischen Gernsbach gestorben: Er war 1881 in Schiltigheim bei Straßburg geboren worden und hatte in der Zwischenkriegszeit als Lehrer in Schleißheim bei München gelebt. Zum Unterschied von diesen beiden war Hans Karl Abel in Deutschland kaum bekannt geworden; für ihn hatte das Jahr 1918 einen tiefen Schock bedeutet, und daß er 1940 zurückkehrte, bescherte ihm kein Wiederaufleben der schöpferischen Kräfte. Finck berichtet, er sei 1951 'verstummt und vereinsamt' im Münstertal gestorben.

Es konnte nicht ausbleiben, daß die große Welle der hektischen Kollaborations-Suche auch das Elsaß ergriff, und wenn sie auch natürlich nicht als anti-elsässische Maßnahme gedacht war, so wirkte sie sich de facto doch als solche aus, denn die Literaturnation Frankreich konnte die Diskriminierung selbst bedeutender Autoren wohl leichter verkraften als die kleine und bedrohte Literatengemeinschaft am Oberrhein. Es machte da wenig Unterschied, wenn politisch integre Autoren wie Paul Bertololy, weil sie in Deutschland verlegt hatten, zu hohen Geldstrafen wegen unerlaubter Kriegsgewinne verurteilt wurden, die sie finanziell für ein Leben ruiniert oder eben aus der Heimat vertrieben hätten. Indes vollzog sich diese Operation, wie man inzwischen weiß, auch in Paris gegen Kulturschaffende aller Richtungen mit den selben Auswüchsen. Nur in den spektakulärsten Fällen wie dem des Robert Brasillach (im Februar 1945 hingerichtet) oder des Louis-Ferdinand Céline (1944-1952 verbannt) kam es zu gravierenden Folgen; andere Fälle unzweifelhafter Kollaboration wie Paul Claudel oder deutlicher Übereinstimmung der Gesinnungen mit den Besatzern (Henry de Montherland) verliefen im Sand, so wie auch das Urteil gegen Paul Bertololy nach beinahe dreijährigem Prozeß schließlich kassiert wurde. Es hätte als Präzedenzfall ja auch Wirkungen auf die Finanzen der berühmtesten französischen Autoren gezeitigt, die seit dem Münchner Abkommen von 1938 verstärkt in Hitlerdeutschland verlegt worden waren (Giono, Montherlant, Jules Romains, Martin du Gard, Georges Duhamel u.v.a.).

Seit diesen bewegten Jahren, seit jenen schwer zu beurteilenden Auseinandersetzungen, in denen aus verständlichen Motiven oft weit über das Maß und das Verhältnismäßige hinausgegangen wurde, ist eine ruhigere Lage eingetreten, was nicht unbedingt und auf allen Gebieten als positiv zu werten ist. So lange Bewegung herrscht, ergibt sich Diskussion, in den zahlreichen deutsch-französischen Zusammenkünften aber, deren Klima eines vollen Einverständnisses zu Zeiten der Kanzler Adenauer, Schmidt und Kohl stets gleichermaßen betont wurde, sitzt man zwar nicht selten an elsässischen Tafeln, aber vom Elsaß wird gleichwohl nicht gesprochen, als könne es in einem Land, wo in Illhäusern oder der Wantzenau so hervorragend gekocht wird, keinerlei ernsthafte Probleme geben.

Die Jahre 1968 mit den Studentenrevolten brachten eine gewisse hoffnungsvolle Unruhe auch in die Beziehung des Binnenlandes zu seiner elsässischen Randbastion, und die Ära Mitterand erweckte naturgemäß Erwartungen, weil die Unterdrückung jener Minderheit, die gar keine sein wollte, nun einmal ganz rechts und ganz links mehr Anhänger hatte als bei den Sozialisten. Indessen sind Wandlungen sehr schwierig, wenn ohnedies beinahe nichts geschieht oder doch nichts Merkbares. Die Anordnung, daß rein deutsche Publikationen nicht mehr gestattet seien, es sei denn, sie enthielten mindestens 25 % französisch-zusammenfassenden Text, brauchte nicht mehr diskutiert zu werden, weil selbst in den Volksschulen Deutsch nur noch Freigegenstand war (eine Maßnahme, die es nicht einmal 1918 gegeben hatte). Menschen, die heute fünfzig Jahre alt sind, hatten also gar keinen Deutschunterricht genossen, und Historiker wie Publizisten, die durchaus einen deutsch-elsässischen Standpunkt vertreten, mußten und müssen dies nun nicht wegen geltender Vorschriften, sondern um verstanden zu werden, in französischer Sprache tun: Ein Beispiel ist Pierre Zind in seiner ausgezeichneten *Brève Histoire de l'Alsace*, ein anderes Adrien Finck selbst mit seiner Schickele-Einführung, die 1983 in Straßburg in französischer Sprache geschrieben wurde und erschien, ein drittes Emile Baas, der schon 1945 wagte, die Notwendigkeit elsässischer Selbstbehauptung zu proklamieren, es aber in französischer Sprache tun mußte ('*Situation de l'Alsace*'). Darum heißt es auch 1980 in einem Aufruf 'der Dichter, Schriftsteller, Liedermacher und Kulturschaffenden an die elsässischen Gewählten' in der gleichzeitig mit der französischen Fassung publizierten deutschen Version unter anderem:

"Wir stehen heute am Scheideweg unserer Kulturgeschichte. Das Elsaß wird sich entfalten oder im Banalen ersticken. Das hängt ganz davon ab, ob die für das Elsaß Verantwortlichen heute den Mut haben, ihrem Land eine würdige kulturelle Zukunft vorzuschlagen. Sie wissen, daß die sprachliche Lage im Elsaß durch den Besorgnis erregenden Rückgang des Dialekts gekennzeichnet wird. Wenn das so weiter geht, wird die elsässische Jugend des Jahres 2000 kein Elsässerditsch mehr sprechen". Abgesehen davon, daß das französische *proposer* sinnvoller mit 'anbieten' als mit dem schwachen 'vorschlagen' zu übersetzen gewesen wäre, übersieht dieser Aufruf, daß die Verantwortlichen für das Elsaß keineswegs nur in Paris sitzen, sondern gewiß auch in Bonn. Wenn für die Geltung der deutschen Sprache und der deutschen Kultur in Westafrika und Hinterindien Goethe-Institute errichtet und unterhalten werden, dann müßte es sich doch auch erreichen lassen, daß jede elsässische Stadt über zehntausend Einwohner ein solches Institut erhält. Wenn das kleine Österreich eine aktive Südtirol-Politik betreibt und darüber hinaus die kulturellen Beziehungen aus der alten Donaumonarchie bis nach Friaul, bis nach Triest, nach Ungarn und Prag weiter pflegt, ja neu belebt, dann müßte sich die Bundesrepublik dazu durchringen, für das Elsaß dasselbe zu tun; man trifft sich oft genug mit dem französischen Nachbarn, man ist einander so nahe gekommen, daß andere EG-Staaten schon nervös geworden sind. Warum also dann kein Elsaß-Gespräch?

Die Symptome für dieses Vergessen, für dieses durchaus

schon unbewußte Ausklammern der Elsässer aus unserem Denken, unserer Beschäftigung mit Kunst und Literatur, beweisen sich immer wieder und leider bei allen Gelegenheiten. Ein vorbildliches Lexikon der Französischen Literatur hat kein Stichwort *Alsace* oder *Elsaß*; eine sehr verdienstliche ortsgeschichtliche Reihe hat die Vorarbeiten für den Elsaßband eingestellt, der Ost- und Westpreußenband ist seit Jahren im Handel. Und in Westermanns großem *Lexikon der Geographie* findet sich der ungeheuerliche Satz: "Die Bewohner des Elsaß sind germanischer Abkunft und sprechen einen alemannischen Dialekt (in der Umgebung von Weißenburg fränkisch), fühlen sich jedoch der französischen Nation verbunden, ein Umstand, der auf das gemeinsame Erleben der großen Revolution zurückzuführen ist". Es dürfte kaum ein prominentes Nachschlagewerk geben, in dem sich auf so kleinem Raum soviele Fehlinformationen und Auslassungen finden: Daß die Elsässer deutsch sprachen und sprechen und in dieser Sprache eine imponierende geistige Leistung zustandegebracht haben, bleibt unerwähnt, und daß die Vandalismen am und im Straßburger Münster die Elsässer besonders eng mit Frankreich verbunden hätten, ist gewiß die absurdeste Begründung für die unzweifelhaft existierenden Kulturbeziehungen zu Frankreich. Damit und mit dem standhaften Schweigen des offiziellen Deutschland zu allen elsässischen Fragen dürfte nun klar sein, daß nicht nur Frankreich *une question de l'Alsace* hat, die eigentlich *un problème alsacien* ist, sondern daß auch die Bundesrepublik Deutschland Elsaß-Probleme hat, sie eben nur noch nicht hervorholt. Offenbar ist man in Bonn der nicht ganz unbegründeten Meinung, daß eine ganze Anzahl der elsässischen Wünsche und Forderungen sich mit dem deckt, was das deutsch-französische Verhältnis in seinem erwünschten Ausbau ohnedies bedingt und verlangen wird: Die verstärkte Aufmerksamkeit für deutsches Geistesleben in Frankreich; mehr Französischunterricht in der Bundesrepublik und mehr Deutschunterricht in Frankreich.

Die Pläne, das Englische als eine neue *lingua franca* der Weltwirtschaft und des Weltverkehrs an allen Schulen als *zweite* Fremdsprache zu unterrichten und somit zu einer schnell erlernbaren Gemeinsprache zu machen, würden dem Französischen als erster Fremdsprache den Raum von sieben, acht oder neun Jahren geben und das tiefere Eindringen in die Kultur des Nachbarlandes gestatten, die ja ein Kernelement europäischer Kultur überhaupt ist. Das sind Maßnahmen, bei denen es nicht wie bei Abrüstungsgesprächen um die harte Notwendigkeit eines Zug-um-Zug-Verfahrens geht; man könnte hier Vorleistungen durchaus verantworten ohne Schaden zu nehmen, und die andere Seite würde aus der Natur der Dinge nachziehen – denn viele junge Deutsche mit guten Französisch-Kenntnissen brächten deutsche Überlegenheit in allen europäischen Gremien und Verbänden mit sich, sodaß ein Ausgleich dieser Voraussetzungen für den Erfolg und die Plazierung einer Generation kaum lange auf sich warten ließe.

Nun, Aktualität ist nicht Geschichte. Die neue europäische Ländergemeinschaft hat dem Elsaß viele Hoffnungen erfüllt, aber auch manche Enttäuschungen gebracht. Der Rhein, soviel kann man mit Sicherheit sagen, hatte seit keltischen Zeiten noch nie größere Bedeutung als europäischer Haupthandelsweg, der Straßburger Rheinhafen, der Ill-Kanal und die Kette der Industrien vom Baseler Dreiländereck bis zur Rheinpfalz, das sind Garantien für den Fortbestand jener elsässischen Prosperität, die wir in allen friedlichen Zeiten der Vergangenheit antreffen.

Daß ein paar Tausend Elsässer als Pendler im Badischen arbeiten, daß viele Tausende deutscher Touristen alljährlich das Elsaß aufsuchen, das sind Ergebnisse einer natürlichen und auf natürliche Weise enger gewordenen Nachbarschaft wie die Kapitalverflechtungen in der links- und rechtsrheinischen Wirtschaft.

Hier hat die zunehmende, ja beinahe schon verwirklichte Internationalität des wirtschaftlichen Geschehens und des Geld-Flusses manches Problem beseitigt, das im vorigen

Jahrhundert noch die Gemüter bewegte. Heute wandern keine Industriellen-Söhne mehr nach Westen ab, heute kommen die benötigten Gelder ebensogut aus den Vereinigten Staaten oder aus Saudi-Arabien wie aus deutschen oder französischen Tresoren.

Ist damit die Isolierung im Provinziellen überwunden, wie sie noch Otto Flake so beredt beklagt hat? Ist Straßburg, die Cité d'Europe mit einer halben Million Einwohnern, noch immer Provinz? Man kann zum Glück des elsässischen Landes sagen, daß die paar neuen Gebäude und der Zustrom der Abgeordneten und Journalisten die Stadt nicht aus ihrem Umland herauszulösen imstande waren. Die Regierung in Paris verhilft Straßburg sogar zu diesem Provinz-Touch, wenn sie Europäern, die nicht der EG angehören – also allen Skandinaviern, dem ganzen Osteuropa, den Österreichern und den Ungarn – die Einreise nur gegen Visum gewährt. Die österreichischen Zeiten, in denen das Elsaß ein habsburgisches Vorland war, sind damit endgültig hinabgegangen, die deutsche Ära noch nicht wiedergekommen. Frankreichs stärkste Trümpfe, seine herrliche Sprache und seine unvergleichliche Literatur, haben einen Prozeß eingeleitet, den in stummer Duldung auch Bonn als irreversibel, als nicht mehr umkehrbar ansieht.

Le dialecte demeure un humus vivant schreibt Fernand l'Huillier, Professor an der Fakultät für Gesellschaftswissenschaften der Universität Straßburg, und dieser weiterhin lebende Nährboden des elsässischen oder des elsässer Ditsch, mit einem Schutzzaun umgeben und am Leben erhalten wie anderswo die Alpenpflanzen oder aussterbende Tiere, soll nun das Alibi liefern für all jene, die dem Vordringen des Französischen bis zur praktischen Alleinherrschaft tatenlos zusehen.

Wir Deutschen östlich des Rheins können jedoch beim besten Willen in den rührenden Mundartgedichten, wie sie zwischen Basel und Weißenburg publiziert werden, weder den Abglanz noch gar den Glanz des alten und großen elsässischen Geisteslebens erkennen, und wir können nicht glauben, daß es diesen Dichtern aus Wolfisheim, Erstein oder Hindisheim genügt, in Schiltigheim, Waldighofen oder Colmar gelesen zu werden. Wir sehen schon im Schwyzerdütsch eine Verirrung, die man tunlichst im Zaun halten sollte, und im Niederländischen eine überflüssige Komplikation des europäischen Zusammenlebens. Die Mundart ist ein selbstverständliches Lebenselement, aber sie kann den Anteil an dem gewaltigen Ganzen deutschen Ausdrucks und deutscher Geistesleistung nicht für die Elsässer sichern, und gerade sie brauchen diesen Anteil, diesen natürlichen Zugang ohne übersetzende Medien, weil das Elsaß seit Ludwig XIV. und dem freien Einströmen der übermächtigen französischen Kultur zu wenig selbst hervorgebracht hat, um sich neben Frankreich behaupten zu können.

Mit dem Rücken an der Wand, kämpfen die Elsässer im Augenblick verzweifelt um ihren Dialekt, weil dieser Kampf politisch weniger brisant ist als es der Kampf um das Deutschtum wäre: „Das Verschwinden des Dialekts" sagt das Manifest von 1980 „würde das Auslöschen unseres kulturellen Erinnerungsvermögens bedeuten sowie den Zusammenbruch eines der beiden Stützpfeiler der elsässischen Zweisprachigkeit und somit unserer Fähigkeit, uns im europäischen Raum zurechtzufinden". Gewiß, der Dialekt ist das Existenzminimum, ist jene Säuglingsmilch, die man eines Tages dann durch kräftigere Nahrung wird ersetzen können – sofern Verlangen nach ihr besteht, sofern sie das nachbarliche Deutschland anliefert. Und dies sollte möglich sein, ist doch seit Jahren die Rheingrenze so friedlich wie die zwischen der Schweiz und Liechtenstein...

Wir müssen uns darüber klar sein, daß dieses Elsaß in den Grenzen Frankreichs für uns nicht mehr so verständlich ist wie das Elsaß, das Goethe besuchte, obwohl auch er damals eine deutsch-französische Grenze passieren mußte. Die Jahrhunderte haben ihr Werk vollbracht, und es hat wenig Sinn, sich ihm zu verschließen. Aber es sind wenigstens Grenzen, die man überschreiten kann, anders als jene in Richtung auf Königsberg oder Posen oder Breslau; es ist nicht ohne weiteres eine deutsche Welt, die wir betreten, aber sie ist uns sehr viel näher als die ebenfalls einst deutschen Städte Reval oder Riga oder Tilsit.

Aber vielleicht setzt gerade dies einen besonderen schmerzlichen Akzent nach dem Motto, so nah und doch so fern, weil die Nähe eine Herausforderung und eine Verpflichtung ist, und weil wir alle ihr nicht nachgekommen sind, so lange es Zeit war. Dies schwingt in einer Seite aus Otto Flakes Buch *Ein Leben am Oberrhein*, die für ihn sagt, was auch für das Elsaß gilt und erst recht für uns:

„Ich kannte (meine elsässische Heimat) besser als irgendeiner; ich hatte sie durchstreift, ihre Landschaft in Büchern beschrieben, ich dankte ihr das Beste in mir: einen Willen zur Heiterkeit und Wärme und eine Fähigkeit, differenziert zu denken und gerecht zu sein, denn ihre Bewohner und ihre Atmosphäre waren zusammengesetzt... und es waren erst ein paar Jahre her, daß ich geglaubt hatte, meine Aufgabe werde es sein, den Deutschen das Elsaß verständlich zu machen und vom Elsaß aus Einwirkung auf Starrheiten des deutschen Geistes zu versuchen, Westen und Mitte Europas miteinander zu versöhnen... Aber als ich diesmal nach dem Elsaß kam, im Krieg, sah ich mit Entsetzen, wie rettungslos verdorben, tragisch zerstampft die Situation war: es schwiegen die Münder vor der Drohung... die Herzen hofften, doch ohne Mut; die beiden Elemente, von deren Verschmelzung ich geträumt hatte, Einwanderer und im Land Geborene, schroff getrennt – unmöglich, daß der Elsässer zu den Quellen fand, die in ihm verschüttet waren und die nur in den falschen Büchern von Oberlehrern künstlich sprangen, den Quellen jener vergangenen Jahrhunderte, in denen in der Tat die Elsässer die Züge deutscher Charakterköpfe getragen hatten... An diesem Mittag nahm ich Abschied vom Land. Was blieb, wenn man sich retten wollte? Nicht Frankreich, nicht Deutschland, nur das Dritte, das übergeordnete geistige Reich, dem selbst der letzte Rest von Bodenständigkeit versagt war: Man wird nicht Europäer aus Wahl, man wird es aus Not."

Literaturverzeichnis

Zeittafel

Abbildungshinweise

Literaturverzeichnis

Das Elsaß war nicht immer so vergessen wie heute. Es gibt sehr viele Bücher, in denen es eine Rolle spielt oder die ihm gewidmet sind, und es gibt viele Elsässer, die sich mit der Geschichte des eigenen Landes wiederholt, ja mitunter lebenslang beschäftigt haben wie z.B. der verehrungswürdige Lucien Sittler. Wenn die nachfolgenden Literaturangaben gegenüber dieser Fülle karg wirken, so hat das seinen Grund darin, daß nur sehr wenig vom wirklich Wertvollen lieferbar, also im deutschen Buchhandel erhältlich ist und es ja wenig Sinn hat, lange Listen zu bringen, die nur zu vergeblichen Wegen führen.

Über die angeführten Titel hinaus ist das Elsaß auf besonders begrüßenswerte Weise gegenwärtig in den Büchern seiner Dichter und Schriftsteller. Sie sind im Text schon genannt, aber die bekanntesten seien, weil heute wieder aufgelegt, nocheinmal angeführt: René Schickele, Otto Flake, Ernst Stadler, und an Älteren, die aber gerade in Volks- und Gemeindebüchereien noch oft anzutreffen sind: Bernd Isemann, Friedrich Lienhard, Eduard Reinacher, Jakob Schaffner, Hermann Stegemann.

Verfolgen Sie auch bitte die Elsaß-Literatur in den am Elsaß interessierten Verlagsanstalten Olms, Hildesheim, Rombach, Freiburg u.a. Verlagshäusern.

Ich habe folgenden Autoren zu danken:

ADAM, Paul: Der Humanismus zu Schlettstadt. Obernai (Gyss) o.J.

ANRICH, SCHULTZ, WITTRICH: (Hrsg) Das Elsaß. Straßburg, Karl J. Trübner 1918. (Wertvoll vor allem durch einen großen grundsätzl. Beitrag von Anrich)

ARNOLD, Paul: Histoire secrète de l'Alsace. Paris, Albin Michel 1979 (Garnicht so geheime Geschichtsdarstellung, die das Elsaß als keltisch-gallisch nachzuweisen versucht und die germanische Phase als eine Episode)

BAQUEL, Jacques: Dictionnaire du Haut et du Bas-Rhin. Straßburg 1865. Die 3. von P. Ristelhuber völlig neu bearbeitete Auflage wurde Grundlage des Reprints der Editions 'Laffitte Reprints', Marseille 1976 (In Einzelheiten überholt, in seinen ortsgeschichtlichen Mitteilungen jedoch unentbehrlich, trotz der oft phantasievollen Ortsnamen-Erklärungen. Enthält 69 elsässische Wappen in Farbe)

BERTRAND, Michel: Histoire secrète de Strasbourg. Paris, Albin Michel, 1984 (Einer der schwächeren Bände der Reihe, nimmt den Reihentitel zu wörtlich. Ab dem achtzehnten Jahrhundert wertvoll)

BUSSE, Hermann Eris: (Hrsg) Oberrheinische Heimat. Jahresband 1940. Freiburg, im Verlag 'Haus Badische Heimat' (Im historischen Teil z.T. sehr wertvolle Aufsätze, geistesgeschichtlich unzureichend)

CHAVOEN, Gabriele: Das elsässische Münstertal. Eine Landeskunde. Freiburg, Verlag der Univ. Buchhandlung Eduard Albert 1940 (Veröffentlichung des Alemann. Instituts in Freiburg)

CONDAMINE, Pierre de la: Salm en Vosges. Paris, Editions Emile-Paul, 1965 (behandelt Sonderaspekt der elsäss. Adelsgeschichte mit wichtigen Stammtafeln)

DOLLINGER, Philippe: (Hrsg) Histoire de l'Alsace. Toulouse, Edouard Privat 1970. (Materialreicher Band, von dem bekannten Herausgeber souverän dirigiert, in Einzelwertungen rein frz. Positionen)

FINCK, Adrien: (Hrsg) Nachrichten aus dem Elsaß. Deutschsprachige Literatur in Frankreich. Hildesheim (Olms-Presse) 1977 ff Die deutschsprachige Gegenwartsliteratur im Elsaß. Hildesheim, Georg Olms 1987 (enthält u.a. eine Bio-Bibliographie zur deutschsprachigen Literatur im Elsaß von Maryse Staiber in vorbildlicher Anordnung)

FLAKE, Otto: Ein Leben am Oberrhein. Frankfurt am Main, Fischer TB. 1987 (Von Michael Farin herausgegebene unschätzbare Sammlung auch älterer Arbeiten des Autors vor allem über das Elsaß)

GUIDE DES PARCS NATURELS DE FRANCE: Band Vosges du Nord/Les Chateaux forts. Wingen-sur-Moder 1980 (preisgünstiger Führer zu zahlreichen Burgen mit histor. Angaben)

HOTZ, Walter: Handbuch der Kunstdenkmäler im Elsaß und in Lothringen. 3. Aufl. München und Berlin, Deutscher Kunstverlag 1976 (Da es in der Kröner-Reihe 'Historische Stätten' leider keinen Elsaßband gibt, bietet Hotz wertvolle Hilfe vor allem zur Gründungsgeschichte von Klöstern und Siedlungen)

MARCHANT, Pierre: Pays & Gens d'Alsace et de Lorraine. Paris, Librairie Larousse 1983 (ausgezeichnete Texte vor allem zur Volksgeschichte und zur Landwirtschaft, viele Abb.)

PARISOT, Magdelaine: (Hrsg) Vosges, Lorraine, Alsace. Paris, Hachette 1969 (Mit beinahe 700 Seiten ist dieser noch unter der Oberleitung von Dr. Melichar erschienene Band der Reihe 'Les Guides bleus' das ausführlichste Auskunftsbuch über die Landschaft)

RECHT, Roland: Das Straßburger Münster. Deutsche Ausgabe, bei Müller & Schindler, Stuttgart 1971

SALCH, Charles-Laurent: Dictionnaire des Chateaux de l'Alsace médiévale. Straßburg, Editions Publitotal 1976 (Genau, reichhaltig, mit Familiengeschichten u.a. genealogischen Mitteilungen, ausgezeichnete Planskizzen)

SAYN-WITTGENSTEIN, Franz Prinz zu: Fahrten ins Elsaß. München, Prestel, 1967 (Materialreiches Wanderbuch für wirklich Interessierte)

SCHALL, Paul: Karl Roos, der elsässische Vorkämpfer. In: Jahrbuch für den Oberrhein, Freiburg 1942

SCHREIBER, Hermann: Elsaß. Bern und Stuttgart, Hallwag 1979 ff

SITTLER, Lucien: L'Alsace, Terre d'Histoire. Mit einem Vorwort des Grafen Marc d'Andlau. Colmar, Editions Alsatia 1984 (einzig lieferbare histor. Arbeit des hervorragenden Gelehrten, so gut wie unverändert gegenüber der Erstauflage 1973)

dito: Die elsässische Weinstraße. Deutsche Ausgabe Freiburg, Verlag Rombach 1980

ZIND, Pierre: Brève Histoire de l'Alsace. Paris, Editions Albatros 1977 (gute Kurzfassung der elsäss. Geschichte mit vertretbaren Wertungen)

Stammtafel der Karolinger

(vereinfacht)

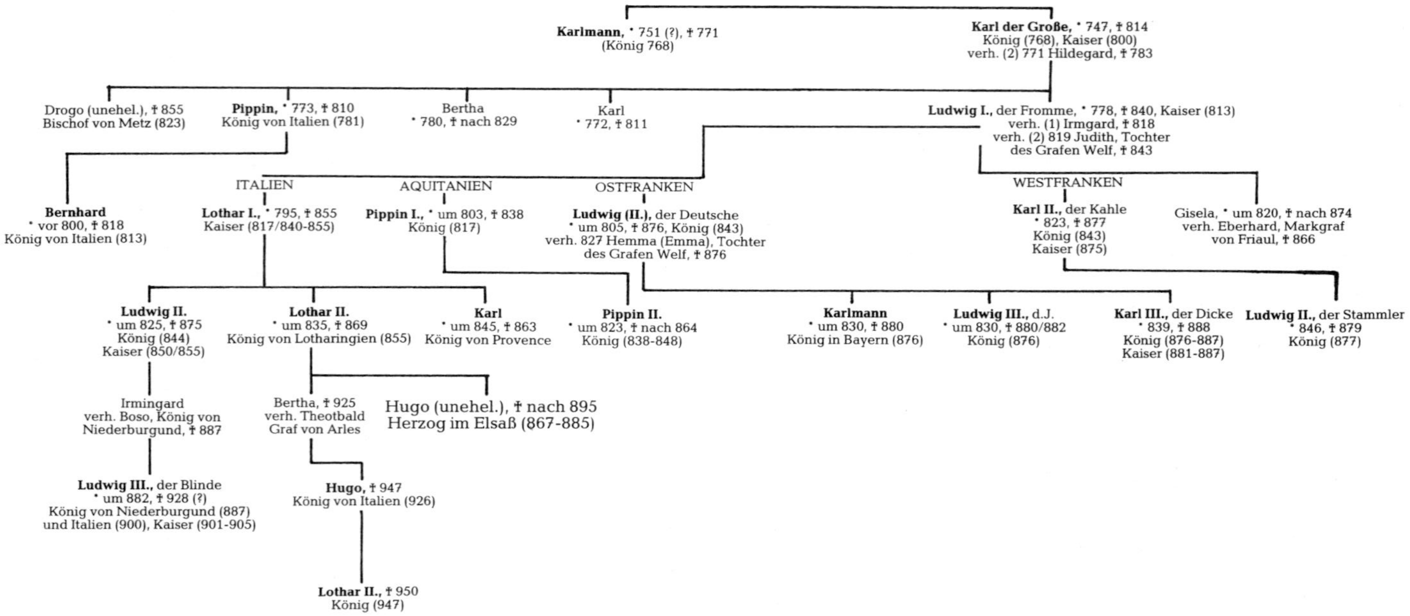

Halbfett sind die Namen der Könige und Kaiser gesetzt.

Ein paar Regierungsdaten zur Orientierung

58-49 vor Christus Cäsar Statthalter in Gallien.

332-363 nach Christus Lebenszeit des Julian Apostata, der 357 bei Straßburg die Alemannen besiegte.

um 440-496 namentlich unbekannte alemannische Herrscher im Elsaß.

481-511 Chlodwig I. aus dem Geschlecht der Merowinger herrscht über die Franken und besiegt im Nordelsaß die Alemannen.

714-741 Karl Martell begründet als Majordomus die Karolingermacht.

742-814 Lebenszeit Karls des Großen (herrscht seit 768)

1122-1190 Lebenszeit Friedrich I. Barbarossa

1194-1250 Lebenszeit Kaiser Friedrich II.

1346-1378 Kaiser Karl IV. aus dem Haus Luxemburg

1433-1477 Lebenszeit des Herzogs Karl, genannt der Kühne, von Burgund

1500-1558 Lebenszeit Kaiser Karl V.

1550-1574 Lebenszeit König Karl IX. von Frankreich

1619-1637 Regierungszeit Kaiser Ferdinand II.

1624-1643 Kardinal Richelieu frz. Regierungs-Chef

1643-1715 Regierungszeit Ludwigs XIV. (bis 1661 unter der Vormundschaft des Kardinals Mazarin)

1715-1774 Regierungszeit Ludwig XV. (bis 1723 unter der Vormundschaft des Herzogs Philipp von Orleans)

1740-1780 Regierungszeit der Maria Theresia I.

1799-1815 Napoleon Bonaparte Erster Konsul, dann Kaiser der Franzosen

1848-1870 Napoleon III. (zunächst Präsident, dann Kaiser)

1871-1888 Wilhelm I. Deutscher Kaiser

1888-1918 Wilhelm II. Deutscher Kaiser

1917-1920 Clemenceau frz. Ministerpräsident

Im übrigen verweisen wir auf die gegenüberliegende Stammtafel der Karolinger.

Abbildungsverzeichnis

Die Luftaufnahmen von der Hochkönigsburg, von St. Odilienberg und von den Türmen von Egisheim stammen von Airdiasol/Rothan, Straßburg.
Die Abbildungen von Erwin von Steinbach, von Louis Rene Eduard von Rohan sowie von Colmar wurden vom Cabinet des Estampes, Straßburg, zur Verfügung gestellt, die Aufnahmen von Jean Baptiste Kléber, von Straßburg, Zabern und Ortenburg vom Office Departement du Tourisme du Bas-Rhin, Straßburg.
Das Foto von Oberehnheim wurde dem Archiv des Casimir Katz Verlages entnommen. Die Karte wurde von Petra und Hubert Neuwirth, Schondorf, gezeichnet.

GESCHICHTE

André Castelot

Die Französische Revolution

360 Seiten mit über 400 Abbildungen in schwarz-weiß und Farbe, 32 Seiten ausklappbare Vierfarbtafeln
ISBN 3-925825-23-1

Mit diesem Werk hat Castelot ein prächtiges Panorama der Jahre geschaffen, die sowohl die Vergangenheit, Gegenwart als auch die Zukunft unserer Welt prägen. Die Veröffentlichungen über die Französische Revolution werden mit dem Herannahen der 200-Jahr-Feier immer zahlreicher. Darunter sind Überlegungen, Analysen, Anklagen, Plädoyers und Ansichten, die aufeinanderprallen. Die einen fordern, die Revolution als Deklaration der Menschenrechte zu rühmen, die anderen rufen auf, den Krieg und die Schreckenszeit zu verurteilen.

André Castelot weigert sich, in diese Debatte einzugreifen. Seine Vorstellung ist eine andere. Er bevorzugt Fakten und nicht den Kommentar, er hat es vorgezogen, über den außerordentlichen Umschwung in der Zeit von 1789-1795 zu schreiben, wie er stattgefunden hat und nicht wie der Zeitgeist oder die Ideologie ihn darstellen. Das ist tatsächliche, wahre Geschichte.

Dieses Werk setzt Maßstäbe, die der 200-Jahr-Feier gebühren.

Casimir Katz Verlag